区域品牌传播研究

杨魁 董雅丽 著

BRAND

中国社会科学出版社

图书在版编目（CIP）数据

区域品牌传播研究/杨魁，董雅丽著 . —北京：中国社会科学出版社，2016.12
ISBN 978 - 7 - 5161 - 9457 - 7

Ⅰ.①区…　Ⅱ.①杨…②董…　Ⅲ.①区域经济发展—品牌战略—研究—中国
Ⅳ.①F127

中国版本图书馆 CIP 数据核字（2016）第 308812 号

出 版 人	赵剑英
责任编辑	孔继萍
责任校对	石春梅
责任印制	李寡寡

出　　版	中国社会科学出版社
社　　址	北京鼓楼西大街甲 158 号
邮　　编	100720
网　　址	http://www.csspw.cn
发 行 部	010 - 84083685
门 市 部	010 - 84029450
经　　销	新华书店及其他书店

印刷装订	北京市兴怀印刷厂
版　　次	2016 年 12 月第 1 版
印　　次	2016 年 12 月第 1 次印刷

开　　本	710×1000　1/16
印　　张	32.25
插　　页	2
字　　数	516 千字
定　　价	118.00 元

绪　　论

2015 年的"十一"黄金周，相信给大家留下了深刻印象。而印象最深的不仅是拥挤的人群和拥堵的车流，更有名噪一时的青岛"大虾"，只因原本 38 元一盘最终却被老板以 38 元一只结账而被称为"最贵大虾"。于是乎，"青岛""青岛最贵大虾"乃至"山东旅游"被人们不断刷屏，甚至有人说，山东省传播多年的"好客山东"形象就因这 38 元一只的"大虾"而毁于一旦！

在自媒体时代，任何人都是受众，也都是传播者，过去依靠大众传播需要长时间、大批量传播的信息，在今天一夜之间就可以被公众通过各种移动通信工具而广泛传播。从企业形象、企业及其产品品牌到区域（城市）形象、区域品牌，以至于国家形象和国家品牌，都可以在短时间或声名远扬抑或臭名昭著，因而可以说这是一个最便捷的时代，也是一个最令人胆战心惊的时代。任何一个事件都可以通过各类媒体迅速传播，任何形象都可以被各类媒体迅速塑造。区域形象和区域品牌无疑也会在这个时代深深地打上媒体特征的烙印，同时以前所未有的可能被媒体所塑造或传播。

而随着经济全球化进程的加速，区域一体化趋势不断增强，区域品牌与区域品牌传播效果成为某一地区综合实力的表征，同时也成为该地区对外传播及营销的重要内容。拉尔夫（Raaf）在 2000 年认为，品牌可以为品牌所有者、所在国及品牌诞生区域带来巨大的有形和无形资产。近年来国内奢侈品消费市场的"高烧不退"，除了对奢侈品本身的追逐外，还有产品所代表的生活方式及生活环境的追求。超高的奢侈品消费欲求带火了法国、英国、意大利等奢侈品输出国的旅游市场。因此，区域品牌已不仅仅是一个地区的标识或标志物，而是区域竞争力的体现。它是区域之间资源竞争、国外投资竞争、商业布局竞争，同时也是吸引游客竞争以至于吸引居民竞争的有力工具。正因为如此，国内外各个地区和城市才投入大量的资金、人力和物力从事区域品牌的营销与推广工作。根据 2005 年欧洲城市的问卷调查显示，被调查城市中每个城市的营销预算大约为 40 万欧元，年开支大约从 13 万英镑到 1000 万欧元不等（Seisdedos，2006）。我国近年来更是掀起了区域或城市品牌形象营销的热潮，中央电视台的午间频道几乎被各个城市的广告宣传所占领，"好客山东""大美青海"等等成了人们耳熟能详的广告语。而纽约时代广场的中国形象广告也一样吸引着来自世界各地人们的目光，甚至成为中国走向国际化，参与更广泛的国际竞争和形塑中国良好形象的重大举措与象征。

当一个地区能够通过自觉而全方位的努力，并借助各种传播渠道和方式在人们心目中塑造出独特的品牌形象，也就是给人们留下相应的深刻印象时，可以说该地区的区域品牌就开始形成了。区域品牌一旦形成，它不仅使人们能够快速识别不同的区域，更能够为人们提供区域认知图式，形成认知定式，甚至成为区域消费的理由，从而使该地区成为优先选择的消费对象。正如提起法国，人们就会想起法国香水和葡萄酒；提到意大利，人们就会联想到时尚；提到杭州，就会想起西湖和旅游；而提到内蒙古则是一望无际的大草原和羊绒制品；等等。这些无疑就是一个个鲜活的区域品牌，它们不仅给人们留下了深刻而独特的良好印象，更为重要的是已经成为一个地区重要的无形资产和软实力，是带动区域经济社会发展的强大引擎。

既然如此，区域品牌究竟是如何传播起来的？区域品牌传播是否也遵循品牌传播的一般规律？区域品牌传播有哪些新特点和哪些特殊的传播路径？如何才能更好地管理区域品牌形象与区域品牌传播？在区域竞争日益加剧的今天，这些问题无疑都是各级地方政府及国家对外传播过程中所关注的迫切议题，也是区域品牌研究的当务之急。

一　品牌传播研究的兴起与发展

兴起于 20 世纪初的国际品牌研究，以盖斯勒（Geissler）和培恩特（Paynter）先后于 1917 年和 1919 年在《应用心理学》（*Journal of Applied*

Psychology）杂志上发表的关于品牌的研究论文①为开端。其后，随着西方经济的迅速发展，品牌研究更加深入，逐渐发展出了品牌标志说、品牌形象说、品牌关系说、品牌资产说等理论。可以说，品牌理论研究已达到了相对成熟的阶段，形成了许多被认可和达成共识的研究成果，如世界著名品牌专家大卫·艾格（David Aaker）的品牌三部曲《管理品牌资产》《创建强势品牌》《品牌领导》。而众多品牌实践者依据其在品牌管理实践中积累的经验，总结和归纳出一些可操作的品牌传播模式，更是成为品牌理论发展的实践基石和标本，如奥美公司的"360度品牌传播模式"、日本电通公司的"品牌蜂窝模式"等。

　　国内的品牌研究虽然起步较晚，但却发展迅猛，并已基本形成体系，研究视角也呈现多元化趋势。陈放较早地从哲学角度研究了品牌运动的基本规律，并对品牌实践从哲学层面提供指导②；孙曰瑶从经济学视角认为"品牌是一种专有信用符号，它通过将锁定的目标顾客的买点转变为自己的卖点，来降低他们的选择成本，且与他们产生情感共鸣，与此同时，给品牌所有者带来持续的市场收益"③。也有学者从管理学的角度切入，如余明阳的《品牌管理学》（2005），屈云波主编的《品牌管理》，张继焦的《成功的品牌管理》，陈祝平的《品牌管理》，黄静、王文超的《品牌管理》（2005）等。除专著外，相关的论文更是从品牌战略、品牌领导、品牌会计、品牌营销、品牌策划等管理领域展开对品牌的广泛研究。与此同时，品牌研究的传播学视角不断进入学者的研究视线，舒咏平、吴希艳从传播学的角度提出"品牌是包括组织与个人在内的品牌主，以可以进行传播流通的表层符号以及符号所指代的内在事物（人、产品、服务等）通过传播扩散，而在消费者或接受者那里产生的倾向性的印象，是品牌主与以消费者为核心的受众一种聚焦性的约定"④。

　　就历史的角度看，国内外有关品牌的研究已经经历了品牌的静态构成、品牌的动态经营及品牌效果（品牌资产）衡量等研究阶段，也已形

---

① 黄合水：《品牌学概论》，高等教育出版社2009年版，第10页。
② 陈放：《品牌学》，时事出版社2002年版，第1页。
③ 孙曰瑶：《品牌经济学》，经济科学出版社2005年版，第2页。
④ 舒咏平、吴希艳：《品牌传播策略》，北京大学出版社2007年版，第3页。

成了比较成熟的品牌构成、品牌创建、品牌战略与管理及品牌资产评估等理论。在品牌研究中,品牌传播作为树立品牌形象、创建品牌资产的手段更为当代学者所关注。品牌形象理论、定位理论、资产理论及品牌战略理论等,已经成为国内品牌研究的基本研究架构。

品牌传播是品牌理论体系的核心内容之一,主要研究品牌传播的规律、方式方法和技巧。目前,关于品牌传播的研究主要分散在有关品牌管理与设计等相关学科领域中。美国西北大学教授唐·E.舒尔茨(Don. E. Schultz)在《整合营销传播》(*Integrated Marketing Communications*)一书中指出:"在同质化的市场中,唯有传播能创造出差异化的品牌竞争优势。"中国学者对于品牌传播的规范研究始于20世纪90年代之后。早期研究主要集中在对个案的介绍和品牌塑造、品牌管理等领域附带的品牌传播研究。随着国外品牌传播研究成果被逐渐地引介,特别是2000年以后,品牌传播开始走向系统的学术研究,并很快取得了一些研究进展。其中余明阳和舒咏平在2002年发表的《论"品牌传播"》是国内较早对"品牌传播"这一课题做系统探讨的研究成果。2005年,余明阳又出版了《品牌传播学》,是国内最早提出将品牌传播作为一门研究品牌传播规律、方式方法等的专业学科的专著。之后也有不少学者就品牌传播开展了相关研究,但总体而言,我国品牌传播研究还存在明显的不足。

第一,品牌传播研究还停留在较粗浅的阶段,大多数研究仍以5W模式为依据来介绍和探讨品牌传播与广告、公关等传播方式之间的关系,而真正从学理的层面上对品牌传播进行深入的质化研究和规范的实证研究还比较少。这从有关品牌传播的定义中就可以看出,比如余明阳、舒咏平在《论"品牌传播"》一文中认为:"'品牌传播'的内涵,应该是一种可操作性的实务,即通过广告、品牌、新闻报道、人际交往、产品或服务销售等传播手段,以最优化地提高品牌在目标受众心目中的认知度、美誉度、和谐度。"① 之后,余明阳等人在《品牌传播学》② 一书中又强调了品牌传播对品牌资产的重要作用。虽然近年来人们在有关品牌传播内涵的理解上在不断深化,也逐渐确立了消费者导向的原则,但依旧没有摆脱实务操

---

① 余明阳、舒咏平:《论"品牌传播"》,《国际新闻界》2002年第3期。
② 余明阳等:《品牌传播学》,上海交通大学出版社2008年版,第3页。

作的导向，还未能真正从理论根据上对品牌传播展开深入研究和探讨。

第二，现有的品牌传播研究往往只是停留在一般描述层面的较为零散的研究，研究方法也以案例分析为主，研究结构松散，而诸如品牌传播的内在逻辑、品牌的定位、品牌的变革以及由此产生的品牌有效传播等都还缺少深入研究。比如，有些学者在对品牌传播模式的研究中，居然列举了企业的十种品牌传播模式，而且其中的几种品牌传播模式竟然被概括命名为"扩大痛苦　再施于人""价值承诺　循循善诱"。[①]不可否认，这些所谓的品牌传播模式都具有一定的可操作性，但的确缺乏普遍的实践指导性，更谈不上具有理论创新的价值。

第三，品牌传播的研究视角较为单一，学者们主要是从管理学、传播学等角度来研究品牌传播内涵、品牌传播战略、品牌传播手段和方式、品牌传播策略、品牌传播价值与评估等内容，更多的是从符号学、消费文化等理论视角进行研究，而较少能够从社会文化层面展开研究和探讨。其中，符号学视角大多依据符号原理，认为品牌就是消费社会中企业运用符号和美学等原理设计出一整套视觉语言系统，向消费者传达理想的识别认知与感受，从而达到引导消费、塑造品牌的目的。而消费文化视角下的品牌传播研究，也大多是研究消费文化与品牌的关系、品牌是如何构建符号识别系统、品牌的符号生成机制等问题。

总的来说，目前国内外关于品牌传播的研究主要是立足于营销学的视角，从营销要素出发，着眼于品牌传播带来的销售效果和品牌价值而展开的。这种研究视角，使品牌传播的研究范围受到一定限制，同时也妨碍了对品牌作为一种社会文化现象应有的社会文化内涵和深刻影响力的发现与探索。

二　区域品牌传播研究的演进

在全球经济一体化的背景下，随着中国制造大国地位的逐步提升，制造业呈现的区域化、规模化、一体化的发展趋势，使不同区域形成了数量众多的特色产品以及传统与现代产业群落，这些特色产品和优势产业不仅

---

① 秦川、志雄：《十大品牌传播模式》，《企业活力》2001 年第 9 期。

对当地经济和社会发展起着直接推动作用，而且也日益成为区域的标志和区域文化的象征，进而逐渐形成了有影响力的区域品牌。事实证明，区域品牌是区域竞争力、区域影响力提升的重要途径和方法。一个地区要想保持经济的稳定快速发展，构建区域品牌，制定并实施区域品牌战略是必经之路。从品牌理论来看，品牌是经济和文化的聚合，蕴含着经济和文化双重因素。区域品牌更是建立在区域技术创新和区域特色产品、优势产业基础上的区域文化的产物，只有实现区域产品、区域产业与区域文化的融合，才能避免区域品牌的同质化和"公地悲剧"，进而形成独特的区域品牌形象。

（一）国外区域品牌理论的演进

从 20 世纪 80 年代开始，随着世界制造业的整体衰退和以信息沟通为基础的现代科技的兴起，区域品牌开始引起世界各地政府部门和学者的关注。最初由美国杜克大学富奎商学院凯文·莱恩·凯勒（K. L. Keller）教授引入了"区域品牌"理念，首次提出"像产品和人一样，地理位置或某一空间区域也可以成为品牌。区域品牌化可以使人们了解和知道某一区域并将某种形象和联想与这个区域的存在自然联系在一起，通过区域品牌的传播，来带动区域经济的全面发展"。[①] 随之，区域品牌化理论在世界范围内迅速兴起。由于区域品牌理论本身的复杂性，很多学者从管理学、营销学、社会学等多角度对区域品牌的内部管理、形成机制、演进路径等进行了研究，如 Ashworth（1990）等人最早提出了"区域品牌"的概念，认为它是某个地理区域及其产品的品牌化体现；Hankinson（2001）发现，区域品牌在城市规划、零售、旅游部门的营销中可能存在不同部门产品、同一部门产品以及营销组合等方面的冲突；Morgan（2002）等人在分析新西兰的国家品牌定位时认为，区域品牌包括提供功能性利益的产品特性（product characteristics）和非功能性利益的附加值（added value）两类要素构成；Gilmore（2002）在分析西班牙国家品牌再定位时认为，区域品牌的核心竞争力来自物质资产（physical assets）和人文资产（human assets）；

---

① ［美］凯文·莱恩·凯勒：《战略品牌管理》，李乃和译，中国人民大学出版社 2006 年版。

科特勒（2002）等认为区域品牌的元素包括愉快（pleasure）、质量（quali-ty）、安全（security）、诚实（honesty）、进步（progress）等，涉及区域品牌的管理、区域品牌战略、区域品牌的形成机制、区域品牌的营销等。

区域品牌研究是一项长期而艰巨的任务，在国外区域品牌研究不断发展的过程中，区域品牌研究的视角逐渐建立并拓展开来。概括起来，国外对于区域品牌化的研究视角主要有原产地品牌视角、国家品牌视角、城市品牌视角、目的地品牌视角、集群品牌视角等多个分支。这些不同的研究视角为区域品牌化研究提供了丰富的理论依据和方法指导。

1. 原产地品牌视角（Country-of-Origin Theory）

关于区域品牌化原产地视角的文献主要有 Kotler 和 Gertner（2002）和 Papadopoulos 和 Heslop（2002）。区域品牌化原产地视角主要关注的是如何运用区域品牌所在的原产地这一有利因素来进行区域品牌产品的传播推广与营销。原产地品牌视角认为，在消费者头脑中形成的关于某一个产品原产地的刻板印象（固有印象）会极大地影响该产品在消费者心中的形象，直接关联着消费者对该产品的认同感和美誉度。原产地是品牌传播的一种重要策略，例如法国葡萄酒产地波尔多和勃艮第，美国加州葡萄酒产地纳帕溪谷，都是葡萄酒的原产地，一提起法国红酒或者美国红酒，消费者首先想到的往往便是波尔多抑或纳帕。

虽然原产地品牌视角是品牌传播的一种重要策略，但是对于原产地中具体的一样产品，这样产品的推广和营销似乎由于区域品牌关联甚少，所以从另外一个角度去推广和传播该地区的产品，也就是通常说的区域品牌传播，区域品牌传播的同时也在传播着区域内所拥有的品牌和相对应的产品。Kotler 和 Gertner（2002）认为在消费者心目中存在的对于某一地区环境、文化、风俗的外在印象的感知会影响消费者对该地区产品和服务的感知，会直接影响消费者的选择与心情。对消费者的情感心理上的影响则会进一步影响这一地区的招商引资情况、商业以及旅游业的发展。

总之，原产地品牌视角对于原产地区域品牌的发展程度、发展规模、发展速度都有着至关重要的作用。但是由于对原产地品牌视角了解的局限，导致对于原产地优势的非充分利用，使得以原产地品牌视角为指导理论的区域品牌营销未能走上正轨甚至是误入歧途。

2. 国家品牌化视角（country 和 nation branding）

美国营销学大师菲利普·科特勒（Philip Kotler）与大卫·格特纳（David Gertner）认为国家能够品牌化，并且存在国家的品牌资产。[①] 被誉为"国家品牌概念创始人"的西蒙·安霍尔特（Simon Anholt），在其 2003 年出版的一本著作中提出了将国家作为品牌的观点。安霍尔特同时强调，那些新兴的市场经济国家要想摆脱"发达国家原料产地和劳动力市场"的地位，在日益深入的全球化经济中更加有效地参与竞争，就必须将品牌化战略运用于整个国家和国家的出口贸易。此后，国外的学者们以媒体传播与公共关系（Szondi，2006；Widler，2007）、区域促销（Gould 和 Skinner，2007）、旅游目的地（Gnoth，2002；Caldwell 和 Freire，2004）、政治实践（Jaffe 和 Nebenzahl，2001；Ham，2001；Anholt，2006；Gertner，2007）等不同视角为切入点为国家品牌化战略的实施做出了说明，拉开了国家品牌化研究的序幕。

目前虽然学界对于国家品牌化的内涵、可行性以及作用尚未达成一致的意见和看法，但是大多数学者认为通过一定手段使国家品牌化战略增加国家品牌资产，是具有一定的可行性的。Gudjonsson（2005）将营销大师 Kotler 等（1997）的区域营销理论和 Michael Porter（1998）的国家竞争优势论结合，构建出影响国家品牌因素模型，该建构模型认为国家品牌主要受到四个方面因素的影响，分别是：（1）国民影响：主要影响国家文化传统、民众个性特征、民族风俗、礼仪礼节；（2）经济影响：主要影响国民生活水平，包括产业集群、劳动力、自然资源、国家政策等因素；（3）政治影响：主要影响政治文化、政府职能及社会政治体系；（4）地理影响：主要影响自然环境、气候、地理位置、城市等地理因素。

此外，还有许多国外学者将某国或者某一地区单独作为案例进行案例研究或者访谈研究，来寻找塑造国家品牌的有效路径和具体措施。这方面不得不提针对欧洲各国的研究（Hall，2004；Quelch 和 Jocz，2004；Szondi，2006；Gould 和 Skinner，2007），这些研究位居理论前沿。与此同时，

---

① Philip Kotler, and David Gertner. Country as brand, product, and beyond: A place marketing and brand management perspective [J]. *Journal of Brand Management*, 2002, 9 (4/5): 249 – 2611.

有两项研究对于建立国家品牌具有普遍的意义，分别是 Dinnie（2004）和 Mihailovich（2006）的研究。丹尼认为创建国家品牌的途径有四种，包括通过对旅游者的个人体验进行影响、举办有影响力的体育赛事、文化产品传播（电影、音乐、书籍）、民族特色传播（民族宗教、民族信仰、民族历史文化）①。Mihailovich（2006）的研究提出了基于整体观念构建的国家品牌化进程，他详细论述了国家品牌、公司品牌、产品品牌之间的关系，由此进一步指出了塑造国家品牌应当采取自上而下的方式。②

米哈诺维奇关于国家品牌化的观点恰好与 Dooley 和 Bowie（2005）的观点相一致。Dooley 和 Bowie 在研究南非国家品牌化进程中发现，国家品牌化发展自上而下存在一定缺点，在整个国家品牌大金字塔中，居于塔底的是私人企业，他们不愿意接受自上而下传递下来的品牌化战略，但是如果允许这些私人企业拥有自己的品牌化战略，就可以把位于金字塔底端但是占有最大部分的私人企业和民众纳入国家品牌化的战略当中，共同为国家品牌化战略的建设做出贡献。③

3. 城市品牌化视角（city branding）

"城市品牌化"这个概念由 Keller（1998）首次提出。凯勒的著作《战略品牌管理》中这样写道："像产品和人一样，地理位置或空间区域也可以成为品牌，即城市可以被品牌化。"他认为，"城市品牌化就是让人们了解和知晓某一城市并将某种形象和联想与这座城市的存在自然联系在一起，让其精神融入城市的每一座建筑之中，让竞争和生命与这座城市共存"。国外学者对城市品牌化的研究视角众多，分别有零售商（Warnaby，2006）、产品和公司品牌（MacFadyen，2004；Trueman，2004；Kavaratzis 和 Ashworth，2006；Trueman，2007）、政府政策与公共关系（Paddison，1993；Hankinson，2001 和 2004；Kavaratzis，2004；Gibson，2005）、旅游目的地（Whitfield，1999）等视角。

---

①　Keith Dinnie1 Place branding：Overview of an emerging literature［J］. *Place Branding*，2004，1（1）：106 – 1101.

②　Mihailovich，Philippe. Kinship branding：A concept of holism and evolution for the nation brand［J］. *Place Branding*，2006，3（3）：229 – 2471.

③　Gregory Dooley，and David Bowie1 Students. corner place brand architecture：Strategic management of the brand portfolio［J］. *Place Branding*，2005，1（4）：402 – 4191.

城市品牌化研究由于出发点和关注点的不同，导致研究模型也呈现多样化特征。城市品牌化研究具有代表性的研究模型就有 Simon Anholt（2005）构建的用于测量城市品牌的六边形模型，该模型是安霍尔特将其2002 年构建的国家品牌六边形模型转移到城市层面的结果。安霍尔特认为，国家品牌是全球对某国家资产、国家个性和国家综合实力等六个方面情况的概括。具体来说，影响国家品牌化的六个因素包括旅游业、出口贸易、政府政策管理、商业投资和人口迁徙、非物质文化遗产以及国民。

由于城市与国家不论是在地理概念上还是在行政概念上都有巨大的差异性，因此不能将国家品牌化的模型照搬至城市品牌化模型建立。城市与国家的差异性体现在城市与国家相比较而言，城市通常没有特殊的产品和服务；城市的旅游业也更多地取决于游客的喜好，而政府的政策手段更多是战略层面上的；城市文化隶属于国家，很难从国家文化中剥离出来。

依据以往的经验，人们在评价城市时的观点会比较具体，着重放在气候、交通、空气质量、交通运输、居住成本、休闲锻炼公共设施、法制法规以及城市文化娱乐生活等方面。由此来看，城市品牌化的指标应当根据人们评价城市的侧重点来制定，这些指标主要包括城市地位、经济排名、地理环境、发展空间、城市风格、城市居民和城市基本生活条件。[1] 此外，Brenda 和 John 以伯明翰和英格兰两座城市作为案例，用两个一般品牌模型（凯勒的品牌报告卡以及彻纳东尼和赖利的双旋涡模型）和旅游业分解模型（Jafari 模型）对这两座城市的城市品牌进行了分析。[2] Laak-sonen 等（2006）则采用焦点小组座谈法对城市形象进行座谈访问研究，探索人们心中对城市的主观认识。

4. 目的地品牌化视角（destination branding）

在区域品牌化研究中，目的地品牌化视角研究无论是在理论抑或是实践方面都具有丰富的资源。[3] 大多数学者的目的地品牌化定义主要是从目

① Simon Anholt1 The Anholt-GMI city brands index：How the world sees the world's cities ［J］ *Place Branding*，2005，2（1）：18 – 31.

② Brenda，P.，and John，S. City branding：Can goods and services branding models be used to brand cities? ［J］. *Place Branding*，2005，2（3）：242 – 2641.

③ Philip Kotler，and David Gertner1 Country as brand，product，and beyond：A place marketing and brand management perspective ［J］. *Journal of Brand Management*，2002，9（4/5）：249 – 2611.

的地形象构建和调整的角度来进行的。

Cai（2002）认为，目的地品牌化是指"将一组相容的要素组合起来，通过积极的形象建设使目的地容易辨别和区分"。蔡根据这个定义构建了目的地品牌化模型，指出目的地品牌化是围绕由品牌要素组合、品牌识别和品牌形象构建组成的，并通过品牌要素组合、形象构建、品牌联想和营销活动的互动连接所产生的激活扩散作用来构建品牌识别的一个递进归纳的过程。Blain（2001）认为，目的地品牌化是指通过一系列的营销活动来创建一个令消费者向往，吸引消费者前往进行访问、旅游行为的形象，他还总结出目的地品牌化实现"九步法"，包括组织领导、相关人员参与、专家协助设计标志、制定标志的衡量标准、测量旅游者的感知等。目的地品牌化的关键步骤是与前往目的地进行访问游玩的旅游者建立情感联系（Morgan 等，2004）。Blichfeldt（2005）则强调，当地居民与旅游者的互动交往，是影响旅游者对目的感知的重要因素，而旅游者对目的地感知的结果可以通过目的地形象来传达。亨特（1975）率先研究了旅游业发展过程中的形象问题。Hunt 的研究刺激了旅游营销研究目的地形象对于旅游收益的影响问题。旅游者对目的地的形象感知包括知识、感情、信仰、意见、想法、期望和印象的综合（Crompton，1979）。另外一些研究者认为，目的地形象包含着多个方面，主要有认知和情感两大方面（如 Lawson Bando Bovy，1977）。Dinnie 探讨了影响目的地形象的因素如目的地物产、旅游业、所举办体育赛事等。[①] 即使同样作为旅游目的地，国家、地区和城市在品牌建设方面也有区别。Caldwell 和 Freire 调整并运用彻纳东尼和麦克威廉为有形产品和服务产品开发的品牌和模型，通过对六个国家及其国内旅游目的地城市的实证研究，从情感与功能两个维度分析了人们对国家、地区和城市的感知存在的差异。他们认为，国家形象涉及的变量更多、能更复杂，因此更容易从情感维度被感知，而城市和地区往往具有特定的功能和属性，更容易从功能维度被感知。在建设国家、城市

① Keith Dinnie Place branding：Overview of an emerging literature ［J］. *Place Branding*，2004，1（1）：106 – 1101.

和地区品牌时应对这种差异加以考虑。①

5. 集群品牌化视角（cluster branding）

关于集群品牌化的定义及其理论研究，国外鲜有学者对此进行过系统的研究。Rosenfeld（2002）认为，发展中国家可以实施基于产业集群的区域品牌化战略，这是提升国家竞争力的一种方法。

罗森菲尔德通过研究还发现，将产业集群整体看作一种产品是区别其与竞争对手的一种手段，特别适用于在当下物质极其充裕的时代，消费者面临着众多的选择但是却又必须借助不同种类产品的品牌来评判货物好坏的情形。例如有许多区域盛产葡萄酒和产区联系在一起，如美国加利福尼亚州纳帕、新西兰、法国等，区域品牌化能够帮助产业集群获得该区域竞争优势，所以在建立产业集群时应当采用区域品牌化战略。② Mihailovich（2006）对集群品牌概念进行了初步探讨，并且指出了目前一些集群品牌结构的局限性。在集群品牌化实践方面，Lundequist 和 Power（2002）对位于丹麦和瑞典之间的奥里桑德（Ore-sund）区域进行了研究，分析了麦迪肯（Medicon）山谷自上而下创建集群品牌的实践。研究表明，政府依靠该区域的麦迪肯山谷集群所拥有的优势，成功地将奥里桑德区域品牌化，从而增强了该区域的竞争力。同时，这两位学者还通过对瑞典其他的集群案例的研究得出了一个结论：为了增强集群的竞争力，打造旗帜鲜明、独具特色的集群品牌极为必要性。Pedersen（2004）也对奥里桑德区域进行了长期的研究，发现丹麦和瑞典两国政府在该区域品牌的创建过程中不仅为区域名称的确定做出了贡献，还提供了大量资金支持，大力开展基础设施建设活动。

总之，Hankinson（2010）认为国外区域品牌的发展大致分为三个阶段。第一个阶段为 20 世纪六七十年代的起源阶段；第二个阶段为 90 年代的深化阶段；第三个阶段为 90 年代至今的开拓阶段。与此同时，他探讨了品牌定位、品牌身份、品牌资产、品牌结构、服务品牌、公司品牌、非

---

① Niall Caldwell, and Joao R Freire1The differences between branding a country, a region and a city: Applying the brand box model [J]. *Journal of Brand Management*, 2004, 12 (1): 50 – 611.

② Stuart A Rosenfeld A guide to cluster strategies in less favored regions [R]. Paper presented at the Conference of Regional Technology Strategies, North Carolina, USA, 20021.

政府组织、非营利性组织等一些主要的品牌理论向区域品牌研究所需理论衍变的可能性。他认为虽然一些品牌理论被应用到区域品牌的研究和推广当中，但是这种理论迁移在实践中还是具有一定的局限性。他指出当前区域品牌研究的重点主要集中在区域形象的建构上，其理论基础是区域品牌研究的旅游目的地视角，这种视角关注作为区域品牌的产生地，同时也是目标消费者的旅游目的地的形象建设。但是由于区域品牌传播是一个复杂的过程，应该在未来的研究中注重形象建设的同时也关注其他一些影响区域品牌建设的因素，例如品牌身份在品牌传播过程中的作用。当品牌身份成功地确定以后，这种品牌身份会直接对区域形象产生影响。如美国传统服装品牌"拉夫·劳伦"（Ralph Lauren）和"托米·希菲格"（Tommy Hilfiger）的品牌身份就是为美国中产阶级（middle class）量身打造，它代表了中产阶级的生活方式和对时尚及服装的定义。这两个品牌的服装在很大程度上直接影响到消费者对美国中产阶级生活方式的理解与认知，包括他们的生活环境、出行方式、时尚品位等。同时，区域品牌的研究领域也应当进一步进行拓展，区域品牌不应局限于某一地区某一品牌（单体品牌）的研究，还应扩展到区域品牌构成的每个要素当中，例如服务品牌、非政府组织、公司品牌等。对这些要素的拓展可以为区域品牌研究提供一个广阔的发展空间。Morgan也认为现阶段的区域品牌研究已经超越市场营销学理论研究的窠臼，其研究范围将涉及更多以前市场营销学鲜有关注的学科，例如社会学、历史学、管理学、政治学等。[①] 区域品牌未来的研究将呈现多学科交叉、多学科理论相互支持的发展趋势，研究的内容也将越来越具体。

但从现有的区域品牌传播研究文献中也可以发现，国外区域品牌研究还存在以下问题。一是区域品牌在国外学术界尚未形成一个明确、统一的称谓和定义。甚至区域品牌的英文表述名称都尚未统一认识。虽然对此学者们提出了区域品牌英文的多种名称，但是这些名称之间的关系尚未界定清楚。二是在研究内容方面，大多关注区域旅游营销推广以及区域规划管理领域，区域品牌理论的研究体系还没有形成，区域品牌研究系统性的框架尚未建立。

---

① Keith Dinnie1Place branding: Overview of an emerging literature [J]. *Place Branding*, 2004, 1 (1): 106－1101.

三是从研究的方法来看，国外区域品牌研究缺少定量研究的工具和方法。目前的研究大多停留在定性阶段，大多采用案例研究方法，Ryan（2002）、Kerr 和 Johnson（2005）、Gould 和 Skinner（2007）针对某一地区展开的区域品牌研究，这些研究为区域品牌化理论模型的构建奠定了基础。但是一个新理论的确立需要大量客观、科学的实证研究数据支撑，而目前区域品牌定量研究还十分薄弱，仅有少数学者的研究涉及定量方法，如 Ranisto 采用定量研究方法来对理论假设提供数据支持的研究。至今国外学术界还没有开发出区域品牌定量研究的测量工具。四是从研究理论的体系归属上看，国外区域品牌研究缺少理论基础和内在机制研究，完整的理论体系尚未形成。区域品牌研究的速度发展较快，但研究的内容十分分散，区域品牌研究的视角、理论基础可谓是众说纷纭，一个学者一个观点，一篇文章一个角度。对于区域品牌产生的原因，只是将产生过程进行了大致描述，没有深入探究产生的深层原因。区域品牌研究中的区域品牌化理论研究，学界的观点是将公司品牌化的理论运用于区域品牌化理论研究，但是同时提出理论迁移尚存在很多问题，主要争论在于是否可以运用公司品牌化理论解释区域品牌化现象。因此，如何借助区域品牌研究所涉及的学科及学科相关理论研究成果，探讨区域品牌化与公司品牌化理论的共性与差异，寻找区域品牌化发展进程的特点和规律，是现阶段正试图解决的问题。

（二）国内区域品牌传播研究的进展

从 2002 年开始，国内学者开始关注并对区域品牌展开研究。罗海成、王秉安认为，区域品牌不一定只是该区域中某一产品或某一类产品的品牌，它不一定只为区域内某一特定企业所拥有和专用，而经常是为一群生产经营该产品的企业所共同拥有和使用的品牌①。陆国庆在《区位品牌：农产品品牌经营的新思路》一文中，最早提出了在农产品经营中建立区域品牌的观点②；黄兆银在《产业集聚区与地域品牌》一文中，从产业聚集区树立地域品牌对城市经济发展的战略意义的角度阐述了地域品牌的效

---

① 罗海成、王秉安：《中小企业竞争力理论与实证》，福建人民出版社 2002 年版。
② 陆国庆：《区位品牌：农产品品牌经营的新思路》，《中国农村经济》2002 年第 5 期。

应问题①；夏曾玉、谢健认为区域品牌是某地域的企业品牌集体行为的综合体现，并在较大范围内形成了该地域某行业或某产品较高的知名度和美誉度②。夏曾玉等人在《区域品牌建设探讨——温州案例研究》一文中，以温州区域品牌个案为例，在对比企业品牌和区域品牌异同的基础上，分析了发展区域品牌的必要性，探讨了区域品牌建设的相关问题。③ 甘峰明站在产权的角度，分析了区域品牌的产权模糊性和区域利益共享性，这两大特点决定了区域品牌为区域内相关企业共同拥有，并不为单个企业所独占。2005 年以后，国内理论界开始更加重视对区域品牌的研究。从中国国家学术期刊网 CNKI 数据的检索中也能发现，2005 年之后区域品牌方面的文章不断增多，国内学者从多角度对区域品牌开展了研究，内容主要围绕区域品牌和产业集群的互动、区域品牌的性质内涵、属性、形成条件、发展路径，区域品牌的管理及培育模式、区域品牌的营销等。

从跨学科的角度来看，很多学者从管理学、经济学、营销学、社会学等角度对区域品牌的构建、管理、形成机制等进行了研究。如李晖以迈克尔·波特的"钻石"模型为基础，分析并提出了提升区域品牌的竞争力内在竞争合作机制和外在的四大支持体系的观点。张挺则将价值评估体系引入区域品牌研究，通过运用内容分析、问卷调查等方法，探索区域品牌价值的存在性和构成要素，建立区域品牌价值评估的模型。④ 周建波、陈亮等站在品牌经济学角度，通过对广东省品牌数据比较分析，提出了环境优化与宏观调节的品牌培育机制，区域文化与信用文化的品牌定位机制，自主知识产权创新的品牌竞争机制，新经济文化激活的品牌竞先机制，企业品牌与产业品牌的导向机制，集群品牌战略和品牌生态系统效应机制等系统化的区域品牌战略竞争机制。⑤ 林敏通过分析区域品牌建设主体（政府、行业协会、企业等）之间的博弈态势，提出了区域品牌管理的概念，认为区域品牌管理是区域品牌所有者在协调好各方利益的情况下，利用现

---

① 黄兆银：《产业集聚区与地域品牌》，《光明日报》2003 年 2 月 11 日。
② 夏曾玉等：《区域品牌建设探讨——温州案例研究》，《中国工业经济》2003 年第 10 期。
③ 同上。
④ 张挺：《区域品牌的机制评估》，博士学位论文，复旦大学，2006 年。
⑤ 周建波、陈亮：《区域品牌经济的战略竞争机制——以广东省为例》，《科技进步与对策》2009 年第 7 期。

代管理与营销手段以实现区域品牌保值、增值、避免贬值的一系列社会活动，包括区域品牌价值评估、区域营销、区域品牌危机管理等重要内容，并以上海会展区域品牌进行了个案分析。[①]

　　国内学者对区域品牌虽然有较为广泛的研究，但却存在如下分歧：一种观点认为区域品牌就是区域性品牌，是指一个区域之内的产品品牌，在当地人中享有较高的声誉，拥有较高的区域市场占有率（甘碧群，2002）；另一种观点认为区域品牌就是区域的品牌化，是指在某个行政（地理）区域范围内形成的具有相当规模和较强生产能力、较高市场占有率和影响力的产业产品，是一个地方经济社会发展的必然产物（贾爱萍，2004）。不过，学者们目前就区域品牌在如下方面已基本达成共识：（1）产业集群是区域品牌形成的基础；（2）区域营销是区域品牌形成的关键；（3）名牌化是区域品牌形成的标志；（4）区域品牌的塑造与传播则是区域品牌形成的重要机制。

　　就区域品牌的理论研究来看，由于区域品牌理论本身的复杂性，学者从管理学、营销学、社会学等多角度对区域品牌的内部管理、形成机制、演进路径等进行研究，并形成了区域品牌构建与管理方面的大量研究成果。但与品牌传播相比较，对区域品牌传播的研究则相对较少。大多是从区域营销、城市营销等角度强调区域品牌传播的重要性。无疑，要成功地建立一个区域品牌，必须要有一个良好的区域产业基础，但良好的区域品牌传播与管理能力，更是提升区域形象、扩大区域品牌影响力的关键。区域品牌传播就是区域品牌的广泛公众告知。传统的区域品牌传播研究大多在区域宣传的视域下进行，更多关注传播的渠道和方法问题，广告是最常用的传播手段，事件营销是短期内改变区域形象的有效方法，公共媒体是区域品牌传播的重要途径。而如何将区域品牌放在区域文化发展的领域，通过科学的规划、系统的传播和有效的管理从而促进区域品牌的健康成长，则是现代区域品牌研究需要解决的问题。

　　总之，国内学者对区域品牌传播的研究，很多是在功能主义的研究视角下，通过个案研究，分析通过何种途径进行区域品牌传播才能更好地构建区域品牌的良好形象问题。此外，目前的学术论文更多是沿用传统的产

---

① 林敏：《区域品牌建设研究》，硕士学位论文，华东师范大学，2010年。

品营销、品牌传播的理论框架来分析区域品牌的传播，而从传播学的角度专门研究区域品牌传播的论文相对较少。依据传播学理论经典的 5W 模式的几大关键要素，国内区域品牌传播的相关研究可以概括如下：

1. 区域品牌传播主体的探讨。与企业或产品品牌不同，区域品牌的拥有者相对较为复杂，这也就决定了区域品牌传播主体的多重性。张挺、苏勇等认为，区域品牌是一种公共产品。由于强烈的外部性，区域品牌营销一般是由地方政府投资，区域内的企业和民众共同受益的一种公共投资。① 周华则从政府角色演变的视角，探讨政府对区域品牌建设的影响，提出市场经济条件下政府角色的科学定位，通过区域形象营销、发挥主导作用和传承并发展区域文化等措施来塑造强势区域品牌。② 而江旺龙认为在区域品牌的构建过程中仅仅政府主导还是不够的，还需要全民配合，要求其他各类社会主体（企业、行业协会、居民和媒体等）都在其中担负一定的角色，这样才能铸就公共品牌，提升整体社会福利。③ 赵占恒认为区域品牌的公共性特点决定了区域内的任何组织和个体都是其营销的主体，但不同的区域品牌培育模式，承载其主要营销作用的主体往往是不同的。④

2. 区域品牌传播方式的探讨。魏守华、邵东涛认为，在市场经济条件下，对中小企业集群进行区域营销，可以形成具有持久效应的区位品牌，而通过电子商务可以降低成本，改进区域营销方式⑤；并认为区位品牌可以通过产业群具有的低生产成本优势建立，或通过完善的产品质量及区域提供独特的产品或服务来获得，或者还可以通过不断的产品创新、产品差异化来获得⑥。胡大立、谌飞龙、吴群提出做响区域品牌就要对营销传播手段进行创新：综合运用各种媒体进行广告或形象宣传，举办各种招商洽谈会、产品博览会、新闻发布会、研讨会、论坛等活动重点宣传产品

---

① 张挺、苏勇等：《论区域品牌的营销》，《管理百科》2005 年第 6 期。

② 周华：《区域品牌建设与政府角色定位研究》，《商业时代》2010 年第 4 期。

③ 江旺龙：《社会主体在区域品牌建设中的角色功能定位——以景德镇为例的研究》，《景德镇高专学报》2009 年第 9 期。

④ 赵占恒：《区域品牌培育模式浅析》，《北方经贸》2009 年第 12 期。

⑤ 魏守华、邵东涛：《论中小企业集群的区域营销》，《商业研究》2002 年第 9 期。

⑥ 同上。

产地，扩大品牌的知名度。① 董雅丽、白会芳认为在区域品牌传播的过程中，都要始终保持从 CIS（形象识别系统）的 MIS（理念识别系统）、BIS（行为识别系统）和 VIS（视觉识别系统）三个方面向社会公众传达一致的信息。② 郑永彪、罗晗旖在《"中国钧瓷之都"区域品牌建设机制与路径研究》一文中认为，区域品牌传播可以借鉴国内外著名区域和企业品牌传播的成功经验，综合运用电视、广播、报刊、互联网、手机、IPTV等传媒开展广告或形象宣传；可以举办展销会、项目推介会、产品博览会、学术研讨会等，重点宣传产品产地，营造钧瓷文化氛围，提升知名度。③ 总体来说，随着整合营销传播观念的普及，很多学者都提出了区域品牌传播可以充分借鉴整合传播的理念。

3. 区域品牌传播内容的探讨。刘衍桥、黄元斌（2004）通过分析区域营销，认为区域品牌应建立在区域相对优势的基础上，完善基础设施、保护生态环境、优化区域软环境、挖掘区域特色资源等都是区域品牌创建的主要因素。胡大立、湛飞龙等通过分析企业品牌和区域品牌的不同，认为区域品牌不能脱离于特定产业和特定区域而独立存在，其最关键的成因是具有相当的产业规模和产业优势。④ 甘峰明（2006）指出，狭义的区域品牌代表着一个地方产业产品的主体和形象，广义上的区域品牌可以是优美的自然环境、良好的政治或文化氛围等条件形成的地区美誉度。马向阳、陈琦等通过 SIC 定位方法分析了区域品牌的定位后，认为区域品牌的传播就是将区域建设中具有特色、优势和个性化的区域产品及品牌内容加以整合，把区域最好的产品、产业、文化、投资环境、经济发展潜力等"名片""亮点"传播出去，使区域内外利益相关者对该区域产生积极感知。⑤

4. 区域品牌传播模式的探讨。从目前的研究来看，国内对传播模式的研究多停留于品牌传播模式，如《十大品牌传播模式》《品牌传播模式的理

① 胡大立、湛飞龙、吴群：《区域品牌机理与构建分析》，《产经论坛》2005 年第 4 期。
② 董雅丽、白会芳：《论区域品牌的形成机制》，《科技管理研究》2007 年第 8 期。
③ 郑永彪、罗晗旖：《"中国钧瓷之都"区域品牌建设机制与路径研究》，《北京工商大学学报》（社会科学版）2010 年第 4 期。
④ 胡大立、湛飞龙：《企业品牌与区域品牌的互动》，《经济管理》2006 年第 5 期。
⑤ 马向阳、陈琦等：《区域品牌定位与整合营销传播研究——以天津以天津滨海新区为例》，《天津大学学报》（社会科学版）2010 年第 2 期。

论模型研究》等，尚未看到对区域品牌传播模式的系统研究。学者从不同角度分析的区域品牌成长路径、形成模式、培植模式等，对区域品牌传播模式构建有一定借鉴意义。胡大立、吴群等（2005）学者通过分析区域品牌三大构成要素：区域特性、品牌内涵和产业基础，以区域中的产业和区域文化与制度（包括区域硬环境和软环境）为基础，构建的区域品牌形成条件都可以看作区域品牌传播的构成要件；杨建梅、黄喜忠、张胜涛认为区域品牌具有明显的阶段性，受意大利著名集群理论家布诺梭的集群两阶段模型和孔德（Kunde）的品牌演进模型启发，根据区域品牌与政府干预、企业品牌的相互作用，提出区域品牌的五阶段生成路径模型：区域产品—区域认知—区域美誉—区域文化—区域信仰①，可以看成区域品牌的传播过程。董雅丽、白会芳提出的落后地区发展区域品牌的三明治理论，认为在政府支持和行业协会的推动下，区域品牌的形成过程是主导产业选择—产业集群形成—创建区域品牌—形成品牌经济链，这也可看作区域品牌的又一传播过程。熊爱华（2007）在区域品牌形成实例的基础上，通过分析区域品牌形成过程中企业、政府和协会各主体之间的竞合协同行为，总结出地方人文资源型、市场集散扩张型、外资资本带动型、龙头企业主导型和技术创新推动型五种区域品牌培植模式，可以说是区域品牌传播主体带动的区域品牌形成模式。

总体来看，随着对区域品牌及区域品牌传播研究的深入，无论是从区域品牌传播主体、传播方式还是从传播内容与模式来看，都存在着不断丰富和扩展的趋势，主要表现在传播主体从单一向多重主体扩展，传播方式从传统的大众传播向整合营销传播扩展，传播内容从产品、产业等经济特征向文化、环境等综合资源延伸，研究领域由单一学科向多学科发展的态势。在对区域品牌传播要素的认知方面，国外学者更侧重于心理因素，认为通过区域品牌能够形成美好的区域联想，为消费者提供非功能性的利益附加值；而国内学者更强调通过整合区域资源，以优秀的产品质量和服务质量提高区域品牌的知名度与美誉度，从而带动区域经济发展。

但就国内外区域品牌传播研究的现状来说，仍存在以下需要解决的

---

① 杨建梅、黄喜忠、张胜涛：《区域品牌的生成机理和路径研究》，《科技进步与对策》2005 年第 12 期。

问题。

第一，由于"区域品牌"的研究角度各异，到目前为止，学术界尚缺乏统一完整的"区域品牌传播"概念界定。当然，区域品牌首先是一个名称、标志、符号；其次是一种形象，是在一定区域范围产生并在区域内外形成影响，能够体现良好的区域优势产业形象和公众认可度，以著名企业品牌和产品品牌为代表，且已具有无形资产和品牌效应的区域公共性特征的品牌；最后，区域品牌只有通过传播才能在公众心目中形成影响力。在以上问题上已经基本达成的共识，就决定了区域品牌传播的基本内涵和外延。

第二，区域品牌传播的理论研究远远落后于区域品牌化的实践，关于区域品牌、区域品牌传播的研究还缺少理论支撑。尽管区域品牌研究发展较快，但从整体来看，研究的内容仍十分有限和零散，很多研究停留在传统的区域品牌管理和品牌战略或策略层面，或者仅是对区域品牌的形成与发展做描述性分析，未能深入研究区域品牌活动的特殊规律和区域品牌传播的内部机制，没有形成完整的理论体系。因此，如何借助相关领域的研究成果，探讨区域品牌传播活动的特点和规律，是亟须解决的问题。

第三，目前对区域品牌的研究，虽然很多研究涉及了区域品牌传播的相关要素，但是对区域品牌传播的构成要素还没有达成共识，也没有对各个要素之间的关系以及传播过程进行具体的探讨；同时，现有研究在一定程度上都观照过区域文化对区域品牌、区域经济的影响，但是由于对区域品牌形成的内部机制尚缺乏深入研究，因而依据形成机制完善传播职能，尚待进一步深入探讨。

第四，缺少系统的定量研究。当前区域品牌的研究大多停留在定性研究阶段，学者们采用的多是案例分析法，以某一地区的区域品牌实践活动为研究对象。但是一个新的理论概念的形成，需要有客观、科学和大量实证研究数据为支撑，这也是未来区域品牌传播领域研究的新趋势。

然而，从目前各地区域品牌的实践现状来看，区域品牌还仅仅被看作一个地区同类产品或者产业的品牌，更注重区域商品的功能、特色等的传播，而没有充分挖掘区域产品或产业的根植性，更未能融合区域产品或产业与所在区域文化体系的关系，将区域品牌与区域文化视为一个整体进行传播，从而降低了区域品牌的文化内涵。在消费社会，技术、社会和美学等综合知识在流通路径上的传播很大程度上决定了物体在流经这些路径时所获得的价值，这也是实现产品增值、产业增值乃至增强区域独特性的重要方式。因此，从更深层次上挖掘区域品牌的内涵，在文化层面上促进区域品牌的传播就是一个更多地融合区域制度文化、物质文化和观念文化等文化体系的传播活动。

三　研究思路与研究方法

1. 研究思路

本书以区域品牌传播研究为主旨，以区域品牌传播的理论研究和应用研究为重要内容，旨在通过区域品牌传播的理论和实际探索，为我国区域品牌传播战略创新提供有益的借鉴。在从传播学角度系统构建区域品牌传播理论的基础上，以山东、浙江和广东为典型案例，对我国区域品牌传播的典型模式进行比较分析；并以广东省为重点研究对象，通过问卷调查，对广东区域品牌形象传播的现状及存在的问题做全面研究与揭示；进而通过内容分析，对报纸、互联网和微博等媒体呈现的广东区域品牌形象做进一步分析，以全面展现广东区域品牌的媒体传播状况。研究成果的主体部分，则是运用战略管理理论与方法，在对区域品牌传播面临的内外部环境综合分析的同时，以广东"珠三角"为研究对象指出广东"珠三角"区域品牌传播面临的优势与劣势、机会与威胁，并从区域品牌战略定位、整合传播、精准传播等角度，系统提出广东"珠三角"区域品牌传播战略规划，及该战略规划的实施与推广措施。最后依据现代视觉传播理论，对以广州为典型案例的区域品牌视觉传播体系进行创新设计，以期为区域品牌战略的系统实施提供直接的视觉传达与形象标识参考，并进而为推动我国区域品牌的传播与发展提供借鉴。

2. 研究方法

（1）文献分析法

本书主要通过文献研究法对品牌传播与区域品牌传播相关理论及实践状态进行系统搜集与总结，并广泛搜集有关典型地区在自然、政治、经济、社会、文化发展方面的相关资料，以其作为各地区域品牌传播的背景资源进行分析。

（2）内容分析法

本书采用内容分析方法主要是对不同媒介呈现的有关广东区域品牌的内容进行分析，目的在于通过媒介呈现来发现在这些现有优势资源的基础上，作为区域品牌传播主体的政府、行业协会、企业、大众媒体、社会公众在区域品牌传播中的作用及不同媒介的传播效果，通过各个传播主体有层次地展现广东区域品牌传播现状，并分析区域品牌传播过程中存在的问题，提出相应的对策性建议。

（3）调查研究法

本书主要运用问卷调查法对基于消费者的区域品牌传播测量指标进行构建，并对广东区域品牌传播现状展开调查，通过问卷收集一手资料，进而依据统计分析形成指标体系和相应的研究结论。

（4）案例研究法

本书中分别以"珠三角"、广东省、广东药业和广州市为对象所做的研究就是案例研究方法的具体运用，既可以解释不同区域、产业及其品牌传播的模式问题，也可以通过典型区域或产业选取，通过内容分析，对其区域品牌传播进行媒介解读，还可以通过具体的设计图解阐述一般区域品牌的视觉传播模式。通过典型案例研究希望能够丰富区域品牌传播理论并对区域品牌传播理论的系统构建提供生动的形象图解。

除此之外，本书还将利用比较分析法对从全国各地选择出的典型区域品牌传播模式进行比较分析，从而发现不同传播模式的异同及传播效果的差异；并运用战略管理的理论与分析工具，以"珠三角"为研究对象，在分析其区域品牌面临的优势与劣势、机会与威胁等战略环境的基础上，试图构建出区域品牌传播的战略规划思路和创新传播策略。

总之，本书是对我国区域品牌传播理论研究的深化，更是对长期实践应用典型范例的总结；既要展现系统的理论研究构架与创新的研究视角，又试图从多学科出发对区域品牌传播的实践形成有价值的指导与借鉴。希望本研究能够对从事区域经济研究、区域产业研究及区域品牌研究的理论工作者提供一定的参考；同时，对各地区及各城市区域品牌形象塑造与区域品牌宣传和推广实践活动提供指导。因此，本书适合于以上相关领域的研究者参考借鉴，也适合于从事传播学、广告设计与营销学专业的学生参考，更适合于各地区从事区域品牌规划与管理工作的相关人员借鉴与使用。

第一章

品牌与区域品牌传播理论建构

一 品牌与品牌传播

（一）品牌理论的发展阶段

品牌理论是企业对品牌管理及营销活动的基本指导思想，它是一种观念、一种态度或者一种思维方式。自品牌概念提出以来，品牌研究主要是在市场营销学、传播学、心理学等领域进行的。随着社会的发展，追求物质享受和炫耀式的消费文化观念的流行，使消费品的使用价值已经不那么被看重，而品牌的影响力则不断增强，品牌理论的研究也就日益兴盛。品牌理论的建构与发展经过了较长的历史时期，并逐渐形成了几个典型的发展阶段。

1. 品牌标识阶段

品牌标识阶段是出现在 20 世纪五六十年代的一些关于品牌的较为系统的研究时期，其重点是回答"什么是品牌"的问题。

1950 年，广告大师大卫·奥格威（David Ogilvy）第一次提出了"品牌"概念，他认为，品牌是一种错综复杂的象征，它是品牌的属性、名称、包装、价格、历史、声誉、广告风格的无形组合；品牌同时也因消费者对其使用的印象及自身的经验而有所界定。[①] 1960 年，美国市场营销协会对品牌给出的定义是——品牌是一种名称、术语、标记、符号或设计，或是它们的组合运用，其目的是借以辨认某个消费者或某群销售者的产品

---

① 余明阳、朱纪达、肖俊裕：《品牌传播学》，上海交通大学出版社 2005 年版，第 3 页。

或者服务。① 这一定义得到大多数人的认可。

随着同类产品的竞争越来越激烈，20 世纪 50 年代初，罗素·瑞夫斯提出 USP（Unique Sales Proposition）理论，以"独特的销售主张"向消费者灌输产品的独特性并以此推动产品的销售。该理论提出了广告传播的三条原则，即通过每则广告都向顾客提出同一个主张，同时这个主张必须是竞争对手所不能或不曾提出的，并且必须要有足够的促销力来打动顾客。② 他为美国玛氏公司的 M&M 巧克力豆创作的"只溶在口，不溶在手"的经典广告词，使用长达 40 多年而不衰。USP 理论首先提出传播的创意，即向消费者传达独特的产品。1955 年，CI（Corporate Identity）理论对品牌传播的发展起到了重要作用，主要由理念识别（Mind Identity，MI）、行为识别（Behavior Identity，BI）和视觉识别（Visual Identity，VI）三部分组成。美国 IBM 公司首先导入了蓝色视觉标识 IBM，建立起"蓝色巨人"品牌形象，掀起了一场品牌的"形象革命"。

这一时期的品牌理论更侧重的是品牌的标识功能，即品牌是区分其他产品或服务的主要标志。通过品牌设计，传递商品的独特性，给人们以购买的理由，最终达到将产品推销出去的目的。这一时期的品牌理论基本都是围绕产品自身的特性进行的，品牌还并未完全独立出来，其更多的是在广告中宣传品牌，他们关注的是如何在商品之中找出能说服消费者进行购买的特性，并将这特性如实地传播出去。因此，这一时期的品牌并不关注商品所蕴含的文化价值，品牌只是商品传递的工具。

2. 品牌战略阶段

这一阶段始于 20 世纪 60—80 年代。如果说前一阶段的品牌观念更多地是为了标识企业及其产品，后来随着竞争压力的越来越大，广告的说服作用在衰退，人们对品牌的认识日益充分，于是品牌创意时代到来。这一时期，提出了许多具有战略性意义的品牌理论，如品牌形象理论、品牌定位理论、品牌个性理论等。

由于科技革命的进一步深入，以产品功能的差异来吸引消费者变得越来越困难，品牌的感性因素变得更为重要，品牌形象时代悄然来临。大

---

① 余明阳、朱纪达、肖俊裕：《品牌传播学》，上海交通大学出版社 2005 年版，第 4 页。

② 张金海、姚曦：《广告学教程》，上海人民出版社 2003 年版，第 33 页。

卫·奥格威在他的《一个广告人的自白》一书中提出了品牌形象理论。该理论认为，随着产品同质化的加强，消费者对品牌的理性选择减弱；人们同时追求功能及情感利益，广告应着重赋予品牌更多感性利益；任何一则广告，都是对品牌形象的长期投资。奥格威根据这一理论为一个在市场上沉寂了 116 年的衬衫塑造了"戴眼罩穿哈撒韦衬衫的男人"形象，成为品牌形象理论成功实践的典范。

随着对品牌内涵的深入研究，美国 Grey 广告公司提出了"品牌性格哲学"，日本的小林太三郎教授提出了"企业性格论"，并逐渐形成"品牌个性理论"（Brand Character Theory）。该理论认为，在与消费者的沟通中，形象只能认同，而个性可以造成崇拜，个性是品牌传播的最高层面。为了实现更好地传播沟通效果，应该将品牌人格化，寻找代表品牌个性的象征物，并使用核心图案和文字表现品牌的特殊个性。①

为了解决企业品牌推广活动的效率问题，1969 年，里斯（Ries）和特劳特（Trout）首先提出"定位"（Positioning）一词，1972 年在《广告时代》（Advertising Times）上发表题为"定位时代"的一系列文章，1979年在专著《广告攻心战略：品牌定位》中系统论述了品牌定位理论，认为在产品同质化、相似化的背景下，企业营销成败的关键是从传播对象，即消费者的角度出发，由外向内使产品和品牌在消费者心目中占据一个有利位置，一旦产品和品牌占据了这个有利位置，企业就创造了品牌在消费者心理的差异，创造了品牌的个性化差异，也就意味着企业或其品牌得到了消费者的认同并且可以有效地解决企业销售问题。②

尽管这一时期的理论主张存在较大的差异，但也显示出理念取向的一致性，即都是围绕着品牌的形象诉求及展现来展开。品牌形象理论从产品功能转向了产品形象，并从产品或品牌的形象出发着力塑造产品的个性。虽然这一时期的品牌理念仍停留在以产品为核心的阶段，但在进行品牌创意时，追求物质享受和体现身份地位的炫耀式消费观念已有体现，并通过广告的强大传播，推动了现代消费观念在消费者中的不断传播。与此同

---

① 张金海、姚曦：《广告学教程》，上海人民出版社 2003 年版，第 34 页。

② ［美］艾·里斯、杰克·特劳特：《定位》，王恩冕等译，中国财政经济出版社 2002 年版，第 20 页。

时，消费者需求在品牌传播中得到重视，如大卫·奥格威的科学广告理论就强调创意必须来自科学的调查研究，包括对消费者的调查。特别是李奥·贝纳的万宝路香烟广告以及品牌形象理论，完成了从产品到品牌、营销的转换，这与后期的定位理论、CIS 理论、整合营销传播理论有莫大关联。因此，这一时期品牌理论的创新，即标志着传统的以产品标识为核心的品牌理论的终结，引导了以"消费者"为核心的现代品牌理论的发展。

3. 品牌资产阶段

20 世纪八九十年代是品牌理论的深化发展阶段，以品牌资产理论的提出为标志，形成了包括品牌价值、品牌资产和整合营销传播三个典型时代特征的研究热点。大卫·艾克（David Aaker）的品牌三部曲：《管理品牌资产》（1991）、《建立强势品牌》（1995）、《品牌领导》（1998），使品牌价值在全球企业界产生了深远的影响。

戴维·阿克在其《管理品牌资产》一书中提出了"品牌资产"（Brand Equity）这个重要概念，认为品牌资产就是一组与品牌的名字及其符号相连的品牌资产与负载，它能增加或减少某产品、服务所带给该企业或某顾客的价值，并提出了"品牌资产五星模式"，即品牌忠诚度、品牌认知度、品牌知名度、品牌联想和其他品牌资产五个方面[①]。美国战略品牌营销学家凯文·莱恩·凯勒（Kevin lane Keller）（1993、1998）从顾客的视角来定义品牌资产，认为品牌资产的本质是由顾客的既有品牌知识所导致的顾客对品牌营销活动的差异化反应。

这一时期不少知名广告公司提出了理论性和实践性较强的品牌策略，比如奥美广告公司提出的"360 度品牌管家"（Brand Stewardship）、萨奇的"全球品牌策略"（The Global Branding）、电通的"品牌传播"（Brand Communication）、达彼思的"品牌轮"（Brand Wheel）、智威汤逊的"整合品牌建设"（Total Branding）等。从此，品牌开始上升为公司战略和管理中重大的新兴领域。

4. 品牌关系阶段

这一阶段是 20 世纪 90 年代至今的品牌理论全面发展阶段，其中包括

_____

① ［美］戴维·阿克：《管理品牌资产》，吴进操等译，机械工业出版社 2006 年版，第 15 页。

品牌关系理论、整合营销传播理论等。

利奥纳多·L. 贝里最先提出"关系营销"的概念，认为品牌关系是基于文化背景的顾客认同。布莱克斯通将品牌关系界定为"客观品牌与主观品牌的互动"，指出品牌关系是品牌的客观面（主要是品牌形象）与主观面（主要面是品牌态度）相互作用的结果。弗尼尔将品牌关系分为四个层面：消费者与产品的关联、消费者与品牌的关联、消费者与消费者的关联、消费者与公司的关系，从而扩大了品牌关系的延伸。

20 世纪 90 年代，随着市场竞争的日益激烈以及消费者的分化与构成成分的复杂化，在市场营销界，消费者消费心理的成熟，单纯的广告在市场营销中的作用开始减小，公共关系起的作用越来越大。于是，必须对广告、人员推销、价格、公共关系等元素进行整合，以提高产品或品牌的影响力。被誉为"整合营销传播之父"的美国西北大学教授唐·舒尔茨（Don Schultz）提出了整合营销传播理论，其代表作《整合营销传播》（1994）引起了新的营销革命，也让企业重新审视品牌的营销传播活动。整合营销传播即 IMC（Integrated Marketing Communication）的核心思想是将统一的传播信息传达给消费者，以"一种形象，一个声音"作为目标。此后，科罗拉多州立大学的汤姆·邓肯（Tom Duncan）出版了《品牌至尊——利用整合营销创造终极价值》（2000）一书，他认为 IMC 是一个概念也是一个传播流程，并且将"关系利益人"的概念引入到整合营销传播活动中。与此同时，品牌生态研究、品牌叙事研究、品牌哲学研究等也被广泛关注。

（二）品牌的内涵与特征

1. 品牌的内涵

与品牌理论研究的发展阶段相适应，有关品牌内涵的概念界定也形成了几种不同的学说。

（1）符号说

认为品牌是产品识别的符号或标记。Lynn B. Upshaw 在其 1995 出版的《塑造品牌特征》一书中指出："品牌是使某种产品和服务能够区别于其他产品和服务的名称、标识和其他可展示的标记。"美国管理协会认为（1998），"品牌是经营者或经营者集团的产品与服务，基于与其他竞争者有所区别而赋予之名称、术语、记号、象征、设计，抑或是上述方式的结合"。美国营销协会定义品牌为"一个名称、术语、标志、符号或设计，或是它们的结合体，以识别某个销售商或某一群销售商的产品或服务，使与他们竞争者的产品或服务区别开来"。① 也就是说，品牌是销售者向购买者长期提供的一组特定的特点、利益和服务的允诺和质量的保证。

（2）关系说

这种观点强调品牌就是产品和消费者的关系。品牌专家大卫·艾克认为，品牌就是产品、符号、人、企业与消费者之间的联结和沟通。也就是说，品牌是一个全方位的架构，牵涉到消费者与品牌沟通的方方面面，并且品牌更多地被视为一种"体验"，一种消费者能亲身参与的更深层次的关系，一种与消费者进行理性和感性互动的总和。奥美公司认为，品牌是消费者与产品的关系，消费者才是品牌的最后拥有者，品牌是消费者经验的总和。Michael Perry（1999）认为，"品牌是消费者如何感受一个产品，它代表消费者在其生活中对产品与服务的感受而滋生的信任、相关性与意义的总和"。David Arnold（2000）认为，"品牌就是一种类似成见的偏见，成功的品牌是长期持续地建立产品定位及个性的结果，消费者对它有较高的认同"。王新新认为，"品牌是一种关系性契约，品牌不仅包含物品之间的交换关系，而且还包括其他社会关系，如企业与顾客之间的情感关系"。② 何佳讯（2000）认为："品牌是个以消费者为中心的概念，没有消费者就没有品牌。品牌的价值体现在品牌与消费者的关系之中，消费者对品牌如何感受的总和，统称为品牌。"

（3）资产说

这种观点着重强调品牌的价值，突出品牌资产、品牌承诺等方面，认为建立品牌对企业有重要意义。在国外文献中出现较多的与品牌资产相关的用词有 Brand Equity 和 Brand Asset。美国 S&S 公关公司总裁乔·马可尼认为，品牌是个名字，而品牌资产则是这个名字的价值。英国品牌专家彻

---

① 转引自［美］菲利普·科特勒《营销管理》，于永贵等译，上海人民出版社 2009 年版，第 274 页。

② 转引自张锐《国内外品牌本性理论研究综述》，《北京工商大学学报》（社会科学版）2004 年第 1 期。

纳东尼和麦克唐纳在给品牌下定义时指出："一个成功的品牌是一个好的产品、服务、人或地方，使购买者或使用者获得相关的、独特的、最能满足他们需要的价值。而且，品牌的成功源于面对竞争能继续保持这些附加价值。"[①] 法国品牌专家让·诺尔·卡菲勒认为："在法律上，品牌是企业产品的标志，通过注册和登记获得认可。在商业社会，品牌价值在于它在消费者心目中独特的、良好的、令人瞩目的形象。品牌不止是标志，而是标志所能在消费者心目中唤起的一切美好印象的总和。这些印象可以是有形的，也可以是无形的，包括社会的或心理的效应。"[②] 这些观点都强调品牌作为一种无形资产为企业创造的财富和知名度，突出品牌这种动态的无形资产所具有的增值潜力，认为建立好品牌对企业来说具有决定性的意义。

（4）文化说

当然，而无论是符号说还是资产说，多倾向于从品牌的外在形式等经济角度进行界定。不过，随着后现代消费文化的逐渐形成，消费者对符号和意义消费的推崇，使某一品牌背后的情感和文化认同越来越重要，其对消费者的吸引也更持久。品牌作为相关事物的象征系统，更应该同时从文化视野来看待，只有将"品牌"放到文化的更广阔的视野下审视，才会发现其深刻的内在本质。

因此，我们认为，品牌是现代社会文化的主要构成部分，品牌是在社会文化系统中所形成的具有广泛影响力的名称、术语或符号的集合，并具有个性、文化、利益、消费价值等多重属性的社会文化建构与表征。简单地说，品牌是品牌自身识别系统与社会系统互相影响与建构的过程，是有关某一产品或服务的名称、标志、形象等符号识别系统与社会文化系统互相表征与建构的过程。因此，只有将品牌置于社会文化视域下，才能赋予其更为广泛而深刻的内涵与意义。

2. 文化视域下的品牌特征

文化视域就是以一个时期或某一区域的社会文化为主体，探求这一时

---

① ［英］L. D. 彻纳东尼、M. 麦克唐纳：《创建强有力的品牌——消费品、工业品与服务业品牌的效益》，管向东等译，中信出版社 2001 年版，第 1、20 页。

② ［法］卡菲勒：《战略性品牌管理》，王见平等译，商务印书馆 2000 年版，第 22 页。

期或区域社会文化的本质、特点及其对相关的各种社会活动的影响。通过探求这一时期或区域文化的过去、现在和未来，可以为建立于此之基础之上的各类研究提供更具战略意义的重要视角。

具体来说，品牌作为社会文化系统的主要构成要素，其特征可概括为以下两个方面。

（1）品牌是社会文化意义的表征

品牌作为一种视觉元素呈现的符号，它包括名称、字体、标志、颜色等元素，其中，标志是一个品牌最核心的视觉元素，它是将点、线、面诸元素组合成为一个空间视觉的主题。在品牌消费的时代，品牌符号不是空洞的，它还是人们心智中的图像和概念的集群，能为消费者提供一组具有能满足其理性和情感需要的价值，品牌不仅由于其功能性价值而被推崇，而且由于其心理的和社会的价值而被喜爱。不同的品牌象征着不同的社会文化意义，并传达出不同的社会价值，并向人们灌输着不同品牌的意义和理念。

然而品牌符号的意义，则来源于社会文化系统，特别是一个社会的主流消费文化系统。如果社会内部的消费形态、消费行为、消费结构等发生深刻的变化，人们的生活方式发生深刻的改变，也会影响品牌观念的变迁和发展。品牌是物质与精神的统一，这就使品牌不仅是某种历史和文化的象征，而且能够传承文化的内涵，是典型的"活化石"。例如同仁堂，历经 347 年锤炼铸造出的这块金字招牌，不仅有配方独特、药到病除的王牌药品所体现出的市场价值，而且承载着中国传统文化深刻的烙印和博大精深的传统医药理念，更重要的是传承着中国人诚与信、仁与义的优秀品德与价值取向，这种社会意义是纯物质文化遗产无法比拟的。

（2）品牌建构着社会文化的制度形式

《制度、制度变迁与经济绩效》一书的作者道格拉斯·C. 诺思曾说："制度是一个社会的游戏规则，更规范地说，它们是为解决人们的相互关系而人为设定的一些制约……制度在一个社会中的主要作用是通过建立一个人们相互作用的稳定的（但不一定是有效的）结构来减少不确定性。"[①]

---

① ［美］道格拉斯·C. 诺思：《制度、制度变迁与经济绩效》，刘守英译，上海三联书店1994 年版，第 98 页。

对于品牌来讲，它规范着人们日常生活中的消费行为，影响到人们的消费心理，并且品牌甚至已成为一种新的社会划分标准，它从新的角度诠释和确立人与人之间的关系。从这些层面来说，品牌是社会发展到品牌消费阶段的一种新的制度形式，它是作为一种社会制度而存在的。

品牌作为一种社会制度形式，以其特有的方式引导和刺激着消费，建构着社会文化，尤其是建构着消费文化。通过媒体及各种社会生活场景，使受众感知、理解并接受品牌所传播的，不仅仅是某种商品或某个企业的性状，而更主要的是传达某种特定的消费价值观念、生活审美情趣、生活风尚以及特定的文化倾向和生活方式。品牌不仅仅是单纯地刺激人们的消费，还更为微妙地改变人们的消费习惯，教会人们适应新的生活方式。[①]可以说，品牌作为当今社会图像和社会意识的一部分，是受到了社会观念、生活方式、审美趣味、大众传播等多种因素的共同推动，从而形成的一种意识形态和社会文化的制度形式。

（三）品牌传播的文化内涵与特征

1. 品牌传播的内涵

尽管品牌传播的研究在国内开始的时间较晚，但已有一些学者对其展开了研究。余明阳与舒咏平在品牌研究现状基础上提出品牌传播的概念，指出品牌传播就是指品牌所有者通过各种传播手段持续地与目标受众交流，最优化地增加品牌资产的过程。[②]他们认为，品牌传播实际上就是对各种传播手段进行控制与利用的过程，在这个过程当中，如何利用好这些可控制的传播资源，就成为品牌传播制胜的关键，而品牌传播手段则包括广告、公关、人际传播以及各种媒介资源等。钟育赣（2001）认为，有效的品牌传播能使企业、产品和服务与竞争者相区别，树立差异化的形象与口碑。本来没有多大差别的东西，能让顾客、公众和社会感受到不一样的价值。这里重要的不是这个"价值"是否真实存在，而是顾客和利益相关者是否感受到产品与竞争对手的差别。品牌传播所打造的不一样的价

[①]　［美］丹尼尔·贝尔：《资本主义文化矛盾》，赵一凡等译，生活·读书·新知三联书店1989年版，第116页。

[②]　余明阳、舒咏平：《品牌传播学》，上海交通大学出版社2005年版，第13页。

值，会集中通过品牌差别反映和表现出来。品牌传播依靠的是品牌差别制胜，这种以形成品牌差别为导向的传播就是品牌传播。陈先红除了从品牌所有者有意进行品牌塑造的角度对品牌传播下定义，还强调了品牌传播的目的是要获取消费者的信任和购买意向：所谓品牌传播，就是指品牌所有者找到自己满足消费者的优势价值所在，用恰当的方式持续地与消费者交流，促进消费者对品牌的理解、认可和信任，产生再次购买的愿望，并不断维护对该品牌好感的过程。[①]

另一些学者则更多地将品牌传播与品牌资产联系起来。如胡晓云等在其编著的《品牌传播效果评估指标》中认为："品牌传播属于应用传播领域，它指出了建构品牌、维护品牌与公众以及相关利益者之间的正向关系所做的一系列整合的传播活动。它以具有独特差异化的，具有一定知名度、美誉度、感知力和忠诚度的品牌形成、维护、发展为目标。"其中，知名度、美誉度、感知力和忠诚度正体现出了品牌资产的几个方面，强调品牌传播是以形成品牌资产为目标的。

以上观点，既强调品牌传播手段是品牌传播的重点，要开展品牌传播，就是要充分利用广告、公关、人际传播及各种媒介资源，也从品牌传播的目的强调品牌传播就是通过传播来树立品牌的差异化，获取消费者的信任和购买意向，并最终形成品牌资产。这些研究大多是从市场营销学、心理学、广告学的维度解读，而没有把品牌传播现象置于更广阔的社会文化背景下去观照，由于品牌现象已经触及品牌作为社会象征符号及其深层的文化和心理动因问题，因而更需要运用心理学、社会学、文化人类学、哲学等相关学科的理论去研究品牌传播问题。

因此，我们认为，所谓品牌传播是在特定社会文化环境下，品牌所有者通过各种传播手段持续地与目标受众交流互动，促进受众理解、认可、信任和体验品牌，并不断维护对品牌的好感，以提升品牌资产与社会责任感的社会文化表征与建构系统。

2. 文化视域下品牌传播的特征

（1）品牌传播属于社会文化的传播系统

品牌传播是在一定的社会环境文化中进行的。品牌的形成与传播受到

---

① 陈先红：《试论品牌传播的消费者导向原则》，《现代传播》2002 年第 1 期。

社会、文化、经济等各方面的影响，品牌传播是社会文化符号的传播建构过程，如果社会内部的消费形态、消费行为、消费结构等发生深刻的变化，人们的生活方式也会发生深刻的改变，进而必然会影响品牌传播观念的变迁和发展。鲍德里亚对现代消费社会进行研究，他把人们从物的消费带入符号消费的领域，并从人们对"物"的消费行为中，看到物或商品对人的本性的支配与异化，这就是其中蕴含的更深层的"符号"消费。现代社会，符号无处不在，语言、文字、线条、色彩、体态动作等都是符号，"人类文化生活都是符号形式"①。品牌表现为一种名称、标志或其组合，从某种程度上而言，就是一种符号或符号群。

（2）品牌传播建构着特定的文化系统

品牌以其特有的方式引导和刺激着消费，促进和引导着社会文化的形成与变迁。实质上，品牌传播就是通过媒体及各种传播资源，使受众感知、理解并接受品牌所传播的消费文化，这不仅仅是对某种商品或某个企业性状的传达，而更主要的是传达着某种特定的消费价值观念、生活审美情趣、生活风尚以及特定的文化倾向和生活方式，从而以达到影响人们的生活方式为最终目的。同时，品牌也通过创造流行和时尚来改变人们的消费观念。当人们发现自己的消费观念、消费方式和生活方式与所追求崇拜的"消费理想"不相符时，就会主动加以调整。更重要的是，经由媒体广泛传播的意识形态和生活方式会被处于"多元无知"的受众当作社会主流而在现实生活中加以模仿和遵从。这样，人为制造的流行和时尚也就潜移默化地转变为真正的流行和时尚，人们的消费观念也在这种转变中发生了变化，从而人们在休闲、消费和感官满足的快乐之中接受了新的消费方式和生活方式。在这样一个过程中，全新的消费观念和消费方式则会被社会大众所接受。

（3）品牌传播是文化形态的实现方式

品牌为消费者提供了大量有关商品、服务和劳务的信息，刺激了消费者的消费热情，不仅成为消费文化传播最直接的媒介，同时也是现代消费文化最为重要的组成部分。品牌不仅仅是单纯地刺激人们消费，还更为微妙地改变人们的消费习惯，教会人们适应新的生活方式。美国社会学家丹

---

① 王少琳：《符号学与广告语言》，《上海外国语大学学报》1994年第6期。

尼尔·贝尔认为，在迅速变化的社会里，由于缺乏现成的指导，人们往往会出现行为方式、鉴赏方式和穿着方式的混乱。在这方面，品牌所起的作用不只是单纯地刺激需要，它更为微妙的任务在于改变人们的习俗，教会人们适应新的生活方式。[①] 现代品牌所做的不只是推销商品，还在推销一种以物质利益为重的生活方式，它促使人们理解幸福是靠物质商品消费而获得的。可以说，现代品牌既创造了一种新的消费文化（即消费主义文化），又是我们消费欲望亦即消费文化的副产品。

品牌传播与社会文化是互相影响、互相建构的过程，品牌传播的实质就是传播社会文化，同时，品牌传播也在构建着文化，引起文化的变迁与发展。另外，文化也会对品牌传播产生影响。文化与品牌的关系是"体"与"用"的关系。社会文化是体，品牌传播是用，怎样的文化就决定着怎样的品牌传播，品牌传播也会对社会文化产生影响，是具体的文化形态的实现方式。

（四）基于文化视域的品牌传播研究视角转换

进入 21 世纪，社会发展日趋媒介化，新技术的应用使原有社会传播系统发生革命性的变革，而消费社会的来临，也推动了品牌传播方式的变迁，从而使品牌传播环境和要求均发生了重大改变。因此，品牌传播研究视角的转换就成为必然。

1. 品牌传播研究视角转换的动因

（1）品牌传播环境的复杂化

品牌传播的运行是在整个社会大环境下进行的。传播环境是指围绕发生在传播活动周围的各种情况和条件，是传播者和受传者在长期的传、受活动中形成的一些惯例和气氛。品牌传播的社会环境主要包括整个社会的政治、经济和社会文化等，然而在消费文化视域下，我们主要考察社会消费文化环境的变化对品牌传播的影响。随着消费社会的逐渐形成，商品经营和消费者的消费理念、行为方式都发生了重大的变化。

此外，品牌传播的媒介环境正在发生重大变迁。现在已进入无缝化的

---

① ［美］丹尼尔·贝尔：《资本主义文化矛盾》，赵一凡等译，生活·读书·新知三联书店1989 年版，第 116 页。

传播时代和数字时代。社会化媒体的发展，推动着传播形态的巨大改变，每个人都成为传播的中心和新闻的源头，而微弱的信息在社会化媒体上有可能聚拢其关注的群体，迅速得到加强与传播，并很快以原子裂变的方式在互联网上迅速散播开来。在社会化媒体时代，大众传播行将终结，进入微传播时代，利用 SNS、BBS/论坛、分享类网站、博客、微博、微信导为代表的社会化媒体，来开展互动营销，已经成为现实。正如克雷·舍基在《未来是湿的》中所言："未来是湿的，因为人与人之间、群体与群体之间凭共同的兴趣以一种温和的方式交流和交往，而不再像以往那样'干巴巴'地进行交流。在新营销人士眼里，基于湿世界、湿社会和湿生活背景下的'湿营销'将是未来最具杀伤力的主流营销模式。"①

（2）品牌传播主体的消费者转向

在品牌传播过程中，消费者是传播的中心，他们会主动互相传递品牌知识和品牌感受；他们有自己的品牌理解；他们也会联合起来反对某个品牌。消费者在传播过程中处于不可动摇、不容忽视乃至决定性的地位。现代社会提倡的是以人本属性作为品牌传播的核心，对经济利益的追求应该建立在人本属性的基础上。人的价值体现成为核心所在，品牌传播必须以体现消费者审美化和风格化的个性需求为根本诉求。这就要求品牌制造者，转而为消费者服务。

早在 1979 年，美国营销大师阿尔·里斯和杰·特劳特在《定位》一书中就强调：随着竞争激烈化、同质相似化的日益严重，必须要创造品牌的个性差异。他们主张从传播对象（消费者）角度出发，由外向内在传播对象心目中占据一个有利位置。因此，要使传播有效，也必须由原来的"请消费者注意"转变为"请注意消费者"。具体来说，从营销传播的角度看，就是要分析消费者的处理方式，在这个基础上确定品牌传播中消费者导向的原则。

以服务消费者为目的的品牌传播，正好适应现代社会受众个体化和碎片化的状况，在特定的时间它只需要作用某一特定的消费者，这就决定了其采用的渠道也是一对一的沟通渠道，而在数字化时代，电子邮件、网络社区、手机终端，移动网络终端等一对一的数字化媒体都可以实现品牌传

---

① 转引自肖明超《新营销沟通时代的传播逻辑》，《中国广告》2010 年第 12 期。

播与消费者的双向互动沟通。从这种意义上来看，品牌面对的已经不是大众，而是窄（小）众，甚至是个众了。

（3）品牌传播受众从大众到"小众"和"个体"的转变

随着个体化和碎片化消费时代的到来，消费者行为正向着个性化和多样化发展，传统以运用大众媒介作用于消费者的品牌传播渠道模式已经无法达成应有的效果。企业只有将注意力投注于公众之间的差异上，即在建立受众数据分析的基础上，实行个别化营销，才能使个别受众获得完全而持续的满意。以服务消费者为目的的品牌理念，也只有适应受众个体化和碎片化的状况，在特定的时间只作用某一特定的消费者，采用一对一的沟通渠道，才能适应个体化时代发展的要求。在数字化时代，电子邮件、网络社区、手机终端、移动网络终端等一对一的数字化媒体都是实现现代品牌与消费者双向互动沟通的主要渠道。从这种意义上来看，品牌面对的已经不是大众，而是小众，甚至是个众了。此时，品牌传播的个性化要求就日益凸显，以满足消费者的个性需求为目的的体验经济就通过定制化的产品或服务而得到了体现。

（4）品牌传播内容要求的简单化、个性化和文化化

品牌不仅包括表象上是一个名词、标记、符号等表层因素，还包括体现理念、文化等内在价值的深层次因素，品牌聚合了丰富的文化内涵，它们共同构成了品牌传播的源，因此也就决定了品牌传播本身的聚合性。

在当今传播过度的社会里，受众表现出一种"最小努力法则"和"适度满足法则"，即只是浅尝辄止地接受，并且总是把收集信息局限在必须知道的最小范围内，换句话说，就是简单原则，如可口可乐的"真正快乐"、农夫山泉的"有点甜"等广告口号。同时还要追求个性法则，做到新颖独特，与众不同，比如雪碧"我就是我，晶晶亮"。期待法则，即在超载的画境中，受众会按照个人的经验、喜好、兴趣和情绪来选择，人们偏爱接受期望中或与自己期望相一致的。正如舒尔茨认为，创意面临的最大挑战是，驱逐那些夸大、卖弄却言之无物的，代之以符合受众期望的、真正有意义的，能够帮助受众解决问题的，并且能改善他们生活的讯息。

此外，不能忽视品牌传播内容的文化化，它是品牌生成的隐性生态环

境，包括品牌精神文化和品牌行为文化。品牌精神文化，指在消费者认知中，品牌所代表、蕴含的意义、象征、个性、情感、品位等综合理念因素的总和。在产品均质化、消费感性化的今天，卓越品牌的魅力，就在于它凝结进去的理念、情感、象征等文化内涵。可以认为，市场土壤每生长出一个影响深远的品牌，就无一例外地造就了一道独特的文化风景线。品牌的本质是文化，品牌传播本质上也就是文化传播，它包含并代表着特定的社会意义或文化意义。

（5）品牌传播媒介的普遍化

随着社会发展，品牌传播媒介也逐渐多元化，品牌传播越来越需要组合化、整合化、无缝化，让消费者在不同的媒体之间产生行为的联动，让消费者从被动变为主动，或者从线下变到线上。与传统社会的一传十、十传百的人际传播相比，现代社会可供品牌选择的传播媒介大大增加了。在传统的营销传播理念中，由于广告所起的作用处于绝对性的地位，因此，传播者偏重对大众传播媒介的分析及其在品牌传播中的运用，而没有重视其他媒介的综合运用。随着融媒体时代的到来，传播媒介发生了根本性变化，人们对媒介的认识也有了彻底改变，任何可以与消费者沟通的活动、介质都可以称为品牌传播媒介。

品牌传播中，最重要的就是对各种传播手段进行控制和利用。在这个过程中，如何利用好这些资源，就成为品牌传播制胜的关键。目前，在传播过程中出现了一个日趋严重的问题，也就是由于品牌复杂化和多元化的竞争，广告成本日益上升，而广告效果却越来越差。所以，如何对传播资源进行有效的创造性整合与利用，就成为减少品牌在传播过程中损耗率的重要方法。

（6）品牌传播方式的独特化和个性化

在传播方式上，以往品牌传播过多依赖广告传播。显然，广告依然是品牌传播的有效手段之一，然而就广告本质来说，广告只是帮助自由、富有创造力的消费者形成自己的价值。然而，随着现代社会分工越来越细，生产者、经营者和消费者之间的距离越来越大时，能够吸引消费者参与和唤起消费者美好体验和回忆的体验营销越来越受到关注。姚曦和蒋亦斌在《体验与体验营销传播》一文中认为："体验营销传播，它更明确地在传播中加入体验因素，其目标是通过体验化因素的加入和体验事件的运用，使营销过程充满消费者的参与和体验，获得美好体验和回忆，从而不断了解、把握和满足顾客体验需求，形成不可替代的竞争优势。其关键在于使顾客参与其中，增加顾客的主动性和对体验事件的接触，而不仅仅是向他们展示体验。"[①] 如在区域品牌传播中，很多区域政府都会很好地利用会展和购物一条街等方式，拉近产品和消费者的距离，让消费者亲身体验产品性能和情感归属，在体验的过程中提升对区域品牌的信任和认知。具体来说：

首先，品牌传播方式更注重沟通。关系建立的基础在于相互信任，而信任的基础在于沟通。品牌传播应该以平等沟通的方式去了解消费者的真实需求与审美倾向，从而为消费者提供最合适的产品。此外，品牌传播还应该通过沟通的方式建设好消费者与制造商之间的桥梁。文化视角下的品牌传播更强调交往双方之间的共主体性特征，强调两者互为主体，并同时以对方为客体开展交流沟通。它不仅揭示了交往过程中主体双方的地位接近、人格平等，而且还强调了双方主观能动性的发挥是品牌传播得以实现并维持的基本保证。

其次，品牌传播方式日益社会化。Meyer 的品牌创造社会模式[②]，充分考虑了个人的经历、人格、偏好、市场体验、想象以及媒介等诸多因素的影响，认为品牌传播是消费者经过调节和协商，对市场营销产出进行翻译和再创造的过程。品牌传播，应逐渐加强其与社会环境的联系，社会环境中的任何一个要素都有可能成为品牌传播的一种方式。

最后，品牌传播体验化。近几年来，体验（Experience）成为学者们关注的热点。体验指的是消费者在消费过程中产生的特殊经历和感受，其核心概念是把品牌比作故事，消费者通过品牌持有商的讲述产生体验，经过潜意识的加工，表现为精神层面上的品牌认同。比如很多品牌在户外媒体上播出的广告，不再传播产品的或者促销的消息，而是吸引消费者到网上看网络剧或者参加游戏，在这个过程中让消费者的体验更深刻，同时也更容易激发购买的行为。

---

① 姚曦、蒋亦斌：《体验与体验营销传播》，http：//journal. whu. edu. cn/research/read_ research. php = 336。

② Kimmel, Allan J. , *Marketing Communication：New Approaches, Technologies and Styles* [M] . Oxford University Press, 2005.

（7）品牌传播效果的扩大化

品牌传播的主要效果就是通过对品牌资源的控制和利用，提升品牌在受众中的认知度、美誉度和和谐度，实现品牌资产保值、增值、避免贬值。除了这一传统传播效果达成方式之外，品牌传播还要注重对社会文化效果的考察。品牌传播作为一个极其复杂的社会传播行为，在传播过程中由于受外界和受众自身因素的干扰，受众对品牌的接触很难按照传播者的计划和意愿进行，形成传播者所意想的效果。因此，在品牌传播过程中，需要对传播效果进行测量，评估品牌传播所达到的效果。关于品牌传播效果的测量，除了以往的从品牌溢价、品牌地位、市场份额、市场区域和吸引能力等方面测量外，还可通过品牌资产的综合考量，从品牌的社会影响力包括品牌社会形象、文化形象等方面做出综合评估。

2. 文化视域下的品牌传播研究转向

（1）品牌理论研究应由物本位向人本位转变

传统品牌理论，以产品的销售为目的，品牌关心的不是消费者全面真实的需求，而只是需求中能够实现产品销售中的部分，并以制造神话的手法不断刺激消费者将潜在需求转变成购买欲望。它倡导一种"物质至上"的价值观，引导人们以物的价值来衡量和代替人的价值，不是人代表物，而是物代表人，人与物的关系被颠倒，这就是物本位的品牌观。

在文化视域下，品牌理论更应强调人的发展，尽管它强调的是个人日常生活的审美化与风格化，关注的是个人的生活形态和个性特征，实际上，其本质功能则是激发和营造一种消费的人文情景。可以说，社会文化视角的品牌理论，是在对功能主义品牌理论深刻批判的基础上，进一步张扬一种以人为本的终极关怀。这就要求品牌理论的核心必须从物本位转向人本位，提倡以人为中心，关切人的生存状态，满足人的整体需要，关注人的个性发展。在重视人的合理需求的同时，高度重视人的精神需求和人的价值，反对用物化的价值、异化的价值遮蔽和压抑人的价值，用物欲的膨胀挤压人的精神空间。

（2）品牌理论研究应实现系统性转变

功能主义视角下的品牌理论是二元的和机械的，割裂了主客体、内在与外在环境的关系。品牌传播是当今企业最复杂的传播系统，而且品牌所容纳的要素内涵也在不断拓展。品牌传播除了受到企业内部因素、消费者心理因素影响外，还与社会文化因素等密切相关。实际上品牌传播应是一个动态、循环的传播系统。品牌传播的主体是企业与消费者，企业与消费者在相互影响、相互作用的过程中形成品牌；而这些均是在一个社会文化大环境中发生的。文化视角下的品牌理论更强调"主客体"之间的关系是内在的、本质的和有机整体的关系。因此，品牌理论研究应当摒弃传统的主客体二元对立的观点，承认一切对象的利益和价值，真正构建组织与环境的和谐关系、人与物的和谐关系等。这应当是品牌理论发展的未来取向。

（3）品牌理论应转向现代生活方式的建构

传统品牌理论通过构建神话的方式构建与传播着商品的符号价值，并使商品的使用价值与符号价值相分离，编织成由象征符号构成的美梦，继而诱导消费者将符号价值看成产品的主要价值，通过消费者欲望满足的方式实现产品的销售或品牌的提升。这是功能主义视角下的品牌理论。然而，不管是现代品牌构建的商品符号价值还是其倡导的生活方式都是建立在"逐利本质"基础之上的，其终极目的不是为了满足消费者的真实需求，促进他们真实个性的发展，而只是为了刺激他们的购买欲望，完成产品销售，通过虚无缥缈的符号价值和不切实际的生活方式的构建诱导消费者购买。

而文化视角下的品牌理论更重视人的主观能动性，重视的是人真实个性的体现。品牌不仅仅是单纯的刺激人们消费，还更为微妙地改变人们的消费习惯，教会人们适应新的生活方式。品牌构建的符号价值，其目的不是为了产品销售，而是为了满足人们日益增强的审美化和风格化的需求。品牌应倾听消费者的真实需求与个性需求，并在此基础上，通过向他们提供物质和文化产品的方式，为每一位消费者构建属于自己的、体现他们个性化修养与品位的生活方式。消费者不再是生活方式的被动接受者，而是这种生活方式源泉和主体。

（4）品牌传播向社区合作与参与的转变

传统品牌理论侧重"工具理性"和"实利主义"，将消费者看作被动的个体，同时，传统的品牌传播是一种社会组织的"传播（沟通）管理"活动，无论这种传播（沟通）行为多么复杂和多样，它只是一种组织传播（沟通）过程。而现代社会不再把个人、组织看作孤零零的，与民族国家及其经济相分离的实体，而是把个人看作社会的基础，强调个人与其家庭、文化、社会环境、自然环境等的内在联系，主张建立以家庭为中心的生物区域和文化地区等其他形式的地方社区，即建立以社区为基础的经济、文化、政治关系。因此，要实现组织与公众的线性关系向组织的社区网状关系过渡，品牌的发展就应该实现向"公共的"和"社区合作"关系的转变，并且应由社会组织参与其中的"公共的"社区关系决定社会的整体关系和人与人之间的内在联系。

（5）品牌传播应向文化诉求转变

目前对品牌的研究，多侧重经济价值视角，更多是通过整合营销传播提升消费者对产品的知晓度，促进消费者对品牌的认知。然而品牌还是社会环境、文化等综合品质的体现，品牌和文化是互动而不可分离的。品牌传播并不仅仅是品牌的建构，在传播品牌的过程中，也在传播建构着人类的社会文化。品牌的文化内涵源于社会文化系统，同时品牌在与消费者的互动传播过程中，又在不断地修正自身的品牌内涵，并且其构建和传播的品牌内涵也在引导和构建着社会文化系统，这两者是相互促进、相互统一的整体。因此，品牌传播必须实现由产品向产品和社会文化整合诉求的转向。

（6）品牌传播应向品牌的社会功能转变

品牌传播功能随着时代的变迁在不断发生变化。品牌传播最基本的功能，就是品牌拥有者向目标受众传播品牌的基本识别，比如品牌的名称、标识、象征物、价值观、属性等，通过有效的传播手段不断与目标受众持续进行交流，以让消费者获知和认可品牌。但是品牌传播并不仅仅是一个符号识别系统的传播过程，也是符号象征意义和符号文化的传播过程，更是社会文化意义的传播过程。品牌传播就是品牌主体与消费者的主体价值互动的过程，品牌依靠其符号与消费者之间开展的话语交流是一种互相对话、互相补充、同时共存的关系构建。这样一种交流，并不仅仅是一种思想交换，更是一种基本的生活方式的达成。如果品牌所具有的内涵与消费者的价值观念接近，人们也可以从品牌消费中体现自身的价值，主体地位得到认同。品牌研究的这些转变，也就意味着品牌只有实现了功能主义视角和文化视角的融合，品牌理论克服了功能主义品牌理论的消极批判、物本位的思想，才能真正实现向文化视角所提倡的人本位思想的转变。

基于此，本书从社会文化，特别是消费文化的视角来探讨品牌传播的本质内涵、特征及品牌传播模式与机制等问题，试图从更宏观的角度来解决品牌传播理论面临的困境，并探讨基于文化视角下品牌传播理论的发展路径。

（五）文化视域下品牌传播的模式及运行机制

品牌传播是一个系统，是一个由相互联系、相互作用的各个要素（或部分、过程）构成并具有特定功能的有机整体，这个传播系统不仅受到其内部各要素以及各要素之间结构的制约，而且也受到外部环境的影响，与环境保持着互动的关系。

1. 文化视域下品牌传播的模式

所谓模式，"是对某一事项或实体进行的一种直观的简洁的描述"。[1]建立品牌传播模式，一是试图揭示在品牌传播中各要素的次序及相互关系，使我们对它有一个整体形象的图景；二是用最简捷的方式提供复杂的，有利于应用它的人一目了然地了解品牌复杂的传播情况；三是由于模式能够使人关注品牌传播的核心环节，有利于对品牌传播核心问题的思考；四是通过将传播行为模式化，可以为品牌传播中可预见行为的发生进行预测，有利于及时作出调整和规划。因此，借鉴和运用传播模式这个有效的传播学研究方法，对我国品牌传播理论构建有重要意义。

有关传播模式最早的研究是古希腊的《修辞学》中提到的亚里士多德模式，其中概括出了五个传播的基本要素：说话者、演讲内容、听众、效果和场合。该模式适用于公共传播，并没有明确地把"演讲"上升到一般"传播"的层次。[2]拉斯韦尔于1948年在《传播在社会中的结构与功能》一文中提出了5W模式，在传播学史上第一次比较详细、科学地分析了传播的过程，为后人分门别类地深入研究大众传播现象开辟了广阔的道路。在拉斯韦尔5W模式之后，传播模式由单向线性模式到双向循环模式又发展到整体互动模式；传播模式中的要素也由最初的五要素发展到诸多要素；传播模式的研究领域从传播要素五大领域到大众传播领域又延伸

---

[1] 张国良：《传播学原理》，复旦大学出版社1995年版。

[2] 周庆山：《传播学概论》，北京大学出版社2004年版，第4—5页。

到社会系统。但是，目前延展到品牌传播领域的模式还主要局限于5W模式。随着品牌传播逐渐人本化，品牌传播开始由之前的产品、企业为中心的传播模式转变为以心理和文化动因为基础的品牌传播模式。因此，在文化视角下，结合现代品牌传播的特征建构起一个系统的、全面的、科学的、可操作的品牌传播模式，显得更为重要。图1—1是我们在沿用传播学原理中经典的5W模式的基础上，在文化理论的指导下，通过丰富五个要素内容，初步构建的文化视角下的品牌传播系统模式图。

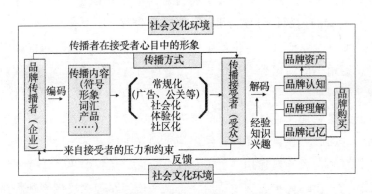

图1—1　文化视域下的品牌传播模式

由图1—1可知，品牌传播是在一定的社会文化环境下开展的，它是一个循环往复的交互过程，每一次的品牌传播都由品牌传播者、品牌传播内容、品牌传播媒介、受众和传播环境组成，几种动态变量的相互叠加构成一个品牌传播系统并影响着品牌传播的效果。品牌传播作为当今企业最复杂的传播系统，品牌所容纳的要素内涵也在大大地拓展。品牌传播除了受到企业内部因素、消费者心理因素影响外，还与社会文化因素等密切相关。对品牌而言，品牌的内部与外部都是品牌传播的重要影响要素。就内部关系而言，它与企业经营管理的各个方面都有着密切的联系，企业运营的各个环节都影响和制约着品牌的传播效果。对于企业而言，所有企业行为的一切都是品牌。就外部关系而言，传播媒体的性质、竞争环境、消费者的态度都客观地影响着品牌的传播效果。

　2. 文化视域下品牌传播模式的运行机制

　品牌传播模式更多的是一个平面式的呈现，而实际上各个要素间的关系却是立体的，为了让模式更好地运行起来，就依赖于良好的运行机制。一般来说，机制常用来指有机体或其他自然和人造系统内诸多要素的构成、相互作用的方式和条件，以及系统与环境之间通过物质、能量和信息交换所产生的双向作用。简单地说，机制就是一种运行。品牌传播机制是指在社会文化系统中，品牌传播与社会文化双向互动的一种机制，也即品牌的社会文化化机制。它要探讨如何实现品牌的符号化、审美化、风格化、物体系化的一系列机制，这一机制主要包括品牌的符号建构机制、品牌创意传播机制、受众的解码与反馈机制、社会文化的作用机制等。

（1）品牌的内部符号建构机制——编码过程

品牌的符号建构机制，也就是以社会文化为基础，通过选择不同的符号元素，运用不同的组合表现形式，塑造各有特色的品牌形象，从而要如何实现品牌的社会文化化，也即审美化、风格化和物体系化。具体而言，这一机制主要是指品牌拥有者对品牌内容的符号编码过程。品牌传播者作为传播活动的起点，也是品牌符号建构机制的主体，其主要职责是通过整合各类信息和资源传播建构一个符合社会文化的品牌形象。传播主体在综合分析社会文化环境和品牌定位后，将品牌传播在理念、制度和物质方面进行符号化。当然，以上这些都是建立在考量了外界受众对品牌的印象和心理需求动因基础上的，只有这样编码好的品牌传播战略才能契合目标受众的需求。

一般而言，符号的建构机制主要是通过对符号的横组合和纵聚合来形成的。所谓横组合关系就是符号所直接呈现的意义，它是显性的、现成的。而纵聚合关系，是经过人们联想所产生的意义，它是潜藏的、隐性的。从结构关系看，品牌的意义是沿着这两个方向产生的。横组合的方向上，产生了品牌所要传播的逻辑意义，在此意义的传达中，品牌传播不过履行了一般的话语功能，也就是叫卖式的表达方式。在纵聚合的方向上，产生了品牌传播所要传达的联想、隐喻、象征意义，在此层面上，品牌传播发挥着一种文化功能。这正是依赖于现成的符号系统与潜藏在文本背后影影绰绰引人遐思的多个聚合因子的相互阐释，也即所谓的言外之意、想象空间和话语张力才得以产生。

那在符号的组合过程中，如何实现产品的文化化呢？一般而言，首先是通过广告、商标、价格、购买场景、功能化个性化设计等，对物进行编码，将物建构进一个标示权力、地位、等级等社会关系内涵的符号系统中，再通过广告意义嫁接把某种象征意义和文化价值赋予商品，使商品成为某种象征意义的载体，把全部商品都转换到这种编码之中。其次是通过对人内在性与主体性，包括人和自身的关系进行编码，将这种已被编码的力量分解并转换到符号系统中去，就如同"需要、情感、文化、知识、人自身所有的力量都在生产体制中被整合为商品，物化为生产力，以便被出售"。实质上，在消费文化的情境中，产品的威信不再由物质的质量来决定，而是由其中所蕴含的象征——文化质量来决定。重视使用价值与交换价值之外的"文化使用价值"是现代消费社会的基本特征。企业在促销、品牌、产品设计、消费品销售中，文化也成了一个经济要素。因此，品牌不再主要是经济目标，而是一种攻克各种心理的消费文化传播与建构的战略，通过产品的文化化，后现代品牌参与到消费品意义属性的生产过程之中。

（2）品牌的创意传播机制——品牌意义的传播过程

品牌传播就是符号演示与意义传播的过程，品牌的意义是靠传播来实现转化的。它联结着品牌与受众，并保持长期双向维系不散的效果，使受众可以通过拥有品牌来获得这些意义。品牌的传播就是符号意义的转移过程。实际上意义不会从天而降，转移的根本原因是符号拥有某些可以被转移的意义，进而在广告诱惑下，受众通过解码把意义转移到了品牌伸张。为了让受众适当地解码相关的信息，广告人必须尽所其能，根据受众的知识背景与传达内容来构建信息（制码），开发合适的模式，塑造必要的形象。例如，对于耐克广告的"乔丹篇"，受众首先必须知道，迈克尔·乔丹是谁，他在世界流行文化与运动领域里代表了什么意义。这些意义体系提供给参照的工具，受众从中实现了意义的转移。

在品牌传播的过程中，会涉及媒介的选择。随着社会发展，品牌传播媒介也逐渐多元化，品牌传播越来越需要组合化、整合化、无缝化，让消费者在不同的媒体之间产生行为的联动，让消费者从被动变为主动，或者从线下变到线上。品牌传播过程中，最重要的就是对各种传播手段进行控制和利用。在这个过程中，如何利用好这些资源，成为品牌传播制胜的关键。

（3）品牌传播的受众解码与反馈机制

受众对品牌传播内容的解码机制，就是通过接触各类媒体，在接收到传播主体通过传播渠道传递的编码信息后，会对接触到的进行感知，并对其产生自己的认知和解读，从而形成对品牌的美誉的这个过程就是解码。受众对传播的认知并不仅仅是对传播内容"镜子"似的反映，而是会受到自身所处环境、知识结构、身份、品牌传播是否通畅以及来自传播渠道压力等因素的影响。这就要求传播者必须坚持以"受众"即消费者为本的传播理念，做到差异化传播。

受众在接收到传播主体传递的品牌信息后，会对品牌产生一定的认识，这个过程就是解码。受众的解码同样会受到很多因素的影响。受众的受教育水平决定了他们在品牌传达意义理解方面的差异，比如当地的生活风俗、文化习惯影响着他们对品牌传递信息的喜好，而富裕程度、社会保障水平在一定程度上决定了其品牌档次的选择，受众的基本价值观、消费观念的不同会影响其对品牌观念、品牌文化价值观的接受与否。除社会文化方面的影响外，解码过程还会受到其他因素的干扰，例如，品牌自身定位不明晰，对于品牌的符号化不到位，宣传广告用语让受众难以理解或无法引起受众兴趣，编码不成功造成解码失败，以及品牌竞争对手采用更加巧妙的传播策略等。

由于不同地区自然环境的差异，政治经济发展不平衡，以及各地居民长期互动积淀的传统习俗、风土人情、性格特色和心理特征，形成了属于该地理区域的文化特质，与其他地区区隔开来，很大程度上影响着当地居民对事物的理解和行为方式，进而影响受众对品牌文化价值的接受程度。而受众群体自身，如个人经历、预存立场、消费偏好的不同，同样影响着他们对品牌的解读和对品牌的接受程度。而消费者类型不同，其感兴趣和关注点都不相同，还决定了受众对品牌内容的期待和选择的差异。此外，受众心目中的媒体形象以及传播者的形象会导致受众对传播内容产生一定的期望，并可能会影响受众对传播内容的选择，因此在进行品牌传播时，必须结合传播内容和受传者，选择适当的传播渠道。

同时，反馈是传播过程必不可少的环节和要素。品牌传播的反馈主要来自品牌传播的最终效果、传播受众和传播渠道这三个方面。通过反馈的过程，品牌的传播者能够改变传播过程当中的不足，进行品牌传播的自我修复。另外，不论是客观因素抑或者是主观因素，因为其处于社会传播系统之中，因此，总会受到各种各样信息的干扰和影响，特别是品牌形象遭受严重的危机时期，此时接受反馈就显得更为重要了。

（4）品牌的社会文化作用机制

传播效果理论认为，"社会情境会影响受众对信息内容的注意程度"[①]，从而影响品牌传播的效果。品牌传播的社会文化环境包括整个社会宏观环境以及区域品牌传播所处地域的价值观念、行为方式、社会文化和制度等。

在整个社会文化环境方面，中国消费社会已逐渐形成，品牌消费已成潮流，品牌文化开始凸显。品牌文化是指文化特质在品牌中的沉积和品牌经营活动中的一切文化现象，以及它们所代表的利益认知、情感属性、文化传统和个性形象等价值观念的总和。随着人们对品牌文化消费的推崇，消费文化悄然改变。在消费品方面，人们逐渐从对满足人的物质生活需求的有形消费品向满足人们精神需要的无形产品转变，人们对商品的使用价值日趋淡漠，精神商品以及富含符号意义价值的商品越来越受到关注。在消费观念方面，目前中国的消费文化正逐渐从现代消费文化观念向后现代消费文化观念转变，人们越来越注重符号消费。与此同时，消费观念日趋审美化和风格化。由于消费对地位身份的凸显性，越来越多的人都根据所有物及象征联系来确定自身价值及社会价值，使得消费不仅仅是建构人们地位、生活方式的重要手段，也是社会关系的重要结构方式。在消费方式方面，消费者日益重视体验性消费，注重在消费过程中的享受过程，而不仅仅是以前的大众媒体传播所能达到的。这些都决定了品牌传播内容向文化内涵转变和传播方式更注重体验营销以及互动交流等。

3. 文化视角下品牌传播模式的特征

（1）品牌传播的全局观：动态、循环的传播系统

在品牌传播模式中，实际上各个要素之间不断进行的交换形成了千丝万缕、错综复杂的关系。可以说，消费文化视角下的品牌传播过程同样是一个动态、循环的传播系统。首先，品牌传播的主体企业与消费者在相互影响、相互作用的过程中形成品牌，而这些均是一个社会大环境中发生

---

① 张国良：《传播学原理》，复旦大学出版社 2006 年版。

的，其中企业竞争者的干扰、社会消费结构的变化都是这个系统中的
"噪声"。其次，品牌传播模式的最大特点是动态平衡性，一方面，是企
业与外部消费者之间的动态平衡，企业与消费者在交往的过程中，逐步在
消费者心目中建立品牌，逐渐成为消费者生活方式的代表；另一方面，是
企业与外部环境之间的动态平衡，外部环境对于品牌互动传播的投入采取
了多种形式，如企业自身变化、竞争者的变化及消费者的变化等，这些都
会对系统产生不可低估的影响力，而动态平衡性则要求系统随着外部环境
的变化而作出相应的调整，以保证系统的平衡。

可以说，品牌传播的良性运行得力于构成系统的各个要素和诸多关系组
合的有机联系，因而需要将品牌传播看作一个有机整体，整合品牌传播各要
素，使品牌传播最终聚合到优化传受双方关系、提升品牌价值的目标上来。

（2）品牌传播模式的开放性和发展性

系统论认为系统之所以能够有组织地处于活动状态，是由于系统与环
境不断地进行物质、能量和信息的交换。在一个开放的系统中，系统能够
在一定的条件下维持自身有序性和组织状态，即动态稳定性。托马斯·弗
里德曼在《世界是平的——21世纪简史》中对当今国际经济一体化、各
国资源得以重组合作进行描述，认为世界已经被夷为平地。在全球化背景
下，品牌传播已经不仅仅是一个经济现象，它同时也是一种文化现象，
"品牌的一半是文化"。品牌传播系统频繁地与外界进行互动和交换，并
且对外交往的对象和空间不断扩大。

品牌传播者在进行品牌传播战略制定时，要考虑到品牌所处的外部经
济环境、政治政策变化、行业发展状况、竞争对手情况、媒介情况及消费
者状况等。并且在品牌传播的过程中，根据市场的反馈调整品牌传播战略
和实施策略。正是由于品牌传播系统的这种开放性和发展性特点，使品牌
传播具有阶段性的特点，这表现在品牌传播的目标、品牌传播策略执行、
媒介选择等都通过阶段性调整而改变。

（3）品牌传播模式的系统层次性

系统是由许多要素或子系统构成，每一个要素又由若干要素或子系统
构成，因此系统的构成往往是就某种程度而言的，也就是说在一定条件下
的要素，对组成其子要素来说又可以看成一个系统，而在某种意义上的系
统，对更高一层次来说，它又是组成更大系统的要素。系统和要素的界定

并不是绝对的，在某些情况下是要素，而在更小的范围内则自成系统；反之亦然。

品牌传播系统作为人类传播系统的子系统的同时，其本身也是一个包含不同内容、性质、特点的要素的系统。因此，需要在系统论的指导下，将品牌传播系统各个要素有机地聚合在一起，并根据外界环境、各要素以及各个要素之间关系的变化进行相应的品牌传播活动。这包括两方面的内容：一是根据品牌传播者的目的，整合各要素资源，使各要素按照品牌传播的需求进行有效整合；二是根据各要素资源的现有情况，整合凝练企业的品牌传播战略。

在实际操作过程中，品牌传播的有效进行需要以各个子系统健康正常运行为基础，各个子系统的良性发展是品牌传播系统有效运行的必要条件。在品牌传播系统中，媒介系统是品牌得以传播、沟通传受众的桥梁和中介，对媒介系统充分了解和把握是进行品牌传播最重要的方面之一。

二 区域品牌与区域品牌传播

（一）区域的界定

随着改革开放和社会主义市场经济发展的不断深入，我国区域品牌得到了突飞猛进的发展，但是理论界对于区域品牌的概念内涵仍然没有形成统一的认识。由于类型不同的区域品牌涵盖的范围不同，因此对区域概念的界定势必会造成许多歧义。

区域，从字面意思上来讲，指的是一种土地划界，是某一范围的地理地区，是相对于周围地区来说，具有共同特点和特性的地理单位的复合体，可划分为行政区域、微观区域、跨国界区域以及宏观地理区域等。

作为区域品牌中的区域概念，国内外学者从多方面进行了定义，科特勒从区域营销的角度明确地界定了"区域"的内涵，指出区域营销中的"区域"是包含城市、地区、州省和国家等在内的所有"区域"的总称，而不是局限于其中的某一个层次。孙丽辉在《区域品牌形成与效应机理研究》中也认为，区域品牌中的"区域"应该是与区域营销中的"区域"空间范围及内涵相对应的，区域品牌中所指的"区域"依次可以是一个社区、县镇、城市、跨若干个城市的地区、国家、跨若干个国家的区域等。① 而莱尼斯托认为区域通常是指与周围地区比较具有共同特点和特性的地理区域的复合体。"区域"可以划分为行政区域、微观区域、跨国界区域和宏观区域。② 其中从行政、地理、历史文化和经济空间的划分属于微观区域划分。

以上观点从不同角度界定了区域概念内涵和外延，但是本书对区域概念的界定倾向于莱尼斯托对微观区域的界定。我们认为，区域的概念应减少自然的色彩，更多地体现文化理念，在一定程度上与社会学范畴内的社区内涵相似。因此，区域品牌传播中的区域是指一个能够意义共享的空间，在这个空间内，彼此互动，风俗和文化属性比较相近，生活习惯、区域身份拥有共同的特征，区域内的公众对区域拥有共同的结合感和归属感。

（二）区域品牌的内涵

由于世界范围内区域品牌实践的发展明显快于理论研究的进展，因而，在区域品牌实践已经得到长足发展以后，国内外理论界仍旧没有一个统一的术语来完整表达区域品牌的概念，更缺乏一个统一的概念来明确区域品牌的基本内涵（Frost，2004）。我们知道，品牌是一种名称、术语、标记、符号或设计，或是它们的组合运用，科特勒也总结了优秀的品牌通常包含了属性利益、价值、文化、个性和使用者六个特性③，但这都是对产品品牌的定义，没有超越产品品牌的范畴④。而区域概念界定的差异及区域品牌蕴含区域地理、资源、经济和人文历史渊源等要素，而且还涉及该区域许多产业与产业集群、不同规模及不同产业链环节的企业，因此单纯用一个企业品牌的内涵规定方法显然不能涵盖区域品牌的所有内涵。正

---

① 孙丽辉：《区域品牌形成与效应机理研究》，人民出版社 2010 年版，第 28 页。

② Seppo K. Rainisto. *Success Factors of Place Marketing*：*A Study of Place Marketing Practices in Northern Europe and the United States*［D］，Finland：Helisnki University of Technology，2003.

③ ［美］菲利普·科特勒：《营销管理》（第 11 版），梅清豪译，上海人民出版社 2003 年版。

④ 蒋廉雄、朱辉煌、卢泰宏：《区域竞争的新战略：基于协同的区域品牌资产构成》，《中国软科学》2005 年第 11 期。

因为如此，目前国外用更多的术语来表达区域品牌的含义：Urban or City branding（城市品牌）、Regional branding（区域品牌）、Destination branding（目的地品牌）、Country or National branding（国家品牌）、Geo-branding（地理品牌）、Community branding（社区品牌）、Cluster branding（集群品牌）、Place branding（地区品牌），其中出现频率最高的当数 Place branding（地区品牌）2004 年 *Place branding* 创刊时，其主编西蒙·安霍尔特（Simon Anholt）建议采用 "Place branding" 一词来统一区域品牌化的相关概念，这一提议得到了国外学术界的普遍认同。所以 Place branding 可以说是一个集合概念，包括了众多内容，比如国家品牌、城市品牌、社区品牌、旅游目的地品牌、集群品牌等一系列地理品牌及进行地理品牌化的相关内涵界定。

基于对于区域的界定，并结合品牌的内涵，莱尼斯托（Rainisto，2001）给出的区域品牌定义是："区域品牌是一个地区所拥有的独特的吸引力，其核心问题是构建区域品牌识别。"他认为，既然"区域"是与周围地区比较具有共同特点和特性的地理区域的集合，因而，区域应由许多要素组成，如区域名称、区域标志、区域包装和声望等（Shimp，2000）。区域产品是一个区域向其消费者提供的全部产品的组合（Rainisto，2001）；他认为区域品牌是一种区域影响力，这种影响力源于消费者对品牌的不同理解而形成的独特的消费意识，所以，构建区域品牌的关键在于打造一套区域独有的区域品牌识别系统。此后，许多学者关于区域品牌的定义都借鉴了莱尼斯托的描述。当然，也有一些学者借鉴了公司品牌和产品品牌的定义，莫尔甘（Morgan，2002）认为区域品牌的内涵，主要包含"与产品相关的有形的利益"和"与产品无关的附加利益"两部分。卡瓦拉特奇思 Kavaratzis 则根据 Aaker 的品牌定义来界定区域品牌的含义，认为"（区域）品牌是功能、情感、关系和战略要素共同作用于公众头脑中并产生一系列独特联想的多维组合"[①]。他提出，区域品牌的核心内涵应该是区域品牌联想，而消费者的这种联想是从区域品牌产品的特性、品牌的情感宣传和与品牌之间的关系中获得的。乔治·阿伦（G. Allen，2007）

---

① Mihalis Kavaratzis. Plzce branding：A review of trend and conceptual models ［J］. *The Marketing Review*，2005，pp. 329 – 342.

则将区域一词理解为行政区域，认为区域品牌与产品或服务品牌的差别在于其政治性和地域性的不同。

国外对区域品牌化进行研究始于市场营销领域，营销学者将区域品牌化归为市场营销理论的一部分，将其视为市场营销理论的延伸。凯文·莱恩·凯勒（Kevin Lane Kelley）认为，产品和人能够成为品牌的代名词，同样区域空间或范围也可以实现品牌化。菲利普·科特勒（1999）同样认为地域或区域，可以像产品或服务一样实现品牌化，而品牌的名称正是该区域的实际名称，当消费者认知到这一区域，对这一区域产生品牌联想，在心里对这一区域的产品或服务发生消费行为时，区域品牌实际已经产生了。

在国内，区域品牌是我国改革开放以来区域经济发展过程中逐渐形成并得到普遍使用的一个经济概念。相比国外，国内研究者对区域品牌关注较晚，从2002年逐渐开始对区域品牌进行研究（孙丽辉，2008）。特别是2005年之后，产业集群在我国沿海一带的兴起和迅猛发展，使企业界和学术界越来越重视区域品牌的建立和培育，这一时期涌现出了大量有关区域品牌的相关文章，对区域品牌的概念提出了各自的看法，使区域品牌内涵的界定也更加复杂，概括起来有以下几种观点。

第一种观点是从地理标志的角度以地方名特产品来定义区域品牌。该观点认为区域品牌是以区域传统产业为基础、以地方名特产品为载体、以悠久历史中积淀的文化为内涵，冠以行政区域或当地景象名称，享有广泛的知名度和较高的美誉度，极具商业价值的品牌。[①] 这类区域品牌多是依托当地无法替代的区域资源发展起来的，以农产品和深加工的特色产品居多。李海东（2008）认为区域品牌是地区性的公共品牌，扮演着产业或产品户籍地的角色。在这种观点中，区域品牌不仅是一个地域的概念，还包括了该地域内的产业、行业、产品、众多的企业、企业品牌，内涵十分丰富，这些因素都统一于区域品牌中。如胡正明、蒋婷认为只有在地域属性上具有刚性，无法脱离其生存的地域环境，依托稀有的不可替代的自然资源发展起来的地方农产品和基于特色产品的深加工产品才能冠名以

---

① 董兵兵、王水嫩：《传统区域品牌保护不利的原因与对策》，《浙江树人大学学报》2005年第4期。

"区域品牌"①；吴程彧、张光宇（2005）认为区域品牌是行政地理概念中的产业产品，拥有规模经济和较好的市场表现双重特性；冯鑫明（2005）认为，区域品牌不仅表现为规模经济和市场表现力，还体现着区域内企业或产品品牌的共同性，区域品牌包含区域性和品牌效应两大要素，区域性指的是区域品牌强烈的地方特色，品牌效应指的是地域产业产品的主体形象。

　　第二种观点认为区域品牌体现区域形象，是一种区域软实力。熊爱华、汪波（2007）认为区域品牌是企业和企业品牌积累的商誉之和，这种美誉的建立得益于规模经济和市场表现力。洪燕云（2006）认为区域品牌是企业或厂商所得到的消费者对其的信任感和忠诚度，这种好感源于区域内企业集体的努力。周发明（2005）认为，区域品牌是本区域影响最大的产业或产品所塑造出来的一种整体形象。许基南（2002）认为区域品牌是区域形象的一面镜子，它将不同区域类似的产业或产品区分开来。

　　第三种观点认为区域品牌和产业集群密不可分，区域品牌就是区域产业集群品牌。随着我国产业集群的快速发展和对区域经济的推动作用，有很多学者将区域品牌等同于产业集群品牌，认为区域品牌是某区域产业集群内的众多企业集体行为的综合体现，是产业集群发展的必然结果，代表着一个产业集群产品的主体和形象②；区域品牌是指产业在区域范围内形成的具有相当规模和较强生产能力、较高市场占有率和影响力的企业和企业所属品牌的商誉总和；产业集群区域品牌是区域经济、产业集群和品牌营销等行为活动的复合，包含区域特性、品牌内涵和产业基础三个要素③。戴海容（2011）认为区域品牌和产业集群关系密切，先有产业集群，后有区域品牌，区域品牌是集群整体形象的表现。梁文玲（2007）认为区域品牌是行政范围内的集体商标，是该地区的标志，这种特性是区域内某一产业在规模、市场表现和市场影响方面交互作用的结果。胡大立（2006）认为区域品牌是在某一区域内的产业集群在国际范围内良好表现

　　① 胡正明、蒋婷：《区域品牌的本质属性探析》，《农村经济》2010 年第 5 期。
　　② 洪文生：《区域品牌建设的途径》，《发展研究》2005 年第 3 期。
　　③ 胡大立、谌飞龙、吴群：《区域品牌机理与构建分析》，《产经论坛》2005 年第 4 期。

所形成的强大品牌力和市场力，因而将区域品牌称为集群品牌。

　　第四种观点将区域品牌视为区域的标记、符号、象征，认为区域品牌是范围和内涵扩大了的品牌。从区域品牌的性质来看，有人认为，区域品牌具有区域性和品牌效应两方面属性。区域性是指区域品牌一般限定在一个地区范围内，带有很强的地域特色；品牌效应是指区域品牌往往代表着一个地方产业产品的主体和形象，对本地区的经济发展起举足轻重的作用。[①] 董雅丽（2007）认为区域品牌既是地区品牌化或名牌化，是该地区产业、企业或产品竞争力的基础，也是该地区的标志和象征。杨飞龙（2007）认为区域品牌是一个地域的公共品牌，为一个地域所共用。王哲（2007）认为区域品牌即区域内企业或产品品牌承载了良好市场表现力的集体性。此外，还有学者认为，区域品牌除具有区域性、产业特性、品牌特性之外，还具有公共品牌的性质，而这一性质是它与一般产品和公司品牌的本质区别所在。区域品牌的公共性是指，区域品牌一旦形成，就是一种公共资源，具有非竞争性和非排他性，并且具有积极的外部效应，区域内的企业可以共同使用。

　　以上学者们从不同的视角对区域品牌进行了广泛研究，分别给出了不同层面的理解，综合起来，区域品牌是某地域的标志和象征，也是该区域的一种无形资产，它以该区域内形成的具有相当规模和较强生产能力，较高市场占有率的产业产品为载体，以区域内特有的传统、历史、文化为依托，造就了区域内与众不同的软实力，使消费者能够以此产生区域品牌联想，将本区域的产品或服务与其他区域的产品或服务区别开来，最终形成区域品牌忠诚，以及该区域无与伦比的强大品牌资产。当然，区域品牌的发展离不开产业集群的支撑，区域品牌是产业集群发展到一定阶段的必然产物，是某个行政或地理区域内某一优势产业的"产业集群"，经过长期努力而形成或创建的为该产业内企业所共同拥有的在产业市场具有较高市场份额和影响力的知名品牌，它对区域内企业、产品、服务或资源等给予定位，并通过营销传播使这一定位受到社会广泛认可，能够综合体现该区域基础设施、自然资源、气候、地理位置、历史文化，也能够体现该区域企业的信誉、产品、服务等方面的信息，是该地区的标志和象征，是区域

---

　　① 张光宇、吴程彧：《浅论区域品牌》，《江苏商论》2005 年第 4 期。

产业集群的代表，也标志着产业集群发展的高级阶段，同时区域品牌的形成，反向带动了产业集群的进一步整合，促使产业集群升级换代。

（三）区域品牌的特征

在对区域品牌的研究中，学者们从不同的角度，基于不同的研究目的，对区域品牌的特征进行了分析，概括起来主要有以下几个方面：

（1）区域性。区域品牌中区域和品牌相互依存，区域品牌存在与发展的基础正是其区域性。这里的区域性，包括三层意思：第一，是深厚的文化底蕴。区域品牌产品受到自然、人文、历史等方面因素的影响，这些因素的整合造就了该区域品牌产品的独特优势。自然因素指的是区域的光照、温度、温差、湿度、土壤、水文、风向、风力、地形、地势等方面的因素，这些因素是区域独一无二的优势，具有不可迁移性和不可复制性，这些因素对农产品的影响是天然的，从而农产品形成了该区域品牌本质属性的产品支撑（胡正明，2010）。历史因素指的是区域生产某种产品或从事某一行业的悠久的历史传统，在漫长的生产制造过程中，人们积累了丰富的生产经验，提高了生产技术，优化了生产工艺，经受住了历史的考验，使该地区美名远扬。人文因素指的是区域内人们隐性知识的传播和历久形成的特有的生活习惯和风俗礼仪，这些风俗习惯可能在一定程度上支持了该区域独特的发展模式，进一步强化了区域品牌产品的竞争力。第二，区域是某一行政地理范围的概念。可以是一个市县，也可以是一个省，甚至可以是几个省级单位组成的一个的大地区等，区域品牌的基础就是要有一大批生产相关产品或从事相关产业的企业、服务商、中介机构、民间组织等组成的产业集群，聚集起来，组成一个互相协调、服务、合作、竞争的集合体（瞿艳平，2005）。第三，区域品牌的区域性还指消费者的区域联想。消费者面对某一区域品牌产品，自然会产生区域联想，由产品联想到其产地，由产地联想到产地的自然、人文、历史、工艺等因素，进而潜意识形成对该区域产品的发展水平和竞争力的认识，这也成为消费者判断、接受这一区域品牌覆盖下产品的重要依据（梁文玲，2007）。因此，区域的企业、产品或产业会因此名称而在国内外市场具有竞争力，消费者也能通过该区域的名称联想到这类产品，如："中国瓷都—景德镇""中国小商品城—浙江义乌""温州—皮鞋""宁波—服装"

"西湖—龙井茶""巴黎—香水""瑞士—手表""意大利—皮装""日本—电器""美国—好莱坞""美国—硅谷"等。

（2）产业特色及该产业产品的公共性和外部性。公共物品具有非排他性和非竞争性，而区域品牌正是拥有公共物品的这些属性。一方面，区域品牌可以被产业内众多主体同时使用，任何使用者都不能阻止他人使用该区域品牌；另一方面，区域范围内一个主体的使用并不影响其他主体的使用，新增使用者时，社会的边际成本等于零（洪文生，2005）。区域品牌的外部性，包含正向外部性和负向外部性，也就是一个良好的区域品牌所拥有的正向外部效应能给区域内外部产生积极影响，区域内的企业通过"搭便车"的方式，分享区域品牌带来的强大效应，依靠区域品牌大树，减少额外支出，由小变大、由弱变强；相反，若区域内某一或某些经济主体不合规经营，出现损害消费者的不良行为，可能对整个区域造成灭顶之灾。因此，从更广泛的视角看，区域品牌应该是一定区域范围内社会、文化、经济中具有特色的内容的总和，是区域信息的载体，也是一张"区域名片"，是该区域一种巨大的无形资产，并且这利无形资产具有极强的易碎性。

（3）品牌内涵及品牌无形的资产和持久性。区域品牌是已经形成的范围更为广泛的品牌，具有品牌的一般特性，更有品牌最终所形成的无形资产。它是区域内所有相关组织共同的无形资产，由区域内所有企业、政府、居民、行业协会等利益相关者共同创造，代表着该地区的形象和信誉（吴水龙，2010）。区域品牌属于无形资产，而无形资产最大的特征就是资产放大功能，它是区域产品实力和地域特色的象征（郭克锋，2012），能提高区域品牌产品的附加值，从而增大区域品牌成功的概率，延长区域品牌产品的生命周期，形成持久的竞争优势。

（4）品牌、区域、机构之间关系的复杂性。首先，随着知识密集型产业和以服务为基础的第三产业的兴起，传统营销学意义上的品牌只关注外在目标受众的局面被打破，品牌不仅仅关注外在的受众，同时也关注内在的受众。品牌越来越注重内部的调整、改变以更好地去迎合目标受众的喜好。在这种情况下，品牌作为联系区域内各个品牌生产制造企业以及科研院所的联结作用显得越发重要。伴随着城市化的进程不断加深加快，品牌不再仅仅是一种消费品，它也参与到城市的管理当中。不断地生产出让目标受众满意的产品，同时不断地去吸引更多的目标受众，化解产品生产者之间的差异，把品牌产品生产所需的各个要素紧密地联结起来。与此同时，当区域因为自身独特的自然资源抑或社会文化资源而具有了商业价值，变成为一种商业资源时，品牌则为区域的商业资源增光添彩，进一步对区域的外在形象进行了包装。经过包装后的区域品牌闻名于世，产品受到受众的热捧。其次，品牌的存在一般是以符号为载体，符号在社会的互动中才被人们赋予了意义，也就是说，品牌只有在同社会与受众的互动中被社会及消费者赋予意义和价值。从这点上说，区域品牌传播一方面试图去单方面完成对区域品牌意义的解读并制造对区域品牌的认同感。同时，受众或消费者对区域品牌的解读又各不相同。这种区域品牌与目标受众之间的矛盾就是促进区域品牌发展的原动力，区域品牌就是在不同的消费者之间解读品牌的意义，力图产生品牌认同感的过程中逐渐发展壮大起来。区域品牌竞争的实质就是区域内不同市民、政府部门及游客对区域品牌的不同的解读，这三者之间的互动构成了品牌、区域与各种机构之间的复杂关系。

综上所述，根据我国区域品牌的发展现状，学术界对区域品牌概念的界定和研究经历了从基于区域产品的诉求向基于区域产业集群的角度的转变，无论是产品还是产业诉求，都比较倾向于从品牌的外在形式进行界定，从而将区域品牌界定为"区域品牌是区域内具有共同产品或产业特征的品牌"，这些都更强调区域品牌的经济特征。然而，随着我国消费社会的到来，消费者对符号和意义消费的推崇，使某一品牌背后的情感和文化认同越来越重要，产品和产业集群等经济特征固然是区域品牌不可或缺的性质之一，但不能仅仅停留在产品、产业集群区域品牌这种单一的定位上，还应该让区域独特而不可复制的人文、环境等文化资源为区域产品产业品牌背书，提升该区域品牌的文化内涵。

因此，简言之，地理区域＋社会文化环境＋特色产业＋品牌效力是区域品牌的基本构成要素。基于此，我们认为，区域品牌是一定区域范围内自然资源、经济、文化、环境等形成的具有广泛影响力的名称、术语或符号的集合。它不仅仅是区域生态环境、经济活力、文化底蕴、精神品格等综合实力的象征，也是该区域内在价值（声誉、价值观、承诺）的真实反映，它表征了该区域内总体的社会经济政治文化，是一个区域与受众关系的载体。具体来说，区域品牌是依托该地区而发展起来的品牌，具有地方根植性，是深深嵌入地方社会关系的，不仅是经济的，还包括社会的、文化的等各个方面。根据社会经济网络和品牌生态理论，区域内的企业不可能从事产业链上所有环节的生产与组织活动，因此基于资源和技术的互补需求，通过市场关系和制度安排，行为主体需要连点成网，构成经济网络。而这种经济网络又以健全的社会关系网络为基础，社会网络主要是以非正式契约构建的，其中区域文化资源对非正式契约的形成与发展具有深刻的影响。① 于是，受区域文化资源影响的社会网络系统很大程度上决定了区域内品牌的个性、模式和内涵。因此，就应当深刻挖掘地方根植性强的社会文化资源，构筑社会网络的核心要素，以一个健全的社会网络关系推动经济网络的发展，创造集群独特的、难以模仿的竞争优势，构建区域品牌的品牌内涵。②

（四）区域品牌传播

品牌更多地被视为一种体验，一种消费者能亲身参与的深层次的关系，一种与消费者进行理性和感性互动的总和，即品牌的传播性。因此，区域品牌的形成也离不开区域品牌的传播。有学者从区域营销、城市营销等角度提出了区域品牌传播的概念，如菲利普·科特勒将场所（地区）视为一个市场导向的企业，将地区未来发展远景确定为一个吸引人的产品，借此强化地方经济，主动营销地区特色，更有效率地满足与吸引既有的和潜在的目标市场。王定一认为，区域营销就是区域从满足投资者的需求出发来塑造投资环境，并把整个投资环境像产品一样对外推销，来吸引投资者投资、满足投资者需求的一系列与投资市场有关的活动的综合。③这一定义将投资者视为唯一的目标客户群，将区域营销互动局限在招商引资领域，显然是将区域营销的内涵狭隘化了。卢泰宏等人认为，城市营销就是利用市场营销理念和方法管理城市，它是将地方视为一个企业，将城

---

① 杨建梅、黄忠喜、张胜涛：《区域品牌的生成机理与路径研究》，《科技进步与对策》2005 年第 12 期。

② 熊爱华：《基于产业集群理论的区域品牌培植模式比较研究》，博士学位论文，吉林大学，2005 年。

③ 王定一：《区域营销——招商引资新说》，中山大学出版社 2002 年版。

市的未来发展视为产品，分析它的内部和外部环境，揭示它在全球性竞争中的强项与弱项以及面临的机遇和威胁，确定它的目标市场，包括目标人口、目标产业以及目标区域，并针对目标市场提供政策、资源、基础设施、环境、文化等相关产品和服务组合。① 齐文娥认为，所谓区域营销是指区域政府或政府联盟以及各种区域利益相关者为了提升本区域的资源位水平，利用市场营销理念和方法将整个区域进行企业化、品牌化经营，整合区域内各种资源以吸引和满足各类目标客户需求和愿望的过程。②

以上概念界定都强调通过区域资源整合，将区域作为一个产品或"企业"进行营销，也强调了区域营销的目的是促进目标市场的销售。区域品牌传播作为区域营销的一部分，和区域营销具有很大的相似性。然而，区域品牌传播的内容更加丰富。区域品牌传播是传播主体为了优化和提升区域品牌资产（即品牌在受众中的认知度、美誉度与和谐度），有效整合区域内各种自然资源与社会人文资源 ［其中社会人文资源又分为：经济资源、政治资源、文化（历史）资源、社会资源］，即区域优势"品牌传播资源"，运用整合传播的渠道和手段进行的品牌传播活动。归根结底，区域品牌传播活动就是要最终服务于区域内独特而优势的品牌资源，并将这些优势资源符号化后有效地传播给目标受众，并在目标受众那里产生认知、认同，最终形成良好的区域品牌资产的过程。

区域品牌传播作为区域品牌管理的一部分，其目的无外乎通过计划、组织、领导和控制，协调集群企业、地方政府、行业协会、消费者等各方利益，利用现代管理与营销手段以实现区域品牌资产保值、增值、避免贬值。由于区域品牌涉及众多利益相关者，因此，区域品牌传播是一个涉及传播主体、传播内容、传播方式都十分多元化的传播活动。从传播主体来看，由于区域品牌的产品的模糊性和公共性，涉及区域内的各方利益，因此其传播主体包括政府、行业协会、商会、企业、公共机构和本地社会公众；从传播内容来看，根据学者们提出来的区域产品—区域认知—区域美誉—区域文化—区域信仰等一系列成长路径，目前在区域品牌传播和营销中，多数区域还停留在第三阶段甚至第二阶段。因此，在定义传播内容应

① 卢泰宏主编：《营销在中国》Ⅱ，广州出版社2002年版。
② 齐文娥：《区域营销研究：以珠江三角洲为例》，博士学位论文，郑州大学，2003年。

侧重传播经济发展的同时，还要整合区域社会文化资源，并对其进行符号化，形成区域品牌的核心价值，传播区域差异文化，维持区域品牌的魅力。从传播手段来看，旨在突破传统区域品牌经营中过分侧重大众传播的意向，如对广告、公关和媒体等的过度依赖，强化区域品牌传播中展会、博览会、赞助赛事等组织传播和旅游、经销商、零售商、零售店工作人员等渠道中的人际传播，并在组织传播和人际传播中融入区域特色社会文化资源，构建一个基于产业以及区域文化的社会文化传播体系。

三 文化视域下的区域品牌传播及其特征

（一）文化视域下的区域品牌传播的概念界定

区域品牌传播就是一种区域文化、区域历史与区域经济和人文特征的对内对外传播。它是指区域内各种传播主体利用一定的传播渠道，对区域外公众、政府和利益相关者等受众进行的传播活动。作为区域文化的重要组成部分，其区域传播主体包括区域内的政府、企业、行业协会、非政府组织、大众媒体、社会公众等；传播渠道包括大众传播、公共传播、商业传播、社会交往传播个各种人际传播；传播受众涉及区域外的政府、市场利益相关者、社会组织和社会公众等；良好的传播效果在客观上能够提高区域文化的认知度，从而提升区域品牌的认知度、美誉度及和谐度。

（二）文化视域下区域品牌传播的独特功能

1. 区域文化可有效达成区域品牌传播的目标

国际市场学认为，品牌在很大程度上是一种文化现象，企业发展到一定阶段，不是在经营某种产品，而是在经营一种文化。产品设计的款式、用途及其他相关的市场营销活动的重中之重是要发现并建立一种品牌与消费者在心灵上产生互动、共鸣的契合点。文化营销正是在产品营销基础上，通过产品载体所附加、覆盖的各种文化元素的有机植入，与消费者产生心理、精神的共鸣，进而从内心深处去影响、引导消费者行为的深层次营销方式。① 与产品产业营销相比，品牌背后的区域文化，在消费者的认知编码过程中传递了区域的社会价值和意义②，从而在区域品牌与消费者之间建立起一种情感上的信赖与联系，形成一种心理契约，使消费者产生消费黏性，需求变得稳定，为区域品牌的发展提供良好的环境。同时，区域品牌文化建设不仅在区域品牌与消费者之间形成情感上的共鸣，而且在区域内生产者（传播者）之间也形成了一种隐性的文化与道德约束，对人们的行为产生积极的影响，区域品牌的文化影响力越强，正确的理念与行为越能得到弘扬与强化，区域内公民行为就会增加，区域内"搭便车"的行为便会减少，从而促进区域品牌的持续发展。

2. 区域文化可有效地提升区域品牌的附加值

在当前商业信息泛滥，消费者怀疑感日益增强的环境下，文化因素作为区域品牌形象的重要来源，具有认知优势以及极强的可信性。在现代品牌传播中，文化元素是沟通产品和消费者之间情感关系的特殊支点，没有文化色彩的产品仅仅具有使用价值，所形成的产品与消费关系也是不牢固的。有效地挖掘区域品牌的文化内涵，从产品自身的特点、产业所根植的地理和历史环境以及所在区域内的人文气息等方面，充分展现区域品牌应有的历史、地理、传统、风俗等文化元素，确立区域品牌文化的核心价值，是打造持久、深远、稳定产品区域品牌的一项关键环节。区域品牌的核心价值不仅反映了该区域在商业竞争社会存在的理由，更重要的是它代表了该区域能够为全体社会成员带来最大的利益，对目标顾客而言则包含了自身利益的最大化。③ 品牌的核心价值是一个区域的灵魂，环境、资源、文化、经济和人本身都是构成和决定一个区域品牌价值的要素，这些要素结合起来最终决定了区域品牌的本质。在进行区域品牌传播时，如果能将这种区域精神融入进区域产品，为区域产品背书，势必能够提升区域产品的价值。

---

① 曲红、陈艳彩：《文化营销——一种新型的品牌传播模式》，《传媒观察》2010 年第10 期。

② Gatham, K. F., Marketing Madri Gras: Commodification, Spectacle and the Political Economy of Tourism in New Orleans [J]. *Urban Studies*, 2002, 39 (10), pp. 1735 – 1756.

③ 杨建梅、黄喜忠、张胜涛：《区域品牌的运作机理和路径研究》，《科技进步与对策》2005 年第 12 期。

3. 独特的区域文化凸显区域品牌的文化内涵

大众消费心理的变化，是企业重视品牌文化内涵传播的根本原因。品牌有无竞争力，能否成为名牌，并不主要取决于技术差异，而在于品牌是否具有丰富的文化内涵。[①] 随着科学技术的迅速发展，一国或一地区的传统战略优势——自然资源、规模经济以及技术优势，由于相互间差距的缩小而不再具有可持续的核心竞争优势。在产品、价格、渠道和促销等层面上的竞争，由于信息的快速流通，使相互间的模仿和借鉴的速度越来越快，想以此建立长久的竞争优势越来越不可能。但是有一样东西其他竞争主体都很难模仿，而且可以赋予产品以附加值，那就是一个国家或地区所独有的文化。区域的竞争力不仅仅体现在经济上，更体现在文化上。

区域文化是内在的、含蓄的，用区域文化构建区域品牌，就要提炼区域文化的精髓，将其作为区域品牌的核心内涵。区域品牌文化内涵应该包括区域历史文化、区域物质文化、区域制度文化和区域消费文化等方面。国内外区域品牌文化营销的成功案例彰显了区域文化能给区域品牌带来的文化内涵，比如北京 798 创意产业园从简简单单的艺术家集群地迅速发展为高知名度的文化产业区域品牌，这与 798 产业园内到处彰显的创意文化和艺术气息是分不开的；意大利并不是传统上意义上的瓷砖生产大国，但无论是产量还是出口量，意大利瓷砖都在世界上处于领先的地位，创造了瓷砖产业的奇迹，它的成功很大程度上取决于意大利推崇且擅长独具魅力的文化营销，意大利瓷砖把意大利的文化基因作为品牌核心价值的出发点，从产品设计、生产到展示都有自己独特的文化沉淀。

（三）文化视域下区域品牌传播的属性

进入 21 世纪，社会发展日趋媒介化，新技术的应用使原有社会传播系统发生革命性的变革，从而推动了品牌传播方式的变迁，与一般的品牌相比，区域品牌还拥有自身的独特属性，从而使区域品牌传播在文化视域下呈现出自己的特征。

---

① 曲红、陈艳彩：《文化营销——一种新型的品牌传播模式》，《传媒观察》2010 年第 10 期。

1. 区域品牌传播的双向反馈性

营销学者汤姆·邓肯在《整合营销传播：利用广告和促销建树品牌》一书中提出，在新传播技术应用的背景下，品牌信息传播模型日益趋向互动和双向沟通；同时受众接收品牌信息的过程是能动的解码过程，受到自身社会、文化条件的制约，同时其解码行为也会通过其既有的社会关系和社会交往反过来影响信源，在特定条件下，传者和受众的角色甚至会发生互换。① 长期以来，我国品牌传播领域一直存在"独白"现象。无论是产品品牌传播还是区域品牌传播，往往依托传统媒体平台进行，遵循的则是一种单向直线型的大众传播方式，传播效果十分有限。因此，在消费文化视域下的区域品牌传播，应在进行品牌传播的不同阶段依据目标受众对传播内容的反馈，进行传播方式和传播内容的调整，从而塑造受众认可的区域品牌形象。

2. 区域品牌传播的文化性

区域品牌传播的文化性首先体现在传播环境上。区域品牌传播离不开当地的政治、经济、文化环境，其传播的内容、方式必然受到当地区域制度因素、观念文化、行为方式等因素的影响，而受众对区域品牌的印象和联想也会受到对当地区域环境印象的影响。此外，就传播内容而言，区域历史文化或品牌发源地是区域品牌特有的文化元素，由于区域文化的构成因素众多，与当地的地理、文史文化相融合，因而区域品牌的文化与其他区域品牌文化相比具有非常明显的差异性，更容易被消费者所识别。因此，文化作为区域品牌的因素甚至品牌本身，在区域发展中具有杠杆作用。区域品牌传播主体应该充分利用这一点，将区域的文化特性与区域品牌产业充分融合，从而为品牌的塑造提供符号习性元素，通过区域品牌传播该区域特有的消费文化观念。在消费文化背景下，现代意义上的区域品牌已超越了区别的功能，成为区域形象和文化的象征。区域品牌是区域的一种"视觉语言"，它以其独特的形象能给利益相关者或者受众留下深刻的印象，不仅便于识别，还蕴含区域内部价值观念以及丰富的文化内涵。

---

① ［美］汤姆·邓肯：《整合营销传播：利用广告和促销建权品牌》，周洁如译，中国财政经济出版社 2004 年版，第 118 页。

3. 区域品牌传播的协同性

区域品牌产权主体的模糊性和区域品牌的公共性，使区域品牌传播的主体具有多重性，一般来讲包括地方政府、行业协会、企业和当地居民等。在市场利益的驱逐下，各区域品牌传播主体往往会产生营销目标不一致甚至冲突，传播符合自己利益的品牌内容，在传播内容、传播方式等方面产生差异，从而耗散区域品牌的统一性。因此，区域品牌传播有必要通过内部传播，使政府、企业和居民等在区域品牌的传播内容、目标认知等方面保持协同一致，有效支持建立区域品牌资产的传播活动，维持区域品牌公共性的正外部效应。此外，各区域品牌主体在进行品牌传播时，还要力求品牌传播主题的协调性、系统性，这是因为品牌塑造是通过产品及服务特征、包装及视觉风格、价格、广告风格、品牌代言人、品牌历史等来完成的，区域内的各品牌之间不是松散的关系，而是密不可分的，是在区域品牌的统一定位下的传播。如果各品牌相互割裂，会导致目标受众对区域品牌认知的模糊和混乱，致使区域品牌传播的低效或失败。

4. 区域品牌传播的动态性

区域品牌并不是一成不变的，它也具有品牌发展过程当中不可避免的生命周期，包含了形成、发展、繁荣、衰退等过程，并且随着区域社会、经济、文化的变化而变化。因此，在进行区域品牌传播时，必须根据区域内产品、产业、形象的变化以及区域品牌的发展阶段采取相应的传播策略和手段，传播不同的区域品牌内容。比如在区域品牌初创时期，由于区域形象还不够鲜明，此时应扶持较快发展的企业，侧重对产品、产业的品牌传播，同时加强产品产业及所根植区域之间关系的传播，让产品和产业的品牌影响力为区域形象背书，初步形成受众对区域的形象认知；伴随着区域品牌的传播及其品牌的成熟，外界对其知晓程度增加，区域内会聚集众多同类产业，区域会由于产业集群的形成而著称，外界对其形象的认知也逐渐鲜明，此时则应侧重区域环境、社会、经济和文化等资源的传播，提升区域的形象和美誉度，让区域形象为区域内的产品、产业品牌背书，释放区域品牌的效应，保持区域品牌对外界长久的吸引力。

四 区域品牌传播的构成要素、过程与模式

（一）区域品牌传播的要素

区域品牌传播是指区域政府和区域利益相关者为提升其在受众心目中的品牌价值认知度、美誉度、和谐度即品牌资产，利用当地良好的品牌资源，整合区域内各种自然和社会文化资源，通过各种传播手段进行的品牌传播活动。区域品牌传播作为一种实实在在的品牌信息传播活动，其传播过程势必符合一般的信息传播规律，即：由传播者向受众传递信息的过程。然而，由于区域品牌理论的复杂性，区域品牌传播涉及的因素远远不止一般的信息传播要素那么简单。具体来说，可以分为以下两大类。

1. 区域品牌传播的核心要素

所谓区域品牌传播的核心要素，是指区域品牌传播活动中不可缺少的要素。人是区域品牌传播系统的控制者和实施者，同时也受到区域品牌传播系统的控制和影响，因此在区域品牌传播的构成要素中，最重要的因素就是人，即区域品牌传播者和区域品牌信息接收者。因此，哈罗德·拉斯韦尔在《社会传播的机构与功能》（1948）一文中提出的五大要素（五W），即传播者、传播信息、传播渠道、受传者和传播效果就构成了区域品牌传播的五大核心要素。

（1）区域品牌的传播者

区域品牌产权主体的模糊性和区域品牌的公共产品属性，决定了区域品牌利益相关者都是区域品牌的传播主体，都对区域品牌的形成负有一定的传播责任和使命。具体来说，如图1—2所示，它包括：政府组织，即区域内的各级政府组织，包括地方政府和上级政府；企业组织，如在产业集群中则有上游企业、下游企业、竞争企业、互补企业以及经销商等；社会组织，即行业协会、商业机构、金融机构、科研教育机构等；此外，区域内的其他组织也要从不同层面支持区域品牌建设，培育对品牌的荣誉感和维护品牌的责任感，如地方新闻媒体要加强对区域品牌文化内涵的挖掘，通过对品牌的发展轨道和成长历程的报道，探求品牌发展的深层内

涵，营造区域内部的区域品牌自豪感。① 随着各地区流动人口的增多，政府还应该对当地社会公众加强区域形象知识的普及教育，广泛宣传提升区域形象对本区域经济文化发展的重大意义，使公众真正认识区域形象对于区域经济发展的重要性，并利用舆论、道德、习惯等力量规范约束企业及公众行为，让公众充分融入区域品牌的传播建设中来。

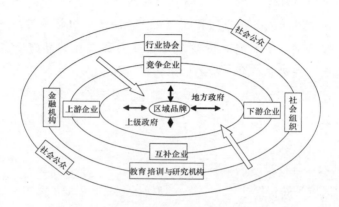

图1—2　区域品牌传播主体之间的关系层次

（2）区域品牌的传播内容

由于空间差异的客观存在，每个区域的禀赋都是不同的，每个区域的优势也就各有千秋，因而区域必须依托自身的优势，整合区域内最具优势的资源形成独特的区域品牌传播内容，向外界传播。中国地大物博，这一传播内容可能是区域内独特的自然资源，如依托江南气候条件形成的"浙江绿茶"、山东"寿光蔬菜"等；也可能是区域的社会人文资源，其中包括区域内的社会资源、政治资源、经济资源和文化资源等，如"长三角""珠三角"依托经济优势形成的产业集群区域品牌等，如图1—3所示。从消费文化视角看，仅仅是独特的自然资源或政治资源等对消费者还无法形成持久的吸引力，而且很容易受到外界和竞争对手的模仿，因此还必须充分挖掘区域内诸如宗教信仰、生活习惯和民俗风情等区域制度文化、区域物质文化和区域观念文化等特色文化资源，赋予区域品牌更加独特和突出的优势。

① 张曼茵：《中国产业集群发展的主要特点》，《经济纵横》2005年第7期。

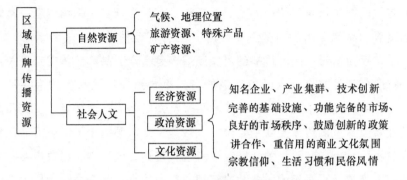

图1—3 区域品牌传播资源的构成

（3）区域品牌的传播渠道

传播渠道和媒介是传播活动实现的手段，是面向受众传播信息的物质载体，传播渠道和传播策略的选择，很大程度上决定了传播效果的差异。传播渠道其实就是传播内容如何与受众进行接触，D. E. 舒尔茨把"接触"定义为："凡是能够将任何与品牌、产品类别和市场相关的信息，传播给消费者或潜在消费者的过程与经验。"这种"接触"包含了媒介、营销传播活动及其他可能与消费者接触的形式（如直接体验、接触第一线员工或实际使用产品等）。在进行区域品牌传播时，不是首先考虑传播媒介或渠道，而是先分析顾客、区域品牌或产品及服务的接触点在哪里，通过评估品牌接触点来决定品牌或公司如何与目标受众建立联系。

区域品牌的复杂性和品牌的多元化，以及社会发展呈现"碎片化"的趋势，即社会阶层的多元分裂，导致消费者细分、媒介小众化。因此，以往只是通过大众传媒（电视、广告、杂志等）进行区域品牌传播已然效果不强，这就要求区域品牌主体整合各种手段和渠道，考虑与消费者的多种接触渠道，构建一个社会网络传播体系。这个社会网络传播体系除了大众传播之外，还包括：公共传播，主要有大型活动、新闻发布会、政府公共外交等公共性质的传播；商业传播，主要有广告、公关、会展、大型商场以及购物一条街等商业性质的传播；社会交往传播，主要包括非正式团体交往、旅游、集会、社区交往、网络论坛、个人交流和口碑传播等方式。

（4）区域品牌的受传者（受众）

有关品牌传播对象的表述主要有两种：一是受众；二是消费者。从营销角度看，品牌传播的对象是消费者，品牌打动消费者，消费者带动销售；从传播角度看，品牌传播的对象则应该是受众，品牌的传播者最关注的是接收信息的受众，这既包括消费者，也包括关注该品牌的潜在消费者。对品牌传播者来说，他所寻找的目标受众既是目标消费者，又是品牌的关注者。这里的传播受众主要包括：政府，即区域内上下级政府、区域外政府机构；市场利益相关者：投资者、代理商、消费者、出口市场；社会组织：高校、科研机构、非政府组织、行业协会；社会公众：广大普通社会公众、知名专家、明星（特殊公众）、旅游者等。

（5）区域品牌的传播效果

区域品牌传播作为区域品牌管理的一部分，其目的是通过对区域品牌资源的传播，提升品牌在受众中的认知度、美誉度与和谐度，实现区域品牌资产保值、增值及避免贬值。区域品牌传播作为一种极其复杂的社会传播行为，在传播过程中由于受外界和受众自身因素的干扰，受众对区域品牌信息的接触和理解并不都是按照传播者的计划和意愿进行，形成传播者所预想的效果。因此，在区域品牌传播过程中，需要对传播效果进行测量，评估区域品牌传播所达到的实际效果。由于区域品牌传播效果涉及区域产品的销售、产业经济以及整体经济发展水平以及区域品牌知名度、美誉度、和谐度等多种主观因素，测量起来都比较复杂。因此，在对区域品牌传播效果的测量中，可以一定程度上借鉴品牌资产的维度和指标，从基于消费者影响力的角度、基于区域品牌市场竞争力、区域社会影响力和区域成员之间目标和利益实现角度来测量。① 其中，对消费者影响力可以从品牌杰出性、品牌表现、品牌情感、品牌评价、品牌忠诚和品牌关系等方面测量，而品牌竞争力可以从品牌溢价、品牌地位、市场份额、市场区域和吸引能力等方面测量，而区域社会影响力则包括区域形象、区域地位、前景认可等指标；区域成员之间的目标和利益实现可以从区域社会、公共部门和私人机构在目标认知、行动一致性、参与程度和支持承诺等方面进

---

① 蒋廉雄、朱辉煌、卢泰宏：《区域竞争的新战略——基于协同的区域品牌资产构建》，《中国软科学》2005 年第 11 期。

行。因此，在进行区域品牌传播时，传播主体应该明确区域品牌在受众心目中处于何种地位，并设定此次传播要达成的目标，逐步推动区域品牌传播的发展，树立良好的区域品牌形象。

2. 区域品牌传播的次级要素

一般来说，要进行信息传播，无法离开以上五大核心要素，但是仅仅有以上五大要素，并不能保证区域品牌的传播能达到预期的传播效果。为了保证区域品牌传播的顺利进行，不能忽略掉那些非明显介入区域品牌传播系统的因素，如一定的社会政治经济文化环境对区域品牌信息的审美、传受双方意识形态的影响、传受双方对彼此的影响，并进而影响传播过程和效果的要素。这都是仅次于核心要素的一系列次级边际要素。

（1）区域品牌的传播环境

在进行区域品牌传播时，必须明确其传播不是真空状态，而是在整个社会大环境下进行的传播。这里的传播环境是指围绕发生在传播活动周围的情况和条件，是传播者和受传者在长期的传、受活动中不知不觉形成的一些惯例和气氛。区域品牌传播的社会环境可以从宏观与微观两大层面来分析。在宏观层面，主要包括区域品牌所处的国内外社会经济、政治、文化环境、法律环境；在微观层面，主要可以分析区域品牌竞争环境，包括政治政策变化、行业发展状况、竞争对手情况、媒介情况、消费者信息等。区域品牌传播者可以运用 SWOT 分析工具对区域传播的宏观与微观环境进行系统分析，明确区域品牌的定位和传播的优势和劣势，为后续区域品牌战略的定位和发展规划提供依据。

（2）区域品牌的信息编码和符号化

所谓编码，就是把信息或消息转化为适宜传播和能够使接收者接纳和理解的各种符号（语言、文字、图像），通过传播手段积极促进利益相关者对区域品牌的形象认知。对于传播者来说，就是要在区域品牌传播资源的基础上，结合受众的心理需求，提炼出适合所在区域的传播内容，形成独特价值理念、品牌标识、广告语等，以高度概括、简明扼要的方式向受众传达品牌信息。这就需要借助于区域品牌形象系统、品牌设计表征系统将区域品牌的资源和内容符号化并进行传播，从而有利于传播统一的区域品牌形象。区域形象识别系统（Region Identity System，RIS）的设计可参照企业形象识别系统（CIS），在区域品牌传播中具体则可引申为区域理念识别、区域制度识别和区域物质识别。其中理念识别是品牌识别的核心，因此要着重表达区域品牌所要传达的精神，体现区域品牌独有的文化价值观、精神内涵、发展理念等；区域制度识别是指规范区域行为的法律法规体系，包括市民素质规范、管理制度规范（政府、组织的管理行为、管理手段、服务方式）和城市品牌传播规范（公关、广告和传媒活动等，保证传播内容和传播行为一致）；城市物质构成包括象征性标志（市树、市花等）、景观性标志（自然景观、街区景观、空间景观等）和文化性标志（城市传统、文物遗存等），强化受众对区域品牌的视听效果。以上三者之间的关系如图1—4所示。

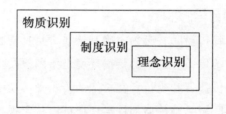

图1—4　区域品牌识别系统

（3）区域品牌的传播战略

在区域品牌建设中，区域品牌战略的制定及其实施是非常重要的环节和过程。在区域品牌传播过程中，区域品牌战略为区域品牌的发展和传播定下基调，统一区域内相关利益者的认识，协调区域内传播主体的行为。因此，在区域品牌建设的过程中，有必要在区域品牌传播环境分析的基础上，运用战略分析与选择的工具，通过对区域品牌传播资源进行细分与整合，确定区域品牌的定位，区域品牌传播战略、传播的组织模式以及传播资源如何符号化，最终完成区域品牌传播战略体系的规划与制定，为区域品牌明确传播的目标、重点和途径等。

（4）区域品牌受传者的解码

传播者的任务是把区域品牌的相关信息通过适当的方式传递给受众，但是受众不一定会按照传播者的原意进行理解。在受众那里，会通过选择性接触、选择性理解和选择性记忆等对信息进行解读。如受众身份不同，会影响他们对信息内容的选择；他们倾向于接触与自己原有观点相吻合的信息，并依据自己的价值观念及思维方式对接触到的信息做出自己的理解。而区域品牌传播效果如何，最终取决于受众对区域品牌的整体印象和产生的联想，取决于受众对传播内容的解读是否和传播者预期的一样。因此，区域品牌传播者在进行区域品牌传播时，必须综合考量受众所处的环境以及影响其解读信息的因素，并尽量减少会误导受众解码的因素。

（5）区域品牌的信息反馈

区域品牌在传播过程中，时常会受到外界其他因素的干扰，为了保证区域品牌的传播效果，维护区域品牌形象，传播者需要根据受众反馈和传播效果的测量，对区域品牌形象进行自我修复。同时根据区域品牌的发展变化以及外界经济政治文化环境的变化、消费者消费需求的变化而不断调整区域品牌的定位、传播的侧重点和路径。在常态的区域品牌传播下，还需要制定好区域品牌危机公关策略来应对区域品牌的突发状况，形成较强的应急处理能力。

（二）区域品牌传播的机制

区域品牌传播中的核心要素和次级边际要素都一定程度上影响着区域品牌传播的最终效果，发挥着传播区域品牌的作用，其中的各个要素都是相互关联的，没有一个要素是可以脱离区域品牌传播的运作机制而单独发挥作用，只有从整体的角度出发，分析区域品牌传播要素之间相互制约的方式和过程，才能更好地把握区域品牌传播的整个过程，反映其整体态势。"传播学研究的基本任务始终是再现整体，即始终把各种要素和相关因素有意识地归并到整体之中，努力找出各种传播因素之间的内在结构和外在联系，同时再进一步'认识它'。"① 因此，单从被割断联系的孤立的区域品牌传播要素还无法认识、把握传播的整个过程。

1. 区域品牌传播的内部机制

与一般的信息传播相似，区域品牌信息传播是由内而外的。胡正荣在其《传播学总论》中申明大众传播活动的特点："大众传播是在自己产生、发展的动力下进化的，具有自发和自觉的特征，同时具有不以外部特

---

① 邵培仁：《关于传播模式的思考与构想》，《淮阴师专学报》（哲学社会科学版）1991年第3期。

定作用为转移的客观规律。大众传播系统在获得自己空间的、时间的或功能的结构过程中，相当多的时候没有外界特定的干预，而是自身内部的系统动力。"（1997）。也就是说，在大众传播活动内部存在着传播者与传播内容之间相互配合、相互制约的关系，引申到区域品牌传播系统中来，则存在区域品牌传播者与传播内容、传播者之间的相互配合和协作。

（1）区域品牌传播者与传播信息的关系

区域品牌传播者作为传播活动的起点，也是区域品牌传播内部机制运作的主体，通过整合传播信息建构一个符合社会发展的区域形象。区域内可供传播的资源是丰富而复杂的，然而如果不分主次全部传播出去，外界受众无法领会区域品牌的核心，达不到预期的传播效果。因此，传播者必须根据一定原则和方式从大量的资源中选择可供传播的资源，并对其进行符号化，即品牌传播资源的编码过程。传播者应首先分析并整合区域品牌传播资源，区域品牌传播资源主要包括自然资源和社会人文资源，而社会人文资源则包括区域政治、经济、文化、社会等资源，如区域的区位优势、发达的产业集群、区域内独特的自然和文化遗产、完善的基础设施、鼓励创新的等优惠政策以及区域内讲合作、重信用的商业文化氛围、宗教信仰、生活习惯和民俗风情等。同时，在分析区域品牌环境的优势劣势、威胁与机会的基础上，确定区域的优势品牌传播资源及其核心价值，并对区域品牌进行定位，包括空间定位（Space positioning）、产业定位（Industry positioning）和品类定位（Category posi-tioning）①。其次，传播主体在综合分析社会文化环境、区域品牌的传播资源和品牌定位后，运用战略分析与选择的工具，来最终完成区域品牌传播战略体系的规划与制定，包括区域品牌的战略目标、重点、主体和组织模式等。最后，借助企业形象表征系统，将区域品牌传播在理念、制度和物质方面进行符号化。当然，以上这些都是建立在考量了外界受众对区域的印象和心理需求动因的基础上，只有在政府、投资者、媒体、社会公众等区域利益相关者对区域地位、实际体验、区域架构的评价和感受基础上，编码好的区域品牌传播战略才能契合目标受众的需求，如图1—5所示。

① 马向阳、陈琦等：《区域品牌定位与整合营销传播研究——以天津滨海新区为例》，《天津大学学报》（社会科学版）2010年第3期。

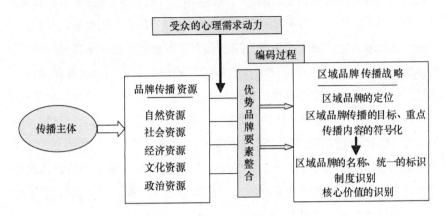

图1—5 区域品牌内部编码过程

(2) 区域品牌传播者之间的关系

区域品牌主体是整个传播活动实现的开端，只有在明确了区域品牌传播的主体之后，区域品牌传播系统才有运转的原始动力。但由于区域品牌产权的模糊性和公共性，区域品牌传播主体具有多重性，上文详细论述了区域品牌的四类传播主体。这也使区域品牌传播往往会面临很多问题，如各主体分散不系统的传播行为，区域品牌传播理念和方法的冲突，传播内容和传播的品牌形象的不协调和不系统等，都会造成外界对区域品牌理解的偏差。因此，区域品牌传播不仅要对外进行系统的传播营销，区域内也必须要有完善的传播体系，在内部实现上至政府、行业协会，下至企业社会组织、媒体和社会公众等对区域品牌及其品牌文化的统一理解和认识，协同营销传播，从而使区域整体传达信息一致，才能发挥区域整体传播效果。

然而在不同区域品牌形态中，传播主体角色分工不同，比如政府就行使着根据本区资源文化以及区域经济状况对区域进行规划、指挥、协调的权力，认清区域特有的优势，整合区域产业和区域文化资源，因此要将区域品牌建设视为一项重要的公共工程进行传播建设的重要作用。区域品牌是由区域内一个个企业品牌组成，区域内的企业是区域品牌形成的主要活动主体，企业通过优化其经营管理行为，完善企业文化制度，在区域统一品牌文化系统下进行个体品牌个性宣传，可以丰富区域品牌的内涵，完善区域品牌的层次。行业协会则是政府和企业之间的桥梁，通过对企业提供各种专业服务、信息

传播，协调区域政府和企业之间的区域品牌的宣传，最终促进区域品牌资产
的提升。但一般来说，由于政府具有其他组织和个人不可比拟的政策和资源
优势，在区域品牌传播中扮演着管理者和引导者角色。在确定区域品牌整体
传播战略，对传播内容符号化后，政府可以通过公共传播，如新闻发布会、
文件、公共基础设施建设等直接向行业协会、企业、社会组织和社会公众等
进行传播，培养区域品牌主体的品牌意识，协调区域品牌传播者的传播活动；
抑或通过媒体进行二级传播，发挥媒体扩音器的作用，向行业协会、企业、
社会组织和社会公众等进行传播，进而向社会大众推广区域品牌传播战略；
还可以发挥行业协会的中介桥梁作用，促进政府与企业、社会组织和社会公
众之间的沟通交流，如图1—6所示。

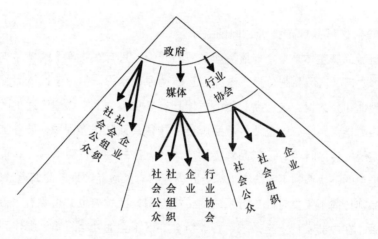

图1—6　区域品牌内部传播体系

2. 区域品牌传播的外部机制

区域品牌传播主体将区域品牌资源符号化以后，就可以借助一定的传
播手段将其传播出去。在传播过程中，社会文化环境不仅会改变人们的思
想意识，影响受众如何解读传播信息，而受众如何解读传播信息，很大程
度上决定了区域品牌的传播效果。因此，社会文化价值、区域品牌传播活
动以及受众解码信息的过程就构成了区域品牌传播的外部机制。相对区域
品牌传播的内部机制而言，传播主体对外部机制的可控度较低，因此，准
确把握影响区域品牌传播的社会文化因素，并了解受众解读传播信息的过

程，有利于减少区域品牌传播过程中的干扰因素和噪声，增强区域品牌传播的效果。

（1）社会文化价值对区域品牌传播活动的影响

传播效果理论认为："社会情境会影响受众对信息内容的注意程度"①，从而也会影响品牌传播的效果。品牌传播的社会文化环境包括整个社会宏观环境以及区域品牌传播所处地域的价值观念、行为方式、社会文化和制度等。

在整个社会文化环境方面，随着中国消费社会的逐渐形成，品牌消费已成潮流，品牌文化日益凸显。品牌文化是指文化特质在品牌中的沉积和品牌经营活动中的一切文化现象，以及它们所代表的利益认知、情感属性、文化传统和个性形象等价值观念的总和。随着人们对品牌的文化消费的推崇，消费文化形态悄然改变。在消费品方面，人们逐渐从对满足物质生活需求的有形消费品向满足精神需要的无形产品转变，人们对商品的使用价值日趋淡漠，精神商品以及富含符号意义价值的商品越来越受关注。美国学者大卫·哈维指出，在近年的消费领域，非物质形态的商品在消费中占据越来越重要的地位。在消费观念方面，目前中国的消费文化正逐渐从现代消费文化观念向后现代消费文化观念转变，越来越注重符号消费，与此同时，消费观念日趋审美化和风格化。无论是在现实领域对消费物品的实用价值的参考，还是从艺术领域中给商品注入更多令人赏心悦目的审美因素，或者是让多种审美形式融入人们可消费生活的选择中，艺术与生活的界限日益模糊，美学的概念融入生活之中，建立在个人生活美学基础上的风格化消费对于崇尚个性与自我的当代消费者来说越来越重要。在消费方式方面，消费者日益重视体验性消费，注重在消费中的享受过程，而这都是传统的传播方式所不能达到的。这些都决定了区域品牌传播内容向文化内涵转变，传播方式更注重体验营销以及互动交流等。

（2）受传者对传播信息的解码过程

受众通过接触各类媒体，在接收到传播主体通过传播渠道传递的信息后，会对接触到的信息进行感知，并对区域品牌信息产生自己的认知和解

---

① 张国良：《传播学原理》，复旦大学出版社 2006 年版。

读，从而形成对区域品牌的认知度和美誉度，这个过程就是解码。受众对传播信息的认知并不仅仅是对传播内容"镜子"似的反应，而是会受到自身所处环境、知识结构、身份、区域品牌传播信息是否通畅以及来自传播渠道压力等因素的影响。

首先，由于不同地区自然环境的差异，政治经济发展不平衡，以及各地居民长期互动积淀的传统习俗、风土人情、性格特色和心理特征，形成了属于该地理区域的文化特质，并很大程度上影响着当地居民对事物的理解和行为方式，进而影响消受众对区域品牌文化价值的接收程度；而区域经济的发展水平、消费观念和社会保障系统，很大程度上决定了消费者的消费档次和消费选择；而受众群体自身形象，如个人经历、预存立场、消费偏好的不同，同样影响着受众对品牌信息的解读和对品牌信息的接受程度。消费者类型的不同，其感兴趣和关注点都不相同，也就决定了受众对区域品牌内容的期待和选择的差异。如对于上级政府，主要可以展示社会发展、基础设施建设、税收等政策；对于相关利益者，可以突出投资环境、人才资源、政府政策、市场环境和产业环境等；对于社会公众，可以重点展示自然环境、文化氛围、经济发展水平、政府服务、社会治安、风俗民情和价值观；对于社会团体，可以传播信息服务、技术支持服务、人才服务、咨询服务和其他服务等。

其次，区域品牌传播的信息是否通畅，也很大程度上影响受众对传播内容的解读。例如，区域品牌定位不准，核心价值不突出，区域品牌各类主体传播的信息不一致，就会造成受众对区域品牌的信息理解混乱。

最后，每一种传播渠道都是一种媒体，每一种媒体都具有其潜在价值和局限性，影响着受众的体验方式以及他们受传播内容影响的方式。不同的媒体要求受众在接收信息时做出不同的调整，比如同是区域品牌标志和理念的推广，采用电视广告和事件营销不同的方式，会在受众心目中产生不同的影响。此外，受众心目中的媒体形象以及传播者的形象会导致受众对传播内容产生一定的期望，并可能会影响受众对传播内容的选择，因此在进行区域品牌传播时，必须结合传播内容和受传者，选择适当的传播渠道。

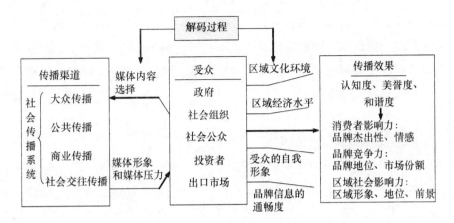

图1—7　区域品牌受众的外部解码过程

因此，在进行区域品牌传播时，虽然要统一区域品牌的内涵，但是也要兼顾不同地区不同受众的文化背景与审美情趣，必须注意区域文化造成的品牌信息在不同经验的受众那里产生的不同认知效果，不能奉行放诸全国而皆准的品牌传播方式，而是要根据区域文化的地域差异性，在传播内容和传播方式上进行有针对性的调整。这就要求传播者必须坚持"受众"为本的传播理念，坚持差异化传播。

　3. 区域品牌传播的反馈机制

区域品牌传播的内部机制和外部机制并不是孤立开来自己运作的，而是会通过区域品牌传播的反馈机制将其联结起来，形成一个完整、系统的区域品牌传播体系，从而不断修复着区域品牌的传播活动。

区域品牌传播是一个开放的体系。区域品牌传播的反馈机制是指传播者将编码和符号化后的品牌信息传递给受众，受众在消化理解区域品牌信息的过程中，通过自己的解读，将形成的对区域品牌的认知和态度反馈给传播者，反作用于区域品牌传播活动。因此，传播主体要建立有效的信息反馈渠道，以便能及时了解和掌握接收者对信息的反应情况，并根据接收者的反应作出适当的调整，从而开始新一轮的区域品牌传播。

当然这种反馈更多是传播主体的主动行为，当传播出去的区域品牌信息与受众原有的立场、观念产生碰撞并使受众获得新知并采取品牌行动，这就说明区域品牌传播产生了效果。反之，就需要区域品牌传播者回过头来重新考察区域品牌传播机制的运行过程，依据规律对机制的运行重新调整。可见，反馈机制发挥着将区域品牌传播的内部机制和外部机制互动起来的同时，还起到了检验区域品牌活动是否达到了区域品牌发展、积累区域品牌资产的预期效果，使区域品牌传播活动向着更贴近社会发展、更符合受众需求的方向发展。

（三）区域品牌的传播模式

1. 区域品牌传播的几种典型模式

区域品牌，从字面含义来说，它由"区域"和"品牌"两部分构成。"区域"是指一定的地域范围，而"品牌"是指具有一定物质载体的商标。虽然区域品牌相对企业品牌来讲具有一定的抽象性特征，然而区域品牌也有其相应的载体和内容。而区域品牌不同的内容载体决定了区域品牌发展形态的不同。在我国，随着各地产业的聚集和快速发展，其对区域品牌形成的促进作用日益凸显，产业集群正成为区域品牌化战略的重要驱动力，各地方政府和行业协会相继开始实施区域产业品牌化战略。由于产业集群和区域品牌的密切关系，很多学者从产业集群的角度定义和研究区域品牌，因此，区域产业集群品牌化是我国未来区域品牌化的生力军之一；此外，随着区域形象和美誉度的泛化，区域品牌的内容对象不仅仅是区域产品产业，并已扩展到区域自然、历史、文化、人口等资源上，甚至包括投资环境、旅游环境和居住环境等因素。因此，除建设以产业集群为载体的区域品牌形态外，以地方人文资源为基础的区域品牌开始得到重视。

（1）产业集群型的区域品牌传播模式

产业集群主要体现为特定地理区域中的产品集中、企业集群、产业集聚，它的地理集中性已隐含着区域品牌的内涵和要素。由于区域品牌能在很大程度上提高产业集群的附加值，推动区域经济的发展，因而已经成为各地区产业集群发展的重要手段和目标，如"第三意大利"产业的地理集聚举世闻名，几乎每个产业区都形成了品牌经济。从目前我国的区域产业集群发展状态来看，虽然已经有很多产业集群形成了区域品牌，并得到了社会的认可，如我国浙江"温州鞋业"、浙江"嵊州领带"和山东"青岛家电"等区域品牌；但大多数产业集群仍存在品牌意识不强，各主体培育品牌的动力不足，健全的品牌发展环境缺乏等问题。为了推动区域产业品牌的建设，很多学者站在区域品牌发展形态的角度，提出了政府主导的区域品牌培育方式、企业主导的区域品牌培育方式和行业协会主导的区域品牌培育方式，等等。但由于任何区域产业品牌的发展都有一个形成、发展、繁荣、衰退等过程，任何一个区域产业品牌的形成都不可能是一种主体主导的永恒模式。因此，结合产业集群和区域品牌的发展特点，建构一个动态的区域产业品牌传播的模式，可以分阶段有步骤地推进区域品牌的成长。

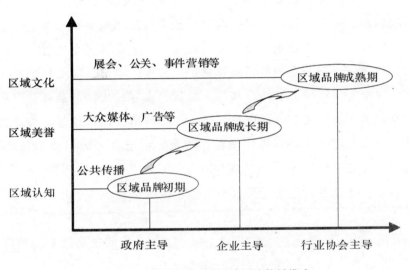

图1—8　产业集群型的区域品牌传播模式

如图1—8所示，可以根据区域品牌的发展周期和行为主体参与度的大小，形成"政府主导→企业主导→行业协会主导"的区域品牌演进路径和传播策略。这种区域品牌模式主要是利用区域内的产品产业优势先为区域形象背书，随着区域品牌形象的提升，可进一步促进区域产业的发展和区域品牌的形成。

①政府主导时期的区域品牌传播

在产业集群生成阶段即区域品牌发展初期，由于新企业数量增长快，产业集群也得到一定发展，区域内产业开始低水平集聚，但区域经济效应还未显现，企业更关注自身的发展，缺乏树立区域品牌的意识。在此阶段，政府要发挥主导作用，制定区域品牌发展战略，创建和注册一个

"区域品牌"，同时发挥政府公关的政策性优势，通过新闻发布会、媒体宣传等传播手段，提高受众对本区域的认知，使公众对区域形象和区域品牌形成初步认知。

此时，政府主要发挥两方面的作用。

第一是对内职能。首先，通过对市场环境、区域资源和区域产业进行整体分析，分析该产业集群存在的优势和劣势，总结产业的竞争能力和培养方向，将区域品牌建设纳入区域经济发展的整体规划，强化实施名牌战略的宏观指导，提出明确的区域发展规划、产业布局、规模标准、重点建设项目等。此时，政府可以利用其政策性优势，通过媒体或者直接将制定的发展战略在区域内企业和民众中进行广泛传播，树立企业和民众的区域品牌意识。其次，明确品牌推广的组织模式，建立专门区域品牌推广部门。最后，政府应为区域品牌的发展创造良好的环境，搭建公共服务平台。在硬环境方面，通过完善基础设施建设，制定并向外宣传区域优惠政策，创造良好的招商引资环境、为区域专业市场的形成创造硬件环境，从水平和垂直上整合产业链，建立集群内部的信息交流平台和机制，减少交易成本，以获得规模经济或范围经济。[①] 在构建区域软环境方面，要注意从区域文化氛围、创业氛围和发展氛围三个层次入手，主要包括对企业的专业化培训教育、发展战略咨询、品牌评价等方面进行工作。[②]

第二是对外传播职能。这主要是指当地政府对区域品牌的宣传。首先要形成统一的区域品牌战略和发展规划，并将此战略与规划进行统一的形象设计，以一个声音、一个形象，通过整合营销传播方式统一对外传播；其次在对外传播主体方面，在产业集群发展初期，因单个企业没有意识，也没有能力和资金去组织大型的宣传活动，区域品牌推广的主要责任就是政府部门，当地政府可以通过媒体宣传、公关活动、专业市场建设等公共传播行为对区域产业集群和区域环境进行宣传推广，以提升本地区该产业的区域形象。

---

① 肖阳、谢远勇：《产业集群视角下的区域品牌培育模式分析》，《福州大学学报》（哲学社会科学版）2010 年第 6 期。

② 董雅丽、白会芳：《论区域品牌的形成机制》，《科技管理研究》2007 年第 8 期。

②企业主导时期的区域品牌传播

一个区域具有一定产业实力和品牌效应后，聚集于产业内的企业应加速发展，并逐渐形成以少数大企业为主体，多数中小企业依靠大企业辐射生存和发展的区域产业构成格局。此时，企业对外的市场开拓和推广成为区域品牌建设及增值的重要环节和手段。① 区域内企业应综合利用媒体宣传、项目推荐会、展销会等现代化媒介进行广告或形象宣传，重点传播产品品质、品牌内涵等，建立区域内企业和区域品牌在受众心目中较高的美誉度，以龙头企业拉动区域品牌的形成。

此时企业可通过业务分包、培训、管理指导、信息共享、制定质量标准、合资或信贷、技术共享等形式，由龙头企业凭借其强大的资金实力去建造统一的销售网络，打造全国品牌和世界品牌。② 要在区域品牌定位、识别和传播上突出产品的原产地特色和优势，随着区域内众多企业为受众熟悉并形成良好的美誉度，企业所在区域的形象自然走进了受众的心目中。21 世纪初期，随着晋江鞋质量的迅速提高，晋江鞋行业中的几个企业主动适应市场，实施品牌化战略；1999 年，随着孔令辉一句"我选择，我喜欢"从央视五套黄金广告时间播出，使安踏运动鞋的影响力和品牌的知名度得到空前的提升，市场占有率达到 13.4%，一跃成为中国运动鞋的第一品牌。安踏运动鞋的成功在晋江鞋业中掀起了一场品牌革命，此后"361°"与中国羽毛球队，吴奇隆与"德尔惠"比酷，陈小春与"鸿星尔克"共舞，"金莱克"邀请乒乓球名将王楠，伏明霞穿上了"美克"鞋，使众多运动鞋品牌家喻户晓。当晋江走出了诸如安踏、匹克、鸿星尔克等大家熟悉的品牌时，晋江鞋也就成为晋江区域品牌的一张名片。

企业在进行品牌传播的过程中，一方面要突出自身的品牌个性，同时企业作为区域品牌的一部分，也要参加和赞助政府、商会、协会组织的招商洽谈会、商品交易会、产品博览会等区域品牌推广活动，企业或企业联盟品牌还应承担起区域经济发展的责任和使命，把企业自身的发展战略

---

① 沈鹏熠、郭克锋：《基于产业集群的区域品牌建设——模式、路径与动力机制》，《特区经济》2008 年第 6 期。

② 高俊涛、王金波：《基于区域品牌特性的营销策略研究》，《科技和产业》2009 年第 7 期。

融入区域经济发展中，突出产业集群整体的优势，强调企业品牌的区域根植性，使外界由对企业品牌的认知逐渐上升为对整个区域品牌的印象，为整体区域品牌特征的形成背书。如青岛家电在对外宣传中，改变了以往青岛同城三家企业"同行冤家""各自为战"的格局，集中家电产业整体的广告宣传，打造"青岛家电"品牌，它是多个企业的浓缩和提炼，更具有广泛持续的品牌效应。

区域品牌经过企业宣传的前期积累，已经具有一定的知名度，此时必须巩固消费者的知觉感受，以使知晓度转化为偏好。此时政府就需要从制度与行为文化上规范区域品牌传播相关的各种流程，调整区域品牌传播战略，继续加强区域环境的建设，协调区域内政府和企业之间的传播活动，使消费者建立对区域品牌的信任，从而将品牌知名度有效地转化为品牌偏好。在制度层面，政府不应该只是维护有利的制度文化，还应在制度层面加强监督，因为区域品牌的外在效应，特别是良好的区域品牌外部经济效应的存在，在利润至上的驱使下，很多企业往往想在不负任何代价的情况下享有区域品牌带来的良好经济效益，这将打击其他主体塑造区域品牌的积极性，导致"区域品牌"的滥用和区域形象的损坏。因此，作为拥有行政权力的政府，应该在制度层面加强监管，防止区域内品牌的"搭便车"现象，对区域品牌的加入设置门槛，规范企业行为，奖励提升区域形象的企业，严惩破坏区域形象的行为，促使企业在进行生产活动时考虑实际的社会边际收益或成本，实现企业行为外部效应内部化，形成一种机制促使企业自觉维护区域形象，杜绝"公地悲剧"的发生。

③行业协会主导时期的区域品牌传播

随着产业内企业集群的继续扩大以及区域品牌效应的开始显现，区域品牌已经形成了一定的知名度和美誉度，而区域品牌符合品牌生命周期规律，因而跟上市场需求的变化及时创新求变，维系消费者对区域品牌的认同和情感，就成了区域品牌持续发展的关键。行业协会此时应充分配合政府，一方面以挖掘地域文化特征等资源禀赋为题材强化传播效果，赋予区域品牌以精神及文化内涵，区域品牌如能和区域的历史文化等精神气质相结合，汲取其历史和文化的营养，赋予品牌以文化品格和文化意义，才能使区域品牌在情感上与消费者产生共鸣，强化与消费者的心理联系。刘依卿等指出在区域品牌传播的过程中，不仅要做好区域品牌创建前期的准备工作，中期的宣传和推广工作，以及后期的管理和维护工作，还要注重提炼区域品牌的核心价值，并将其升华为对消费者最具感染力的内涵。① 如在青岛家电区域品牌传播中，由于青岛地处齐鲁大地，长期受儒家文化的影响，儒家文化提倡"道义""诚信"，倡导"以义求利"，落实到企业则是强调企业的经济行为应合乎诚信的商业文化，因此在进行区域品牌传播时，融入这种区域商业文化将有利于提升区域品牌的内涵与价值。再如法国葡萄酒，其产量虽然不如意大利的产量高，但法国却被誉为"葡萄酒之乡"，除了法国的气候、土壤很适合葡萄的生长之外，法国历史悠久的酒庄文化、法国人的浪漫以及法国的历史和文化，成就了法国葡萄酒持久的影响力和美誉度。另一方面，充分发挥行业协会的桥梁作用，加强与企业组织的沟通。应规范企业间竞争行为和形成统一的对外宣传效果，促进区域品牌的集约式发展。② 面对区域内部企业间的竞争，行业协会既要通过接受政府授权，依据区域品牌内部制定行业标准和区域品牌的使用章程并进行传播；同时也要在行业协会的积极配合下，加强产业集群与区域内科研机构之间的沟通交流，组织企研联姻，发挥各自的优势，加快科技成果转化的步伐，迅速推出一批在市场上有竞争力的品牌产品；另外，还应该引导区域内的企业实施内部差异化竞争策略。以瑞士钟表产业为例，瑞士钟表业非常注重打磨区域内每个品牌的个性，使每个钟表品牌都拥有鲜明的风格和明确的受众。"如果你想显示尊重，就去买欧米茄；如果想来点运动感觉，就去买天梭；当然你想天天换快钟表，斯沃琪比较便宜；如果你想来优雅，来看看浪琴吧！"③ 这样就有效地避免了区域内部企业的同质化竞争，防止区域内部能量的消耗，同时鲜明的个性、丰富的联想和独特的市场定位也能使区域品牌脱颖而出。此外，行业协会应整合各种传播媒介，扩大宣传力度，或带领企业组团参加国际、国内的展会，或是引进展会、兴建展览、产业博物馆，举办设计大赛、艺术表演，重点宣传产品产业的产地，营造集体文化氛围。比如，为了推进意大利瓷砖的发

---

① 王光远：《产业集群品牌建设策略研究》，硕士学位论文，山东大学，2009 年。

② 沈鹏熠、郭克锋：《基于产业集群的区域品牌建设——模式、路径与动力机制》，《特区经济》2008 年第 6 期。

③ 林升栋：《区域产业品牌案例研究》，厦门大学出版社 2011 年版。

展，意大利陶瓷工业协会从 1983 年起，于每年秋季在意大利的博洛尼亚市隆重举办陶瓷产品展，该展览会已经成为世界陶瓷业规模最大、档次最高的展览会，吸引了世界各地陶瓷厂家的关注与追捧，是意大利瓷砖企业的主要促销工具和向国际市场开放的有效途径。

（2）人文资源型的区域品牌传播模式

在区域品牌的建设过程中，区域品牌的主导者首先要综合分析本区域的优势与特色。在我国东部沿海地区，由于政策、地理和历史等原因，形成了很多产业集群，地方政府也抓住这个优势资源进行培育，促成了区域产业品牌的形成。然而，随着消费社会的形成，受众消费越来越审美化和个性化，对精神追求更加向往，更看重品牌及其背后的文化。在我国很多其他地方，其优势资源并不是产品产业，而是本区域内独特的自然生态因素、人文因素和生活理念等，地方政府、行业机构通过推广这一特定的区域品牌，使其建立起一定的知名度和美誉度，吸引国内外游客来观光、游玩和购物，从而为城市的发展争取到足够的资金，带动了整个城市的经济和社会发展。如杭州全方位打造"生活品质之城"的区域形象，成都根据其慢节奏的区域文化特色塑造了"休闲之都"等，而这种区域品牌形象很大程度上促进了杭州、成都两大城市休闲、旅游产业的发展，提升了受众对该区域的认知度和认同度。

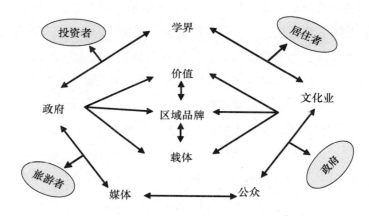

图 1—9　地方人文资源型的区域品牌传播模式

在图 1—9 所示的传播模式中，整体层面的区域品牌体现统一价值，并由官方公共部门提供；载体层面的区域产品由区域内的人文资源及相关文化活动承担；学界、媒体和公众则是政府和文化业之间加深互动关系的渠道，促进不同市场导向的产品与市场建立有序关系。政府部门和文化业在各有侧重的前提下，参与城市产品价值与载体的生产。这种传播模式主要依托区域内现有的人文资源，确定区域形象的品牌价值，突出区域优势，区域的整体形象成了区域品牌的载体，并以此作为区域品牌传播的立足点对区域内外进行营销。与产品产业型的区域品牌传播模式不同，地方人文资源型的区域品牌传播不用花太长时间进行培育，因此这类传播模式要求政府有较好地组织协调与传播能力，一方面要全力挖掘区域人文历史等可供传播的信息；另一方面要求政府协同学界、媒体和公众，通过多种传播渠道，形成对区域外部的投资者、旅游者和居住者共同营销传播的协作机制，从而保证传播活动能够高效、流畅地运行。

①区域内的初级品牌传播

人文资源型的区域品牌传播模式由两部分构成。第一部分是初级传播，主要在所在区域内进行。区域内的受众包括住户、雇员、本区域内的投资者、企业和社会组织等，他们是这个区域的主体，也是区域对外传播的主体，对其进行传播，有利于提升内部凝聚力，形成区域独有的市场和文化氛围。这一阶段的工作虽不是区域品牌传播的主要目标，但关系到之后区域品牌传播的效果。政府在这一阶段的传播工作中应起主导作用，包括制定区域品牌战略、确定区域形象品牌战略定位、基础设施项目建设、组织与管理结构构成和城市行为，并通过政府的政策优势，通过大众传媒以及公共传播途径向区域内的各类利益相关者进行传播。

具体来说，在政府职能方面，首先，可通过市场分析，从区域所能供给的特色文化资源以及受众对区域形象需求的角度分别进行区域审核，确定区域品牌的定位，而且这种特色资源必须是有其个性的，能够表达该区域最根本的功能，如成都根据民众对待生活从容淡定，对待工作举重若轻的"休闲心态"和成都民俗游玩、成都美食等以及外界受众认可成都人有着休闲心态的情况，确定了成都"休闲之都"的区域品牌定位；此外是进行区域品牌战略规划，对区域形象产品进行统一规划，提炼区域的核心价值，设计区域形象标志。区域标志是区域的一扇窗，是区域独特文化和精神的直接展示。如杭州为了推广"品质生活"的区域品牌形象，将其城标以绿色、黑色为主色调，由"杭"的篆书演变而来，将航船、建筑、园林、拱桥等诸多要素融入其中，巧妙地表达了它们与水的亲近感，增加了受众对其的向往。另外是加强区域内的基础设施建设并授权其他组织管理区域品牌传播的权力。

其次，将制定的区域品牌战略、品牌的定位、核心价值以及设计的统一标识在区域内进行广泛推广。由于初级传播主要在区域内进行，区域内部公众对区域品牌的接触点主要集中在地方媒体和公共产品两大类。从地方媒体上来看，主要包括地方传统媒体和互联网媒体。这些媒体以地方报纸杂志以及门户网站为主，它们构成了内部公众对于城市品牌的主要接触点；从公共产品传播上来看，主要包括城市基础设施、政府政务服务等，与内部公众息息相关，能很直观、感性地向区域内部公众呈现区域品牌及其核心价值。因此，区域政府组织一方面可以借助媒体的优势广泛宣传，另一方面可以通过公共传播进行，增强区域内利益相关者对品牌价值的认同。例如香港花900多万落元完成了区域形象标识"飞龙"的设计后，在香港各主要商业活动场所开展了系列性的大规模推广活动，并在当地的机场、地铁、大巴、主要街道、公共场所都张贴"飞龙"标志。通过对内传播来增强区域内居民的认同感，提升居民的自豪感，促使社会大众与政府共同为建设区域品牌而做出贡献。

②区域外的高级品牌传播

这里的所谓高级传播，也就是对外传播，即针对区域的投资者、旅游者、要吸引的人才、上级政府等进行传播。外部公众类型众多，且流动性强，结构稳定性较弱，他们对区域品牌的接触主要集中在大众媒体宣传、网络媒体传播、事件营销、节庆会展、名人明星和旅游产品等方面，此时政府需要协调各方力量，综合利用各种手段进行传播。传播手段虽然多样，但根据区域品牌形象在受众心目中的接受和认知的发展过程，可以在区域品牌发展的不同阶段，选择适宜的传播手段组合，提升区域品牌传播的效力。

在区域形象品牌发展初期，宜采用基础型传播手段，比如，印刷品传播、节会传播和网络传播，重点向广大受众告知区域相关情况、提出区域品牌理念、说明区域优势资源、树立区域形象等。比如成都市政府在全国范围内掀起多次针对成都定位、成都名片和成都精神的讨论，在思考城市发展的同时，加大了城市宣传；与此同时，成都为了推广其"田园休闲之都"的品牌定位，拍摄城市形象宣传片，其中《成都——一座来了就不想离开的城市》，成为早期国内城市形象片的代表作；而在 2008 年"5·12"汶川地震后拍摄的 I love this city 也得到人们的认可；此外，成都还借助本土音乐剧《金沙》的全国巡演和在东南亚的商业演出，让受众感受到了成都自身的独特韵味和精神内涵。[①]

在区域形象品牌传播成长阶段，可以采用持续性的常规型传播手段，形成受众的品牌偏好，运用诸如广告传播、软文传播和节庆会传播相结合的手段，改变受众对区域属性的知觉、增强区域目标顾客倾向性。此阶段区域品牌传播手段操作难度较大，一般需要借助专业机构实施。目前，很多区域在推广其形象中较多地运用电视广告对城市进行概括性的形象宣传，从视觉上生动地展现城市形象和品牌概念。如许多城市在 CCTV—4（中文国际频道）等诸多电视台发布的"休闲之都成都""浪漫之都大连""小商品海洋购物者天堂义乌"等城市形象的电视广告。与此同时，还通过举办节事活动，让受众接触区域，直观感受区域品牌精神，提升受众对城市的好感度，如数十个国家与会的杭州"休博会"、百万人流的成都"国际旅游美食节"、千万游客的威海"国际人居节"等大型节事活动，在大众的直观体验下，会产生"一传十、十传百"的口碑效应。特别是在城市品牌形象与受众互动沟通过程中，使受众对区域能够产生从了解到认知，从认知到产生偏好，最终达到城市品牌效果的累积。[②]

在区域品牌传播成熟阶段，可采用加强型传播手段，以节庆展会传播和事件营销等为主，在以往品牌知名度基础上，提升品牌忠诚度与影响力，强化品牌形象在目标顾客中的地位，保持受众对区域的持续关注度。不论市场竞争如何，使目标群体仍能记住该区域，从而保持较高的知名度是区域品牌传播的持续目标。该阶段品牌传播手段执行难度大，需要多机构合作实施。比如，为了塑造杭州"东方休闲之都"这一区域品牌，杭州不仅借助西湖博览会和杭州休闲博览会两大盛会进行品牌传播，同时也通过事件营销、活动营销的方式，扩大杭州的传播范围和影响力；如在

---

① 江颖红、贾宁：《中国"休闲之都"城市品牌案例解读》，《创意传播》2011 年第 2 期。
② 刁晓蕾：《中国"休闲之都"城市品牌传播现状》，《创意传播》2011 年第 2 期。

2010年邀请网络播客红人把自己拍摄杭州的作品上传到知名视频网站，一方面展示了不同视角下的杭州，另一方面也借助播客红人的知名度提升了杭州的品牌知名度；再如杭州大学生旅游节活动项目之一的"我带爸妈游杭州"，用感性与体验的方式，将杭州的美传达了出去。① 而厦门自2003年开始起每年一度的"国际马拉松活动"，规模越来越大，国际影响力也逐年提高，借此让更多人认识和了解厦门，对提升厦门"度假休闲"区域品牌有着积极的意义。

2. 文化视域下的区域品牌传播模式构建

模式既可以解释为是对某一事项或实体的内在机制与外部联系进行的一种直观的简洁的描述，也可以理解为"是对相对简单状况所做的象征性的合乎逻辑的设想，这是一种心理上的设想，拥有同原始的客观体系相同的结构属性"②。因此，采用图像模式对传播现象进行描述和解释，是传播学研究的一大特色。模式具有结构性和功能性两种类型，它是理论的一种简化形式，具有构造、解释、自发、预测等多种功能。用模式来表现区域品牌传播中信息交流行为，可以显示出传受双方联系的结构、强度和方向，使已知的要素及关系尽可能固化，使传播要素之间的关系简洁明了。因此，在沿用传播学原理中经典的5W模式的基础上，在文化视域下，将以上区域品牌传播的内部机制、外部机制和反馈机制相结合，即可构建出区域品牌传播的一般模式。

如图1—10所示，区域品牌传播是一项系统工程，不仅包含了区域品牌传播战略上的制定，同时还表现了区域品牌传播的信息流动过程。这里所构建的区域品牌传播模式是基于整个社会政治、经济和文化环境等因素并考虑其综合影响。传播主体在一定程度上决定了区域品牌的传播形态，传播主体中的主导者（引导者），一般来说是政府，在综合考量社会政治、经济、文化环境以及本区域所具有的优势资源和文化特质的前提下，选择可培育和传播的区域品牌资源进行编码，根据区域品牌的发展周期，确定区域品牌的定位并制定相应的区域品牌战略。之后根据所要传播的内容和目标受众，选择适宜的传播渠道，让目标受众接触并知晓区域品牌。

---

① 江颖红、贾宁：《中国"休闲之都"城市品牌案例解读》，《创意传播》2011年第2期。
② ［墨］罗森勃鲁特、威诺：《科学模式的作用》， 译，《科学哲学》1951年第12期。

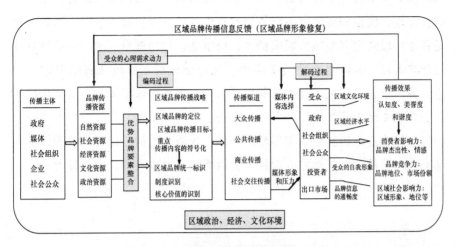

图1—10　文化视域下的区域品牌传播模式

而受众则在自身的个性结构、所处的社会环境以及传播者在受众心目中的形象等因素的影响下，通过自身的媒体接触以及媒体内容的选择，对所接触的区域品牌信息进行解读、处理、记忆并形成态度，最终对区域品牌产生行动。区域品牌传播者通过收集受众的信息反馈，据此检查区域品牌传播战略的制定和执行是否符合实际需要并对其进行调节，以达到修复区域品牌形象并调控区域品牌传播系统的目的。

区域品牌传播分为区域品牌对内传播和区域品牌对外传播。对外传播由区域品牌传播主体发出，目标是促使优秀人才、投资者、旅游者、外来者、中央政府或地方政府形成对区域从知名到完整认知、造就期望的联想、产生区域偏好、提升原有的品牌体验、进而达到区域品牌塑造的目标。

总体来说，区域品牌的创建应该是也首先是一个区域经济社会发展的战略问题，应该理解为一个地方或区域实施的名牌战略。区域品牌战略要从产品、品牌渠道、品牌文化、品牌承诺、情感沟通、品牌的法律维护等综合因素来考虑的一套完整、系统的品牌经营活动。① 区域品牌传播模式的构建首先是要完善区域品牌内部传播系统，不断创新技术以打造区域品

---

① 熊爱华：《基于产业集群理论的区域品牌培植模式比较研究》，博士学位论文，天津大学，2007年。

牌的核心竞争力，重视区域品牌知识产权的保护，明确区域品牌传播主体的多元性，使他们在区域品牌传播过程中各司其职，通力合作。其目标就是将本区域的发展方向、城市精神、价值观、行为规范、法规政策等传播给全体市民，以增强市民的认同感，促进市民对本区域品牌建设的参与度。其次要打造区域品牌的外部传播系统，要利用区域文化、历史传统等在公众之中形成品牌认同，再加上广告、活动、销售、公关等传播手段的作用来塑造良好的区域品牌形象。当然，区域品牌的传播还需根据外部环境来调整传播策略，制定好危机公关策略和培养较强的应急处理能力。

第 二 章

基于消费者的区域品牌传播测量指标构建

区域品牌传播是一个长期而复杂的过程，区域品牌的传播效果可以通过区域品牌资产来体现。对于品牌传播与品牌资产的关系，胡晓云等编著的《品牌传播效果评估指标》中提出，"品牌传播属于应用传播领域，它指出了建构品牌、维护品牌与公众以及相关利益者之间的正向关系所做的一系列整合的传播活动。它以具有独特差异化的，具有一定知名度、美誉度、感知力和忠诚度的品牌形成、维护、发展为目标"。其中，知名度、美誉度、感知力和忠诚度正体现出了品牌资产的几个方面，品牌传播正是以形成品牌资产为目标。当然，在众多品牌资产测量指标（财务指标、市场指标及消费者指标）中，基于消费者的区域品牌资产测量指标无疑是衡量品牌传播效果的主要指标，而且也是具有可直接应用性的指标。因此，基于消费者的区域品牌资产测量指标体系构建就是区域品牌传播研究的重要内容。在实践中，通过此量表测试区域品牌资产的现状，既可以更好地了解区域品牌的发展状况，有针对性地提升区域品牌的价值，而且可以检验区域品牌传播的效果，进而通过有效传播更好地促进区域品牌的成长与发展。

一 区域品牌资产相关研究

国内外关于区域品牌资产的理论进展还处于起步阶段，对这一新的领域，一些学者从不同的角度进行了探索性研究，现将为数不多的研究成果梳理如下。

（一）区域品牌资产的概念界定

Shimp、Samie 和 Madden（1993）站在区域营销的角度，以促进国家旅游业和经济发展为目标，提出了"国家品牌资产"的概念（Country Equity），认为国家品牌资产是消费者作选择时的情感偏向。Morgan 和 Nigel 等（2002）以新西兰为例，对新西兰国家品牌进行了定位，认为区域品牌资产包括产品特性（Product characteristics）和附加值（Added value）两部分，前者是区域品牌的功能性价值，后者是与品牌相关的非功能性利益。Gilmore（2002）以西班牙国家品牌为例，用核心竞争力的概念对西班牙国家品牌进行再定位，将国家品牌资产界定为物质资产（Physical Assets）和人文资产（Human Assets）两部分，认为这两者构成了一个国家竞争力的主要来源，属于国家品牌资产核心竞争力。Hosper 和 Gert-Jan（2004）以欧洲厄勒地区（Oresund Region）为例，勾勒出了区域营销增加区域竞争力的新途径，认为建立区域品牌资产是区域营销的一部分，而建立区域品牌资产可以通过投资增加区域的硬件和软件的竞争力和吸引力来实现。Papadopoulos（2004）在艾克（Aaker）关于品牌资产定义的基础上，认为区域品牌资产是与一个区域相联系的、真实的、可感知的价值和信赖，正是该区域这种特有的价值和信赖感，使人们能够把该区域和其他区域区别开来。

可见，国外对于区域品牌资产的研究，主要集中在国家或地区层面，认为国家可以通过实现品牌化，增强国家竞争力，加快国家旅游业的发展，从而带动国家经济的复苏和快速增长。这些研究中宏观研究多，微观研究少，对国家品牌化的相关方法，只是给出了概括性的意见，并没有对国家品牌或区域品牌资产的概念给出明确、清晰、具体的定义。

国内从 2005 年开始，陆续有学者对区域品牌资产进行研究，但只有少数文献给出了区域品牌资产的定义。蒋廉雄、朱辉煌、卢泰宏（2005）站在大区域的视角，将区域内的各个方面都纳入区域品牌影响的范围，认为区域品牌资产是一种利益整合，它要同时兼顾消费者、企业、政府部门和内部顾客的利益，以此来增加区域品牌的影响力和市场表现力。张月莉（2012）对农业这一特定的领域进行了分析，在借鉴国外学者关于区域品牌资产定义的基础上认为农业区域品牌资产是顾客基于对农业品牌的认知，而对不同品牌产生不同的理解和情感。沈鹏熠（2012）也对农业领域的区域品牌进行了研究，并对区域品牌资产的概念作出了相似的界定，认为区域品牌资产是区域内农业区域品牌经营主体的不同市场定位和宣传对消费者造成的不同认知和反应。

上述定义都认为区域品牌资产的形成离不开区域品牌经营主体的营销努力，建立区域品牌资产的关键就是要获得消费者的品牌记忆、品牌情感、品牌认同，最终形成品牌忠诚，所以区域品牌资产的核心部分是区域品牌忠诚。基于以上研究，我们认为，区域品牌资产是消费者由于区域类因素、产业类因素和区域内企业或产品类因素的相关知识的认知，而对政府、企业等区域品牌利益相关方的区域营销、企业营销和产品营销等营销活动产生的差别化反应。

（二）区域品牌资产测量相关研究

Kotler、Gertner 和 David（2002）认为国家也可以实行区域营销，建立品牌资产，实现品牌化，并将区域品牌元素划分为：愉快（Pleasure）、质量（Quality）、安全（Security）、诚实（Honesty）、进步（Progress）等方面。Bjorn P. Jacobsen（2009）以欧洲后工业化城市在经济发展、吸引外商投资方面临的压力为背景，站在区域消费者（投资商）的角度，以促进区域吸引投资为目的，构建了一个基于投资者的区域品牌资产评估模型（Investor-based place brand equity framework，IPE）。在该模型中作者认为区域品牌资产（Place Brand Equity）包括区域品牌权益（Place Brand Assets）和区域品牌价值（Place Brand Values），区域品牌权益包括质量（Quality）、印象（Impression）、促销（Promotion）、意识（Awareness）、传统（Heritage）、个性（Personality）、荣誉（Reputation）和信任（Trust）；区域品牌价值包括：功能（Function）、声望（Prestige）、区分度（Distinction）和识别度（Identity）四个部分。此后，Bjorn P. Jacobsen（2012）在 IPE 模型的基础上，构建了概念模型，认为影响投资的因素包括两个部分，一是意识领域，包括区域品牌具体的可操作性管理和宏观的战略管理，前者形成区域品牌属性，后者形成区域品牌利益；二是行为领域，即是建立高效的区域品牌，吸引外商投资。接着，他以德国投资者在欧洲北部创新产业的投资为例进行了实证研究。

国内关于区域品牌资产构建的相关文献基本可以分为两类：第一类是对区域品牌价值提出了研究思路，但没有分析区域品牌资产的维度。张挺（2006）在其博士学位论文中通过定性分析软件研究、问卷调查、定性访谈和专题小组讨论，认为区域品牌存在价值且区域品牌价值的构成具有多维度性，同时，他也给出了区域品牌价值的定义，认为区域品牌价值就是区域品牌为本地产业带来竞争优势的价值。并利用产业图景技术预测产业预期现金流量，采用本地受益产业的超额现金流量指标来度量区域品牌价值，建立了评估区域品牌价值的数学模型。吕丙（2009）对产业集群的区域品牌价值与产业结构升级进行了研究，认为区域品牌价值提升具有外部集聚效应和内部整合效应，两者是相辅相成的关系，实现两者的协同发展反过来又会促进区域品牌价值的增加。赵占恒（2010）从顾客角度研究了区域品牌资产提升，认为顾客角度是区域品牌资产研究的重要思路，将区域品牌的顾客群体分为内部顾客和外部顾客，在此基础上提出了基于顾客导向的区域品牌资产提升思路和相应的结构模型。

第二类是不仅对区域品牌资产的建设作了整体思考，也对区域品牌资产的维度进行了划分，并建立了区域品牌资产模型。第二类的相关研究又可以分为两类，一类是站在整体角度，对区域品牌资产作一般性研究。蒋廉雄、朱辉煌、卢泰宏（2005）在《区域竞争的新战略：基于协同的区域品牌资产构建》一文中，将区域品牌资产构成界定为：消费者影响力、市场竞争力、区域社会影响力、内部目标一致性四个维度，并对各个维度给出了定义和测量指标，为区域品牌资产的深入研究提供了一个可供参考的理论框架。卢秀龙、吴声怡（2012）在蒋廉雄等区域品牌资产构成系统研究的基础上，分析了区域品牌资产建立的几个基础条件（关键因素），认为外部因素的刺激、消费者品牌的心理活动和消费者品牌互动是区域品牌资产建立的基础，并将区域品牌资产分为品牌知名度、品质认知、产地联想、品牌联想、品牌忠诚度五个方面；在此基础上结合社会学的人类行为模式理论，提出了区域品牌资产 SOR 创建路径，在模型中作者突出了消费者互动的重要作用。

另一类则是以某个产业、行业或某个区域品牌为例对区域品牌资产划分维度，建立模型，并进行实证研究。沈鹏熠（2011）对农产品区域品牌资产影响因素及其作用机制进行了实证研究，将农产品区域品牌资产结构维度划分为农产品区域品牌认知、品牌质量、品牌信任和品牌忠诚四个维度。董平（2012）收集了水果类、蔬菜类、家禽类三种农产品区域品牌的数据，以消费者为思考角度，对农产品区域品牌资产作了研究，认为农产品区域品牌资产由区域联想、品牌知名度、农产品品质、品牌忠诚四个维度构成；通过建立农产品区域品牌资产模型，对这些维度的内在关系进行实证研究，并证实这四个维度存在相关关系。张月莉（2012）站在农业产业集群的视角，把农业产业集群区域品牌资产划分为品牌认知度、品牌知名度、品牌信任度和品牌忠诚度四个维度。

施生旭（2012）将研究领域进一步缩小到农业中的茶叶区域品牌，并进行了相关的实证研究。作者将茶叶区域品牌资产结构维度划分为：茶叶品牌知名度、产地联想、品种联想、品质认知、品牌关系等维度，并建立起了茶叶区域品牌资产评估模型，在建立了各维度具体的测试指标后，以安溪铁观音作为测试品牌对这一模型进行了实证研究。

（三）现有研究的特点及问题的提出

上述关于区域品牌资产量表的相关文献，有以下几个特点。一是时间新，绝大部分是最近两年的研究成果。二是局部研究多，一般性研究少。局部研究又主要集中在农产品领域，对其他领域基本没有涉及；而一般研究中仅是界定了相关维度，构建了区域品牌资产结构模型，没有给出详细的测量指标，又缺乏实证研究，有一定的局限性。三是由于区域品牌资产的研究还处于起步阶段，相关理论基础不足，界定维度的过程中，学者们普遍是在自己对区域品牌特性的理解的基础上，参考了 Kller、Aker 等人关于品牌资产的相关内容，导致在区域品牌资产维度界定过程中用语不统一、不规范，维度用词重复、混乱，概念界定不明晰。区域品牌资产维度构建中用得比较多的词语有：品牌知名度、品质认知、产地联想、品牌联想、品牌忠诚、品牌认知、品牌质量、品牌信任、区域联想、产品品质、品种联想、品牌关系等。因此，当前迫切需要对这些用词所表达的意思进行解析，建立一套统一的、适合区域品牌特点的测量量表。

基于对区域品牌资产文献的回顾，对区域品牌资产的深入研究需解决以下三个问题：一是通过概念解析、内涵比较，并结合区域品牌特性，对区域品牌资产给出明确的概念界定；二是对区域品牌资产的衡量维度需要通过文献整理提炼出初始维度，通过概念比较和自我挖掘等方法，对其作出验证和进一步补充，建立区域品牌资产测项库，在对测项进行分类整理的基础上，确定基于消费者区域品牌资产的初始维度及其具体测项；三是对基于消费者的区域品牌资产初步构建的维度及其测项，设计调查问卷，进行实证研究。通过方差分析和因子分析确定主要维度和有效指标，剔除无效指标，并参照相关研究建立起一个区域品牌资产初步结构模型，利用结构方程分析软件，对其进行验证性因子分析，并最终编制出区域品牌资产测量量表。

二　基于消费者的区域品牌资产测量维度构建

（一）现有区域品牌资产维度内涵解析与概念比较

1. 现有区域品牌资产维度汇总

表 2—1　　　　　　　　　　现有区域品牌资产维度汇总

序号	维度	含　义
1	区域联想	消费者对区域品牌产品所涉及的区域信息的任何联想，涉及的是区域范围或区域特征，包括人文因素和自然环境因素。
2	产地联想	消费者对区域品牌产品产地信息的任何联想，包括自然、人文、社会、经济等地域特性。
3	品牌联想	消费者头脑中产生的与品牌相关联的事物或属性，包括属性、利益和态度三个类别。
4	品种联想	消费者基于对区域品牌产品在外观、色泽、香气和口感等方面的差异而引起的产品种类想象。
5	产品品质	在产品领域，品质和质量意思相同，指的是产品的优劣程度，产品品质可以分为内在特性和外在特性。
6	品质认知	消费者对于产品或服务的总体反应能力和感知度，即对产品或服务的质量状况所作的主观判断。
7	品牌质量	消费者对区域品牌产品或服务的质量所持的总体态度。
8	品牌认知	指消费者对区域品牌在自然资源、产品品质、区域形象及区域地位上的整体印象。

序号	维度	含　义
9	品牌感知	是消费者在与品牌打交道的过程中，对所有相关的品牌信息要素的认知和评价。
10	价值感知	指消费者对品牌满足其需求、解决其问题，比较成本与收益后对产品或服务作出的总体评价，包括功能价值、情感价值、认知价值和条件价值。
11	品牌知名度	具有潜在购买能力的消费者在购买行为产生之前或同时，能够主动认识或记起某一产品品牌或某一类产品的能力，包括品牌识别、品牌回想和品牌知名度三个层次。
12	品牌关系	消费者区域产品的支持和拥护程度，以及品牌对消费者的影响程度，包括品牌体验、品牌熟知、品牌习惯、品牌信任、品牌喜爱和品牌忠诚六个层次。
13	品牌共鸣	指消费者与品牌之间的本质关系，其效果主要表现为消费者对品牌的行为忠诚、态度忠诚、共同体意识和积极投入一切与口径相关的事务中。
14	品牌信任	指消费者对产业集群区域品牌的产品与服务品质、行为意向及履行承诺的能力有信心并且愿意信赖的意愿。
15	品牌忠诚	消费者品牌忠诚是指消费者由于受到产品、价格、市场表现、服务特性等因素的影响，而长时间持续购买和推广某一品牌产品或服务的态度和行为。

2. 区域品牌资产各维度内涵解析

产地联想。区域品牌中区域和品牌相互依存，区域品牌发展的基础正是其区域性。不同区域内的自然条件不同，人文、社会条件各异，正是先天性的条件差异决定了区域产品的品质和区域品牌的价值，因此这种地域性联想，简称为"产地联想"，自然成为衡量区域品牌资产的一个重要维度。产地联想中，产地因素，既包括了区域内的自然环境因素，又包括了人文社会因素。自然环境因素指的是区域内的自然条件，包括光照、土壤、水文、降雨量等；人文因素主要涉及区域的传统、历史、工艺、风俗等。因此，产地联想维度可以分为自然环境维度和人文社会维度两个子维度，而产地作为区域的"硬件设施"，产地联想可归为区域联想的一个子维度。

品种联想。品种指的是产品的种类，主要用在农产品领域。农产品具有强烈的地域依赖性，不同的区域自然地理条件不同，因而适合种植的农产品种类也不同，反过来说，每种农产品种类都有其特定的光照、温度、湿度等自然条件的要求，因而就有其最适合生长的区域，农产品特定产品种类与特定的区域紧密相连，甚至相互依存。由于地域自然条件是独特的、不可复制的，这样，某区域出产的农产品便成为特色、特优产品，具有地域标识的农产品，既代表农产品的高质量，也表示该产品的加工工艺、栽培技术等，所以品种联想应归为区域联想。

区域联想。区域联想是消费者记忆中关于区域信息的任何联想，包括区域内的品牌、区域本身信息要素。Schooler（1965）对区域品牌的地域性影响进行了探讨，认为现实中消费者产生购买之前确实会发生比较行为。

Ittersum（2003）将区域联想分为自然地理和人文社会两方面因素，自然环境因素指区域的光照、湿度、土壤、水文、风向、风力、地形、地势等方面的客观唯一性因素；人文社会因素指区域内的整体精神面貌、历史传承等隐性方面的情况。将区域联想分为自然环境因素和人文社会因素，仅仅只是将区域联想中的"区域"视为一个地理学意义上的空间范围，一提到该区域，消费者头脑中浮现的只是区域适宜的气候条件、独特的地理位置和区域内人们特有的历史、传统和特色工艺等，这个时候消费者区域联想的对象只有产地因素。而事实上，当我们提到某个地区的时候，比如"青岛"，很多消费者的第一反应却是青岛啤酒，进而对青岛啤酒的广告、宣传产生回想，甚至一部分消费者会想到该企业的一些信息，想到该企业关于质量、服务等的承诺。这个时候，提到区域，消费者想到的是区域内的企业或产品类因素，区域内企业或产品因素将在下文作为单独一部分进行研究。

由此，区域联想主要包括产地联想，但不同的农产品品种，其外观、色泽、香气和口感均有差异，所以品种联想也是需要考虑的部分，涉及农产品的区域联想应增加品种联想子维度，这样区域联想就可分为产地联想和品种联想两个维度。

品牌联想。艾克（D. A. Aaker，1991）认为品牌联想（Brand Association）是消费者对品牌的印象，而不同品牌的差异正是来源于这种印象或联想。消费者通常会由一个品牌联想到该品牌产品特征、购买人群、市场地位、广告宣传、竞争对手等内容。科勒（K. L. Keller, 1993）构建了基于消费者的品牌资产模型（Customer-Based Brand Equity, CBBE）模型，在该模型中，科勒认为品牌资产来源于品牌知识，将品牌知识分为品牌知晓度和品牌联想两个部分；并将品牌联想分为产品特性、利益和态度联想三类，具体的维度细分如前文所述。在产品特性联想维度中，与产品有关的特性是指与产品相关的有形的或物理的特性，这些特性是完成产品或服务功能所必需的要素，它决定了产品的品质和特质；与产品无关的特性主要有价格、使用者、使用情境、感觉和体验及品牌个性五类。在利益联想维度中，功能性利益指产品或服务的内在优势，与产品本身的有形特征相关，构成联想的物质基础；象征性利益是产品或服务给予消费者的象征意义，属于外在优势，通常与品牌个性和使用者形象相关而与产品本身无关；体验性利益则是消费者在消费前对产品或服务的理解和感受，在消费后对整个购买过程的切身体会。贝尔（Biel, 2001）将品牌联想分为硬性和软性两个方面，所谓硬性属性，指的是消费者对产品或服务有形方面的感受，软性指的是消费者对无形的看不见方面的体会。将科勒和贝尔关于品牌分类的理论对比，可以看出，虽然科勒关于品牌联想的分类更为细致，但两者本质上是一致的，CBBE 模型中产品特性类别可以归为贝尔模型中的硬性属性；而后两类利益和态度类别可以归为软性属性。

　　将艾克、科勒和贝尔三位学者关于品牌分类的观点综合起来，发现他们关于品牌联想的理论中，涉及的品牌是企业或产品（服务）品牌，它与某一个企业品牌或某几个产品（服务）品牌相联系。而区域品牌则包含了该区域的若干企业品牌和产品（服务）品牌，是企业或产品品牌的一个集合体。但就区域内单个企业或产品品牌来说，上述关于品牌联想的定义、分类是适用的，由此，可以将品牌联想维度视为区域品牌资产中企业或产品因素的一部分，且将品牌联想子维度依照科勒的观点，进一步划分为产品特性、利益和态度三个子维度。

　　品牌共鸣。共鸣也叫共振，原本属于力学中的一个概念，指两个具有相同振动频率的物体，一个振动发声，另一个在刺激下也振动发音，从而音声相和，增强了原声的一种现象。后来这种音声相和，增强原声的共鸣现象被引申至心理学和管理学等社会科学领域。心理学上的共鸣，指的是读者与文学作品中的主人公之间的那种心心相依、心灵相通、感同身受、高山流水的紧密关系。之所以会产生这种心理默契，主要是因为读者的思想感情、成长经历、价值取向等与文学作品中描述的人物相通或相似，读者很容易融入整个故事当中去释放感情，产生强烈的情感反应，甚至不可自拔，经久难忘。正是因为文学作品的这种魔力，使不同时代、阶级、民族、阅历的读者，在阅读同一文学作品时，竟会产生相同的审美取向，或哀或乐，或喜或怒。既然读者能与文学作品产生共鸣，那么消费者也自然能够与品牌发生共鸣，因为品牌具有个性，品牌也表达着相互不同的价值诉求，这种个性、诉求一旦和消费者相结合，得到消费者强烈的情感反应，共鸣就产生了。

品牌共鸣指的是品牌消费者与品牌所有者及品牌消费者之间以品牌为媒介，在价值取向、感性诉求、品牌个性、消费体验等方面心理上的共同反应。因此，品牌共鸣可以表现为两个层次：一层是品牌消费者与品牌所有者，以品牌为媒介产生的共同反应；另一层就是品牌消费者之间以品牌为媒介而产生的情感共鸣。消费者通过与品牌进行情感互动发现，品牌能够反映自己的情感，并且通过谈论品牌这个话题，消费者可以融入一个价值取向相近的品牌社团，将品牌融入生活方式当中，成为品牌的忠诚用户。消费者品牌共鸣的表现主要有三个方面：（1）行为忠诚。品牌共鸣的第一个表现就是消费者的行为忠诚，这种行为忠诚主要体现在消费者购买该品牌产品的频率和数量上；（2）心理偏好。戴维·刘易斯和达瑞恩·布里格（2002）认为，消费者忠诚也有两个相反方面的表现，即与内心一致的真忠诚和与表面一致的假忠诚。真正的忠诚既有行为忠诚也有态度忠诚，而假忠诚则只有重复购买的行为，而缺乏情感上的依赖。所以，消费者品牌共鸣的另一个表现就是心理偏好，甚至是对该品牌产生偏执心理；（3）归属感。根据马斯洛的层次需要理论，人有归属的需要，而品牌共鸣的消费者，恰恰能在品牌消费体验、品牌广告宣传、品牌活动中获得认同和归属感，而且通过参加品牌社团，消费者可以方便愉快地和一群志同道合的人进行交流和沟通，甚至可以交朋友，分享自己的体验和乐趣，融入品牌这个大家庭当中，产生一种令人愉悦的心理归属。

品牌忠诚。消费者品牌忠诚是指消费者由于受到产品、价格、市场表现、服务特性等因素的影响，而长时间持续购买和推广某一品牌产品或服务的态度和行为。

一般认为品牌忠诚包括行为忠诚和态度忠诚两个部分。行为忠诚是指消费者以实际行动支持某一品牌产品，主要表现为消费者对某一品牌产品的重复购买率和购买次数。之所以产生行为忠诚，既可能是因为对品牌的偏好、喜爱等情感性因素，也可能是价格、消费惯性、转换成本等与情感无关的因素。态度忠诚是行为忠诚在情感上的进一步升华，消费者从内心深处认可了品牌的个性、代表的理念和价值趋向，将该品牌视为自己精神世界的一部分。态度忠诚的消费者不仅自己高度认可某品牌，且会向身边的亲人、朋友传播和推荐该品牌。

对品牌忠诚度可以通过两个方面进行测量。（1）重复购买数量和次数。对该品牌产品重复购买的次数和数量越多，品牌忠诚度越高。这项指标的品牌产品主要涉及日常的非耐用品；（2）转移成本和转移效用。对某个品牌忠诚的消费者，一旦转移偏好，即从忠诚品牌转移到另一品牌，心理上会感到种种不便，情绪会受到影响，产生一定的阻力，这种阻力便是转移成本。虽然消费者转移品牌后会产生阻力，但转移品牌仍旧可以带给消费者一定程度的满足感，这种满足感就是转移效用。如果转移品牌后，带给消费者的转移成本高而转移效用低，则品牌忠诚度高，反之则低。

品牌信任。"信任"一词和信赖意思相近，表达的是一种意愿、安全、期望。Deutsch（1973）将信任定义为：发生接触的双方，一方对能从另一方得到所需要的和内心相一致的某种事物所持有的信心、信念等情感性因素。品牌信任即是消费者对品牌及其所有者所展现的一种意愿、安全和渴望。Elena 和 Jose（2001）对品牌信任作了再次划分，将其细分为品牌可靠度和品牌意图两个维度。品牌可靠度（Brand Reliability）是品牌所拥有的满足消费者需求的最基本能力，这种能力不仅包括向消费者提供具有品质保证的产品，适时推出新产品，还包括品牌后续在产品绩效方面的表现。品牌意图（Brand Intentions）指是的消费者对品牌所抱有的一种想法或信念，即在信息不对称，消费者和厂商的地位不平等的购物环境下，消费者购买产品时和以后的使用当中，遇到预期和不可预期的问题时，相信该品牌会解决问题，保护消费者的合法权益的想法。

品牌关系。品牌关系是消费者从与品牌接触到品牌了解、品牌熟悉、品牌偏好，再到品牌信任、品牌共鸣和品牌忠诚的整个过程。由此可见，品牌关系几乎涵盖了消费者与品牌关联的方方面面，企业树立品牌，正是为了建立和消费者之间的强势和持久性的关系；而消费者在对品牌的解读中，与品牌的关系越来越深入，最终成为品牌忠诚者。品牌关系来源于消费者与品牌所有者之间的有形的和无形的互动。

品牌认知。罗子明（2001）认为品牌认知是消费者对品牌所具有的所有外在表象，包括名称、包装、广告、标志、工作人员等可以观察到部分的由此及彼的总体感受。品牌认知可以分为未提示和提示知名度、认知渠道、广告认知度和美誉度五个项目。

品牌知名度。品牌知名度是针对某一产品有多种品牌并存的情况而言的，在多种品牌并存的情况下，消费者是否能主动想起该品牌或分辨出该品牌。Keller 将品牌知名度分为三个层次，即品牌识别（Brand Recognition）、品牌回想（Brand Recall）和品牌知名度。品牌识别是指有对以往众多的品牌经历中，能想起该品牌的概率。品牌回想，是指对以往经历过的众多品牌，经过提示后能想起该品牌的概率。可见品牌知名度是在消费者品牌确认和品牌回想的基础上形成的，是一个连续的过程，消费者首先是对某个品牌产生不确定的情感，通过品牌回想加深这种情感，进而强化对该品牌的认知。

品牌质量。品牌以产品为载体，但品牌所代表的不仅仅是产品，还有品牌情感、品牌体验等与消费者之间的感情联结，所以品牌质量既包括品牌本身的质量，也包括品牌体现的质量。品牌本身的质量是我们现实生活中常说的质量的概念，指产品的有形的功能方面的适用性和持久力。品牌体现的质量，指的是消费者在主观感受到的品牌质量，比如品位、身份、认同等，品牌体现质量因此，品牌质量比产品质量的内涵更广，是品牌本身质量和品牌体现质量的综合体现（刘春浩，2002）。

品牌感知。李文娟（2010）认为品牌感知是消费者在与品牌的经历中，对耳闻目测及通过接触而感受到的全部信息在由表及里过程中形成的看法。"品牌感知"是一个大概念，是消费者对品牌的整体印象，这种整体印象来源于消费者的感知品牌知识，而感知知识的范围涉及所有相关的品牌信息要素，这些相关的品牌信息要素既有品牌的自然属性，也有品牌的社会属性，更有品牌的情感属性。品牌的自然属性指的是品牌的有形的或功能性利益；品牌的社会属性指的是品牌的象征性意义和形象定位；品牌的情感属性指的是消费者对品牌的感性诉求、价值认同。

质量有客观和主观之分，客观质量指的产品或服务的真实质量，是经物理手段或技术方法检验所证实的产品质量的真实状况；而主观质量是消费者在经验、认知的基础上对产品整体质量的主观感受，品牌感知质量属于主观质量。学术界对感知质量的研究也有很多：Aaker（1991）认为感知质量（Perceived Quality）是顾客在众多品牌中质量选择的结果。Yoo 和 Donthu（2001）将感知质量定义为消费者对品牌品质和所提供的功能价值的评价。可见感知质量主要是消费者对品牌产品有形的或功能性价值满足其需要的主观判断，体现品牌的自然属性，所以可以将感知质量作为品牌感知的一个子维度。

品牌形象是消费者由联想而引发的对品牌产品或服务的记忆集合，是消费者长期积累的品牌知识和经验共同作用形成的。Dobni 和 Zeithaml（1990）认为品牌形象是消费者对品牌相关信息的表层感觉。Aaker（1996）从三个角度划分品牌形象：（1）品牌如产品，即品牌产品为消费者提供的功能性价值；（2）品牌如人，品牌也有人格，品牌人格与消费者在情感上的联结；（3）品牌如组织，组织是品牌的有形载体，是品牌的坚强后盾，组织的强弱决定了品牌的力度。Rioetal（2001）认为品牌形象是消费者首先能想象到的内容，并将其划分为四个维度：保证、身份象征、个人识别和社会识别。"形象"一词本身具有社会性的意义，体现的是一种正向的力量，品牌形象所体现的正是品牌与消费者之间的社会性联系，品牌形象表现消费者的社会定位，具有象征性的意义。因此可以将品牌形象作为品牌感知的一个子维度。

品牌认同是消费者对品牌的所有相关信息所表现出来的诉求、价值、理念与自我情况比较后态度选择。Aaker（1991）认为消费者往往会购买与自己个性比较相符或与自己将要转变的风格比较吻合的品牌的产品。Rio 等（2001）认为品牌认同不仅仅是一个人的选择，消费者在选择品牌的时候不会只考虑自己的感受，还要考虑到周围人的目光，为此，他认为品牌认同有个人认同和社会认同两部分。Bagozz 和 Dholokia（2006）认为消费者在进行选择前，会将自我特点与品牌诉求相比较，两者交集越大，消费者的品牌认同度越高；由此，我们可以将品牌认同归为品牌感知的一个子维度来加以考量。

产品品质。在产品领域，品质和质量意思相同，指的是产品的优劣程度；ISO 9000 将产品品质定义为：一组特性满足要求的程度。产品满足消费者要求的程度与产品的特性有关，如功能、耐用性、配置、颜色、样式、布局等。Olson 和 Jacoby（1972）将农产品品质分为内在品质和外在品质，内在品质是有形的、能够检测出来的；外在特性则是所有农产品所共有的，与产品品质相关，如产地、价格等。本书将奥尔森（Olson）和雅各比（Jacoby）关于农产品品质的分类推广到一般产品领域，认为一般产品品质也可以分为内在特性和外在特性，内在特性指的是产品品质的内在表现，如配置（配方）、生产工艺、原材料等无法直观观测到的因素；而外在特性指的是产品品质的外在表现，如颜色、样式、布局、包装等，可以直接观测到的因素。

品质认知。Zeithaml（1996）认为品质认知是消费者对品牌质量的总体评价，这种评价是建立在消费者在对各种有利于自己的方面和各种不利方面作出比较和选择的基础上的，是客户内心作出的一种判断，是一种较高层次的抽象概念。王海忠（2006）认为品质认知和价值认知是一组相同的概念，并将品质认知定义为，消费者在比较了品牌满足其需求方面的所得和购买该品牌所付出的时间、精力等成本的总支出之后形成的整体评价。卢秀龙（2012）认为消费者对品牌的品质认知可以分成两种情况：一种是消费者对该品牌的相关信息充分掌握的情况下，对该品牌整体品质所作出的判断；另一种是在没有信息来源的情况下，借鉴该品牌的广告、宣传等方面信息所作出的臆测。

价值感知。价值感知即顾客价值感知，Jams C. Anderson 和 Jams A. Narus（1994）指出价值感知是消费者从购买过程中，将感知到的价值与感知到的支出比较后的净剩余。当顾客从本品牌产品中获得的这种净收益大于从竞争品牌产品中的获得时，顾客就会满意并继续购买该品牌产品。Zeithmal（1988）将顾客感知价值因素分为低层次属性和高层次属性，低层次属性包括产品的本质属性、外在属性和客观价格，由产品或服务的客观价格，消费者会形成感知货币价格，感知货币价格和产品的本质属性结合起来，消费者会形成对产品的感知质量；消费者通过感知货币价格和感知非货币价格和对比，会形成对感知付出的认知，最后消费者的感知付出、感知质量和产品的外在属性、本质属性共同影响消费者的感知价值。Monroe（1990）认为顾客感知价值实际上是一种价格选择或者说是价格对比，是消费者将内心期望价格和品牌产品实际价格比较之后的预判。Philip Kotler（1999）提出了顾客让渡价值的概念，认为顾客让渡价值由整体顾客价值和整体顾客成本两部分构成，前者由产品价值、服务价值、人员价值和形象价值四部分组成；后者由货币成本、时间成本、体力成本和精神成本四方面构成。

3. 概念之间的两两比较

在上述关于维度的用语中，有些概念字面意思比较相近，实际意义却有很大的不同，容易造成误解，如品牌认知和品牌感知；还有些概念表面意思不同，实际意义却有惊人的相似，如品牌共鸣和品牌忠诚。为了能够更加清晰地分辨出这些概念，也为了维度选择和剔除工作的顺利进行，有必要对两对概念作出比较。

品牌认知和品牌感知：品牌认知是消费者对品牌所具有的所有外在表象，包括名称、包装、广告、标志、工作人员等可以观察到部分的由此及彼的总体感受。品牌感知是消费者对所有相关的品牌信息要素的认知和评价，一般用感知质量、品牌形象和品牌认同三个指标来评价。可见，品牌认知是对品牌名称、品牌的宣传推广和广告等品牌表面或浅层信息的甄别和过滤；品牌感知则由认知进入到评价，是消费者对感受到的、认知到的品牌信息作出的整体判断，这种判断是内在的，表现为品牌的质量、形象、个性等内部或深层的要素。消费者对品牌的认识的过程，正是这样一种由认知到感知、由浅入深的过程。

品牌共鸣和品牌忠诚：品牌共鸣指的是品牌消费者与品牌所有者、品牌消费者之间以品牌为媒介，在价值取向、感性诉求、品牌个性、消费体验等方面心理上的共同反应。消费者品牌忠诚是指消费者由于受到产品、价格、市场表现、服务特性等因素的影响，而长时间持续购买和推广某一品牌产品或服务的态度和行为。品牌共鸣表现为消费者与品牌所有者、其他品牌消费者之间的情感互动，是一种由内而外的情感释放，在品牌共鸣中消费者的购买行为是内心驱动的，是长期累积的必然结果。消费者对品牌的心理偏好、口碑宣传、由己及人的效应归根到底是品牌留在消费者心中好感的不定期宣泄。品牌忠诚是消费者对品牌习惯性和固定性的行为，是消费者与品牌情感互动的产物。可见无论是品牌共鸣还是品牌忠诚，消费者都表现出情感和行为上的依赖性，而且在品牌忠诚形成之后，品牌共鸣依然存在，并加强加剧。本书认为品牌共鸣是现象，品牌忠诚是本质；品牌共鸣是原因，品牌忠诚是结果；品牌共鸣是途径，品牌忠诚是目的；品牌共鸣是过程是动态的，品牌忠诚是习惯、是固定的。

（二）现有区域品牌资产维度归纳与细分

依据前文，本书将区域品牌命名为区域名称＋优势产业（或）产品名称。对于一个区域品牌，消费者的认知一般包括三个方面。一是区域信息，表现为区域品牌名称的前半部分——区域名称，由此消费者会联想到所有与区域有关的要素，包括自然的因素、人文的因素、产品品种的因素。二是产业信息，表现为区域品牌名称的后半部分的产业名字。2001年1月15日的《中国建材报》的文章《广东区域品牌浮出水面》中说道："随着广东开平水口的全国首届水暖卫浴器材展销会圆满结束，一个以区域品牌为特点的产业品名通过各种媒介成功地传播开来。"提出区域品牌不以一家一企的产品为品名，而是集中整个区域同类产业的优势来对市场形成"集团军"式的攻势和冲击。可见，区域品牌形成最关键的成因是要有产业规模和产业优势，同时还要有形成这门产业得天独厚的资源条件、人才技术条件以及大范围内消费者的认同。每一个创建成功的区域品牌都有一个强势的产业集群作为支撑，所有与产业集群相关的信息，也会印入消费者的头脑中，形成区域品牌资产。三是产品或企业信息，表现为区域品牌名称的后半部分的产品或企业名字。区域品牌中包含若干个企业或产品品牌，企业品牌是树根，区域品牌是枝叶（胡大立，2006）。所以由区域品牌消费者会想到区域产品、产品品牌、企业品牌相关的信息，这些信息统一归为区域品牌整体因素，这时的区域品牌被看成一个整体，一个品牌概念，区域品牌也具有一般企业或产品品牌相同的内涵，一般企业或产品品牌的内容也同样适用于区域品牌。综上所述，基于消费者的区域品牌资产因素有三大类：一是区域因素；二是产业因素；三是区域内企业或产品因素，这三个方面构成消费者区域品牌资产的全部内容。

通过以上对前人关于区域品牌资产的研究中所涉及的维度的提炼和总

结，对照上文分类，我们将这 15 个维度归纳为区域因素和区域内企业或产品因素两个方面，其中区域联想、产地联想、品种联想三个维度归为区域因素；将品牌联想、产品品质、品质认知、品牌质量、品牌感知、品牌认知、价值感知、品牌知名度、品牌关系、品牌共鸣、品牌信任、品牌忠诚 12 个维度归为区域品牌自身因素。这 12 个维度，有的反映了消费者与品牌之间的关系，有的反映了消费者对品牌的认知及其过程，所以这些维度又可以归为消费者与品牌之间的关系和消费者对品牌的认知两个方面，其中品牌信任、品牌共鸣、品牌忠诚和品牌关系反映消费与品牌之间的关系，其余的反映了消费者对品牌的认知，具体如表 2—2 所示。

表 2—2　　　　　　　　现有区域品牌资产维度分类和细分

区域品牌资产因素	视角	一级维度	二级维度	三级维度
区域因素	消费者对区域的认知	区域联想	产地联想	自然环境因素
				人文社会因素
			品种联想	适宜产品类别
区域内企业或产品因素	消费者对区域内企业或产品品牌的认知	品牌联想	产品特性	与产品有关
				与产品无关
				品牌个性
			利益	功能性
				象征性
				体验性
			态度	总体评价
		产品品质	内在特性	
			外在特性	
		品质认知		
		品牌质量	品牌本身的质量	技术质量
			品牌体现的质量	员工素质

区域品牌 资产因素	视角	一级维度	二级维度	三级维度
区域内企业 或产品因素	消费者对区域内 企业或产品品牌 的认知	品牌感知	品牌形象	产品形象
				使用者形象
				公司形象
				个人认同感
				社会认同感
			品牌认同	技术质量
				员工素质
		品牌认知	品牌知名度	品牌识别
				品牌回想
			品牌美誉度	广告美誉度
		价值感知	整体顾客价值	产品价值
				服务价值
				人员价值
				形象价值
			整体顾客成本	货币成本
				时间成本
				体力成本
				精神成本
		品牌知名度	品牌确认	
			品牌回想	
			品牌知名度	
	消费者与品牌 之间的关系	品牌关系		
		品牌共鸣	行为忠诚	
			心理偏好	
			归属感	
		品牌信任	品牌可靠度	
			品牌意图	
		品牌忠诚	行为忠诚	重复购买
			态度忠诚	转移成本和效用

(三) 消费者认知维度进一步归纳和剔除

1. 区域内企业或产品类维度汇总

"产品品质"是一个客观的、中立角度的描述性用语，这种用语既不是消费者的角度也不是企业视角，尽管产品品质对消费者关于品牌的认知影响重大，但由于其视角的模糊性，且与品质认知维度意思相近，而品质认知是消费者对品牌产品的品质的整体判断，该维度既是消费者视角、也表达了产品品质的内涵，所以在下一步的测量中用品质认知替代产品品质，而将产品品质维度剔除。

品质认知是消费者对品牌质量的总体评价，这种评价是建立在消费者在对各种有利于自己的方面和各种不利方面作出比较和选择的基础上的。而价值感知是消费者从购买过程中，将感知到的价值与感知到的支出比较后的净剩余。由此可见，品质认知和价值感知都是消费者在比较成本与收益后，对于差额与期望的心理评价，差额大于期望越多消费者越满意，评价越高；差额若为负值，消费者就会放弃购买。所以品质认知和感知价值具有相近的含义，可以将两者合并取其一，本书采用"价值感知"来统一表达消费者的这种成本与收益心理评估的意思。

品牌质量既包括品牌本身的质量，也包括品牌体现的质量；既有物理性的描述，又有消费者的心理体验过程。品牌感知是对所有相关的品牌信息要素的认知和评价，这些相关的品牌信息要素既有品牌的自然属性，也有品牌的社会属性，更有品牌的情感属性。品牌的自然属性指的是品牌的有形的或功能性利益，品牌的社会属性指的是品牌的象征性意义和形象定位，品牌的情感属性指的是消费者对品牌的感性诉求、价值认同；一般用感知质量、品牌形象和品牌认同三个维度分别表达这三个层面的意思。品牌质量和品牌感知的内涵相比较后，发现品牌感知完全涵盖了品牌质量所要表达的意思，所以将品牌质量维度剔除，用品牌感知代替。

品牌关系是消费者与品牌接触的整个过程，几乎涵盖了消费者与品牌关联的方方面面，相关文献中品牌关系指的是品牌与消费者之间深刻的持久的关联，和品牌信任、品牌共鸣的意思相近，且品牌关系的一般意义又过于宽泛、难以评估，所以在下文中将其剔除，改用品牌信任、品牌共鸣和品牌忠诚。

在剔除产品品质、品牌关系、品牌质量和品质认知四个维度之后，区域品牌资产的企业或产品因素方面剩下八个维度，如表2—3所示。

表2—3　　　　　　　　剔除合并后区域内企业或产品类维度汇总

区域品牌资产因素	视角	一级维度	二级维度	三级维度
区域内企业或产品因素	消费者对区域内企业或产品品牌的认知	品牌联想	产品特性	与产品有关
				与产品无关
				品牌个性
			利益	功能性
				象征性
				体验性
			态度	总体评价
		品牌感知	感知质量	技术质量
				员工素质
			品牌形象	产品形象
				使用者形象
				公司形象
			品牌认同	个人认同感
				社会认同感
		品牌认知	品牌知名度	品牌识别
				品牌回想
			品牌美誉度	广告满意度
		价值感知	整体顾客价值	产品价值
				服务价值
				人员价值
				形象价值
			整体顾客成本	货币成本
				时间成本
				体力成本
				精神成本
		品牌知名度	品牌识别	
			品牌回想	
			品牌知名度	

续表

区域品牌资产因素	视角	一级维度	二级维度	三级维度
区域内企业或产品因素	消费者与品牌之间的关系	品牌共鸣	行为忠诚	
			心理偏好	
			归属感	
		品牌信任	品牌可靠度	
			品牌意图	
		品牌忠诚	行为忠诚	重复购买
			态度忠诚	转移成本和效用

2. 企业或产品类维度的选取与确定

David Aaker（1980s）最早提出品牌价值的概念和建设方法，其提出的品牌建设的四个里程碑，即品牌知名度—品牌认知—品牌联想—品牌忠诚，得到了学术界的广泛认同。本书将企业或产品类因素的维度依据不同的理论划分为两种模式：（1）依据消费者认识品牌的过程，将品牌资产的形成过程分为品牌认知—品牌联想—品牌感知—品牌共鸣—品牌忠诚；（2）依据消费者购买行为发生的过程，将品牌资产的形成过程分为品牌知名度—品牌联想—价值感知—品牌信任—品牌忠诚。本书选取第一种模式来测量区域品牌资产中企业或产品类因素，即品牌认知—品牌联想—品牌感知—品牌共鸣—品牌忠诚五个阶段。

由上文可知：品牌共鸣是现象，品牌忠诚是本质；品牌共鸣是原因，品牌忠诚是结果；品牌共鸣是途径，品牌忠诚是目的；品牌共鸣是过程是动态的，品牌忠诚是习惯是固定的。由于品牌共鸣和品牌忠诚的这种途径和结果的关系，两者在测量指标上也趋于统一，所以在接下来的测量量表的制定中，保留品牌共鸣，而将品牌忠诚维度剔除。

消费者对区域内企业或产品品牌的认知，在经历了品牌认知、品牌联想、品牌感知之后，对品牌的知识和情感会急剧上升，达到一个临界点，再向前发展便会建立与品牌之间的牢固关系，进行情感的宣泄，形成品牌共鸣，所以品牌共鸣是消费者对品牌认知的高级阶段，是消费者对品牌认知的升华，故将品牌共鸣归于消费者对企业或产品品牌的认知范围，具体如表 2—4 所示。

表 2—4　　　　　　　　区域内企业或产品类维度确定与汇总

区域品牌资产因素	视角	一级维度	二级维度	三级维度
区域因素	消费者对区域的认知	区域联想	产地联想	自然环境因素
				人文社会因素
			品种联想	适宜产品类别
区域内企业或产品因素	消费者对区域内企业或产品品牌的认知	品牌认知	品牌知名度	品牌识别
				品牌回想
			品牌美誉度	广告满意度
		品牌联想	产品特性	与产品有关
				与产品无关
				品牌个性
			利益	功能性
				象征性
				体验性
			态度	总体评价
		品牌感知	感知质量	技术质量
				员工素质
			品牌形象	产品形象
				使用者形象
				公司形象
			品牌认同	个人认同感
				社会认同感
		品牌共鸣	行为忠诚	重复购买
			心理偏好	偏爱
			归属感	亲切感

3. 区域品牌资产中产业因素类维度的探索与选取

区域品牌由区域名称 + 优势产业（或）产品名称来表达，所以区域品牌资产必然要考虑区域优势产业的因素，以消费者的视角来测评优势产业的因素。众所周知，一个优势产业是以产业集群的形式存在的，而产业集群包含众多因素，涉及的主体既有企业、居民也有政府和行业协会，是一个异常繁杂的集合体，但若以消费者的视角来考量，则异常简单明了。对一个区域优势产业，大多数消费者表现出的是纵向的思维模式，即优势产业的历史、现在和未来。一个产业的历史因素包括其在历史上的名望和地位；现状包括发展状况、继承与创新等因素；未来包括未来的产品和市场表现等因素。对于产业因素可以将其概括为产业联想，而将产业历史、现状与未来作为产业联想的二级维度，具体如表2—5所示。

表2—5 产业因素类维度选取与汇总

区域品牌资产因素	一级维度	二级维度	三级维度
产业因素	产业联想	历史	名望
			地位
		现状与未来	发展状况
			继承与创新

4. 区域品牌资产维度汇总及初步测量量表的制定

至此，可将区域品牌资产三个方面的因素，即区域因素、产业因素、企业或产品因素涉及的维度梳理归纳如表2—6所示。

表2—6 区域品牌资产维度汇总

区域品牌资产因素	视角	一级维度	二级维度	三级维度
区域因素	消费者对区域因素的认知	区域联想	产地联想	自然环境因素
				人文社会因素
			品种联想	适宜产品类别
产业因素	消费者对产业因素的认知	产业联想	历史	名望
				地位
			现状与未来	发展状况
				继承与创新

区域品牌资产因素	视角	一级维度	二级维度	三级维度
企业或产品因素	消费者对企业或产品因素的认知	品牌认知	品牌知名度	品牌识别
				品牌回想
			品牌美誉度	广告美誉度
		品牌联想	产品特性	与产品有关
				与产品无关
				品牌个性
			利益	功能性
				象征性
				体验性
			态度	总体评价
		品牌感知	感知质量	技术质量
				员工素质
			品牌形象	产品形象
				使用者形象
				公司形象
			品牌认同	个人认同感
				社会认同感
		品牌共鸣	行为忠诚	重复购买、口碑宣传
			心理偏好	偏爱
			归属感	亲切感

三 基于消费者的区域品牌资产测量量表编制

（一）调查问卷设计

1. 测试区域品牌的选择

区域品牌和区域内企业或产品品牌的关系，可以分为三种：第一种是区域品牌很出名，而区域内企业或产品品牌还比较弱小，企业或产品品牌借助于区域品牌的名气，获得成长和发展，如涪陵榨菜、景德镇瓷器等；

第二种是区域品牌很弱小，但区域内某一产业的发展却如火如荼、蒸蒸日上，涌现出一批知名的企业或产品品牌，消费者对这些名牌很熟悉，但对该区域了解得却并不多，比如福建晋江运动鞋、广东药业；第三种是区域品牌和区域内企业或产品品牌都很强势，两者相互影响、相互提升、相得益彰，比如内蒙古乳业。基于区域品牌和区域内企业或产品品牌的三种关系，本研究从中各选取了一个测试品牌，分别是涪陵榨菜、福建晋江运动鞋、内蒙古乳业，来诠释这三种不同的内涵；同时，这三个测试品牌兼顾了传统产业和现代产业，更贴近普通消费者的生活，具有较高的品牌知名度，使调查问卷能在更大范围和更广群体中开展。

2. 调查区域与调查对象的选择

涪陵榨菜、福建晋江运动鞋、内蒙古乳业三个测试品牌，都是全国性的、具有较高市场覆盖率和品牌影响力的区域品牌，所以关于消费者的区域品牌资产的调查对象是全国的消费者，具体分为：东北（辽宁、吉林、黑龙江），西北（陕西、甘肃、青海、宁夏、新疆），华北（北京、天津、河北、山西、内蒙古），华东（山东、江苏、上海、浙江、福建），中部（湖北、湖南、江西、安徽、河南），华南（广东、广西、海南）和西南（云南、贵州、四川、重庆、西藏）七个区域。调查对象是年龄在 15 岁以上知晓该区域品牌且具有独立辨识能力的消费者。

3. 主体问卷设计

主体问卷由三个部分组成：分别是区域因素、产业因素和区域内企业或产品因素，一共 27 个题项。题项由一组对某种事物的态度或看法的陈述语句构成，用来测量消费者对这一看法的同意程度，采用李克特 5 级量表：1 表示完全同意，2 表示基本同意，3 表示一定程度上同意，4 表示基本不同意，5 表示完全不同意。量表如表 2—7 所示。

表 2—7　　　　　　　　　　基于消费者的区域品牌资产测量量表

潜变量	一级维度	二级维度	题项	测量项目
区域联想	产地联想	自然环境因素	Q1	一提到 X 产品，我就会想到该区域
		人文社会因素	Q2	该区域具有生产 X 产品的优良工艺
	品种联想	适宜产品类别	Q3	该区域适合种植/生产特定种类的产品

续表

潜变量	一级维度	二级维度	题项	测量项目
产业联想	历史	名望	Q4	该产业在历史上有一定的名气
		地位	Q5	该地区是 X 产品的主要产地
	现状与未来	发展状况	Q6	该地区生产该产品的企业随处可见
		继承与创新	Q7	该区域的产品种类较多、推出新产品较快
品牌认知	品牌知名度	品牌识别	Q8	这个区域内的产品或某些企业品牌很出名
		品牌回想	Q9	我看到过这个区域的产品或企业的广告
	品牌美誉度	广告满意度	Q10	该区域的产品或企业的广告比较贴近生活
品牌联想	产品特性	与产品有关	Q11	该区域的产品原材料让人觉得安全可靠
		与产品无关	Q12	该区域的产品的价格，在我能接受的范围内
	利益	功能性	Q13	我可以很容易识别出这个区域的产品与其他区域产品的差异
		象征性	Q14	这个区域的产品很有特色
		体验性	Q15	这个区域的产品比同类其他区域的产品更有吸引力
	态度	总体评价	Q16	我喜欢该区域的产品，愿意了解和购买该区域的品牌和产品
品牌感知	感知质量	技术质量	Q17	我觉得这个区域的产品质量值得长期信赖
		员工素质	Q18	对该区域的员工的专业水平有信心
	品牌形象	产品形象	Q19	看到的多是该区域的产品或企业的正面消息
		使用者形象	Q20	该区域的产品和本人的生活习惯比较相符
		区域形象	Q21	该区域给人较好的印象
	品牌认同	个人认同感	Q22	我认同该区域的产品所代表的价值观和生活方式
		社会认同感	Q23	身边的亲人朋友也喜欢该区域的产品或企业
品牌共鸣	行为忠诚	重复购买	Q24	条件允许的话，我会持续购买该区域的产品
		口碑宣传	Q25	我乐于向他人推荐该区域的产品或企业
	心理偏好	偏爱	Q26	我喜爱该区域的产品或企业，较其他同类产品，我更偏好该区域的产品
	归属感	温暖和亲切	Q27	该区域的产品或企业让我有种亲切感

4. 背景资料收集

问卷第二部分是背景资料，问卷搜集了填写问卷的消费者的性别、年龄、文化程度、职业、个人月收入、目前的居住地等信息，以便于对整个抽样群体有比较全面的了解。

（二）调查问卷样本的描述性分析

1. 样本容量与区域构成分析

本次调查共发放问卷 315 份，回收 315 份，有效问卷 301 份，有效回收率 95.6%，三个测试品牌各发放 105 份问卷，但最终分析数据的时候，将三个区域品牌混合在一起，作为一个大的区域品牌的概念整体分析。在301 个受试消费者中东北地区有 17 人，占比 5.6%；西北地区有 32 人，占比 10.6%；华北地区有 25 人，占比 8.3%；华东地区有 63 人，占比 20.9%；中部地区有 89 人，占比 29.6%；华南地区有 53 人，占比 17.6%；西南地区有 22 人，占比 7.3%。具体情况如表 2—8 所示。

表 2—8　　　　　　　　　　样本分布区域频数统计表

		频率（人）	百分比（%）	有效百分比（%）	累计百分比（%）
有效	东北（辽宁、吉林、黑龙江）	17	5.6	5.6	5.6
	西北（陕西、甘肃、青海、宁夏、新疆）	32	10.6	10.6	16.3
	华北（北京、天津、河北、山西、内蒙古）	25	8.3	8.3	24.6
	华东（山东、江苏、上海、浙江、福建）	63	20.9	20.9	45.5
	中部（湖北、湖南、江西、安徽、河南）	89	29.6	29.6	75.1
	华南（广东、广西、海南）	53	17.6	17.6	92.7
	西南（云南、贵州、四川、重庆、西藏）	22	7.3	7.3	100.0
	合计	301	100.0	100.0	

表 2—9　　　　　　　测试品牌 ＊ 分布区域交叉统计表　　　　（单位：人）

		您目前的居住地是							
		东北 （辽宁、 吉林、 黑龙江）	西北 （陕西、 甘肃、 青海、 宁夏、 新疆）	华北 （北京、 天津、 河北、 山西、 内蒙古）	华东 （山东、 江苏、 上海、 浙江、 福建）	中部 （湖北、 湖南、 江西、 安徽、 河南）	华南 （广东、 广西、 海南）	西南 （云南、 贵州、 四川、 重庆、 西藏）	合计
测试 品牌	涪陵 榨菜	5	19	13	25	8	16	14	100
	晋江 运动鞋	4	5	3	26	42	16	4	100
	内蒙古 乳业	8	8	9	12	39	21	4	101
合计		17	32	25	63	89	53	22	301

2. 样本性别与年龄构成分析

在回收的 301 份有效问卷中，男性受访者有 169 人，占比 56.1%；女性受访者有 132 人，占比 43.9%，各测试品牌中，男女受访者的比例相差不大，样本具有很好的代表性。在年龄构成上，受访群体集中在 15—55 岁这个大的区域，其中 15—25 岁有 113 人；26—35 岁有 124 人；36—55 岁有 64 人，且各个测试品牌的年龄构成大致相当，具有很好的代表性。具体如表 2—10、表 2—11、表 2—12、表 2—13 所示。

表 2—10　　　　　　　　　样本性别频数分布表

		频率（人）	百分比（％）	有效百分比（％）	累计百分比（％）
有效	男	169	56.1	56.1	56.1
	女	132	43.9	43.9	100.0
	合计	301	100.0	100.0	

表 2—11　　　　　　　　**测试品牌 * 性别交叉统计表**　　　　（单位：人）

计数				
		您的性别		合计
		男	女	
测试品牌	涪陵榨菜	59	41	100
	晋江运动鞋	54	46	100
	内蒙古乳业	56	45	101
合计		169	132	301

表 2—12　　　　　　　　　**样本年龄频数分布表**

		频率（人）	百分比（%）	有效百分比（%）	累计百分比（%）
有效	15—25 岁	113	37.5	37.5	37.5
	26—35 岁	124	41.2	41.2	78.7
	36—55 岁	64	21.3	21.3	100.0
	合计	301	100.0	100.0	

表 2—13　　　　　　　　**测试品牌 * 年龄交叉统计表**　　　　（单位：人）

		您的年龄			合计
		15—25 岁	26—35 岁	36—55 岁	
测试品牌	涪陵榨菜	35	50	15	100
	晋江运动鞋	36	38	26	100
	内蒙古乳业	42	36	23	101
合计		113	124	64	301

3. 样本文化程度构成分析

本次调查样本中，具有高中或中专以上学历者占到 96%，具有大专或本科以上学历的受访者占比 72.1%，且每个测试品牌中大专或本科以上学历的受访者均在 60% 以上，可见此次调查样本普遍具有较高的学历，对于测试题项具有较好的认知。

表2—14   样本文化程度频数分布表

		频率（人）	百分比（%）	有效百分比（%）	累计百分比（%）
有效	初中及以下	12	4.0	4.0	4.0
	高中或中专	72	23.9	23.9	27.9
	大专或本科	166	55.1	55.1	83.1
	研究生及以上	51	16.9	16.9	100.0
	合计	301	100.0	100.0	

表2—15   测试品牌＊文化程度交叉统计表   （单位：人）

		您的文化程度				合计
		初中及以下	高中或中专	大专或本科	研究生及以上	
测试品牌	涪陵榨菜	4	8	55	33	100
	晋江运动鞋	2	36	47	15	100
	内蒙古乳业	6	28	64	3	101
合计		12	72	166	51	301

4. 样本职业与收入构成分析

本次受访群体中，无论是从总体样本，还是各个测试品牌分别来看，样本职业的分布比较广泛，各个职业种类都有涉及，虽人数不均，但并不妨碍其良好的代表性。从样本的收入范围来看，虽然1000元收入以下的人群占有相当大的比重，但各个收入层次也都有呈现，且1001—8000元这个收入的人群占比52.9%，这个比例与职业分布情况是非常吻合的。

表2—16   样本职业频数分布表

		频率（人）	百分比（%）	有效百分比（%）	累计百分比（%）
有效	机关/事业单位员工	35	11.6	11.6	11.6
	企业管理人员	42	14.0	14.0	25.6
	专业技术人员/教师/医生	43	14.3	14.3	39.9
	在校生	88	29.2	29.2	69.1
	农民或农民工	10	3.3	3.3	90.4

续表

		频率（人）	百分比（%）	有效百分比（%）	累计百分比（%）
有效	家庭主妇	18	6.0	6.0	96.3
	其他	11	3.7	3.7	100.0
	合计	301	100.0	100.0	

表 2—17　　　　　　　测试品牌 * 职业交叉统计表　　　　（单位:%）

计数

		您的职业								合计
		机关/事业单位员工	企业管理人员	专业技术人员/教师/医生	在校生	私营或个体劳动者	农民或农民工	家庭主妇	其他	
测试品牌	涪陵榨菜	14	20	16	27	10	3	3	7	100
	晋江运动鞋	10	9	17	26	20	6	10	2	100
	内蒙古乳业	11	13	10	35	24	1	5	2	101
合计		35	42	43	88	54	10	18	11	301

表 2—18　　　　　　测试品牌 * 个人月收入范围交叉统计表　　　　（单位：人）

计数

		您的个人月收入大概属于下列哪个范围						合计
		1000 元及以下	1001—3000 元	3001—5000 元	5001—8000 元	8001—10000 元	10000 元以上	
测试品牌	涪陵榨菜	31	38	19	8	0	4	100
	晋江运动鞋	32	32	27	7	2	0	100
	内蒙古乳业	46	26	15	9	4	1	101
合计		109	96	61	24	6	5	301

（三）测量量表的检验和进一步修正（方差分析与测量指标筛选）

1. 指标有效性的理论基础

艾克（1996）在提出品牌资产十要素的同时，也提到跨产品和市场评估品牌资产指标有效性的三个衡量标准：一是要能反映品牌资产的构成；二是要能反映市场结构和品牌资产结构的变化；三是要具有不同品牌、不同市场、不同产品间的适用性。

由于区域品牌资产测量指标都是在文献研究的基础上汇总概括出来的，是很多学者研究成果的结晶，所以测量指标基本涵盖了区域品牌资产的各个方面，能够较好地反映区域品牌资产的构成。对于测量指标对区域品牌资产结构的变化性，若被测试品牌较多，则要求测量指标能够反映不同区域品牌的不同内涵，对于同一测量指标，不同区域品牌的得分具有差异性，即至少有两个样本的得分不同。对于测量指标的适用性，则要求测量指标在不同地区和不同性别的样本中，具有衡一性，即对于同一个测试品牌，不同地区和性别的受访者对相同指标的打分没有差异。由此可以得到测量指标有效性的两个假设：

H1 对于总体样本，不同性别和地区的被访者，打分没有差异；

H1—1：对于总体样本，不同性别的被访者，打分没有差异；

H1—2：对于总体样本，不同地区的被访者，打分没有差异；

H2 对于同一个测试区域品牌，不同性别和地区的被访者，打分没有差异；

H2—1：对于同一个测试区域品牌，不同性别的被访者，打分没有差异；

H2—2：对于同一个测试区域品牌，不同地区的被访者，打分没有差异。

2. 指标有效性的方差分析

方差分析是参数统计分析的一种，用于两个及两个以上样本均数差别的显著性检验，考察控制变量的不同水平对观察变量造成的影响和变动。方差分析的前提是各个水平下，总体服从正态分布，最起码的条件是方差相等，即方差具有齐性。所以对于满足方差齐性的样本可以采用方差分析的方法来判断，各样本均值之间是否具有显著性差异，通过方差齐性检验后，如果相伴概率大于显著性水平，则认为各水平下总体方差相等可以使用方差分析；相反，则不行。对于不满足方差齐性的样本则可以使用Tamhane's T2（M）检验进行两两比较，使用优于 F 统计量的 Brown-Forsythe 和 Welch 统计量来检验，样本间是否有显著性差异。

对 H1—1 的检验如表 2—19 所示。

表 2—19　　　　　　　H1 方差齐性检验和 ANOVA 分析汇总

指标	方差齐性检验（H）		ANOVA 分析	
	Levene 统计量	Sig.	F	Sig.
Q1	.010	.921	.324	.570
Q2	2.923	.088	.130	.718
Q3	.922	.338	.326	.568
Q4	.261	.610	4.089	.044
Q5	5.269	.022	.031	.860
Q6	.071	.791	1.185	.277
Q7	1.174	.279	1.521	.219
Q8	.760	.384	.037	.848
Q9	3.356	.068	1.205	.273
Q10	.414	.520	.396	.530
Q11	1.035	.310	.000	.998
Q12	.265	.607	.151	.697
Q13	4.939	.027	.060	.807
Q14	6.784	.010	1.137	.287
Q15	1.918	.167	1.268	.261
Q16	.993	.320	.079	.779
Q17	.561	.454	.198	.657
Q18	.013	.909	.064	.801
Q19	.202	.653	.000	.986

续表

指标	方差齐性检验（H）		ANOVA 分析	
	Levene 统计量	Sig.	F	Sig.
Q20	1.309	.253	.247	.619
Q21	1.664	.198	.005	.941
Q22	2.421	.121	2.210	.138
Q23	6.093	.014	1.331	.250
Q24	.587	.444	.092	.762
Q25	.433	.511	.512	.475
Q26	.396	.530	1.802	.180
Q27	.063	.802	.148	.701

由表2—19可知，通过对性别分组的方差齐性检验，除了Q5、Q13—Q14和Q23四个指标，其他的指标相伴概率P>0.05，可以通过方差分析的方法来判断样本间是否有显著性差异。在进行单因素方差分析之后，发现除了Q4的相伴概率P<0.05，其他的指标都大于0.05，说明这些指标的样本间没有显著性差异，符合假设H1。

对于Q5、Q13—Q14和Q23四个指标，可以通过t检验的方式进行判断。具体如表2—20所示。

表2—20　　　　　　　　　　独立样本t检验

		方差方程的 Levene 检验		均值方程的 t 检验		
		F	Sig.	T	df	Sig.（双侧）
Q5	假设方差相等	5.269	.022	-.176	299	.860
	假设方差不相等			-.180	297.789	.857
Q13	假设方差相等	4.939	.027	.244	299	.807
	假设方差不相等			.251	298.629	.802
Q14	假设方差相等	6.784	.010	-1.066	299	.287
	假设方差不相等			-1.092	298.245	.276

续表

		方差方程的 Levene 检验		均值方程的 t 检验		
		F	Sig.	T	df	Sig.（双侧）
Q23	假设方差相等	6.093	.014	-1.154	299	.250
	假设方差不相等			-1.179	297.600	.239

由表 2—20 可以知道，Q5、Q13—Q14 和 Q23 四个指标在假设方差不相等的情况下，相伴概率 P 都大于显著性水平 0.05，说明这些指标的样本间具有良好的一致性，没有显著性差异。

对 H1—2 的检验如表 2—21 所示。

表 2—21　　　　H1—2 方差齐性检验和 ANOVA 分析汇总

指标	方差齐性检验（H）		ANOVA 分析	
	Levene 统计量	Sig.	F	Sig.
Q1	1.352	.234	1.245	.283
Q2	.313	.930	1.045	.396
Q3	2.503	.022	1.364	.229
Q4	1.834	.092	1.477	.186
Q5	1.841	.091	1.133	.343
Q6	.584	.743	1.483	.184
Q7	1.189	.312	4.391	.000
Q8	.328	.922	1.004	.423
Q9	3.643	.002	1.585	.151
Q10	.585	.742	1.226	.293
Q11	1.414	.209	2.657	.016
Q12	1.256	.278	2.312	.034
Q13	1.697	.121	1.286	.263
Q14	1.273	.269	2.370	.030
Q15	.929	.475	.919	.481

指标	方差齐性检验（H）		ANOVA 分析	
	Levene 统计量	Sig.	F	Sig.
Q16	1.373	.225	1.506	.176
Q17	.714	.639	.792	.577
Q18	1.048	.394	2.086	.055
Q19	.984	.436	1.004	.423
Q20	1.402	.214	.734	.623
Q21	2.064	.057	1.842	.091
Q22	.743	.616	1.930	.076
Q23	.425	.862	.531	.785
Q24	1.521	.171	2.802	.011
Q25	1.096	.364	2.109	.052
Q26	1.249	.281	.938	.468
Q27	1.519	.171	.634	.703

H1—2 假设主要是检验不同地区的被访者对同一指标的打分是否具有差异性。由表 2—21 可知，除去 Q3 和 Q9 两个指标外，其他指标均具有齐性，可以通过单因素方差检验的方式进行差异性判断。表的右侧给出了单因素 ANOVA 分析，除去 Q7、Q11、Q12、Q14、Q24 四个指标以外，其他方差具有齐性的指标其相伴概率 P 均大于 0.05，说明这些指标具有跨地区的适用性，没有显著性差异；而 Q7、Q11、Q12、Q14、Q24 这四个指标的相伴概率均小于 0.05 的显著性水平，说明这些指标，具有跨地区的差异性。

对于方差不具有齐性的 Q3 和 Q9 两个变量，可以通过 Tamhane's 多重比较和 Welch、Brown-Forsythe 两个优于 F 的统计量来作出判断，通过表 2—22 可知：两个指标的相伴概率均大于 0.05，说明样本在 Q3 和 Q9 两个指标上，没有显著性差异，表 2—23 的 Tamhane's 多重比较也验证了这一点。

表 2—22　　　　　　　　　均值相等性的健壮性检验

		统计量[a]	df1	df2	显著性
Q3	Welch	1.502	6	86.514	.187
	Brown-Forsythe	1.339	6	155.197	.243
Q9	Welch	1.339	6	85.295	.249
	Brown-Forsythe	1.524	6	192.025	.172

说明：a. 渐近 F 分布。

表 2—23　　　　　　　方差不等的 Tamhane's 多重比较

Tamhane

因变量	(I) 居住地	(J) 居住地	均值差 (I—J)	标准误	显著性	95% 置信区间	
						下限	上限
Q3	T61	T62	-.614	.229	.228	-1.38	.15
		T63	-.416	.270	.948	-1.29	.46
		T64	-.526	.227	.449	-1.28	.23
		T65	-.457	.221	.648	-1.20	.29
		T66	-.592	.234	.300	-1.36	.18
		T67	-.767	.333	.436	-1.85	.32
	T62	T61	.614	.229	.228	-.15	1.38
		T63	.197	.220	1.000	-.51	.91
		T64	.088	.164	1.000	-.42	.60
		T65	.157	.156	1.000	-.33	.64
		T66	.022	.174	1.000	-.52	.57
		T67	-.153	.293	1.000	-1.13	.82
	T63	T61	.416	.270	.948	-.46	1.29
		T62	-.197	.220	1.000	-.91	.51
		T64	-.109	.217	1.000	-.81	.59
		T65	-.041	.211	1.000	-.72	.64
		T66	-.175	.225	1.000	-.90	.54
		T67	-.351	.326	.999	-1.41	.71

Tamhane

因变量	(I)居住地	(J)居住地	均值差(I—J)	标准误	显著性	95%置信区间	
						下限	上限
Q3	T64	T61	.526	.227	.449	-.23	1.28
		T62	-.088	.164	1.000	-.60	.42
		T63	.109	.217	1.000	-.59	.81
		T65	.068	.152	1.000	-.40	.54
		T66	-.066	.171	1.000	-.60	.46
		T67	-.242	.292	1.000	-1.21	.73
	T65	T61	.457	.221	.648	-.29	1.20
		T62	-.157	.156	1.000	-.64	.33
		T63	.041	.211	1.000	-.64	.72
		T64	-.068	.152	1.000	-.54	.40
		T66	-.134	.163	1.000	-.64	.37
		T67	-.310	.287	.999	-1.27	.65
	T66	T61	.592	.234	.300	-.18	1.36
		T62	-.022	.174	1.000	-.57	.52
		T63	.175	.225	1.000	-.54	.90
		T64	.066	.171	1.000	-.46	.60
		T65	.134	.163	1.000	-.37	.64
		T67	-.176	.297	1.000	-1.16	.81
	T67	T61	.767	.333	.436	-.32	1.85
		T62	.153	.293	1.000	-.82	1.13
		T63	.351	.326	.999	-.71	1.41
		T64	.242	.292	1.000	-.73	1.21
		T65	.310	.287	.999	-.65	1.27
		T66	.176	.297	1.000	-.81	1.106
Q9	T61	T62	-.688	.309	.486	-1.68	.31
		T63	-.200	.317	1.000	-1.23	.83
		T64	-.302	.248	.996	-1.12	.52
		T65	-.090	.230	1.000	-.87	.69
		T66	-.321	.265	.996	-1.18	.54
		T67	-.091	.295	1.000	-1.05	.87

续表

Tamhane

因变量	(I)居住地	(J)居住地	均值差(I—J)	标准误	显著性	95%置信区间 下限	95%置信区间 上限
Q9	T62	T61	.688	.309	.486	-.31	1.68
		T63	.487	.329	.962	-.56	1.53
		T64	.386	.262	.964	-.45	1.22
		T65	.598	.245	.333	-.19	1.39
		T66	.367	.278	.989	-.51	1.25
		T67	.597	.307	.711	-.38	1.57
	T63	T61	.200	.317	1.000	-.83	1.23
		T62	-.487	.329	.962	-1.53	.56
		T64	-.102	.272	1.000	-.98	.78
		T65	.110	.256	1.000	-.73	.95
		T66	-.121	.287	1.000	-1.04	.80
		T67	.109	.316	1.000	-.90	1.12
	T64	T61	.302	.248	.996	-.52	1.12
		T62	-.386	.262	.964	-1.22	.45
		T63	.102	.272	1.000	-.78	.98
		T65	.212	.161	.989	-.29	.71
		T66	-.019	.208	1.000	-.66	.63
		T67	.211	.245	1.000	-.58	1.01
	T65	T61	.090	.230	1.000	-.69	.87
		T62	-.598	.245	.333	-1.39	.19
		T63	-.110	.256	1.000	-.95	.73
		T64	-.212	.161	.989	-.71	.29
		T66	-.231	.187	.994	-.81	.35
		T67	-.001	.227	1.000	-.75	.75
	T66	T61	.321	.265	.996	-.54	1.18
		T62	-.367	.278	.989	-1.25	.51
		T63	.121	.287	1.000	-.80	1.04
		T64	.019	.208	1.000	-.63	.66
		T65	.231	.187	.994	-.35	.81
		T67	.230	.262	1.000	-.61	1.07

Tamhane

因变量	(I)居住地	(J)居住地	均值差(I—J)	标准误	显著性	95%置信区间	
						下限	上限
Q9	T67	T61	.091	.295	1.000	−.87	1.05
		T62	−.597	.307	.711	−1.57	.38
		T63	−.109	.316	1.000	−1.12	.90
		T64	−.211	.245	1.000	−1.01	.58
		T65	.001	.227	1.000	−.75	.75
		T66	−.230	.262	1.000	−1.07	.61

同理可以对 H2—1 和 H2—2 进行检验，所得结果汇总如表 2—24 所示。

表 2—24　　　　　　　　　　H1 和 H2 检验结果汇总

指标	涪陵榨菜	晋江运动鞋	内蒙古乳业	样本总体
Q1				
Q2				
Q3				
Q4			×	×
Q5				
Q6				
Q7			×	×
Q8				
Q9		×		
Q10				
Q11			×	×
Q12				×
Q13		×	×	
Q14				×
Q15				
Q16				
Q17				
Q18			×	

续表

指标	涪陵榨菜	晋江运动鞋	内蒙古乳业	样本总体
Q19				
Q20				
Q21			×	
Q22				
Q23				
Q24				×
Q25				
Q26				
Q27				

说明：×表示相应的区域品牌样本具有显著差异性。

　　由表 2—24 可知，Q4、Q7、Q11 和 Q13 四个指标，对于同一区域品牌，不同被访群体的打分具有显著差异性，故将这四个指标剔除，由此得到具有跨地域性的区域品牌资产测量量表，具体如表 2—25 所示。

表 2—25　　　　　　　　　　　具有跨地域性的区域品牌资产测量量表

潜变量	题项	测量项目
区域联想	Q1	一提到 X 产品，我就会想到该区域
	Q2	该区域具有生产 X 产品的优良工艺
	Q3	该区域适合种植/生产特定种类的产品
产业联想	Q5	该地区是 X 产品的主要产地
	Q6	该地区生产该产品的企业随处可见
品牌认知	Q8	这个区域内的产品或某些企业品牌很出名
	Q9	我看到过这个区域的产品或企业的广告
	Q10	该区域的产品或企业的广告比较贴近生活
品牌联想	Q12	该区域的产品的价格，在我能接受的范围内
	Q14	这个区域的产品很有特色
	Q15	这个区域的产品比同类其他区域的产品更有吸引力
	Q16	我喜欢该区域的产品，愿意了解和购买该区域的品牌和产品

潜变量	题项	测量项目
品牌感知	Q17	我觉得这个区域的产品质量值得长期信赖
	Q18	对该区域的员工的专业水平有信心
	Q19	看到的多是该区域的产品或企业的正面消息
	Q20	该区域的产品和本人的生活习惯比较相符
	Q21	该区域给人较好的印象
	Q22	我认同该区域的产品所代表的价值观和生活方式
	Q23	身边的亲人朋友也喜欢该区域的产品或企业
品牌共鸣	Q24	条件允许的话，我会持续购买该区域的产品
	Q25	我乐于向他人推荐该区域的产品或企业
	Q26	我喜爱该区域的产品或企业，较其他同类产品，我更偏好该区域的产品
	Q27	该区域的产品或企业让我有种亲切感

（四）因子分析与测项纯化

因子分析是对量表降维的一种方法，是将重合的相关维度，合成为一个因子，主要通过主成分分析法，由因子变量的方差贡献和方差贡献率来进行判断；而测项纯化则是通过相关系数等的量化分析找出并剔除不合适的测项，主要通过测项与总体的相关系数和因子载荷系数的比较来实现。

1. KMO 和巴特利特球形（Bartlett）检验

KMO 统计量用来比较变量间相关和偏相关系数，其取值在 0—1 之间，KMO 值越接近于 1，越适合作因子分析，KMO 大于 0.9，非常适合；大于 0.8 小于 0.9 比较适合，大于 0.6 小于 07，则不太适合，小于 0.5 则不适合。巴特利特球形检验用来判断变量相关系数矩阵是否为单位阵，若相伴概率值小于显著性水平则认为变量相关系数矩阵不是单位阵，具有相关关系，适合作因子分析；反之，则不适合。经过 KMO 和 Bartlett 的检验，无论是总体样本还是各个测试品牌样本 KMO 值都大于 0.875，其中总体样本为 0.938；Bartlett 的球形度检验，相伴概率均为 .000 小于 0.065 的显著性水平，非常适合作因子分析，具体见表 2—26。

表 2—26 　　　　　　　　　　**KMO 和 Bartlett 的检验**

统计量	涪陵榨菜	晋江运动鞋	内蒙古乳业	总体
取样足够度的 Kaiser-Meyer-Olkin 度量	.877	.936	.875	.938
Bartlett 的球形度检验　近似卡方	1139.250	1797.649	1776.555	4008.591
验　　　　　　　df	253	253	253	253
Sig.	.000	.000	.000	.000

2. 因子变量的方差贡献（特征值）和贡献率分析

对总体样本通过主成分分析法，按照因子描述原有方差的多少，将特征值大于 0.6 的因子提取出来。从表 2—27 可以看出，将特征值大于 0.6 的因子提取出来，可以得到 8 个因子，这 8 个因子描述的总方差占原有变量总方差的比例达 75.726%，即原有测项 75.726% 的信息可以通过这 8 个公共因子表现出来。

表 2—27 　　　　　　　　　　**总体样本各因子解释的总方差**

成分	初始特征值			提取平方和载入			旋转平方和载入		
	合计	方差的%	累计%	合计	方差的%	累计%	合计	方差的%	累计%
1	10.131	44.046	44.046	10.131	44.046	44.046	4.091	17.789	17.789
2	2.526	10.980	55.027	2.526	10.980	55.027	3.872	16.834	34.623
3	1.016	4.418	59.444	1.016	4.418	59.444	2.945	12.802	47.426
4	.874	3.798	63.242	.874	3.798	63.242	1.428	6.209	53.635
5	.837	3.641	66.883	.837	3.641	66.883	1.385	6.022	59.657
6	.740	3.219	70.102	.740	3.219	70.102	1.287	5.595	65.252
7	.688	2.990	73.092	.688	2.990	73.092	1.254	5.453	70.705
8	.606	2.634	75.726	.606	2.634	75.726	1.155	5.021	75.726
9	.560	2.436	78.162						
10	.534	2.321	80.483						
11	.493	2.144	82.627						
12	.456	1.984	84.611						
13	.451	1.960	86.571						
14	.423	1.841	88.411						
15	.383	1.666	90.077						

续表

成分	初始特征值			提取平方和载入			旋转平方和载入		
	合计	方差的%	累计%	合计	方差的%	累计%	合计	方差的%	累计%
16	.379	1.650	91.727						
17	.350	1.521	93.248						
18	.322	1.400	94.648						
19	.286	1.242	95.891						
20	.263	1.144	97.035						
21	.258	1.121	98.156						
22	.232	1.010	99.166						
23	.192	.834	100.000						

说明：提取方法：主成分分析。

3. 样本的因子分析

通过因子变量的方差贡献率可以判断公共因子解释原有测项的信息量；而通过因子载荷矩阵却可以反映公共因子和原有测项的关系，可以直观地看出公共因子对每一个原测项的解释力度。

表2—28　　　　　　　　　正交旋转后的因子载荷矩阵 a

原变量	成　分							
	1	2	3	4	5	6	7	8
Q26	.786							
Q25	.778							
Q24	.731							
Q27	.681							
Q23	.587							
Q16	.544							
Q15	.471							
Q3		.814						
Q5		.792						
Q2		.759						

续表

原变量	成　分							
	1	2	3	4	5	6	7	8
Q1		.657						
Q8		.640						
Q6		.615						
Q19			.833					
Q21			.737					
Q17			.641					
Q18			.608					
Q20				.769				
Q22				.	.771			
Q9						.836		
Q10						.466		
Q12							.853	
Q14								.719

说明：提取方法：主成分。

旋转法：具有 Kaiser 标准化的正交旋转法。

a. 旋转在 8 次迭代后收敛。

从表 2—28 总体样本正交旋转后的因子载荷矩阵可以看出，Q15、Q16；Q23、Q24、Q25、Q26、Q27 在第一个公共因子上表现出集聚。Q15、Q16 两个变量体现了品牌联想；而 Q23、Q24、Q25、Q26、Q27 五个变量则集中表现了品牌共鸣。第二个公共因子在 Q1、Q2、Q3、Q5、Q6、Q8 六个维度上有较高的载荷，Q1、Q2、Q3 三个维度反映了区域联想；Q5、Q6 两个维度则体现了产业联想。Q17、Q18、Q19、Q21 四个维度在第三个公共因子上聚焦，集中体现了品牌感知。第六个公共因子在 Q9、Q10 两个变量上有较高的载荷，这两个变量共同表现了品牌认知维度。

按照同样的方法对三个测试品牌分别作出因子分析，对经过正交旋转后的因子载荷矩阵中，因子集聚情况进行汇总，结果如表 2—29 所示。

表 2—29   正交旋转后的因子聚集情况汇总

潜变量	涪陵榨菜	晋江运动鞋	内蒙古乳业	总体
区域联想	Q2、Q3	Q2、Q3	Q2、Q3	Q1、Q2、Q3
产业联想	Q5、Q6	Q5、Q6	Q5、Q6	Q5、Q6
品牌认知	Q8、Q9	Q8、Q9	Q8、Q9	Q9、Q10
品牌联想	Q14、Q15、Q16	Q12、Q16	Q12、Q15	Q15、Q16
品牌感知	Q17、Q21、Q23；Q18、Q19、Q22	Q17、Q18、Q19、Q21	Q17、Q18、Q19、Q20、Q21；Q22、Q23	Q17、Q18、Q19、Q21
品牌共鸣	Q24、Q25、Q26、Q27	Q25、Q26、Q27	Q24、Q25、Q26、Q27	Q24、Q25、Q26、Q27

由表 2—29 可知：Q2、Q3；Q5、Q6；Q8、Q9；Q17、Q18、Q19、Q21；Q24、Q25、Q26、Q27，五组变量都有比较好的聚集度，出现在同一公共因子中的次数在三次以上，唯有品牌联想维度的聚集情况不太理想。在综合考量量表的全面性和合理性的基础上，将区域品牌资产量表中的区域联想层面保留 Q2 和 Q3；产业联想层面保留 Q5 和 Q6；品牌认知层面保留 Q8 和 Q9；品牌联想层面保留 Q15 和 Q16；品牌感知层面保留 Q17、Q18、Q19 和 Q21 四个维度；品牌共鸣层面保留 Q24、Q25、Q26、Q27 四个维度，共计 16 个测项，具体如表 2—30 所示。

表 2—30   基于消费者的区域品牌资产测量量表

潜变量	题项	测量项目
区域联想	Q2	该区域具有生产 X 产品的优良工艺
	Q3	该区域适合种植/生产特定种类的产品
产业联想	Q5	该地区是 X 产品的主要产地
	Q6	该地区生产该产品的企业随处可见
品牌认知	Q8	这个区域内的产品或某些企业品牌很出名
	Q9	我看到过这个区域的产品或企业的广告
品牌联想	Q15	这个区域的产品比同类其他区域的产品更有吸引力
	Q16	我喜欢该区域的产品，愿意了解和购买该区域的品牌和产品

续表

潜变量	题项	测量项目
品牌感知	Q17	我觉得这个区域的产品质量值得长期信赖
	Q18	对该区域的员工的专业水平有信心
	Q19	看到的多是该区域的产品或企业的正面消息
	Q21	该区域给人较好的印象
品牌共鸣	Q24	条件允许的话，我会持续购买该区域的产品
	Q25	我乐于向他人推荐该区域的产品或企业
	Q26	我喜爱该区域的产品或企业，较其他同类产品，我更偏好该区域的产品
	Q27	该区域的产品或企业让我有种亲切感

（五）量表验证性因子分析

结构方程模式的路径分析分为观察变量的路径分析和潜在变量的路径分析，这里将采用第二种路径分析模式，利用 Amos20 软件，将潜在变量引入模型，测项作为可测变量，探索各潜在变量之间的相关关系及潜在变量和可测变量之间的路径系数。下文的分析中将区域联想、产业联想、品牌认知、品牌联想、品牌感知、品牌共鸣六个变量视为潜变量，将 Q2、Q3，Q5、Q6，Q8、Q9，Q15、Q16，Q17、Q18、Q19、Q21，Q24、Q25、Q26、Q27，16 个变量作为观察变量，计算出各潜变量和观察变量之间的路径系数，分析模型内在结构的稳定性，结构模型如图 2—1 所示。

经过分析可知：该结构模型在各个主要测量指标方面都能满足或基本满足要求，具有比较理想的拟合度；且在路径分析中，所有的 T 值都大于 2，说明各潜变量与其观察变量之间路径关系明显，进一步验证了探索性因子分析中得出的 6 个因子和 16 个测项之间关系存在性和稳定性。具体如表 2—31 和表 2—32 所示。

表 2—31　　　　　　　　验证性因子分析测量指标汇总

指标	CMIN/DF	GFI	AGFI	NNFI	CFI	IFI	SRMR	RMSEA
测量值	1.999	.928	.899	.929	.963	.963	.033	.058
建议值	<2.0	>0.90	>0.90	>0.90	>0.90	>0.90	<0.06	<0.08

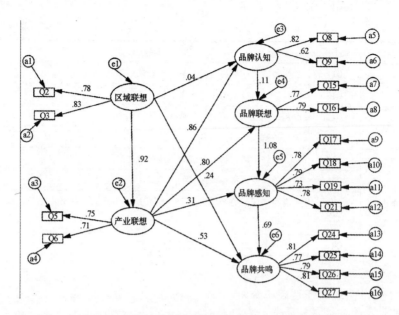

图 2—1　基于消费者的区域品牌资产结构模型

表 2—32　　　　　潜变量与观察变量路径关系与路径系数汇总

潜变量	观察变量	路径系数	T 值
区域联想	Q2	.78	13.855
	Q3	.83	16.972
产业联想	Q5	.75	12.362
	Q6	.71	11.746
品牌认知	Q8	.82	15.041
	Q9	.62	10.354
品牌联想	Q15	.77	13.439
	Q16	.79	14.581
品牌感知	Q17	.78	17.018
	Q18	.79	17.233
	Q19	.73	15.387
	Q21	.78	17.018
品牌共鸣	Q24	.81	14.646
	Q25	.77	13.856
	Q26	.79	14.254
	Q27	.81	14.604

（六）量表信度和效度分析

1. 量表信度分析

信度，即可信的程度，表示用同样的方法对同一量表进行重复测量时，得到结论一致性的最大可能。量表信度的检验方式通常有三种，即稳定系数、等值系数和内部一致性系数，在这三种方式中，内部一致性检验最为常见，使用得最多。本书使用 SPSS19 软件，采用内部一致性系数（α 值）来对量表的信度进行检验。内部一致性检验的方式，主要通过 α 值的大小来判断信度的高低，其中 α 值在 0.6 和 0.7 之间，表示量表信度可接受，在 0.7 和 0.8 之间表示量表的信度比较好，在 0.8 和 0.9 之间表明信度很好，在 0.9 以上表示量表具有非常好的信度。通过对各潜变量进α 值分析，可知本量表的 α 值（见表 2—33）均在 0.649 以上，具有较好的内部一致性。

表 2—33　　　　　　　　量表内部一致性测量指标汇总

维度	测项	因子载荷	方差贡献（%）	Cronbachα
区域联想	Q1	.759	44	.778
	Q2	.814		
产业联想	Q3	.792	55	.686
	Q4	.615		
品牌认知	Q5	.640	59	.649
	Q6	.836		
品牌联想	Q7	.471	63	.753
	Q8	.544		
品牌感知	Q9	.641	66	.861
	Q10	.608		
	Q11	.737		
	Q12	.833		
品牌共鸣	Q13	.731	70	.874
	Q14	.778		
	Q15	.786		
	Q16	.681		

2. 量表效度分析

量表效度分析旨在考察量表编制的有效性。量表的有效性可以从两个方面体现：一是待测指标特质的真实性；二是所使用的测量工具能否真正测到待测量的特质。量表效度分析没有一个统一的指标，本书采用 Gronlund（1985）、Crocker 和 Algina（1986）的评判方法，将量表效度分析分为内容效度、效标关联效度和建构效度三种，分别加以阐述。

内容效度指的是量表所使用的潜变量是否完整覆盖了所要研究的领域，观察变量是否完整涵盖了所要解释的潜变量，潜变量和观察变量是否均匀表述了整个研究内容。效标通常指的是我们所要预测的行为，而效标效度指的是测验所得分数与我们实际所要预测的内容的匹配性，测验分数能否有效解释测量的实际目的。建构效度中的建构指的是理论模型的构建，考察的是问卷所得到的数据是否支持该理论模型，因此建构效度适合采用因子分析或路径系数和相关系数分析，探索因变量和自变量之间的路径关系，以及因变量之间的相关关系，进而评估理论模型的拟合优度。

维度探索主要是在文献研究的基础上，通过对现有文献中涉及的关于区域品牌资产指标或维度进行汇总、解释、比较，加深理解，再借助国外关于维度的划分标准，确定适合本研究领域的维度，通过调查问卷进行实证研究，证明本量表具有合理的内容效度和效标效度。在实证分析中，借助探索性因子分析和验证性因子分析，所得到的 16 个测项均有很好的聚合度，在路径分析中，所有的 T 值都大于 2，且模型的拟合指标均达到合理的范围，模型有较好的拟合度，由此可见本量表具有良好的建构效度。

四　区域品牌资产测量量表的形成与应用

（一）基于消费者的区域品牌资产测量量表

在对国内外关于区域品牌、品牌资产和区域品牌资产文献研究的基础上，重点研究了区域品牌资产的构成维度；通过前人的研究及我们对研究内容的理解和探析，编制了区域品牌资产测量量表。量表由三部分组成，分别是区域类因素、产业类因素和区域内企业或产品类因素。区域类因素表现为区域联想，由两个测量项目构成；产业类因素表现为产业联想，由两个测量项目构成；而区域内企业或产品因素由品牌认知、品牌联想、品牌感知和品牌共鸣四大维度构成，品牌认知和品牌联想分别有两个测量项目，而品牌感知和品牌共鸣分别有四个测量项目，通过调查问卷进行实证分析，证明本量表是合理和可靠的，具有一定的适用性。量表内容如表2—34所示。

表 2—34　　　　　　　　基于消费者的区域品牌资产测量量表

区域品牌资产	测量项目
区域联想	1. 该区域具有生产 X 产品的优良工艺
	2. 该区域适合种植/生产特定种类的产品
产业联想	3. 该地区是 X 产品的主要产地
	4. 该地区生产该产品的企业随处可见
品牌认知	5. 这个区域内的产品或某些企业品牌很出名
	6. 我看到过这个区域的产品或企业的广告
品牌联想	7. 这个区域的产品比同类其他区域的产品更有吸引力
	8. 我喜欢该区域的产品，愿意了解和购买该区域的品牌和产品
品牌感知	9. 我觉得这个区域的产品质量值得长期信赖
	10. 对该区域的员工的专业水平有信心
	11. 看到的多是该区域的产品或企业的正面消息
	12. 该区域给人较好的印象
品牌共鸣	13. 条件允许的话，我会持续购买该区域的产品
	14. 我乐于向他人推荐该区域的产品或企业
	15. 我喜爱该区域的产品或企业，较其他同类产品，我更偏好该区域的产品
	16. 该区域的产品或企业让我有种亲切感

（二）量表的应用价值

区域品牌资产测量量表制定既是区域品牌资产理论研究的成果，可为区域品牌资产的后续研究提供参考，并奠定基础；同时也满足了实践的需要，为区域品牌状态的把握提供一个测量工具，并为区域品牌的未来发展指出了一条路径，进而为政府、企业以及相关利益人制定区域品牌发展战略指引了方向。

　　首先，区域品牌资产测量量表体系的编制是对理论界关于区域品牌资产前期研究的成果总结。目前，国内外关于区域品牌和品牌资产的研究极为广泛，取得的研究成果非常可观，既在深度方面有所建树，也在广度方面有所探索；而对于区域品牌资产的研究却只是刚刚起步，研究成果少，文献的数量也不多。由于区域品牌有较强的区域性，并不完全等同于一个品牌或者大品牌的概念，所以无法将品牌资产的相关理论直接运用到区域品牌资产的研究中，需要在已有研究的基础上，重新认识变量，构建维度，分析因子，建立模型，探索路径，编制量表，只有这样才能打破现有研究的乱象，使区域品牌资产的理论研究在深度和广度上更进一层，在实践上能更好地服务于各地区域品牌的建设。

　　其次，区域品牌资产测量量表体系的编制迎合了当前区域品牌发展的蓬勃态势，为区域品牌的建设提供了理论支撑。区域品牌和产业集群密不可分，前文中讲到过区域品牌是产业集群发展到高级形态的产物，所以本研究成果不仅适用于区域品牌的实践中，也适用于产业集群的建设，通过定量的实证分析，弄清楚区域品牌资产的形成路径，可以有效地帮助产业集群升级换代，走向高级形态。本书中编制的量表找出了区域品牌资产的主要测量维度，将区域品牌资产分为区域类因素、产业类因素和区域内企业或产品类因素，在三个方面为政府、企业和相关组织对区域品牌的建设提供了参考。而站在消费者的角度，所得出的结论也可以直接运用对于消费者的实际研究，对区域品牌的建设者产生相对明显的利益回报。

　　总之，区域品牌资产测量量表的编制，既在一定程度上改变了理论界关于区域品牌资产研究中将区域品牌理论、品牌资产理论和区域品牌资产理论混在一起研究的乱象，为后续的研究特别是实证研究提供了帮助；也为区域品牌建设者进行区域品牌建设提供了有益的参考，同时也是将理论的发展和实践的发展结合起来，更好地为国民经济发展服务的一个例子。

（三）量表应用说明

　　第一，基于消费者的区域品牌资产测量量表体系由三部分组成：区域类因素、产业类因素和区域内企业或产品类因素，针对不同的产业类型和产品品类，这三个部分侧重点可能不同。而且由于本研究所作的是一般性研究，测试品牌既有农业也有工业和制造业，所以在做数据分析的时候，有些题项在某个领域的聚集度不是很好，但在其他特定的领域，这些题项会有非常好的聚合度和解释力。所以，在应用此量表时，根据要研究内容的需要，测量项目可以进行适当的增加或缩减。例如对于农业区域品牌来说，区域联想中的自然环境因素非常重要，这些自然条件会影响到消费者对于区域内企业或产品因素的联想，甚至会因此形成第一印象，在这种条件下区域联想中的自然环境因素就显得必不可少。再如，对于某些历史悠久的产业集群或区域品牌做调研时，由于其有着非常辉煌的历史，那么产业联想维度中的历史因素就显得极为重要，这种经过时间沉淀的内涵，往往意味着品质、品位、身份和辨识度，因此，关于该研究中的名望类测量项目就是必不可少的了。

　　第二，基于消费者的区域品牌资产测量量表体系可以直接应用于对特定区域品牌的实地调研。通过实地调研，区域品牌的利益相关人可以明确地了解到本区域品牌存在的不足和实际需要改进的方面，从而有针对、有重点地改变区域品牌战略，变被动为主动，有效地提升本区域品牌资产。比如，通过调研发现消费者对本区域品牌的区域类因素认知度不高，那么区域品牌的利益相关人就可以通过宣传本区域，包括自然环境类因素和人文社会类因素等，来增加该区域的品牌知名度和美誉度，从而达到在总体上提升该区域品牌资产的目的。

第 三 章

我国区域品牌的传播现状与传播模式

一 我国区域品牌的现状

（一）我国区域品牌的分布与发展现状

作为地域的信息载体与经济文化的象征，区域品牌综合体现了该区域企业的信誉、产品、服务等方面的信息，也体现该区域基础设施、自然资源、气候、地理位置、历史文化等方面的信息。同时区域的特色产业发展所形成的市场声誉与影响力，最终造就一批在社会上具有较高知名度的品牌，如内蒙古的羊绒及乳制品，浙江、福建的服装、制鞋业，山东青岛的电子产品，四川的酿酒业等众多知名品牌。

据统计，截至 2012 年 2 月，我国共有驰名品牌 2743 个，主要分布在长三角、珠三角、环渤海、京津唐等经济区域。按省份来看，浙江省拥有驰名品牌数量 454 个，占据全国之首，其次为广东省 338 个，江苏省 274 个，山东省 246 个，福建省 182 个，北京市 117 个，上海市 111 个（见图 3—1）。

此外，在 2011 年世界品牌实验室发布的《中国 500 最具价值品牌排行榜》榜单中，品牌的区域分布显示，2011 年入榜品牌主要来自北京、广东、浙江、上海、福建、江苏、山东七个省市，分别占总品牌数的 18.40%、16.60%、9.00%、9.00%、7.60%、6.20%、6.20%（见图 3—1）。地区排名前七的省市共计 365 个品牌上榜，占总榜单品牌总数的 73.00%。

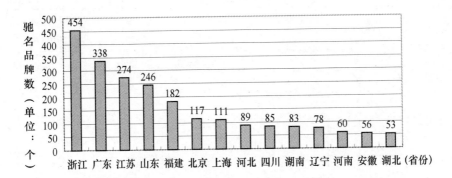

图3—1 我国驰名品牌分布最集中的地区

资料来源：中国驰名商标网，http://www.21sb.com/brand/a/phb_list_dq.php。

表3—1 2010年、2011年中国500最具价值品牌省市分布排名

次序 （2011）	省份/ 地区	品牌数 （2011）	百分比 （2011）	品牌数 （2010）	百分比 （2010）	次序 （2010）
1	北京	92	18.40%	95	19.00%	1
2	广东	83	16.60%	86	17.2%	2
3	浙江	45	9.00%	44	8.8%	3
4	上海	45	9.00%	44	8.8%	4
5	福建	38	7.60%	36	7.20%	5
6	江苏	31	6.20%	32	6.40%	6
7	山东	31	6.20%	30	6.00%	7
8	四川	19	3.80%	19	3.80%	8
9	广西	10	2.00%	10	2.00%	9
10	河北	9	1.80%	9	1.80%	10
11	河南	9	1.80%	8	1.60%	11
12	辽宁	8	1.60%	8	1.60%	12
13	湖北	8	1.60%	8	1.60%	13

资料来源：世界品牌实验室：2011年第八届《中国500最具价值品牌排行榜》。

可见，拥有品牌数量多的地区最具价值品牌数量也相对较多。各个区域最具价值的品牌统计数据如表3—2所示。

表 3—2　　　　　　　中国 500 最具价值品牌地域分布数据统计

区域	省份/地区	品牌数 （2011）	区域品牌总数 （2011）	品牌数 （2010）	区域品牌总数 （2010）
华东	浙江	45	200	44	197
	上海	45		44	
	福建	38		36	
	江苏	31		32	
	山东	31		30	
	安徽	6		6	
	江西	4		5	
华北	北京	92	113	95	116
	河北	9		9	
	内蒙古	6		5	
	天津	5		6	
	山西	1		1	
华南	广东	83	97	86	100
	广西	10		10	
	海南	4		4	
东北	辽宁	8	19	8	19
	黑龙江	7		7	
	吉林	4		4	
西南	重庆	6	32	5	31
	四川	19		19	
	云南	3		3	
	贵州	4		4	
	西藏	0		0	
华中	河南	9	22	8	21
	湖南	5		5	
	湖北	8		8	

续表

区域	省份/地区	品牌数 (2011)	区域品牌总数 (2011)	品牌数 (2010)	区域品牌总数 (2010)
西北	新疆	2	5	2	4
	陕西	2		1	
	甘肃	1		1	
	宁夏	0		0	
	青海	0		0	
其他	香港	8	12	8	12
	台湾	4		4	
	澳门	0		0	

资料来源：世界品牌实验室：2011 年第八届《中国 500 最具价值品牌排行榜》。

由此可见，我国区域品牌分布不均衡，大多数区域品牌集中在长三角（江浙沪）、珠三角（粤闽）、环渤海（鲁）以及京津唐地区，而华中、西北地区区域品牌与以上区域相比还存在极大差距。这与各个区域的区位资源优势、产业集群优势是密不可分的。现代经济中，信息技术的发展加快了全球化经济发展进程，在此影响下的新生产方式自然影响到了区域经济发展的布局和规模。根据区域经济理论，经济发展的不平衡性在一定程度上是不可避免的。经济发展的不平衡导致了中国不同区域产业和品牌分布率的差异。

本研究将以区域品牌形成与发展较早，并且具有代表性的典型地区——浙江、广东、山东的区域品牌发展状况，来对中国区域品牌的现状做出概括。

1. 浙江区域品牌发展状况

浙江的区域品牌主要在传统制造业、现代服务业以及旅游业三个产业领域，其中，传统制造业区域品牌所占比重较大，现代服务业及旅游业作为新兴产业，其区域品牌虽处于起步阶段，但实力不容小觑，并且还有着相当大的发展空间。这三大产业作为浙江产业结构的重要方面，对浙江经济发展起着举足轻重的作用。

围绕浙江企业及其组成的产业集群形成的传统制造业区域品牌是当前

浙江区域品牌构成的重心。浙江省的集群品牌源自其"块状经济"①。浙江省内中小企业多，专业市场繁荣，加上政府政策的大力扶持，使浙江区域特色经济发达，传统制造业方面的区域品牌众多。据统计，浙江省区域特色经济工业总产值约占全省全部工业产值的49%。2008年浙江省共有年销售收入10亿元以上的块状经济312个，实现销售收入2.81万亿元，出口交货值6122亿元，分别占全省工业总量的54%、62%②，大部分块状经济已形成了自己的区域品牌，且在国内享有盛誉。如占有国内低压电器33%市场的柳市"中国电器之都"，占领国内80%眼镜的温州"中国眼镜之都"，还有永康"五金之都"、浦江"中国水晶玻璃之都"，温州"中国鞋都"、"中国印刷城"，桐庐"中国制笔之乡"，嵊州"中国领带之都"等。

在浙江，著名的现代服务业集聚区主要有义乌国际物流中心、横店影视产业实验区、浙中信息产业园、宁波国际航运服务中心、杭州白马湖生态创意城、龙泉青瓷文化创意集聚区、义乌国际商贸城、凤凰·创意国际，等等。其中影响力更大的当数义乌国际商贸城和横店影视产业实验区。

浙江历史悠久，文化灿烂，借助其独特的自然资源、历史文化资源等优势，浙江省大力推广其城市品牌和旅游品牌建设，如打造"诗画江南、山水浙江"；杭州——"东方休闲之都·品质生活之城"；嘉兴——"越韵吴风、水乡绿城"；丽水——"秀山丽水，浙江绿谷"；衢州——"神奇山水，名城衢州"；绍兴"水城越都、人文绍兴"；等等，并通过各种节事活动来进行区域旅游品牌营销，吸引了众多游客前往观光游览，其旅游品牌深入人心，并且形成了具有一定知名度与美誉度的城市形象，为区域经济的发展做出了巨大贡献。借助旅游向受众进行城市品牌推广是浙江省区域品牌传播的一大优势。

由于浙江省区域品牌传播工作刚刚起步，区域品牌的推广使用过程中

---

① "块状经济"最初由著名社会学家费孝通先生在20世纪80年代中期提出，是指在一定地域范围内，围绕某类产品，众多企业通过积聚，协作形成专业化的产、供、销基地的组织形式。参见杨佐飞《基于产业集群的浙江区域品牌建设策略》，《改革与战略》2011年第6期。

② 浙江省经信委课题组：《浙江省块状经济调查报告（2009—2010）》，http：//www.zjjjxw.gov.cn/cyfz/yqjd/2010/08/05/2010081100035.shtml。

还存在着一些问题和不足：企业对区域品牌使用主体的认识不够，无法充分运用区域品牌的知名度来提升企业和区域竞争力；区域品牌传播扶持力度还有待进一步加强；专业人才还比较缺乏，区域品牌经营的能力和途径也有待进一步拓展；等等。

2. 广东区域品牌发展状况

广东省传统制造业区域品牌的形成以专业镇为主，其文化产业发展势头强劲，近年来也发展出一批具有影响力的区域品牌。

广东省的产业集群发展较早，在近30年的快速发展中，涌现出数量众多的专业镇，其镇域经济发展颇具特色。据统计，2013年广东省专业镇达342个，专业镇对区域经济的平均经济贡献率达39%，涉及机械、五金、纺织、家电、建材、服装、家具、摩托车、陶瓷、石材、针织服装以及新兴产业等30多个产业，形成了较为合理的专业分工和特色产业。同时，中心镇的地位和作用日益凸显，已经成为城镇化发展的主要载体之一。①较典型的专业镇有顺德容桂的家电，中山小揽的五金，古镇的灯饰，澄海的玩具，西樵的纺织品，大沥的铝型材，石湾的陶瓷，伦教的木工机械，乐从的家具，虎门的服装，东莞石龙、石碣和清溪的电子工业等，这些专业镇形成了诸多具有特色的区域品牌，大大提升了广东省的品牌竞争力。如顺德是广东最大的小电器生产基地，境内遍布格兰仕、科龙、华宝等著名企业品牌；中山古镇，是世界四大灯饰专业市场之一，民用灯饰销量占全国60%以上；虎门服装，每年创造财政收入20亿元以上；此外，还有大沥铝材，其产量占全国的40%，江门恩平麦克风占全国销量的70%以上等。

目前，文化产业已成为广东重要的产业门类，2010年广东省文化产业增加值为2524亿元，占全省GDP比重5.6%，占全国文化产业比重超过1/4，已连续8年位居各省、区、市首位。广东文化产业已形成了新闻服务业、出版发行和版权服务业、广电服务业、文化艺术服务业、娱乐业、会展业、广告业、旅游业、电子信息业、文化产品制造业等比较齐全的文化产业体系。广东省旅游业总收入长期居全国前列，所占比重为全国

① 《借鉴长三角经验，广东专业镇转型应向产业链延伸》，《南方都市报》（网络版），ht-tp：//shanwei. gdcct. gov. cn/insider/201101/t20110124_ 432591. html。

的 1/4，"魅力羊城"已为公众所熟知。广东的平面媒体、广播电视、数字出版、印刷出版等产业规模均位居全国首位。尤其是文化新业态蓬勃兴起，更在全国占据重要地位：数字出版产值占全国的 1/5，动漫产值约占全国的 1/4，网络游戏年收入约占全国的 1/3，自主研发制造的电子游艺游戏设备生产占全国的 2/3，仅广州、中山两地的电子游戏设备生产在全球市场份额就超过 1/5。"十一五"时期，广东文化产品出口年均增长超过 20%①。以中国（深圳）设计之都创意产业园、怡景动漫基地、华侨城 LOFT 创意园、南山动漫产业园、F518 创意产业园、蛇口创意文化产业园等为主的创意产业群，在全国颇具影响力；以南方报业集团、广电集团、出版发行集团为龙头，其他影视传媒、出版印刷、演艺娱乐、艺术培训公司为补充的传媒产业群，在行业竞争加剧的情况下仍稳步前进，成为国内传媒品牌中的一枝独秀；以文化产业中介服务机构、文化产业经纪人组织为主的文化服务产业群，则是一派欣欣向荣的景象。

从整体区域品牌角度来看，广东省传统制造业区域品牌仍占据较大比重。以专业镇为主的区域品牌，面临着诸多发展问题：真正意义上的大企业较少，中小企业发展欠佳；缺乏技术创新和自主品牌，难于形成新的经济增长点；产业结构单一，过分依赖传统家电产业，产品附加值低等。此外，较传统制造业而言，广东省文化服务业发展相对滞后，区域产业结构不合理；由于大众消费习惯、城乡差距和地域文化等因素的影响，文化消费在广东城乡居民日常消费结构中的比重并不高，面临文化市场发育不完全等诸多问题。

3. 山东区域品牌发展状况

山东省的区域品牌主要集中在制造业、旅游业以及文化创意产业领域。

山东是我国制造业大省，其制造业层次较高，高新技术产业规模大，拥有诸多在国内国际上都具有较强影响力和较高知名度的龙头企业，带动了一批区域品牌的兴起。如济南长清机械、齐鲁软件园、青岛家电、即墨"中国针织名城"、德州的中国太阳城、武城汽车零部件、淄博陶瓷、烟

① 蔡灵、沈哲彦：《2012—2016 年广东省文化产业投资分析及前景预测报告》，中投顾问，2012 年 2 月修订。

台造船业、淄博周村区的中国纺织产业特色城（镇）、济宁梁山的中国专用车制造基地等，都是知名度较高的区域品牌。据统计，山东省胶南隐珠镇手推车产量占全国市场的70%；德州禹城功能糖年产量占全国市场的60%，滕州市滕王镇的玻璃钢制品年产量占全国的1/3；临沂兰山人造胶合板产业年产量1000万立方米，居全国第一。

近几年来，通过开展"好客山东"为引领的旅游目的地形象宣传和推动旅游大项目建设，山东省的旅游品牌影响力空前提升，旅游景区、旅游住宿等旅游产业核心要素得到较快发展，其打造的"好客山东"城市品牌已深入人心。2011年，山东省接待国内游客4.17亿人次，接待入境游客424.4万人次，同比分别增长19.2%和15.7%；实现旅游总收入3736.6亿元，同比增长22.1%，相当于GDP的8.2%，占服务业增加值的21.6%，对财税的贡献率达到8.1%。①

目前，在文化创意产业领域，山东已培育形成1个国家级文化产业示范园区，9个国家级文化产业示范基地，济南、青岛、烟台3个国家级动漫产业基地，省级文化产业基地近百个。潍坊市坊茨小镇规划面积不过1.4平方千米，2010年却吸引了好莱坞大片前来取景；坊子区废弃矿区的德日建筑，构成独具特色的小镇风光，这里已成为休闲观光的新去处和拍摄婚纱照的新外景地。2011年5月，济南经二路纬九路意匠老商埠9号创意区开业纳客，巧用历史资源嫁接创意产业，既能最大限度地保留城市发展的历史文脉，也培育了新的经济增长点；青岛采取"腾笼换鸟"的模式，发展文化创意产业，将原青岛刺绣厂、青岛医疗仪器厂等一批老企业改造建设为"创意100"产业园、中联创意广场、1919创意产业园等创意文化产业园区。2011年4月举行的法国戛纳电影节上，动漫《孔子》入选首届亚洲展映会"最佳作品"，成为中国动漫唯一获此殊荣的作品。②随着山东半岛蓝色经济区和高效生态经济区上升为国家战略，为文化产业发展提供了前所未有的机遇，发展海洋文化创意产业和文化旅游业潜力

---

① 山东旅游：《产业惠及民生品牌享誉海外》，《联合日报》2012年2月22日，http://lhrb. e23. cn/html/jinrb/20120222/jinrb15919. html。

② 山东：《文化产业主要集中在印刷等相关行业》，大众网—大众日报，http://www. keyin. cn/news/sczc/201109/06 - 567132. shtml。

很大。

尽管山东省已加快产业结构转型，但目前山东区域品牌仍以传统制造业为主，面临诸多发展瓶颈：区域品牌集中于制造环节，缺乏技术创新，产品附加值低；集群产业之间分工和协作水平低，仅实现"空间"上的集聚，企业交流合作少；区域内龙头企业遥遥领先，其他企业水平层次不齐，对区域品牌有一定的负面影响；区域内企业缺乏品牌意识，缺乏系统和长期的品牌战略；文化产业主要集中在文化设备制造、图书音像发行和印刷等相关行业，内容产业、新兴产业的发展水平明显滞后；文化产业还处在发展初期，文化企业的规模还不够大，实力还不够强，特别是缺乏"航母级"区域品牌等。

总之，从我国区域品牌的地区分布来看，区域品牌分布极不均衡，主要集中在长三角、珠三角、环渤海及京津唐地区，而华中、西北地区区域品牌与以上区域相比还存在极大差距。

从区域品牌产业分布来看，传统制造业区域品牌仍然是我国目前区域品牌的集中领域，并且占据了国内较大的市场份额；在文化产业领域，文化创意产业和旅游业区域品牌虽然处于发展的起步阶段，但发展势头强劲，已经形成了诸多具有影响力的区域品牌，成为带动文化产业发展的两大龙头产业，其他一些文化产业品牌如传媒品牌、服务品牌等也有了一定的知名度。

但是，我国区域品牌发展还存在品牌观念不够深入、产业结构不合理、区域品牌国际知名度低、区域品牌凝聚力不强等诸多问题，与全球主流国家和地区相比，区域品牌无论是在数量还是质量上，都有较大差距。这也说明我国区域品牌还有充足的发展空间。区域品牌利益相关者应从薄弱环节入手，优化结构，改进技术、理念，加强区域品牌宣传推广，打造强势的区域品牌，为增强区域竞争力、推动区域经济发展做出贡献。

（二）我国区域品牌传播现状

企业竞争力不单单取决于企业自身微观层面的因素，同时取决于企业所处产业环境、区域比较优势等中观层面的因素。与此相适应，在品牌方面，企业之间的品牌竞争也上升到更高一个层次的区域品牌之间的竞争。基于这种现实，一些地方政府和企业认识到发展区域品牌在推动区域产业发展、提高区域内企业产品竞争力方面的战略意义，并希望通过区域品牌来提升整体竞争力、发展经济。因此，区域品牌的传播推广也引起了相关企业和政府的高度重视。许多地方政府已经把发展区域品牌列入政府发展规划当中，并为区域品牌的创建与发展提供了大量的政策支持。在各个展会、路牌、电视电影、重大赛事、新闻报道以及其他渠道上，随时可见区域品牌的身影，一些区域品牌已成为老百姓耳熟能详的品牌，并建立起了一定的品牌选择和品牌忠诚，具有一定的品牌影响力。

品牌影响力主要表现在它的知名度、美誉度、品牌占有率、品牌满意度、品牌忠诚度等方面。高的区域品牌认知度和忠诚度可为区域品牌提供竞争优势，为区域品牌相关企业减少营销成本；同时，区域品牌认知度越高，其产品就拥有越高的价格优势；美誉度越高，区域品牌也更易进行品牌拓展。品牌影响力已成为左右消费者选择商品的重要因素。

从目前我国区域品牌传播的状况来看，在传播主体方面，政府制定宏观政策，决定区域品牌发展方向，是区域品牌传播的主导，企业组织发挥其积极主动性，与行业协会互相配合推进区域品牌的传播，知名人物与普通公众则起着促进作用；传播内容上，传播主体相应地发掘区域特色，整合区域资源，将区域品牌与区域特色资源相结合进行传播，形成了一批独具特色的区域品牌；传播渠道方面，充分运用各个渠道进行多元化传播已经成为必然趋势，区域品牌相关的广告、新闻、展会、重大赛事、政府外交、公益活动等传播方式的整合运用，是目前我国区域品牌进行传播活动的主要方式；在受众心目中形成良好的知名度、美誉度，建立品牌忠诚则是区域品牌传播的主要目的，随着区域品牌传播理念的深入发展，部分传播主体已经认识到构建区域品牌资产的重要性，因此形成区域品牌资产并对其进行提升和升级，成为区域品牌传播更进一步的目标。

但是从目前的总体情况来看，我国区域品牌的传播还存在很多问题。世界品牌实验室的调查数据显示，入选2011年《中国500最具价值品牌排行榜》的名单中，具有区域影响力的品牌只有17个，所占比例为3.40%；具有世界性影响力的品牌数为32个，占6.4%。以上数据说明，我国区域品牌的影响力不足，并且其主要目标市场仍在国内，国际影响力小。

对于任何一个品牌而言，要想增强品牌影响力，最重要的是两点：一要严把质量关，保证提供让消费者满意的产品；二是品牌传播，优秀的品牌传播能够将品牌产品、所属企业甚至区域、国家形象推广出去，形成良好的知名度和美誉度。

具体来讲，目前我国区域品牌传播还存在以下问题。

首先，传播不力，品牌形象缺失。一是没有传播出去，区域品牌名声小或是没有通过主动传播形成区域品牌应该有的影响力；二是没有找到良好的区域品牌传播路径或传播形象。受众对于大部分现有的区域品牌只有一个大致的概念，例如哪个地区特产是什么，哪个地区的某种产品非常有名，哪个地区的某种行业非常强势，等等，说明区域品牌的传播有一定作用，但是在区域品牌的具体功能、定位、品牌内涵等方面受众均缺乏清晰了解，在进行品牌选择时也更倾向于选择"大牌"，即国际名牌或区域内知名龙头企业的产品。长此以往，区域品牌将无法发挥其带动作用，区域内小企业也无法继续发展。

其次，区域内企业对区域品牌使用主体的认识不够，无法充分运用区域品牌的知名度来提升企业和区域竞争力。有不少企业对推广使用区域品牌比较迷惑，认识上还不到位，认为自己的产品大多是中间产品或贴牌产品，外向度较高，区域品牌的推广使用对企业的商业价值不明显，意义不大；部分龙头企业拥有自己的单体名牌，单体名牌的品牌效应强于区域品牌，担心推广使用区域品牌后会弱化单体名牌，对推广使用工作缺乏积极性；部分质量意识较强的企业担心由于区域品牌的使用不当，会导致行业整体质量形象的损坏，对推广使用区域品牌也心存顾虑。

再次，区域品牌推广使用扶持力度还有待进一步加强。我国区域品牌推广使用的政策激励措施不多，还未建立省市县共同出资的区域名牌推广使用专项扶持资金和相关组织。相关区域品牌的政策文件中规定了对持续推广运用区域名牌的奖励政策和优惠措施，但没有具体的量化内容和奖励额度，激励措施没有实效，相关部门仅负责各自职能，也没有形成质监、经贸、科技、环保、国（地）税等相关部门合力配合区域品牌推广发展的局面。

最后，区域品牌传播缺乏整合营销传播的策略与技巧。一般的区域品牌仅仅通过广告等传统的传播方式来进行传播，缺乏统一的形象识别与标识系统，也缺乏对各种传播手段的整合运用，特别是在新媒体深入人类生活的时代，这是远远不够的。区域品牌传播要适时进行事件策划，尽可能地整合媒体资源，同时创新传播手段和方式，如开展微博营销、公众号营销等，增加区域品牌的知名度。

二　我国区域品牌传播的一般模式

依据品牌传播理论，区域品牌的传播模式构成及我国的区域品牌传播的一般模式可归纳如下。

（一）我国区域品牌传播模式的构成

1. 区域品牌传播环境

任何区域品牌，从构建、培植到形成、传播、发展壮大，都是在一定的品牌环境中展开的。传播环境作为影响因素，贯穿在区域品牌传播的整个过程当中，影响着传播的各个要素、各个环节。

区域品牌传播环境可分为外部环境和内部环境。外部环境分析重点在于识别、评价、预测超出品牌掌控能力的外部环境分析发展趋势，提示外部环境中孕育的机会和威胁，以便区域品牌传播者利用机会、规避风险，降低外部变化对区域品牌产生的负面影响。外部环境的分析主要围绕政治环境、经济环境、社会文化环境、技术环境四大子环境展开的。

第一，外部宏观环境。

（1）政治环境。区域品牌传播受到政府管制的强大影响，且离不开法律的保护。因此，对政治环境的分析是区域品牌传播定位的前提。传播主体首先要对政府规章制度、优惠政策等方面进行了解，以便在政府政策指导下制定传播策略；还应了解相关法律，以法律为准绳和工具，规范传播行为，在区域品牌利益受到侵害时运用法律武器及时维护。

（2）经济环境。区域品牌会受到金融、产业、投资等多个因素的约束和影响。经济环境方面的关键分析要素有：经济发展的景气性、金融秩序的稳定性、投资结构的开放性、币值和汇率水平、产业政策的导向性、经营成本的可比性和消费收入的可支配性。

（3）社会文化环境。区域品牌传播还受到包括社会、人口、文化、环境等在内的社会文化环境的潜在的更为深远的影响。受众的基本价值观和文化观念、文化形态的多元化、生活方式的多样性、人口结构、社会保障水平、教育水平和环境保护意识等因素，决定了受众在区域品牌喜好、选择和忠诚度方面的差异，均可作为传播受众细分的要素。

（4）技术环境。区域品牌经营过程中，技术的创新性、设计的创新性、材料的创新性、工艺的创新性、技术协作的趋势、技术权属状况和技术保护水平是区域品牌成败的决定性条件，在区域品牌传播方面对于新的媒介技术的运用和及时的多渠道传播都是区域品牌制胜的关键。

第二，区域内部环境。

在区域品牌环境检测中，行业环境的分析一般是对行业基本面分析的基础上展开的，并据此评估区域品牌对于行业环境的敏感反应能力。行业环境分析的重点在于明晰行业发展的基本状态及其发展趋势，以便区域品牌能够始终满足不断变化的消费者的需求，降低由于行业性变革及其他环境变化带来的区域品牌经营风险。

（1）行业基本状况分析

行业的基本状况分析包括：市场体量与生命周期、稳定性与变化性、行业角色与政策、价值链构成与行业内竞争关系、行业形象与行业前景。

（2）消费者分析

区域品牌的消费者分析主要包括消费者群落分析、消费习惯分析、消费需求分析、消费分配分析、企业品牌备选分析、消费趋向分析、消费关注等几个方面。

（3）竞争环境分析

竞争环境分析主要包括竞争范围分析、竞争层次分析、竞争强度分析、竞争集中度分析、市场集中度分析、整合性竞争关系者分析，进退障碍分析、竞争趋向分析几个方面。

2. 区域品牌传播主体

从广义上讲，品牌传播的主体是品牌利益相关者，任何与品牌有一定利益关系的人都有一定程度的品牌传播力。在区域品牌传播的过程中，其主体主要有四个部分：政府组织，即区域内省市区县各级政府；企业组织，如区域内企业、产业集群、产品供应商和销售商；社会组织，如行业协会；个人，如区域内的知名人物（专家、学者、明星等）、区域品牌消费者、区域品牌享用者和利用者等。政府在区域品牌的发展中起着引导作用，企业是区域品牌的主要力量，行业协会是连接政府和企业的桥梁，规范着区域内企业的行为，全力配合和协助区域品牌的发展，个人则是区域品牌发展的助推器。

3. 区域品牌编码过程

所谓编码，就是把信息或消息转化为适宜传播且能让受众接纳和理解的各种符号（语言、文字、图像），对于传播者来说则是选择传播内容并将其符号化，形成独特的品牌标识、广告语等，以高度概括、简明扼要的方式准确传达品牌信息。区域品牌是该区域内所有企业的共有品牌，这就意味着传播主体要统一设计、使用区域品牌形象标识，统一品牌理念及品牌形象，区域内企业都拥有该标识、广告语、理念等的使用权，并对区域品牌形象塑造与传播肩负一定的责任。

传播主体在进行编码的过程中主要考虑政府规范制度、区域资源、受众需求及可流动外部要素，其中，区域资源包括区位特点、区域自然资源、区域历史文化，可流动的外部要素有资本、技术、人才、信息等。在进行编码前，首先应立足于本区域的区域要素，充分利用本区域的优势，选择适合该区域的传播要素整合方式。以此为基础，结合政府规范、区域资源以及受众需求来进行传播定位以及传播内容符号化过程。其中，政府在区域品牌形成和发展过程中起主导作用，政府根据本区域的区位环境以及社会、政治、经济因素而制定一系列区域品牌发展的规划与战略，引导区域品牌的发展，是区域品牌传播需要考虑的前提。企业组织需要以此为大方向，结合本区域的地理、历史、文化特征，给区域产品赋予区域特色、可供识别并且容易让消费者记忆的品牌符号与内涵，向目标受众传播。在整个编码过程中，还需考虑目标受众的需求，形成具有竞争优势的区域品牌形象。

编码过程中要确定区域品牌的传播战略，即区域品牌在传播方面的全局性和长远性的谋划。在这之前，传播主体首先要回答以下几个问题：

为什么创建区域品牌？消费者能从区域品牌中得到什么？

区域品牌代表怎样的价值观？

区域品牌是如何规划产品类别的？在市场上具体应实现哪些目标？

区域品牌的法定领域是什么？

区域品牌与竞争者的主要差异优势是什么？

哪些产品最能体现区域品牌的价值和目标？

区域品牌传播使用怎样的特色语言符号体系，表达怎样的一种风格？

目标受众是谁？区域品牌要设计怎样的消费者形象？

哪些传播工具能优化区域品牌形象？

以上问题涵盖了区域品牌的核心识别、延伸识别以及品牌定位、传播环境四个方面。对于以上问题的回答，构成了区域品牌传播战略的基础框架。

区域品牌的核心识别是区域品牌的根基所在。它回答区域品牌的价值观、品牌文化、经营理念是什么，该区域品牌较其他同类品牌相比有何核心优势等问题。核心识别是一个品牌永恒的精髓、本性，规定了品牌传播最基本的特性和姿态，代表了区域品牌的使命和价值主张。

但是仅靠品牌的核心识别无法让品牌识别充分发挥应有的功能，所以有必要借助品牌的延伸识别来丰富区域品牌的内涵。延伸识别包括区域品牌营销计划和品牌表现的细节要素，有助于传播主体判断哪些传播计划行之有效、哪些计划可能产生负面影响等，将品牌发展的方向具体化。通过区域品牌识别，能建立区域品牌定位的限度，规范表达的方式和表达它的个性和经久性。

区域品牌定位是区域品牌传播的基础，它规定着品牌的传播方向，也是联结品牌核心价值和传播工具的纽带。区域品牌拥有者通过定位反映其价值观和预示品牌发展的前景，又同时规定着区域品牌传播的主题和着力点。

区域品牌的传播建立在以上基础之上。只有明确了区域品牌的识别、定位和传播环境，才能根据区域品牌的优劣势，细分传播目标，针对不同人群采用不同传播策略，作出详细的传播战略设计。

区域品牌传播模式中的传播主体部分及其编码过程可如图3—6所示。

编码过程最重要的结果是将区域品牌传播内容符号化，形成受众易于理解、便于记忆的符号、口号，并且建立起该符号与品牌识别的紧密联系，以强化品牌印象，使受众看到某个品牌 logo 即能联想到该品牌的强势产品或服务。在此，可借鉴企业 CIS 系统以及由此发展而来的区域形象识别系统来进行区域品牌形象系统设计。根据企业 CIS 系统和区域形象系统，区域品牌形象系统由区域品牌理念识别系统、区域品牌行为识别系统

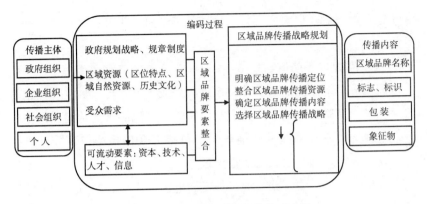

图3—2　区域品牌传播及其编码过程

和区域品牌视觉识别系统组成。其中，区域品牌的理念识别系统（Mind Identity，MI）指区域品牌所宣扬的独特的价值观、品牌理念、品牌文化、品牌口号等；区域品牌的行为识别系统（Behavior Identity，BI）是区域品牌理念的具体化，主要体现为区域品牌的各种活动，例如品牌广告、展销会、赛事赞助、慈善活动、新闻发布会等；区域品牌的视觉识别系统（Visual Identity，VI）是区域品牌最直观的部分，是传达区域品牌理念与精神的重要载体。VI的基本要素主要包括：标识与图标、标记、标志字、标志色、标志包装、象征图案、吉祥物等。标志、标准字、标准色三要素的创造最为艰巨，也最能体现设计能力，是整个VI系统的核心，同时，它也是区域品牌的地位、规模、力量、尊严、理念等内涵的集中表现，构成了区域品牌的第一特征及基本气质。区域品牌形象系统中，MI是灵魂和核心，向行为规范与视觉传达扩展，三者相互作用，密不可分，共同形成区域品牌形象的整体。

　　因此，在编码过程中，区域品牌形象系统设计可以作为区域品牌的一种重要的传播手段和传播战略，作为将区域品牌的传播内容符号化的一种基本方法。区域品牌的传播主体可以根据区域品牌产业的发展规划、品牌定位、产业历史、品牌精神文化等的梳理、提炼、创意，对区域品牌的传播理念、传播行为、视觉识别三个方面进行提炼、统一、整合，进而形成区域品牌独一无二的个性符号，例如专属的品牌名称、品牌标志、品牌标识语、广告语、品牌包装、象征物等，运用统一的整体传达系统（特别是视觉传达设计），传达给区域品牌相关者，并使其对区域品牌产生一致的认同感和价值观，以树立良好的区域品牌形象，提升品牌价值，增强品牌竞争力。

4. 区域品牌传播渠道

传播渠道是信息流通的载体，也称媒介或工具。传播推广的渠道与策略选择，对于品牌的传播效果具有重大影响。区域品牌的传播渠道主要是以整个社会传播系统为主的传播体系，包括大众传播渠道、公共传播渠道、商业传播渠道和社会交往传播渠道。

大众传播渠道，主要是指通过报纸、电视、广播、网络、杂志等媒介进行的传播。在大众传播媒体投放大量广告是目前区域品牌运用最为普遍、也最为频繁的传播方式。广告可以提升由品牌忠诚度、知名度、认可度和品牌联想所构成的品牌资产。此外，广告对于品牌个性的形成也发挥着至关重要的作用。利用大众传播媒体广告进行区域品牌的推广传播可以准确无误地刊登或安排播放时间，较容易地计算出它的出现率，并可全面控制品牌特征信息内容。大众媒体的特点又决定了它是每千人成本最低的传播推广工具之一，运用它来做程序性的、规律性的、经常性的信息传播很经济。

公共传播渠道，主要指包括产品新闻、大型活动、政府公共外交等公共性质的传播。涉及公共传播的传播主体主要是政府组织。要发展区域品牌，政府的支持与引导是必不可少的，在保证区域品牌产品质量和服务的前提下，政府可以通过一系列辅助的传播活动来增加区域品牌的知名度，提升区域品牌形象。例如，在新闻节目中播报区域产品新闻，引用区域品牌对经济发展做出贡献的数据，提出区域品牌发展的重要性，来引导受众支持区域品牌的发展；还可以举办一些大型的产品交流活动，通过直接的品牌体验和媒体的跟踪报道吸引投资者和消费者，提升知名度，或在一些区域内负责承办的大型赛事上，将特色的区域品牌产品定为指定专用品；区域品牌企业举办慈善活动、捐赠希望小学等也不失为形象传播的一种有效方式；此外，在与区域外政府的公共交往中，可以签订一些对区域品牌发展有利的合作项目，通过与国内外多个地方政府的合力推进，将区域品牌推广开来。

商业传播渠道，主要包括公关、会展、大型商场以及购物一条街等商业性质的传播。公关传播是以较低的成本通过公关活动引起新闻媒体和公众的关注,通过品牌推广使品牌与公众尤其是消费者相互沟通、相互了解来树立品牌良好形象的传播活动。现在企业越发认识到,公关传播不仅在应对品牌危机时显得格外重要,而且在日常营销活动中可以发挥巨大作用。公关传播包括新闻发布会、媒体采访、介绍性文章、新闻简报、照片、电影、磁带等所有非人际沟通方式以及年度报告、筹资、加入某团体、游说、特殊事件管理及公共事务等。区域品牌拥有者还可以利用各种短期性的刺激工具,以刺激消费者和贸易商较迅速、较大量地购买某一特定产品或服务,例如举办大型的会展活动,或在大型商场、购物一条街举办促销活动、投放创意广告来吸引更多的消费者注意到该品牌,进行品牌使用与体验,从而加深品牌记忆。但这种销售促进行为又有一系列不利之处,如品牌切换频繁、消费者对产品质量感觉下降、对价格敏感性增加、对品牌忠诚度不够等。

社会交往传播,主要包括非正式团体交往、旅游、集会、社区交往、网络论坛、个人交流等传播方式。口碑传播和品牌社区传播在社会交往传播中较为常见。人们在与他人的非正式交往过程中,基于对某种产品的喜好发表各自的见解,交流使用心得,从而引起其对品牌选择、使用感受的共鸣,继而加深各自的品牌记忆。通过口口相传,品牌的知名度和美誉度会大大提高。在社会交往传播中,核心消费者充当舆论领袖起到的作用不容小视。核心消费者可以让自己喜爱的品牌受到众多社区成员的追捧,同样,假使多个核心消费者对于某品牌产品不满,那么该品牌的美誉度和信任度在整个社区内将会大大下降,给品牌带来的损失是致命的。关于品牌社区和核心消费者在传播受众一节仍会提到,在此不作赘述。

从传播功能方面来看,不同的传播渠道各有所长,又有着各自的缺点。传播主体要对不同的传播渠道进行综合比较,选择合适的媒体进行传播;此外,对于传播渠道的运用不是孤立的,传播主体要根据具体的情况,针对各个细分目标受众,运用多种渠道结合的方式进行传播。

5. 区域品牌传播受众与解码过程

可以说,一切与区域品牌有关的利益相关者,都是区域品牌的目标受众。具体说来,区域品牌传播的受众主要有:政府机构,包括区域内上级政府、区域外政府、外国政府;区域品牌经营者和消费者,如投资者、代理商、内部员工、品牌使用者、旅游者、潜在顾客等;社会组织,如高校、科研机构、非政府组织、社会团体、国际组织；经济类组织例如行业协会；社会公众，包括广大普通社会公众以及特殊公众（知名专家、学者、明星）等。

受众在接收到传播主体传递的信息后，会对区域品牌产生一定的认识，这个过程就是解码。受众解码同样会受到很多因素的影响。受众的受教育水平决定了他们在品牌传达意义理解方面的差异，当地的生活风俗、文化习惯影响着他们对品牌传递信息的喜好，而区域富裕程度、社会保障水平在一定程度上决定了其品牌档次的选择，受众的基本价值观、消费观念的不同会影响其对品牌观念、品牌文化价值观的接受与否。除社会文化方面的影响外，解码过程还会受到其他因素的干扰。例如，区域品牌自身定位不明晰，对于品牌的符号化不到位，宣传广告用语让受众难以理解或无法引起受众兴趣，编码不成功造成解码失败；区域品牌竞争对手采用更加巧妙的传播策略，使本品牌的消费者相信竞争对手的产品"略高一筹"，继而纷纷转向竞争对手，成为竞争对手的品牌消费者；当区域品牌出现危机时，如产品质量问题、行业内部丑闻，传播主体没有采取有效措施进行危机传播化解危机，受众会质疑品牌的质量、信誉等，从而质疑区域品牌传递的品牌信息，认为其"广告都是虚假的"；区域品牌的代言人出现与区域品牌无关的个人危机时，同样也会影响到区域品牌的美誉度，受众会将区域品牌形象与这些危机与代言人联系在一起，从而不愿选择该代言人代言的所有产品，等等。

当然，区域品牌的受众并不是仅仅接受传播主体一方所传递的信息，在确定其产品需求后，受众也会主动从左邻右舍、亲朋好友、互联网或其他渠道主动获取区域品牌信息，从而作出品牌选择。此时，受众的决定基于其他消费者的品牌经验，传播主体所传达的信息对其没有太大的影响。

此外，区域品牌的传播受众身份不是固定的，他们除接收信息之外，也会作为品牌信息的传播者进行区域品牌传播活动。他们基于品牌爱好形成了不受地域限制的特殊团体——品牌社区。一切与品牌有关的利益相关者（如员工、消费者、投资者、供货商、代理商、普通公众，政府一般不会参与到品牌社区当中）都可以是品牌社区的内部成员。品牌社区以消费者对品牌的情感为联系纽带。在品牌社区内，消费者基于对某一品牌的特殊感情，认为该品牌所宣扬的价值观念、消费观念、品牌文化与个人倡导的价值观、消费观、品牌喜好相契合，从而产生心理上的共鸣。① 在品牌社区内，消费者会相互交流其对品牌的体验，推荐个人喜欢的各种产品，如果其他成员看到某品牌被推荐的频率很高，或某消费者所写的品牌体验非常"诱人"，则他们也会去追捧这个品牌，体验过后再发表使用心得来供其他成员借鉴。当然，如果该社区内大多数人对某品牌不满意，那么能看到该社区信息的人几乎都不会选择该品牌。这就是品牌社区的力量（见图3—3）。

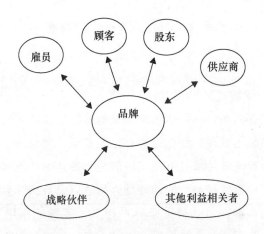

图 3—3　品牌社区利益相关者关系模型
资料来源：Upshaw & Taylor（2001）。

在品牌社区内，某些论坛资格较老、拥有某类产品的相关专业知识、对该产品各种品牌有深入了解和体验且经常发帖并具有一定舆论影响力的人，在品牌扩散中往往起着舆论领袖作用，是品牌的核心消费者（见图3—4）。他们往往作为品牌的传播者，影响着其他人的品牌选择，成就某个品牌的知名度和美誉度。研究发现，核心顾客的重复购买和在社区中的影响是企业利润的主要来源。因此，区域品牌在争取新顾客的同时，还必须注意提高核心顾客的满意度和忠诚度。

---

① Muniz Jr Albert M，OG'uinn Thomas C. Brand Community［J］. *Journal of Consumer Research.* 2001，27（4）：412 – 433.

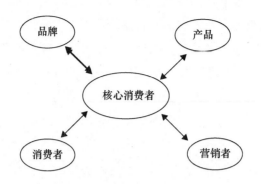

图 3—4 品牌社区核心消费者模型

资料来源：Mc Alexander 等（2002）。

6. 区域品牌传播效果

随着生活节奏的加快和传达品牌形象的各种媒体形式的激增，受众对于区域品牌的接触正呈现碎片化趋势，也就是说，受众对于一个区域品牌形象的认知，很难通过传播者有意识地向受众传达的计划内信息进行全面了解，那些超出传播者控制范围的计划外信息以及与品牌形象直接相关的产品和服务信息，都会以这样或那样的形式，零散地作用于消费者的意识，对消费者的品牌认知产生影响。因此，区域品牌还需要进行传播效果评估，来验证区域品牌传播是否达到目的。

现代品牌理论特别重视和强调品牌是一个以消费者为中心的概念，一个品牌如果没有给消费者带来功能和情感上的利益，品牌就没有价值可言。最有代表性的是凯文·凯勒（1998）提出的基于消费者的"品牌资产"概念（Customer based Brand Equity），即主要从消费者对品牌的反应去衡量品牌的价值。Aaker 在综合前人的基础上提炼出品牌资产的"五星"概念模型，即认为品牌资产是由品牌知名度、品牌形象、品牌的感知质量、品牌忠诚度及其他品牌专有资产五部分所组成。

区域品牌传播的目标，就是区域品牌传播寻求什么样的反应。最终的反应是购买，长期的效果是品牌忠诚。在实施区域品牌传播活动之后，传播主体需要衡量传播活动对目标受众产生的影响，包括受众对于传播主体所传播的信息是否注意到，接受了哪些，记住了多少，在众多的品牌标识中是否能识别出该品牌，看到该品牌符号时会唤起哪些记忆，是否认同品牌文化，更重要的是，其消费行为有何变化。

品牌传播的反应包括品牌知晓、品牌态度、品牌接受、品牌偏好、品牌试用、重复购买、品牌满意、品牌忠诚。[①] 品牌传播的反映从区域传播过程来看就是传播效果。传播主体根据传播效果的测定来判断传播目标是否达成，以及在后期的传播活动中应该做哪些改进。

目前对于品牌资产价值的评估基本上是分别侧重于以下三种要素展开的：财务要素（成本、溢价、现金流量）、市场要素（市场表现、市场业绩、竞争力、股市）和消费者要素（态度、行为、信仰；认知、认同、购买意愿）。而本研究中基于消费者的区域品牌资产评估则主要通过第二章所构建的指标来衡量。

除品牌资产外，区域品牌传播效果的另一个指标是区域品牌形象。在现有品牌形象模型中，Alexander L. Biel（1993）的模型简单、直观，全面地包括了品牌形象的构成要素，最具有效性。贝尔的区域品牌形象评估模型结构如图 3—5 所示，从图中可以看到，品牌形象包括企业形象、消费者形象和产品（服务）形象三个方面，而消费者对品牌相关特性的联想是品牌形象的来源。这些联想可以分为硬性和软性两种因素。硬性因素是指品牌所包含子形象的外观因素或功能性因素。消费者对品牌硬性因素的认知，特别是对功能性因素的认知一旦建立往往很难改变。因此，一个品牌一旦占有了某一功能性因素就可以在市场上获得某种垄断优势，有效防止其他品牌的进入，也就是说，硬性因素具有一定的排他特性。随着产品多样化的不断发展，硬性因素已经无法造成品牌的绝对差异，而以情感利益为基础的软性因素开始发挥越来越重要的作用。企业形象是消费者对企业信息和使用企业产品的经验综合，是品牌形象的重要组成部分；消费者形象是指品牌消费者的人口统计特征，这是"硬性"方面的特征。另外还包括消费者的个性、价值观和生活形态等软性方面的特征；产品（服务）形象是与产品（服务）本身功能或所带来的利益特征相对应的品牌特性。这三个不同的子系统对品牌形象的贡献依据不同的产品或品牌会有所不同。优秀的企业形象有利于促进产品（服务）形象的提升，吸引优质消费者，从而提高消费者形象，三者相辅相成，共同组成了品牌形

---

① 余明阳、朱纪达、肖俊菘：《品牌传播学》，上海交通大学出版社 2005 年版，第 275 页。

象。而当品牌名称和企业名称或产品名称相同时，两者之间的相互作用更为明显和重要。

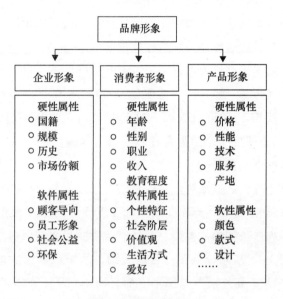

图3—5 贝尔模型

资料来源：江明华：《品牌形象模型的比较研究》，《北京大学学报》2003年第2期。

根据以上叙述，我们可以将传播受众的解码过程，以及区域品牌传播效果评估如图3—6所示。

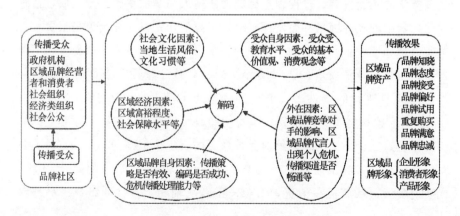

图3—6 区域品牌传播受众、解码过程及传播效果

7. 区域品牌传播反馈

传播是传播者与受传者之间相互交流、沟通信息的双向互动过程，反馈是传播过程必不可少的要素。区域品牌传播的反馈主要来自品牌传播的最终效果、传播受众和传播渠道这三个方面，通过反馈的过程，区域品牌的传播者能够改变传播过程当中的不足，进行品牌传播的自我修复。另外，不论是客观因素还是主观因素，区域品牌传播尽管更多的是政府在传播战略下主导的一种区域传播行为，但是因为其处于社会传播系统之中，因此，总会受到各种各样不利信息的干扰和影响，特别是区域品牌形象遭受严重危机的时期，此时，接受反馈的政府就要及时制定"区域品牌危机传播措施"，通过一系列的危机传播化解危机，重新挽回区域在受众心目当中的形象。出于以上的考虑，我们认为区域品牌传播过程当中的反馈既是一种信息反馈，又是区域品牌传播自我修复的一种表现。

根据以上对区域品牌传播中各个要素的分析，我们将区域品牌传播的一般模式具体化，得到图3—7，作为分析区域品牌传播模式的具体图解。

（二）区域品牌传播一般模式的典型案例分析——以温州鞋业为例

温州区域品牌的案例非常典型。从最初的"假冒伪劣"产地，到如今的"温州制造"强势区域品牌，温州的区域品牌传播经历了一个漫长的过程。

改革开放初期，温州人发扬了敢为人先的精神，开始第一次创业历程。在这个初期的品牌建设过程中，中小私营企业逐渐形成同一产业区域上的集聚，为之后的产业集群和区域品牌建设创造了初步基础。由于处于买方优势，加上资金短缺、设备和技术落后、人才短缺等问题，部分私营企业只顾眼前利益，转而走上制售假冒伪劣产品的弯路，以至于20世纪80年代中后期，很多消费者将"温州货"与"假货""劣质货"画上了等号，量大面广的区域产品质量问题严重困扰温州发展。

为重塑温州形象，温州市委、市政府于1993年在全国率先实施"质量立市"战略，大力推进质量与品牌建设，1996年又提出了"质量立市、名牌兴业"的工作方针。2004年初，中共温州市委九届三次全会提出要打造"品牌温州"，全力打造产业品牌、城市形象品牌、政府服务品牌和温州人品牌。2008年，市政府出台了《关于深化名牌发展战略加快创建

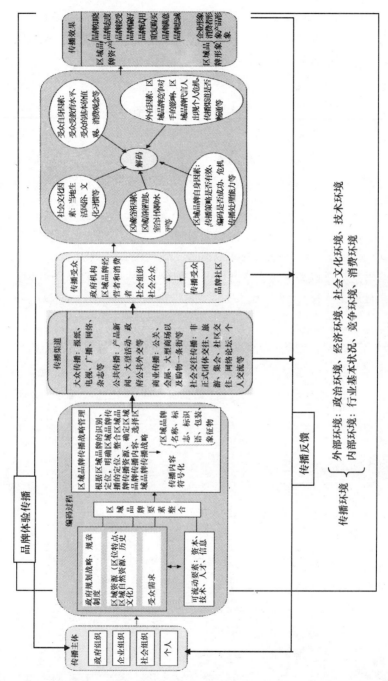

图3—7 区域品牌传播的一般模式

区域品牌》的文件，大力发展品牌经济，引导创建区域品牌，促进产业结构调整。后来的市委九届十五次全会又提出由政府组织引导，以民营企业为主体，推进全面提升温州区域品牌形象的发展策略。经过16年的不懈努力，温州区域品牌质量建设得到了充分肯定，"温州制造"深入人心。据统计，目前，温州市拥有中国名牌产品38个，中国驰名商标165枚（其中行政认定17枚、司法认定148枚），国家免检产品157个，中国出口名牌6个。温州市先后荣获2001年、2003年、2006年"全国质量兴市工作先进市县"称号，2005年被评为"中国品牌经济城市"，2008年名列"中国十大品牌之都"。① 2009年3月，"温州（国际）鞋都"成为温州市首个"浙江区域名牌"。

众所周知，如今已是新媒体深入社会生活的时代，"酒香不怕巷子深"的传统观念早已不适合区域品牌的发展。要想获得良好的品牌形象，仅仅靠生产高质量的产品是远远不够的，如何运用巧妙的传播策略让区域品牌深入人心，才是提升区域品牌知名度的根本方法。温州鞋业的品牌建设亦是如此，在提升产品质量的同时，在区域品牌传播方面也必然下足了功夫，并形成了独特的温州鞋业区域品牌传播策略。

1. 企业抱团发展，摆脱单打独斗的发展困境

早在2003年，部分温州鞋企老总们已经察觉到，用零散方式出击国际市场困难重重。因此，温州13家企业当年联手在德国注册了一个属于13家企业共有的全新商标，统一装修、统一价格，进军国际高端鞋类市场，集体参与市场竞争。当前，企业进行集体注册商标进行品牌发展的模式已成为温州鞋业的一大特征。

2. 区域品牌企业在致力共同发展的基础上寻求各自的发展策略

在温州鞋业这个大品牌之下进行共同发展的同时，区域品牌内企业还在寻求着各自的发展之路。例如，"康奈"坚持"以质取胜"策略，与世界权威鞋业研究组织 SATRA 深度合作，依托多国设计师组成的研发团队及10多项业界领先的核心技术，打造多个高档鞋系列，并且在专卖与商

---

① 温州市委、市政府：《温州实施"质量立市、名牌兴业"持续创新的发展路子》，浙江在线新闻网站，2009年7月16日，http://zjnews.zjol.com.cn/05zjnews/system/2009/07/16/0156759 30. shtml。

场实施不同的品牌策略，将二者的产品、价格、包装以及促销策略区分开来做；皇家鞋业有限公司主要发展各地代理商，在 40 多个城市的 70 多个商场"站稳脚跟"；奥康充分发挥集团旗下奥康、康龙、美丽佳人、红火鸟、万利威德等多品牌优势，针对不同档次的商场，分别进驻不同的品牌，做到品牌、产品与商场档次相吻合。

3. 针对频繁的国际贸易壁垒，积极与国外知名鞋企合作

2010 年 5 月 18 日，"奥康"收购意大利知名品牌万利威德在大中华区的所有权。同年 6 月，温州 30 多家皮鞋服装企业将前往意大利，与"范思哲""阿玛尼"等世界一线品牌洽谈合作事宜，寻求收购或注资入股这些"老字号"品牌。收购、并购或者入股这些一线品牌，可以大大提升温州鞋的竞争力，有助于打破国外限制中国皮鞋进口的贸易壁垒，加快温州皮鞋业的转型升级和出口。

4. 注重满足顾客需求，适时调整销售方式

温州鞋业在俄罗斯的营销案例颇具代表性。随着后金融危机时代的到来，俄罗斯人在鞋服的消费观念上也明显发生了转变。在收入减少的情况下，又想保持原有的生活质量，故"花最少的钱买最好的东西"成为他们的目的。针对这一现象，在俄罗斯市场的一些温州鞋企也开始作出相应调整：增加鞋子的多用途性、增加流行元素、增加鞋子的耐用性、增加款式与货号的变化。除了鞋子本身的调整以外，在俄的销售方式也作出改变：改变走量盈利的想法，开发适时的应季产品；参加俄罗斯和国内的展会，主动争取在俄罗斯的大卖场设专柜，向俄罗斯大型超市营销；在俄罗斯各大城市逐步建立自己的销售网络，减少中间环节，降低销售成本；有条件的厂家在俄罗斯成立贸易公司，走完全正规的经营之路等。

5. 借助新媒体，利用微博、网购等新的营销手段发展品牌

新媒体在品牌传播方面拥有巨大优势，微博营销已成为品牌营销的新模式。温州鞋业也开始借力"微"营销，来进行区域品牌的传播发展。例如，运动品牌"喜得龙"利用其明星代言人（李炜、刘心、武艺、艾梦萌、阳蕾），从代言人粉丝入手，开展微博互动活动，不断会集人气，并借助微博举行"群星闪耀，惊喜一夏——喜得龙 2011 首届微博有奖互动活动"来提升知名度。"奥康"利用"微电影"，由"电视月佬"孟非、浙江卫视当红女主播伊一等领衔主演，进行品牌营销，微电影中诠释

"享受这路上的一切"的理念，来宣扬"奥康""一路我享"的品牌精神主张。2012 年，许多鞋企开始加大对网店营销的投入，将发展电子商务作为营销的最重要的平台之一，促进鞋企 B2C（"商对客"，即鞋企直接面向消费者销售产品和服务）整体水平。

6. 行业协会发挥重要作用

目前，温州鞋业协会共有 26 个分会，会员企业达到 1000 多家。在温州鞋业区域品牌传播的过程中，行业协会功不可没。温州鞋业协会大力宣传温州鞋业质量整顿的成果，展示优质皮鞋；积极帮助企业争取优惠政策维护会员单位的合法权益；协会还积极引进先进技术；积极组织制鞋企业到美国、意大利等国考察参赞，或邀请制鞋和鞋机的中外知名专家到温州交流和指导；为提高企业的设计能力，协会与国家制鞋研究所、北京皮革学校联合举办培训班，推动温州鞋革产品更新换代和提高档次。①

根据以上对温州鞋业区域品牌传播的分析，结合区域品牌传播的一般

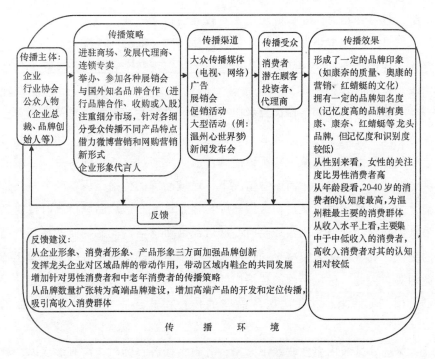

图 3—8　温州鞋业品牌传播过程

① 林升栋：《区域产业品牌案例研究》，厦门大学出版社 2011 年版，第 100 页。

模式，温州鞋业品牌的传播过程如图 3—8 所示。

可见，温州鞋业传播模式符合区域品牌传播的一般过程。由此可以直观地看出温州鞋业区域品牌传播的整体状况。

（三）我国区域品牌传播一般模式的优势与不足

区域品牌传播一般模式是目前我国区域品牌传播过程中最为普遍、最为广泛的传播模式。实际上，任何区域品牌的传播都涵盖一般模式的五个要素，因此，区域品牌传播的一般模式可以看作区域品牌传播的基本模式。

一般模式是一个直线过程模式，从图 3—8 可以直观地看出区域品牌的一般传播过程，了解区域品牌传播各个要素以及各要素之间的关系，找出区域品牌传播在某个环节的不足之处并及时加以修正。因为一般模式传播的发展已经相对成熟，运用也较为频繁，因此传播主体运用区域品牌传播一般模式进行传播有诸多成功的经验可以去模仿、借鉴，可以避免少走弯路，是一种相对保守、成功率相对较高的传播模式。

但是，任何事物都不是万能的，区域品牌传播的一般模式也存在不足之处。我们认为，区域品牌的传播需要经过以下几个环节：区域品牌传播主体对传播内容进行编码—区域品牌信息暴露于受众面前—引起受众注意—受众对区域品牌传播内容解码后获取的意义与传播者想要传达的意义保持一致—受众解码后对区域品牌信息形成记忆—受众在购买相关产品时会唤起记忆并在其影响下购买该品牌产品。在经过这五个环节后，区域品牌传播才能产生效力。而通常情况下，区域品牌的传播经历各环节时其传播效力都有所减弱，从最初区域品牌传播主体发布区域品牌信息时接收到信息的受众，到最终购买产品时受区域品牌传播活动的影响而选择其产品的受众，其数量是大幅减少的，品牌传播中所说的广告费有一半浪费正与此相关。因此，区域品牌的传播需要把握好每一个环节，尽量使传播效果最大化。具体来说，我国区域品牌的传播模式还存在以下几个方面的问题。

第一，区域内企业联系不紧密，各自传播各自为战，没有形成以区域品牌为主体的整体传播。因此区域品牌给受众留下的印象比较浅，多停留在一个大的概念下，对于区域品牌具体情况并不了解，受众在进行品牌选择时仍然只是选择龙头品牌。

第二，区域品牌传播侧重借助传播渠道传达信息，与受众的直接传播和互动少。这种情形下，处于"信息爆炸"中的受众对于展现在其面前的诸多信息是难以形成记忆的，因此传播效果非常有限，在很多情况下，受众只是因为促销价格便宜而选择了某些品牌，并没有建立起品牌忠诚。

第三，除微博、网络论坛、在线交流外，其他渠道传递信息的有效反馈少，直接导致区域品牌传播主体获取反馈的难度较大，从而也难以根据反馈情况有针对性地调整其传播策略。

三　我国区域品牌传播的现代模式

（一）区域品牌体验传播模式

1. 体验型区域品牌及其传播活动

从区域品牌使用的角度来讲，区域品牌产品如宣州纸张、景德镇瓷器、西湖龙井茶叶、晋江鞋业、中关村电脑等，经过一定的传播宣传，可吸引受众直接购买，并获得一定的使用感受，受众的品牌感受是基于产品实物使用的基础上的。但是城市品牌、旅游品牌、服务品牌、国家品牌这类区域品牌，如"好客山东"、"诗画江南、山水浙江"等，具有自身的特殊性，这类区域品牌并不仅仅是产品实物，而是基于区域内良好的基础设施建设的硬件基础上，结合区域自然风光、民俗风情、历史文化底蕴、市民素质、服务体系等软资源构成的品牌综合体，在经过广告、宣传片的传播之后，受众心目中只能留下大致的好感，至于真正的品牌感受，需要受众亲自前往目的地体验后才能获得。此外，与产品实物的体验不同，这类区域品牌的体验不是购买某个产品使用后的感受，而是亲自到某个国家、城市或旅游景点，参与到当地的生活中，切身体会其自然风光、民俗风情，感受其深刻的历史文化底蕴，等等，而后获得对某个区域的印象，其传播过程着重受众的参与性与情感诉求，在观赏游玩的过程中留下深刻的品牌记忆。通常情况下这种品牌记忆掺杂了受众个人的情感体会，有一定的情感依托，由此建立起的品牌忠诚也相对牢固。我们根据这类区域品牌需要切身体验的共同特性，将其称为体验型区域品牌。体验型品牌强调的是消费者在消费品牌时所有的感觉和个性化的东西，不仅是消费商品和品牌本身，而且包括消费时的心情、美感、希望、气氛和情调。① 因此，体验型区域品牌可以是一种产品、一个景点，也可以是一种环境、一种氛围，或是二者的综合体。体验型区域品牌的传播过程较长，传播模式也有别于一般的区域品牌。

2. 体验型区域品牌传播的两个阶段

一般区域品牌（尤其是区域产业产品）的传播会经过以下几个环节：传播主体结合区位资源确定传播内容并对传播内容进行编码——选择区域品牌传播渠道，让区域品牌信息暴露于受众面前—引起受众注意—受众对区域品牌传播内容解码后获取意义（理想状态是与传播者想要传达的意义保持一致）—受众解码后对区域品牌信息形成记忆—受众在购买相关产品时会唤起记忆并在其影响下购买该品牌产品—受众使用该产品后的感受（品牌忠诚）。一般区域品牌在完成这个过程之后，在最终成为该区域品牌的忠诚消费者，受众最初接触区域品牌信息越多，就意味着这个区域品牌的传播活动越成功。然而，体验型区域品牌在经历这一阶段的传播后，所达到的理想效果是受众受到吸引而选择在该城市该地区观光旅游，但是他们的传播活动并没有结束，也就是说，一般传播过程的目标以及所能达到的效果仅仅是吸引受众亲身体会这类区域品牌，这个过程只完成了其传播活动的前期过程，即吸引受众并形成品牌记忆进而进行品牌选择；受众真正到某城市某区域或某个旅游景点去切身感受，才是这类区域品牌传播活动的核心内容。

因此，城市品牌、旅游品牌、服务品牌、国家品牌这类体验型区域品牌的传播需要经历两个阶段。第一个阶段，是区域品牌传播的一般过程，这个阶段的目标，就是通过宣传造势，给受众营造良好的品牌形象，吸引其来到该区域；第二个阶段，则是区域品牌体验的过程，即受众受到吸引到达该区域后，传播主体对其进行的二次传播活动，二次传播效果的好坏，直接决定着该区域品牌传播效果的成功与否。可以说，第一个阶段的传播活动是第二个阶段的前提，第二个阶段的传播活动则是第一阶段的补充与强化，是区域品牌的决定性阶段。如果第二个阶段的传播不成功，那么第一个阶段的传播也会前功尽弃。

---

① 于敬睿：《基于体验营销的品牌模式研究》，硕士学位论文，天津科技大学，2009 年。

与此相对应，体验型区域品牌的传播模式可分为两个层次：第一个层次，是区域品牌传播一般模式，所要达到的传播效果是形成品牌记忆，促使受众进行品牌选择；第二个层次，则是受众到达该区域之后传播主体所进行的传播过程模式，这是体验型区域品牌传播的核心阶段，也可称为区域品牌体验传播模式，体验传播是传播主体与传播受众二者之间的直接传播活动，其传播效果决定了体验型区域品牌整个传播活动的有效性。

3. 体验营销及其区域品牌传播特点

体验指的是消费者在消费过程中产生的特殊经历和感受。在消费需求日趋差异化、个性化、多样化的今天，消费者已经不仅仅关注产品本身所带来的"机能价值"，更重要的是在产品消费过程中获得"体验感觉"，体验营销随之兴起。所谓体验营销，是指企业从客户需求出发，以产品为道具，以服务为舞台，以满足消费者的心理与精神需求为出发点，通过对事件、情景的安排以及特定体验过程的设计，通过看（See）、听（Hear）、用（Use）、参与（Participate）的手段，充分刺激和调动消费者的感官（Sense）、情感（Feel）、思考（Think）、行动（Act）、关联（Relate）等感性因素和理性因素，让客户在体验中产生美妙而深刻的印象或体验，获得最大程度上的精神满足的过程。体验营销并非仅仅局限于品牌传播的某个环节，也并非单独存在，而是贯穿于品牌传播的全过程。

由于体验的复杂化和多样化，伯恩德·H. 施密特在《体验式营销》一书中将不同的体验形式称为战略体验模块，并将其分为五种类型。一是知觉体验，即感官体验，将视觉、听觉、触觉、味觉与嗅觉等知觉器官应用在体验营销上。感官体验可区分为公司与产品（识别）、引发消费者购买动机和增加产品的附加价值等。二是思维体验，即以创意的方式引起消费者的惊奇、兴趣、对问题进行集中或分散的思考，为消费者创造认知和解决问题的体验。三是行为体验，指通过增加消费者的身体体验，指出他们做事的替代方法、替代的生活形态与互动，丰富消费者的生活，从而使消费者被激发或自发地改变生活形态。四是情感体验，即体现消费者内在的感情与情绪，使消费者在消费中感受到各种情感，如亲情、友情和爱情等。五是相关体验，即以通过实践自我改进的个人渴望，使别人对自己产生好感。它使消费者和一个较广泛的社会系统产生关联，从而建立对某种品牌的偏好。

通常情况下，区域品牌受众会根据广告宣传、品牌所宣扬的价值观、品牌理念以及其他消费者使用后的感受等来选择某个品牌，并由此而形成对该品牌体验感受的期望值；在实际使用该品牌产品或服务之后，受众就会根据自身的体验而形成实际感受。如果实际体验与预期相符，那么证明受众对该品牌的体验过程是满意的。因此，对体验型区域品牌来说，受众预期的体验与实际体验的差值就形成了受众品牌使用的满意度。受众满意度在体验型区域品牌的传播中起着重要的作用，它直接影响着旅游决策、当地消费和回游意愿（Kozak & Rmmington，2000；转引自 Yoon & Uysal，2005）。体验型区域品牌具有其特殊性：第一，体验消费不同于其他消费，需要考虑更多的必要条件如经济预算和闲暇时间；第二，体验者渴望新鲜感，再次体验时可能会倾向于新的品牌，也就是说，一次满意的体验不一定能保证受众进行二次体验，但很可能获得良好的口碑效应，将品牌好感推荐给他人。因此，受众满意度、推荐度、回游度是衡量区域品牌体验传播效果的三个指标。

4. 区域品牌体验传播模式——以"杭州——东方休闲之都"为例

将体验营销这一理念运用到区域品牌活动中，相对应的区域品牌传播模式可称为区域品牌体验传播模式。区域品牌体验是区域品牌与消费者之间的互动行为过程，是通过令人耳目一新的品牌标识、鲜明的品牌个性、丰富的品牌联想、充满激情的品牌活动来让顾客参与其中，并体验到"快乐""时尚""休闲"等主观感受，在区域品牌体验过程中，消费者对品牌的热情、信任等情感，大量地由体验中产生，从而与品牌建立起强有力的关系，达到高度的品牌忠诚。以"杭州——东方休闲之都"区域品牌传播为例，可以展现区域品牌的体验传播模式。

杭州城市品牌在第一阶段进行了大量的传播活动，运用了多种传播方式，例如，运用传统媒体广告进行宣传，通过央视海外频道、央视国际频道、BBC、CNN 等具有国际影响力的媒体来提升杭州的国际知名度；在国家地理频道、凤凰卫视等媒体上做城市形象宣传，等等，助力杭州精准化的城市品牌传播。

体验传播作为杭州城市品牌传播的第二阶段，是杭州展现其城市魅力，为大众直观展示杭州的良好契机。在大众的直观体验下，会产生"一传十、十传百"的口碑效应。特别是在杭州城市品牌形象与受众互动沟通过程中，使受众对此城市产生从了解到认知、从认知到产生偏好的积极效应，最终达到城市品牌效果的累积。根据伯恩德·H. 施密特对于体验传播的五个分类，对于杭州城市品牌传播分析如下。

（1）感官体验

第一，在城市建设方面，"保老城、建新城"，重推休闲基地建设。在主城区，通过三大综合保护工程、中山路改造、系统整治2900多条小街小巷、保护杭州50年以上的老建筑等工作，增加了杭州城市的中国传统文化元素，让杭州城市形象从视觉方面就能得到直观体现；在市域范围内，新一轮"休闲之都建设工程"和休闲基地建设，整合、包装并重点推出20个风格迥异的休闲基地，满足不同消费者的需求，突出"休闲"主题，让受众从城市建设中直观地体验到休闲、舒适的感受。

第二，在城市形象视觉设计（VI）方面。设计具有特色的城市标志，以强化杭州的视觉记忆。杭州城标由"杭"的篆书演变而来，以绿色、黑色为主色调，将航船、城郭、建筑、园林、拱桥等诸多要素融入其中，巧妙地表达了它们与水的亲近感。整个标识将抽象与现实结合，具有象形表意、艺术感、美感的特点。人们看到其城市标志，会唤起对杭州城市特色的联想——江南水乡、园林拱桥，古朴又不失现代。

第三，杭州历史悠久、文化灿烂，有8000年的文明史、2200多年的建城史，因此也留下了诸多文物古迹，如岳飞墓、六和塔、飞来峰石刻造像、白塔、胡庆余堂、良渚文化、吴越文化和南宋文化遗址。世界上最长的人工运河——京杭大运河和以大涌潮闻名的钱塘江穿城而过。2011年6月24日，杭州西湖正式列入《世界遗产名录》，是目前中国列入《世界遗产名录》的世界遗产中唯一一处湖泊类文化遗产。杭州区位优越、交通便捷，是长江三角洲中心城市之一，自古以来就有着"人间天堂"的美誉。杭州人崇尚休闲，追求休闲，并用它独有的方式诠释着休闲。游客在杭州可以看到其优美的自然环境、绵长的历史文化以及休闲的都市生活，在感官体验的同时放松身心，愉悦心情。

无论从城市建设、历史文化古迹、自然风光、人文风情，杭州都会给游客带来独特的感官体验。

（2）思维体验

"江南忆，最忆是杭州。山寺月中寻桂子，郡亭枕上看潮头。何日更重游？"当游客在钱塘江、灵隐寺等名胜古迹畅游的时候，很容易唤醒记忆中这些美丽的诗句，想象几千年来此地的繁华景象以及休闲的生活方式。杭州还举办多个大型节事活动来推行整个城市的休闲理念。如杭州第一届休博会主题"休闲——改变人类生活"，以及即将举行的第二届休博会主题"休闲——提升生活品质"，都将休闲的思想融入人们的生活方式以提高人民生活质量，潜移默化地影响游客对生活的态度。在休博园举行的第二届世界休闲博览会设置了会议论坛系列，比如第五届亚洲素食大会，通过首届中国素食文化节、亚洲素食大会素食研讨会、素食素点设计大赛及品鉴会等方式展开人们对素食文化的思考，提倡健康的生活方式，引发人们对健康的思考。

（3）行为体验

根据2010年《十大特色潜力行业发展规划》，杭州市推出涉及美食、茶楼、文化演艺、运动休闲、特色购物等8个行业在内的150个休闲产业体验点。在"休闲之都"城市品牌传播过程中，节事活动这种零距离的城市接触，随着近年来的品牌化和系列化发展，为大众接触举办城市、直观感受城市品牌精神提供了良好契机。数十个国家与会的杭州"世界休闲博览会"、西湖博览会、杭州美食节、杭州动漫节、西湖国际旅游节等大型节事活动，在大众的直观体验下，在城市品牌形象与受众互动沟通过程中，使受众对此城市能够产生从了解到认知，从认知到产生偏好，最终达到城市品牌效果的累积。西博会、休博会成了杭州走向世界、世界了解杭州的重要窗口。

杭州还借助新媒体，利用网络达人进行体验传播。如"百名网络达人世博之旅杭州体验行""旅游达人免费乘高铁游杭州"的大型活动，通过互动，加强杭州城市形象的双向沟通，一方面展示了不同视角下的杭州，另一方面也借助网络红人的知名度提升了杭州的品牌知名度。此外，杭州还通过发放消费券的方式吸引世界各地的游客来杭州进行体验。2009年杭州推出了总计2.5亿元的旅游消费券，还特制了韩文版、日文版、英文版的消费券，通过旅游来加强城市传播影响通过这些活动形式，来扩大人际传播的影响力度，形成潜移默化的传播效果。

（4）情感体验

在繁忙的都市生活中，越来越多的人感受到的是快节奏的生活方式带来的诸多压力，而休闲成了他们内心的渴求。杭州这一城市品牌，极力推崇休闲理念，并为游客提供休闲体验，恰恰符合了现代人的心理诉求，游客通过在杭州的各式体验，享受休闲，缓解压力，达到品牌认同、情感寄托和释放。此外，随着生活水平的提高，人们对于休闲的理解不再只是为了恢复体力，而是一种心理上、精神上、文化上的更高层次的需求。杭州的城市品牌建设也恰恰考虑到了这个层面，为游客提供更深层次的情感体验。例如杭州大学生旅游节活动项目之一的"我带爸妈游杭州"，用感性与体验的方式，唤起人们的情感认同，彰显了杭州的城市魅力，将杭州的美传达了出去。

（5）相关体验

所有到杭州游玩的消费者是一个关联群体，大家年龄、身份、职业、文化水平不同，却为了"休闲"的共同目的齐聚在一起，分享品质生活。于是，杭州成为人们休闲放松的去处，体验的游客成为杭州休闲概念的一部分，共同搭建、传播休闲体验。

可以说，区域品牌的体验传播是将受众置于区域品牌之中，传播主体给受众带来全方位感受的体验传播过程。

根据上述分析，我们可以得到体验型区域品牌的传播模式如图3—9所示。

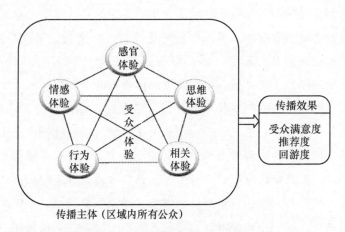

图3—9 区域品牌体验传播模式

　　体验型品牌传播的第一阶段，传播主体、渠道、传播内容、受众、传播效果及反馈均符合区域品牌传播的一般模式，在传播主体中，政府仍是传播的主导，企业组织、社会组织及个人均发挥积极作用，结合区位优势资源对区域品牌进行定位、编码，将区域特色提炼成为便于理解、记忆的品牌符号，通过广告、形象宣传片、网络论坛、展会等渠道进行广泛的宣传，吸引受众的注意，培养品牌记忆，以便受众根据这种品牌印象作出品牌选择。吸引受众前往区域品牌目的地进行品牌体验，是体验传播第一阶段的重要目标，也是体验传播第二阶段的前提条件。

　　第二阶段，是受众到达体验型区域品牌所在地后区域品牌的传播阶段。这时的传播主体、传播渠道、传播内容均成为宽泛的概念，传播活动的直接目的则是获得较高的受众满意度、推荐度及回游度。区域品牌体验传播模式中的各个要素比一般模式更为复杂、难以掌控。在区域品牌所在地，任何人都可以成为传播的主体，例如游客、公务人员、普通市民、出租车司机、环卫工人甚至流浪者等，传播内容也不仅仅限于第一阶段的传播主体刻意传播的画面，而是受众到达目的地后的一切所见所闻，传播渠道则是受众所能接触到的一切媒介，包括人际传播、大众传播、商业传播等各种传播方式。受众身处区域品牌所在地，经过个人的亲身体会，获得对区域品牌的体验感受，并会将这种体验感受与到达前的期望值相对比，假如与期望值相符或比期望值高，说明受众满意度高，相应的推荐度也高，那么这个区域品牌的体验传播是成功的。反之，则需找出不足并加以改进。体验传播的第二阶段是区域品牌体验传播模式的重中之重，它决定着整个传播活动的有效性。第二阶段传播成功，会强化受众的品牌记忆，有助于形成良好的品牌形象，提升品牌资产；假使第二阶段的传播不成功，受众满意度、推荐度低，第一阶段的传播也会前功尽弃。

　　区域品牌体验传播模式的要素构成非常复杂，传播主体、传播渠道、传播内容、传播效果均难以掌控，这就为体验型区域品牌提出了更高的要求，传播主体不仅要完善城市规划、基础设施建设、资源环境保护等硬件体系，还要从提升市民素质、完善服务体系、改善教育医疗条件、提升交通便捷度等软资源入手，打造舒适的体验感受，长此以往，不仅能塑造成功的区域品牌，还能借此提升区域形象，为整个区域的形象传播、经济发展做出贡献。

5. 区域品牌体验传播模式的优势与不足

与一般传播模式相比，体验传播有以下优势。

第一，关注受众的需求。区域品牌的体验传播是站在受众体验的角度，去审视自己的产品和服务，它注重与顾客之间的沟通，发掘他们内心的渴望，进而有效地推动消费者的品牌选择。

第二，可以增加产品附加值。体验是某些刺激而产生的内在反映，它产生于直接消费的有形产品或无形产品，无论是真实的还是虚拟的，重要的是能满足人们的某种体验需要。好的体验设计可以让区域品牌产品增加"体验"含量，带来附加值，为区域品牌拥有者带来可观的经济效益。

第三，能为受众提供消费的情景体验。成功的体验传播，可以刺激顾客感觉、心灵和大脑，进一步融为其生活方式的体验，会使顾客内心深处感受到强烈的震撼，真正俘获顾客的心志，得到他们的支持和认可。创造消费体验的情景让受众身临其境，并强化这种消费体验，是增加顾客满意度和品牌忠诚度的关键决定因素。

第四，体验途径多样化。体验通常是需要诱发的，传播主体必须采取一定的体验途径，同时要考虑为目标受众提供哪一类体验的形式，且如何才能提供永久的新奇感。体验又是非常复杂的，没有两种体验是完全相同的，人们只能通过一些标准，感受不同的体验形式。

区域品牌的体验传播是受众直接参与到区域品牌互动的过程，传播者直接将信息传递给受众，受众亲身体验，虽然传播的过程较为通畅，但也存在一些不足之处。

首先，区域品牌第一阶段的传播占据非常重要的地位。体验传播的前提是要吸引受众前来参与体验，需要在各种媒体投放广告进行大力宣传，以增加其知名度和吸引力。如果宣传不到位，知名度不够，或者负面消息大于正面宣传，那么就很难吸引受众，体验传播也难以发挥用武之地。

其次，区域品牌体验传播构成要素复杂，难以掌控，城市的细节方面对区域品牌的影响非常大，一旦有消极印象出现，受众会对该区域品牌形成负面的刻板印象并且难以消除。例如，该城市导游强制消费、市民的不文明行为、城市环境卫生状况不佳等一些受众反感的微小细节，都会让体验者对该区域品牌产生消极印象。在体验完之后，受众会与他人分享体验感受，无论是微博还是口碑传播，都会对该区域品牌造成不良影响。

再次，受众直接反馈少，"一次性体验"现象普遍。参与体验传播的受众可分为两类：一类是区域品牌拥有者策划出来的"体验者"，这类体验者属于区域品牌传播者，他们在体验完之后，撰写旅游攻略，推荐该城市的美景和美食，他们的反馈容易得知，也较及时；另一类则是真正意义上的体验者，他们是区域品牌体验传播的受众主体，如游客、出差办公人员、探访亲友者等，而这种体验者在该城市待的时间较短，有些甚至可能一辈子只去一次，即使获得了很高的满意度，也很少有机会再次"回游"，因此，他们的体验感受是区域品牌传播者很难得知的，也难以根据他们的反馈进行及时修正，除非通过社会调查进行数据收集。

最后，区域品牌尤其是城市品牌理念发展不成熟，传播效果不明显。当今区域品牌大多停留在概念的提出阶段，传播效果不明显，表现为受众对区域品牌的认知度、熟知度低。以"休闲之都"为例，调查显示，83.3%的受访者认为中国有必要打造属于自己的"休闲之都"，79.4%的受访者肯定了中国休闲之都这一城市品牌的建设意义，但同时只有6.9%的被访对象相对熟知休闲之都，而接近50%的公众甚至不知道休闲之都这一城市品牌口号。[①]

（二）区域品牌事件传播模式

当今世界正处在一个矛盾频现、危机频发、风险丛生的"风险社会"（Beck, 1996）之中，各类重大事件频频发生，区域品牌传播者若能恰到好处地利用各类外部事件进行区域品牌推广，往往会收到意想不到的效果。此外，区域品牌传播者还可通过策划事件，制造具有新闻价值的事实引发受众关注。基于以上考虑，本书将事件营销的概念引入区域品牌传播理论，构建区域品牌事件传播模式，探讨区域品牌如何抓住事件中的机遇进行推广宣传，塑造区域品牌形象。

1. 区域品牌事件传播的相关理论——事件营销

所谓事件营销，是指企业通过策划、组织和利用具有新闻价值、社会影响以及名人效应的人物或事件，吸引媒体、社会团体和消费者的兴趣与

---

① 江颖红、刘忠园、刁晓蕾：《放慢脚步品位城市——中国休闲之都城市品牌传播模式思考》，《广告大观》（综合版）2011年第2期。

关注，以求提高企业或产品的知名度、美誉度，树立良好品牌形象，并最终促成产品或服务销售的手段和方式。事件营销主要包括借势和造势两种方式。企业借助外部事件，结合企业或产品在传播或销售上的目的而展开一系列活动，即借势；企业整合本身的资源，通过策划、组织和制造具有新闻价值的事件，吸引媒体、社会团体和消费者的兴趣与关注，即造势。事件营销集新闻效应、广告效应、公共关系、形象传播、客户关系于一体，可以为新产品推介、品牌展示创造机会，可以建立品牌识别和品牌定位，快速提升企业品牌知名度与美誉度。事件营销一般具有突发性强、时间紧迫、市场机会大、受众面广、高频率的媒体助阵、信息复杂不容易分辨等特点。

2. 区域品牌的事件传播

区域品牌传播者借助某种重大事件来提高品牌的知名度，从而吸引潜在目标顾客，以实现传播目的的传播活动，即为区域品牌事件传播。区域品牌可以自身策划一些具有新闻价值的事件增加品牌的知名度，也可以借助重大外部事件，对区域品牌进行宣传推广。综观我国区域品牌的事件传播活动，主要有以下几类。

（1）体育事件：如奥运会、运动会。

（2）会议或论坛：上海成功举办 APEC 会议、2010 年的上海世界博览会、2016 杭州 G20 峰会、博鳌因举办亚洲经济论坛而一举成名、厦门国际渔业休闲论坛。

（3）各类"节""会"：哈尔滨的冰雪节、青岛的啤酒节、杭州的休博会等。

（4）策划活动、策划事件："带我爸妈游杭州"、贾君鹏事件、百度年会"度娘"事件。

（5）外部危机事件：如战争、地震等。

事件传播在区域品牌推广传播中运用较多。例如，上海利用举办 APEC 的机会成功地进行了一次城市品牌借势传播。APEC 是"9·11"事件后小布什第一次在国际场合的露面，也是数个大国首脑首次就全球反恐进行讨论，这无疑吸引了全球的关注，而这样的大事件背景板上出现了上海的东方明珠塔、金茂大厦。同时，在 APEC 传统的首脑休闲装会晤中，上海加进了中国特有的唐装；在会议期间，上海抓住了"夫人外交"，让国内外媒体的镜头随着首脑们的夫人走到上海的松江、上海博物馆、新天地、南京路，甚至是上海周边的周庄、苏州等风景地，所有这一切的背后都是向世界推销上海。

3. 区域品牌事件传播模式

区域品牌事件传播分为借势和造势两种不同的方式。借势是区域品牌借助外部事件结合区域品牌在传播或销售上的目的而展开的一系列活动，这些外部事件可以是体育事件、会展论坛，也可以是地震、战争等重大公共危机事件，它们的发生发展不由区域品牌传播者控制，区域品牌的借势是这些事件正在发生或发生之后展开的；造势则是区域品牌整合本身的资源，通过策划、组织和制造具有新闻价值的事件，吸引媒体、社会团体和消费者的兴趣与关注，是区域品牌传播主体制造出来的事件，从事件的策划阶段到事件结束，传播者是整个事件的主导，掺杂着宣传区域品牌的主观传播目的进行传播活动。因此，区域品牌事件传播两种不同的传播过程模式如图 3—10 所示。

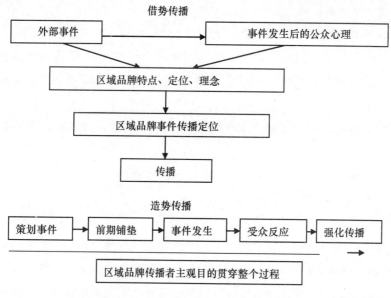

图 3—10　区域品牌事件传播的两种模式

如图 3—10 所示，在外部事件发生后，区域品牌者要善于找到事件中潜藏的机遇，并且要了解事件发生后尤其是重大突发性事件发生后的受众心理诉求，结合区域品牌自身的特点，对此时区域品牌的传播内容、传播方式进行细化定位，展开传播活动。

区域品牌传播者若要进行造势传播，则要进行一系列的策划活动，包括前期的宣传、铺垫，到事件真实发生，由于受众繁多且构成复杂，则要时刻关注受众的反应，并据此进行适当的强化传播。

王老吉在汶川地震后的传播活动可以说是事件传播非常成功的案例，不仅让王老吉的销售额一路攀升，而且借助这一事件，王老吉的企业形象深入到了受众的心中。王老吉虽然是个企业品牌，但是它的事件传播融合了借势与造势两个模式，非常典型，因此本书借用王老吉的案例来理解区域品牌事件传播的两种模式，以期为区域品牌的传播提供一定的借鉴。

2008 年汶川地震后，王老吉捐款一个亿。这样的"壮举"已为国人所感叹。其后出现的网帖："封杀王老吉！"（就是买光超市的王老吉）、"喝回一个亿"在网络上流传甚广，激发了广大网民的爱国热情，网友们纷纷冲向超市购买王老吉，回报如此善举的一个企业，王老吉一夜之间销售量攀升，成就了互联网营销传播的一个经典案例。

王老吉抓住了地震事件，植入式地投了 1 亿元广告费，不管从公关角度还是慈善角度，都是值得赞赏的。但事情的本质是：王老吉捐款之后，网络上关于此次事件的帖子以几何级数增长，百度贴吧在 3 个小时内发帖超过 14 万，在各大门户网站、论坛，满眼都是新闻和激烈的讨论。从发帖内容来看，很多主题帖均是对王老吉的正面宣传，诸如王老吉一举破了 18 项世界纪录；饮料只买王老吉、喝水就喝昆仑山；捐 1.1 亿元，要卖多少罐王老吉；等等。很明显，事后的许多网帖都是经过精心策划后的传播，并且煽动了诸多网民的购买和拥护热情。借助捐款后引发的重大反响，王老吉再次借助网络用户发帖的方式，强化王老吉的正面形象。借助地震事件捐助巨款来进行企业形象传播是借势传播，而在捐款成名之后，王老吉又趁热打铁，策划组织了一次后续的"网民发帖"宣传，并制造出一种社会群体购买的效应，通过论坛口碑互动引导，让大家认为消费者对王老吉的口碑极度认可，在借势传播后紧接着运用了造势传播来强化受众的品牌好感。借助这次事件，王老吉也为自己的新产品做好了前期的铺垫，可谓一举两得。

王老吉的品牌传播已经从传统的传播方式中跳了出来，从单纯的"定位"和终端传播，到开始利用突发事件进行借势传播，并且在借势过程中运用造势传播进行企业和品牌的形象宣传。不仅促进了销售，促进了企业形象的传播，而且潜移默化地影响了受众心目中的品牌记忆。

4. 区域品牌事件传播的优势与不足

区域品牌事件传播的优势在于以下几点。

第一，受众者的信息接收程度较高。在铺天盖地的广告中能够吸引大众眼球的经典之作越来越少，而事件营销传播往往体现在新闻上，有效地避免了像广告被人本能排斥、反感、冷漠的情况发生，受众对于其中内容的信任程度远远高于广告。据调查，一个读者对新闻的信任程度是接受一则广告的 6 倍。

第二，传播深度和层次高。一个事件如果成了热点，会成为人们津津乐道、互相沟通的话题，传播层次不仅仅限于看到这条新闻的读者或观众，还可以形成二次传播，引发"蝴蝶效应"；而相比之下，广告的传播一般只是看见的就看见，没看见的就没看见了，传播仅局限在一个层面上。

第三，投资回报率高。据有关统计分析，企业运用事件营销手段取得的传播投资回报率约为一般传统广告的 3 倍，能有效帮助企业建立产品品牌的形象，直接或间接地影响和推动产品的销售。对于区域品牌来说，不啻是一种可加以运用的有效传播方式。

但是，过多的事件传播也会影响到区域品牌的传播效果。赛事活动越多，则主题越多，所传递的品牌信息更加庞杂，受众所接受的品牌信息主题不一致，会适得其反，无法强化品牌记忆；举办周期频繁而无新意，会引起受众的厌恶感。因此，过于分散、杂乱的事件传播，使得区域品牌传播品牌化、系列化不足，会削弱传播效果。

媒体的不可控和新闻接受者对新闻的理解程度等原因，决定了区域品牌事件传播必然具有一定风险性。任何事件炒作过头，一旦受众得知了事情的真相或被媒体误导，很可能会对该区域品牌产生一定的反感，从而降低区域品牌的美誉度，损害区域品牌形象。

区域品牌传播者缺乏创新、盲目跟风，只看重炒作的即时效应，只要区域品牌能与事件能牵强地搭上关系，就生搬硬套地将二者连到一起，不考虑产品与事件的相关性，什么事件都想利用，什么主题都想沾边，最终只会导致区域品牌形象混乱、目标市场模糊，花销巨大却没有宣传效果，有时还会适得其反，给区域品牌带来损失。

第 四 章

我国区域品牌传播的典型模式

一 浙江区域品牌传播模式

（一）浙江区域品牌传播资源分析

1. 自然资源

浙江位于中国东南沿海，长江三角洲南翼，东临东海，南接福建，渔业资源、林业资源以及旅游资源都较为丰富，但缺少可利用的煤炭、石油、矿藏等重要大型工业资源。几千年以来，浙江独特的地理环境以及生活方式、生产方式，再加上战争带来的多次人口迁徙及文化的交融，为浙江赢得了"丝绸之府""鱼米之乡"和"文化之邦"的美誉，并形成了以"永嘉文化"为主体的区别于其他地区的文化特色。尽管浙江自然资源匮乏，但是处于祖国的东南沿海地区，地理位置优越，这也为浙江发展同社会民生相关的轻工业、成就大批中小企业及产业集群奠定了良好的基础。

2. 政治资源

浙江是各方面条件都不算优越的国内面积最小的省份之一，在政治注意力的分配当中也明显不占优势。但勤劳智慧的浙江人民在浙江政府的引领、支持和治理下取得了令世人惊叹的发展业绩。有别于许多其他地方政府，浙江地方政府较早地认识到管制型政府的内在弊害，意识到管制型政府与市场化经济改革、民主化政治发展之间存在不可调和的矛盾，因而积极倡导建设服务型政府。早在1978年，温州市政府就颁发了全国第一个私营企业管理暂行条例，为私营企业提供地方性的法律保护。针对当时社会上对个私民营企业性质的怀疑和质疑，浙江基层政府充分发挥了自己的聪明才智，允许个私企业挂集体企业的牌子，即所谓"戴红帽子"。这一政治上要冒风险的举动，很好地保护了刚刚产生不久的民营企业，加快了孵化和发展民营企业的步伐。再比如在对待股份合作制企业的态度上，浙江地方政府也是充分尊重群众首创精神，明确采取"不争论、看一看、允许试"的态度，放手让股份合作制企业发展。在股份合作制企业有了一定程度的展开并表现出集体属性后，浙江省政府及时肯定了股份合作制企业的集体经济性质，给予股份合作制企业与集体企业同等的政策待遇，同时对其进行引导和规范。也正是浙江省政府的勇气和管理智慧，为浙江的中小企业以及产业集群的发展奠定了良好的基础。

3. 历史文化资源

浙江历史悠久，文化灿烂，素有"文化之邦"的美誉。全省有杭州、宁波、绍兴、衢州、临海、金华6座国家级历史文化名城，温州、余姚、潮州、舟山、东阳、嘉兴等11座省级历史文化名城：有乌镇、西塘、慈城等14个中国历史文化名镇，郭洞、深澳、三门源等5个中国历史文化名村；有全国重点文物保护单位132处；省级历史文化街区、村镇78处，省级文物保护单位382处；有国家级非物质文化遗产111项129个子项，数量居全国首位。浙江民间艺术绚丽多姿。东阳木雕、青田石雕、温州黄杨木雕和瓯塑（简称"三雕一塑"）蜚声中外，龙舞、狮舞、竹马、高跷、灯会遍及城乡，山歌、田歌、渔歌、民间器乐种类繁多，剪纸、刺绣、染织、编织和灯彩异彩纷呈。浙江戏剧艺术底蕴丰厚，是中国古老南戏的诞生地。越剧是浙江第一大剧种，也是中国第二大剧种，此外还有绍剧、婺剧、瓯剧、甬剧、姚剧、湖剧等多个剧种。并且浙江历代名人辈出，在哲学、政治、军事、科技、文化等各个领域都涌现出了许多杰出人物，对中国社会的发展产生了重大影响。东汉的王充、东晋南朝时的山水诗人谢灵运和书法家王羲之、北宋的科学家沈括、南宋的大诗人陆游、元时的书画家赵孟頫，近代的教育家蔡元培、国学大师章太炎、书画家任伯年，以及鲁迅、茅盾、丰子恺、吴晗、夏衍、艾青，等等，都是浙籍文化名人。也正是浙江美丽的自然环境，厚重的历史积淀，再加上大批优秀的人才，形成了独特的浙江文化，并且为浙江发达的旅游产业奠定了良好的基础。

4. 社会资源

在浙江历史以及文化的熏陶下，特别是浙东事功学派、永嘉学派、金华学派以及永康学派等学派相继诞生，务实、功利与仁义并存的经世致用的价值观不断在浙江得到传播，成为浙江精神文化内核的重要部分，也使浙江社会形成了浓郁的从商氛围。其主要特征表现在：第一，具有鲜明的"善进取、急图利"的功利主义色彩。第二，具有"富于冒险、开拓进取"的海派文化传统。第三，具有浓厚的工商文化传统，浙江文化自春秋战国范蠡大夫弃政从商以来，就形成了蓬勃的尚利文化，"工商皆本"的思想几乎是自始至终一以贯之的。第四，具有"崇尚柔慧、厚于滋味"的人文情怀。① 另外，浙江人极其重视家庭和家族的血缘亲情关系，更是将这种关系在经商以及办企业过程当中发挥到极致，从而带动了一大批家族企业的崛起。也正是浙江社会的这些特点，成就了今天经济社会发展的"浙江模式""温州模式"，对于浙江区域品牌形象产生了重大影响，也为浙江区域品牌传播奠定了良好的文化基础。

5. 经济资源

改革开放以来，浙江人依靠产权制度改革、专业市场的崛起、专业分工的优势、政府角色的率先转换以及文化因素的作用，努力发展地方经济，尤其以私营经济为主的民营企业得到迅速发展，并成为推动浙江经济快速增长的主力军。《2015 中国民营企业 500 强》数据显示，浙江共有130 余家民营企业入围，而这已是浙江企业连续 17 年在上榜企业数量上居全国首位。另外，在浙江经济中，制造业占据主体地位。整体而言，浙江制造业已形成以民营经济为主体的机制优势，以块状经济以及产业集群为代表的积聚优势，以专业市场为依托的营销优势，以轻纺工业为特色的产业优势。

（二）基于资源分析的浙江区域品牌传播定位

品牌定位是针对目标市场确定、建立一个独特品牌形象并对品牌的整体形象进行设计、传播，从而在目标群体心中占据一个独特的有价值的地位的过程。在全面分析浙江自然资源和社会人文资源两大区域资源禀赋的基础之上，发现当前浙江区域品牌发展定位一致地指向了浙江的产业，无论是浙江的自然资源还是浙江的社会人文资源，都催生了独具特色的浙江

---

① 祁茗田、陈立旭：《文化与浙江区域经济发展》，浙江人民出版社 2011 年版。

产业，如浙江的轻纺工业、城市旅游业、现代服务业等，从而使浙江的区域品牌在传播过程当中呈现出比较明显的产业特色。当前浙江的区域品牌传播现状可概括如下。

1. 浙江区域品牌传播主体

（1）浙江地方政府

地方政府是区域品牌传播战略的制定者，是区域品牌传播过程当中不可或缺的领导者。可以说，区域品牌是一个地方经济发展的基础，也是地方经济可持续发展的强大动力。因此，对于各地政府来说，都会不遗余力地引导和支持区域品牌的建立和发展。浙江地方政府作为区域品牌创建的主导者，对浙江区域品牌的构建发挥着不可替代的作用。

（2）浙江企业

在浙江区域品牌传播这个大体系中，浙江名牌企业以及名牌产品的品牌影响力对于浙江区域品牌传播有着重要的意义。从浙江企业的实际发展状况来看，与广东、江苏、山东等同为沿海发达地区的省份比较，浙江企业的特点是中小企业偏多，大企业数量偏少、规模偏低，从而导致浙江产业结构层次与产品结构档次偏低。当前，浙江名牌产品主要分成三个层面：一是强势龙头企业的名牌产品，如万向集团的钱潮牌万向节，雅戈尔集团的雅戈尔牌服装，娃哈哈集团的娃哈哈牌饮料，海亮集团的海亮牌铜材等；二是行业名牌队伍，如奥康、康奈、红蜻蜓、吉尔达等皮鞋，方太、老板、德意等厨房电器，兽王、雪豹、蒙努等皮革服装等；三是区域块状优势明显的名牌集群，如乐清低压电器中的正泰、德力西、天正，山下湖珍珠中的千足、阮仕、佳丽和嵊州领带中的巴贝、麦地郎等。

（3）浙江的产业集群

在浙江区域品牌传播的过程中，浙江产业集群品牌的传播对于浙江整体区域品牌的打造功不可没。从经济发展历程上看，浙江产业集群的形成与浙江块状经济的发展是分不开的。浙江在产业结构调整中，比较注重以某一主导产业为龙头，在相对集聚的区域内，形成在区域经济总量中占有较大比重的产业群，这就是被誉为浙江特色的"块状经济"。正是这些中小企业聚集的产区形成一个个区域特色产业，成为支撑浙江经济发展的区域增长极。通过不断地转型升级，充分发挥市场机制的集聚和配置功能，发展某一特色产业，并形成完整的产业链条，一大批区域特色规模产业集群迅速崛起。由此，浙江产生了一大批具有鲜明区域特色的著名产业集群品牌，如"义乌小商品""永康五金""海宁皮革""嵊州领带""大唐袜业"以及"温州皮鞋"等。也正是这些知名集群品牌，构筑了浙江这个区域品牌的强大影响力。

近年来，为改变浙江民营经济发展过程当中的"小、散、乱"现象，实现浙江产业整体的规范化、有序化、规模化、品牌化发展，浙江地方政府做了大量的工作。2010年，浙江地方政府发布了《浙江省产业集聚区发展总体规划（2011—2020年）》（浙政发〔2010〕45号），该规划指出，力争到2020年，基本建成一批集产业、科技、人才于一体的产业集聚区，大产业、大项目、大企业集聚效应更为突出，主要包括杭州大江东产业集聚区、宁波杭州湾产业集聚区、宁波梅山物流产业集聚区等14个产业集聚区。

另外，在《浙江省国民经济和社会发展第十二个五年规划纲要》中，浙江地方政府则更加明确提出要加快培育现代产业集群，该规划纲要明确提出要"以产业集聚区、开发区（园区）和乡镇功能区为主要依托，加快完善研发、物流、检测、信息、培训等生产性公共服务平台，强化专业化配套协作，完善创新体系，提升集群品牌，形成若干个在国内外具有重要影响力的现代产业集群"。同时，该规划纲要提出要重点发展产业集群，主要有杭州装备制造业产业集群、萧山化纤纺织产业集群、余杭家纺产业集群、宁波服装产业集群、慈溪家电产业集群、义乌饰品产业集群、诸暨大唐袜业产业集群、绍兴县纺织产业集群、嵊州领带产业集群，等等。而经过痛苦的转型，浙江诸多产业集群在发展过程中越来越重视产业区域品牌的传播，开展了一系区域品牌传播方式上的创新，如举办节庆、会展、论坛、招商会，创办行业杂志，发布行业价格指数，创办产业集群网站开展网络营销，等等。

（4）浙江行业协会

行业协会是指介于政府、企业之间，商品生产者与经营者之间，并为其服务、咨询、沟通、监督、公正、自律、协调的社会中介组织。是由从事相同性质经济活动的经济组织，为维护共同的合法经济利益而自愿组织的非营利性社会团体。行业协会一般都拥有自己的组织机制和管理机制，并且有相对独立的经济来源，在各个方面均保持相对的独立性，在行业协会中，企业无论其规模大小、盈利能力强弱，均拥有平等的地位。

在浙江区域品牌传播体系中，浙江各个行业协会作为政府沟通企业、服务企业的桥梁，对于浙江产业集群区域品牌建设及传播发挥着重要作用，使浙江但凡有较大产业集群的地方，都会有行业协会。据统计，目前在浙江省级经贸领域，就有行业协会135家，如义乌纺织行业协会、浙江羊毛衫行业协会、浙江饰品行业协会、浙江省船舶行业协会、浙江江省水晶工艺制品协会、浙江省家具行业协会，等等，像市级、县级各个领域的行业协会更是不计其数。[①] 并且浙江省政府也非常重视发挥行业协会的功能，在《浙江省人民政府关于进一步加快块状经济向现代产业集群转型升级示范区建设的若干意见》当中，浙江地方政府就提出要积极发挥行业协会作用，支持行业协会牵头组织或参与制订产业集群发展规划，引导企业贯彻落实产业政策。支持行业协会在政府指导、授权或委托下，协助做好行业信息数据收集统计、运行分析、标准制定、品牌培育、行业自律以及应对技术贸易壁垒等工作。

（5）浙商群体及浙商商会

浙商，这个"中国第一商人群体"对于浙江经济发展的贡献功不可没，浙商以其坚忍不拔、抱团、敢闯敢干、厚德载物等优良的商人品质赢得了全国商人的尊重。而遍布全国各地的浙商商会作为浙商在各地彼此联结、交流合作、分享商业信息等的桥梁，是浙商在全国各地的家园，也是浙商在各地成功不可或缺的因素。因此，遍布全国各地的浙商商会同样也是浙江整体区域品牌传播当中不可或缺的一支力量。相对于基于产业、行业基础上所形成的浙江各个行业协会，遍布全国各地的浙商商会以其强大的网络，多样的功能，巨大的作用，成为浙江区域品牌在全国各地传播的桥头堡。

在浙江地区，不仅省级商会众多，市级、县级成立的商会更是不胜枚举，例如温州商会、台州商会、宁波商会、绍兴商会、义乌商会等。这些商会近年来发展迅速，在全国各个省区市不断拓展分会，真正做到了哪里有浙商，哪里就有浙商的商会。在所有浙商商会当中，温州商会的影响力

---

① 《浙江省级经贸领域行业协会名录》，http://wenku.baidu.com/view/1a4c1e04e87101f69e319508.html。

最大，历史也最为悠久。温州商会成立于 1901 年，迄今已有一百多年的历史，基层商会和团体会员达 200 多个，企业会员数万家，与全国 100 多家友好商会和近百家海内外异地温州商会保持沟通和商务交流。

（6）高校、研究所等科研单位

如果说浙江的行业协会以及遍布全国各地的浙商商会是浙江企业、产业集群区域品牌发展壮大过程当中的润滑剂，那么毫无疑问，遍布浙江的高校、研究所等科研单位就是浙江企业、产业集群发展过程的加速器。浙江省历史悠久，人文荟萃，科教发达，汇集了浙江大学、浙江工业大学、浙江农业大学、中国美术学院、浙江传媒大学等一批高等院校，拥有浙江省林科院、浙江省农科院、浙江省科技信息研究院等多所科研院所。它们都是浙江区域品牌传播不可或缺的一部分。

（7）普通社会公众

在浙江区域品牌传播的主体当中，区域中的个人是区域品牌传播最为独特的群体。区域中个人的品牌传播行为主要是通过"非正式网络"来进行传播。非正式网络的联结方式可以用"五缘"来概括，即"血缘、地缘、亲缘、业缘、行缘"，这种"五缘文化"渗透于区域品牌传播的每一个环节、每一个链条之中，与经济利益关系交叉在一起，影响着区域品牌决策和行为。区域品牌传播离不开公众的影响，包括正式的媒体报道、消息发布、评论、间接干预或影响，还包括口碑、小道消息等。

2. 浙江区域品牌传播的主要内容

由于区域品牌的区域性特点，不同区域的品牌传播资源基础——区域的历史、文化、经济、社会等物质文化都各不相同，因此，不同区域的品牌传播显然都有着自身的特点和特色，这在各个省的旅游品牌传播方面表现得尤为突出，例如广西推出其旅游宣传片中，以"美在广西"为主题，充分展现广西的山水文化和少数民族文化；而广州在其推出的城市宣传片中，则以"千年羊城，南国明珠"为口号，宣传现代广州城市的繁华、富庶，充满现代活力的市民生活，现代国际化的大剧院，港口，还有广州的粤剧、美食等；山东则一直以来在其所有宣传片当中提出"好客山东"的口号，宣传山东的孔子、孔庙、孔林、祭孔大典、剪纸、庙会、潍坊国际风筝节、青岛国际帆船比赛，等等，展现出明显的山东历史人文特色。

而综合了浙江政治、经济、文化、社会以及自然等资源后，我们发现，长期以来，产业是浙江区域品牌传播的重心，这里的产业主要是指浙江的传统制造业、现代服务业以及旅游业，这三大产业作为浙江产业结构的重要内容，对浙江经济发展起着举足轻重的作用，特别是浙江的传统制造业亦是过去浙江赢得"块状经济""浙江模式""温州模式"美誉的重要依托。

（1）传统产业的区域品牌传播

围绕浙江企业及其组成的产业集群是当前浙江区域品牌传播内容的重心。温州鞋业产业集群、大唐袜业产业集群、诸暨领带产业集群、宁波服装产业集群、慈溪家电产业集群、绍兴纺织产业集群、海宁皮革产业集群等以制造业为中心的产业集群都在持续地塑造着浙江的区域品牌。而且随着这些产业集群的不断发展成熟，它们也越来越注重区域品牌形象的塑造和区域品牌传播，相继提出了有特色的区域品牌传播口号，例如，宁波服装产业集群提出要打造"中国的米兰"，浙江慈溪家电产业集群提出要打造"中国家电之都"，海宁皮革产业集群提出要塑造"中国皮革之都"，温州则提出要成为"国际鞋都"，浙江永康五金产业集群相继有"中国门都""中国休闲运动车之都"之称，浙江新昌则是"中国轴承之乡"……另外，在政府、行业协会、商会、高校等区域品牌传播主体的推动之下，这些产业集群还通过参加或者举办展会、论坛、招商活动、公益活动，办行业杂志、报纸，在电视、报纸杂志、网络、户外广告牌等品牌营销方式传播区域品牌。

以诸暨大唐袜业为案例，该产业集群在传播区域品牌、塑造良好产业形象上做了大量的努力。

进入"十二五"时期，大唐袜业不断完善产业价值链、提高产业集聚度、提高市场核心竞争力、提高产品附加值，全力打造"国际袜都"，并努力营造"品种规格齐全、品牌效应明显、产销服务优良、内外协调作战、行业竞争有序"的创新型产业集群，促进全行业持续健康稳定发展。

在产业集群的区域品牌传播方面，"大唐袜业"主要做了以下工作，首先，创办刊物。2011年6月8日，由诸暨日报社主办，大唐镇党委、政府联办，市袜业协会协办的《大唐袜业》正式出刊，将把新闻与资讯的触角尽可能深入到企业、从业人员乃至行业高端、市场终端，在更宽更广的范畴为广大袜业企业搭建交流经验、共享信息、探索发展的新平台。其次，组团参加 2011 中国针织博览会。2011 年 8 月 29 日，第五届中国国际针织博览会在上海新国际博览中心开幕。在 W5 馆，"大唐袜业"区域品牌馆尤为显眼，由丹吉娅、步人、情怡、嵊峰、泰荣、锦裕、安丽、申佰利、嘉梦依、森威特、成龙、佳能、通运、新益、舒工坊 15 家袜子品牌单位组团的大唐袜业代表企业，向业界展示了中国袜业之乡、国际袜都强大产业优势和靓丽风采。第三，新建中国大唐袜业城。2011 年 10 月 18 日，按照五星级标准新建的中国大唐袜业城正式开业，这是目前全球最大的袜业市场，集采购、交易、旅游、会展和研发设计等综合配套功能于一体，总投资 1.8 亿元，建筑面积 5 万余平方米，拥有各类摊位 1200 多个，预计年成交额将突破 150 亿元。第四，进一步完善公共服务平台建设，着力打造大唐轻纺袜业城网上交易市场，力争到 2014 年实现网上销售 100 亿元。

（资料来源：《2011，大唐袜业新跨越》，《诸暨日报》）

从"大唐袜业"产业集群案例不难看出，浙江的块状经济在向现代产业集群转型的过程中，逐步告别了过去粗放型的产业发展方式，集群企业越来越注重彼此的合作，也愈加重视区域品牌的传播，力求通过参加会展、创办专业的袜业刊物、拓展专业市场、设立专业网站开展网络营销等多种方式来扩展区域品牌影响力，塑造良好的区域品牌形象。并且随着这些产业集群区域品牌不断得到传播，浙江基于产业的区域品牌影响力也日益扩大。

（2）现代服务业的区域品牌传播

现代服务业是指在工业化高度发展阶段产生的，主要依托电子信息等高等技术和现代管理理念、经营方式和组织形式而发展起来的服务业，与传统服务业相比，更突出了高科技知识与技术密集的特点。[①] 从发达国家

---

① 蒋三庚：《CBD 与现代服务业企业集群研究》，《首都经济贸易大学学报》2006 年第 5 期。

的经济发展历程来看，由以传统制造业为主体的产业结构向以服务业为核心的产业结构转变是经济向上发展的必然趋势。浙江经济在发展的过程中，其现代服务业的发展越来越快，品牌影响力更是不断扩展，未来必将会成为浙江产业发展的核心力量。在浙江，著名的现代服务业集聚区主要有义乌国际物流中心、横店影视产业实验区、浙中信息产业园、宁波国际航运服务中心、杭州白马湖生态创意城、龙泉青瓷文化创意集聚区、义乌国际商贸城、凤凰·创意国际，等等。其中，影响力较大的当数义乌国际商贸城和横店影视产业实验区。

义乌国际商贸城是中国小商品城顺应市场国际化发展需要而建造的现代化批发市场，融入多元化、人性化的服务，引进开设了餐饮美食、电信服务、中庭休闲、金融服务、物流运输等服务，环境优美，商业气氛浓厚，充满生机，是一个集购物、旅游为一体的国际性商业中心，在区域品牌传播过程中，无论是来自世界各地的商品、每日熙熙攘攘来此旅游购物的中外客户，或者是一年一度的义乌国际小商品博览会、义乌消费品交易会，等等，都使义乌小商品这个区域品牌名声日渐扩大。而浙江横店影视产业实验区则作为浙江文化产业发展的明星，致力于打造"中国好莱坞"，并且努力形成一个以影视制作、影视旅游、影视商业、影视工业和影视服务业为主体框架的品牌体系。另外，在区域品牌传播过程中，该区与中国传媒大学、北京电影学院等高校加强联系与合作，通过策划、举办有创意、有影响、有造血功能的大型活动，让演员在横店成名，让横店的品牌更加响亮。由此可见，浙江的现代服务业在区域品牌传播中，不仅是服务业本身主体业务不断得到拓展，更是带动了旅游、休闲、购物等等相关产业链的发展，从而更加扩展了浙江服务业区域品牌的传播力和影响力。

（3）现代旅游业的区域品牌传播

随着城市化步伐加快，区域旅游的发展逐渐形成了以中心城市为主带动区域旅游的格局，使城市在旅游业发展中的作用越来越突出，各大城市开始越来越注重树立自己的整体形象，将城市作为一个整体进行品牌传播。而浙江悠久的历史造就了众多历史文化名城，这些城市极其发达的旅游业推动了浙江区域品牌的传播。

自古以来，杭州就是一个美丽的城市，"上有天堂、下有苏杭"，表达了古往今来的人们对于这座城市的由衷赞美。元朝时，意大利旅行家马可·波罗曾赞杭州为"世界上最美丽华贵之城"。美丽的西子湖畔，雷锋塔下白娘子与许仙凄美的爱情故事，一代名妓苏小小的最后安眠之所。无论是优美的环境，还是厚重的历史文化，杭州都不愧是文化名城。义乌作为一个浙江金华市下属的一个县级城市，是目前全球最大的小商品集散中心，"小商品海洋，购物者天堂"已成为繁荣、文明的义乌市的代名词，吸引了众多国内外旅游购物者的目光。另外，安吉作为浙江西北的一个县级城市，以其优越的生态环境，丰富的旅游、文化、自然资源，浓郁的文化氛围，同样也吸引了众多国内外旅游者、投资者的目光。

在对浙江现代旅游业区域品牌传播内容研究的过程中，我们发现，浙江现代旅游业的区域品牌传播主要表现在对于区域城市整体旅游品牌的打造。浙江各级政府是如何传播区域旅游品牌的呢？首先，制订区域旅游业发展规划。如浙江省制订的《浙江省旅游业发展"十二五"规划》，绍兴市制订的《绍兴市旅游发展总体规划》等，都在推动旅游业的发展中起着极其重要的作用。其次，在各大媒体上传播城市旅游品牌口号，如浙江省政府——"诗画江南、山水浙江"；嘉兴——"越韵吴风、水乡绿城"；丽水——"秀山丽水、浙江绿谷"；衢州——"神奇山水、名城衢州"；杭州——"东方休闲之都·品质生活之城"；绍兴："水城越都、人文绍兴"；武义——"浙中养生胜地"；遂昌——"中国洁净乡村"；等等。再次，举办各种节庆活动。节庆活动是旅游品牌营销的重要方式，通过节庆活动，不仅区域旅游品牌的影响力和知名度大大提升，更吸引游客来旅游，从而推动当地经济的发展，像前文提到的杭州西湖龙井开茶节、西湖国际桂花节、杭州金秋国际旅游节、2010中国衢州开化根雕艺术文化节、中国国际钱江观潮节、兰亭书法节、湖州含山蚕花节、中国湖州国际湖笔文化节，等等。随着浙江旅游产业的发展，这些节日的影响力也越渐扩大，使旅游产业的传播成为浙江区域品牌传播的重要内容。

3. 浙江区域品牌传播渠道

区域品牌传播渠道主要由各种社会传播渠道组成，包括大众传播、公共传播、商业传播、社会交往传播等传播方式。而在这些传播渠道中，频繁的大众传播、商业传播是浙江区域品牌传播的重要传播渠道。

（1）大众传播

如果说政府是区域品牌传播过程中最重要的传播主体，媒体则是城市品牌推广过程中传播范围最广、影响最深的传播主体。浙江在区域品牌传播过程中，报纸、电视、网络、杂志四大媒介是最为重要的传播媒介。

①传统媒体传播

从报纸媒体上看，浙江省内报纸媒体以《浙江日报》和《钱江晚报》为主，全国性报纸媒体以《人民日报》《光明日报》《中国日报》为主。从电视媒体看，浙江卫视作为浙江省内上星卫视，频道覆盖全国，并且入选中国世界纪录协会 2009 年度中国覆盖率最高的省级卫视。另外，浙江卫视还先后在美国中文电视台、斯柯拉电视台、日本的福井和宫城放送、韩国光州文化放送以及香港无线电视台、香港有线电视台开设窗口，其影响力已经波及海内外，对促进世界了解浙江、浙江走向世界发挥了积极作用，是浙江区域品牌传播过程中最为重要的电视媒体。

②网络媒体传播

华中科技大学的舒永平教授曾经说过："网络广告蜕变为品牌信息、产品展示体验、电子商务的一体化；虽然品牌信息的搜索引擎推荐以及网络商业新闻信息的链接依然具有导向品牌网站、品牌电子商务的广告效应，但其作为一种满足信息搜索需要的信息情报服务、新闻报道供给，却与传统的广告大相径庭。"[①]　总之，互联网的快速发展，使品牌传播能够在短期内广泛流传，因此，网络也成为浙江区域品牌传播的重要媒体。比如，浙江在线新闻网站作为浙江省唯一的省级重点新闻网站，是新兴的省级主流媒体，是综合性、多媒体的浙江第一门户网站，是浙江传播区域新闻，塑造区域品牌形象的重要网络媒体。又比如中国鞋都网、温州鞋网、中国皮革交易网、中国鞋机在线等专业营销网站，在区域品牌传播过程中，不仅宣传了区域品牌的整体形象，还为区域产品的推广和销售提供了极为便利的渠道，更进一步拓展了国际市场，对浙江产业集群发展的作用愈加明显。

---

① 舒永平：《品牌传播：新媒体环境下广告内涵演进的取向》，《中国广告》2009 年第10 期。

（2）商业传播

①广告传播

在商业传播中，广告是区域品牌传播的首要渠道。广告宣传可以起到传播品牌信息、塑造品牌形象、创造品牌附加值的作用，使消费者对品牌做出更直观、更清楚地理解。而在所有媒体当中，央视以其强大的媒体覆盖面和巨大的影响力，成为区域广告传播的重要平台。例如浙江永康市政府每年拿出 1000 万元投资于央视国际新闻频道"中国五金之都、中国科技五金城——浙江永康"，全面介绍永康悠久的五金历史文化和当地的人文气息，有利于塑造区域良好的产业形象。另外，浙江丽水旅游央视广告宣传片以"秀山丽水——养生福地"为广告口号，对丽水青田玉、景宁畲乡等做宣传，都起到了助推区域旅游产业发展的重大作用。近几年来，浙江节庆会展发展势头越来越好，数量不断增多，比如 2008 奉化桃花节、2010 中国衢州开化根雕艺术文化节、2011 中国徽杭古道文化旅游节、2011 届中国嵊州电机展览会、2011 中国义乌文化产品交易博览会以及国际旅游博览会等，而每一次的节庆会展活动，无不是浙江广告的饕餮盛宴，带来了浙江区域品牌广告的发展。浙江作为民营企业发达的省份，招商广告众多，经常可以看到某品牌或产业，全国火暴招商的信息。

②专业市场传播

在区域品牌传播的过程中，专业市场、大型商场、区域标志性景观都是区域品牌传播的重要载体。专业市场作为区域品牌的传播基础，通过专业市场和生产基地的建设，产品的供给与需求结合得更加紧密，两者相互促进，共同演进。

不仅仅是在浙江区域范围内，全国各个省市都遍布着由浙商投资建立的专业市场，据统计，浙商在省外创办的市场达 2000 多个，这些专业市场每天人来人往，热闹非凡，既销售着大量浙江的商品，同时又传播着浙江的区域品牌。而在浙江本土，发展成熟的、大型的、影响力极大的专业市场就有义乌中国小商品城、绍兴柯桥轻纺城、永康中国科技五金城、海宁中国皮革城、余姚中国塑料城、颐高数码连锁市场、路桥中国日用品商城、舟山中国国际水产城，等等。这些专业市场不仅在浙江本地有分布，一些专业市场更是在全国乃至全球都有分市场，如浙江的颐高数码连锁目前在全国 23 个省、39 个城市创办了 60 家大中型 IT 连锁专业卖场，经营面积超过 70 万平方米，从业人员 5000 余人，年交易额达到 380 亿元。连续三年在交易总额、卖场总数量、经营总面积等多个方面位居全国第一，品牌价值已达 87.21 亿元，是目前全国 IT 连锁行业规模最大、最具竞争潜力的 IT 服务商。

　　通过创办专业市场，浙江的区域品牌影响力不仅扩展到全国，更是扩展到了全球。如绍兴的"中国轻纺城"，作为绍兴综合性的纺织专业市场，是绍兴纺织产业和专业市场的有机结合，市场每天接待数万名来自韩国、印度、阿联酋、意大利等国的外商，是一个真正世界级的面料市场，辐射能力非常强，有力地推动了浙江纺织区域品牌的传播。又比如义乌的"小商品市场"，义乌一直心无旁骛、一心一意地围绕"小商品"来发展，更精深地发展专业市场、更深地挖掘产业集群的潜力。事实证明，浙江义乌小商品市场已经成为全球最大的小商品市场，将浙江的商品品牌传遍了世界各地。

图 4—1　中国义乌国际商贸城一区市场

　　另外，浙商在海外创办的专业市场有 20 多个，如义乌浙商目前已在南非、韩国、越南、俄罗斯和瑞典创办了多个专业市场。温州商人则充分利用海外温州人的网络，到国外创办专业市场，目前已在美国、俄罗斯、阿联酋、乌克兰和荷兰创办了多个境外市场，这些专业市场更是将浙江商业品牌的影响力扩展到了全球各个国家和地区，成为浙江传播区域品牌的重要基础。

图4—2　义乌国际商贸城二区

③节庆、会展活动传播

举办综合地域文化特色的大型节庆、会展活动是浙江区域品牌传播的重要特色，也是从整体上提升区域品牌形象、创造独特区域品牌文化的重要方式。浙江拥有诸多产业集群，生产类目繁多的商品，如嵊州的领带、温州的皮鞋、永康的"五金"、大唐的袜子、绍兴的"家纺"，等等。有了产品，传播必不可少，而除了广告传播、专业市场传播之外，通过节庆、会展活动，借助事件营销的力量，扩大产业集群的影响力，亦是浙江的产业集群品牌传播的重要方式。与此同时，浙江风光秀丽，拥有丰富的旅游资源，要吸引国内外游客，扩大旅游地的影响力，节庆活动必不可少。

基于浙江产业集群的节庆、会展活动有大唐国际袜业博览会、海宁皮革博览会、义乌小商品博览会、杭州西湖龙井开茶节、2010中国衢州开化根雕艺术文化节、浙江农业博览会，等等。同时，基于旅游产品传播的节庆会展活动也日渐增多，影响力较大的有：杭州西湖博览会、海盐观潮节、中国·丽水国际摄影文化节、兰溪李渔文化节、海盐南北湖文化旅游节，等等。

通过举办大型节庆、会展活动，正面推广区域文化特色及城市，与公众建立良好关系，并吸引游客、投资者、产品销售者，推销旅游产品、小商品，发展区域产业，不仅有利于区域经济的整体发展，更大大地推动了区域品牌的传播。

4. 浙江区域品牌传播受众

受众是品牌传播内容的消费者和解码者，也是区域品牌传播活动的参与者，更是传播效果的显示器和反馈者。从身份角度划分，浙江区域品牌传播受众可以分为五大类。

（1）中央政府、其他省份政府、国外政府

中央政府为浙江提供政策资源、政策支持和服务，而其他省份、国外政府则是浙江经济发展的重要合作伙伴。区域品牌传播作为推动区域经济发展的重要手段，通过吸引中央政府对于浙江的关注，可以获得更好的政策、资源和服务的支持，也有利于推动其他省份以及国外政府同浙江在政治、经济、文化、社会各个方面开展合作，从而推动浙江的全面发展。

（2）浙江内外普通社会大众

社会大众是浙江区域品牌传播对象当中数量最为庞大的一个群体，也是区域品牌传播最不可忽视的一个对象。该群体对浙江经济水平、政府服务、社会治安、社会文化以及企业和产品品牌、产业品牌等的印象直接决定了浙江区域经济的持续发展。总体上看，浙江区域品牌传播能够大大增强浙江区域内民众的认同感、自豪感，提升浙江对于区域外社会民众的吸引力。群众的力量无疑是强大的，通过对这股力量的传播能够帮助浙江在社会公众心目中树立良好的浙江品牌形象。

（3）国内外投资者

国内外的投资者以其雄厚的资金外加先进的技术、管理经验等成为了区域产业跨越式发展的重要依托。在浙江区域品牌传播过程中，通过对浙江区域经济发展水平、区位条件、人才资源、政府政策、市场环境和产业环境等一系列品牌信息的传播是吸引投资者投资的重要手段。

（4）普通旅行观光爱好者

旅游作为现代新型服务业，以其无污染、低成本、高安全性等特性成为旅游资源丰富地区经济发展的重要产业支柱。而浙江拥有丰富的自然旅游资源、历史文化旅游资源，这是亟待进一步挖掘的巨大宝藏。显然，浙江区域品牌传播过程当中对于自然环境、民风民俗、文化遗产、景点设施和衣食住行的宣传，其目的恰恰是吸引旅游观光爱好者的光顾。

（5）区域外的产品服务市场

区域的出口市场指的是本区域外的产品和服务市场，包括其他区域市场和国际市场。这些市场作为区域产品、服务重要销售渠道，对区域产品、服务的消费产生重要的影响，因此成为区域品牌传播的重要对象。

5. 浙江区域品牌传播过程

（1）浙江地方政府制定区域品牌发展战略

政府基于地方经济发展的需要，力图扩大区域品牌的影响力，吸引更多的资源向区域内集聚，客观上造成了政府具有强烈的内在愿望传播区域品牌。当区域经济发展到一定阶段，区域产业的知名度和美誉度已经在一定的地域范围内具有影响力时，政府主导下的区域品牌传播就成为必然。浙江政府作为区域品牌创建的主导者，对浙江区域品牌的构建发挥着不可替代的作用。从浙江区域品牌传播的整体状况来看，浙江地方政府区域品牌发展战略的制定过程，是一个由省、市、县三级政府组成的，环环相扣的，多层级的区域品牌发展战略制定体系，如图4—3所示。

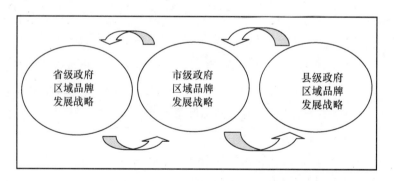

图4—3　浙江各级政府区域品牌发展战略制定过程

从省级政府来看，浙江省实施名牌战略起步较早。1992年，省政府发出2号文件，提出了宣传和发展名牌产品的战略要求，浙江省开始启动名牌战略。2006年，浙江政府顺应浙江经济发展的内生性要求，以省政府名义颁布了《关于推进"品牌大省"建设的若干意见》，在该意见中，浙江政府深刻明确了知名品牌的多少、品牌经济的发展水平，已经成为国家和地区综合实力和国际竞争力的重要因素，提出要"以企业为主体，以市场为导向，坚持以质取胜，深入实施品牌战略，综合运用经济、法律、行政等手段，培育、保护和发展一大批品牌产品、品牌企业和区域品牌，努力创建拥有自主知识产权的国际知名品牌"。2008 年以来，浙江省委、省政府提出"以品牌助推转型升级，应对金融危机"的战略部署，品牌成为政府助推经济转型，增强地方经济实力的重要手段。

浙江市级政府根据省级政府区域品牌战略，制订本级区域内的品牌发展规划，对本级区域品牌的发展发挥了实质意义的指导作用。如温州市政府结合本区域实际发展状况制定了《温州市人民政府关于深化名牌发展战略加快创建区域品牌的意见》，提出要进一步完善品牌体系，创建一批拥有自主知识产权和核心竞争力的名牌产品、品牌企业（商标、商号），并积极培育区域品牌，组织申报"全国知名品牌创建示范区""国家重点产业集群示范建设单位"和"浙江省区域名牌"等区域名牌。杭州市政府在《杭州市人民政府关于实施商标战略促进杭州经济发展的若干意见》中则提出要通过实施各项商标战略来推动区域品牌的发展。

而浙江县级政府则根据省级以及市级的区域品牌发展方略结合县一级的实际情况，制定本县内的区域品牌发展战略，从而使区域品牌战略得以进一步适应本县的实际发展状况。如义乌市政府在《义乌市人民政府关于实施商标战略促进义乌经济发展的若干意见》中明确提出"依托区域块状经济，发掘特色和优势，打造产业集群的区域品牌。鼓励行业协会、商会和龙头企业开展协作，以区域整体力量打造专业商标品牌基地"。

当然，在浙江省由"省级政府到市级政府再到县级政府"的区域品牌发展方略制定体系中，其方向并不是单一的，县级政府、市级政府的区域品牌发展战略同样也会影响到省级政府区域品牌战略的制定。

（2）浙江行业协会以及浙商商会主导区域品牌传播

浙江政府在制定区域品牌发展战略的同时，浙江的行业协会以及遍布全国各地的浙商商会开始推动浙江区域品牌传播。其作用主要表现在以下四个方面。

首先，积极同政府交流合作，协助政府开展各种区域品牌传播活动。由于行业协会以及商会是浙江产业集群或者众多浙江企业的集合体，而浙江大多产业集群以及企业都是品牌影响力极其缺乏的中小企业，因而这些行业协会和商会就自然而然地承担起培育区域品牌，组织宣传区域品牌的任务。对于浙江众多产业集群来说，行业协会是浙江区域品牌传播活动的重要组织者。例如浙江嵊州领带协会和服饰专业委员会成立后，多次组织中国精品领带设计、制作大赛，促进龙头企业提高设计开发能力、树立品牌理念。而对于遍布全国各地的浙商企业来说，浙商的商会就是其与当地政府沟通交流，并通过各种活动传播浙江区域品牌的渠道。如上海浙江商会就组织了"相约世博盛会、共话合作发展"——2010长三角女企业家世博群英会、"新形势下地产企业的转型与创新"主题论坛、第三届上海市新浙商运动会和2011上海市浙江商会年会暨"多重变量下"中国民营经济发展趋势高峰论坛等各类活动近百场次，超过5000人次的会员参加活动；接待了浙江、吉林、陕西、湖北、海南、广西等30多个省市、地市的党政、经贸考察团和美国旧金山市访华代表团等10多个海外机构的来访，极大地推动了浙江区域品牌的传播。

其次，创建区域产业网站，提供更多服务。随着网络媒体的发展及其影响力的不断扩大，创建区域产业网站、旅游网站，传播区域产业品牌已经成为重要的传播方式。例如嵊州服饰专业委员会与"阿里巴巴"网络技术有限公司合作创建了"中国领带在线"网站。该网站为企业提供全球服饰产业的各方面信息，能够为领带服饰企业提供从原料采购到产品销售的全程服务。

再次，加强行业自律，维护区域品牌形象。在产业集群区域品牌打造以及传播过程当中，稍有不慎，就容易引发由于单个企业不法行为导致的"公地悲剧"，例如历史上有名的"金华毒火腿事件"，从而对区域整体产业产生重大影响。

最后，行业协会以及商会是浙江企业的重要信息渠道。在知识经济的信息社会，企业需要方方面面的信息才能取得成功。浙江中小民营企业由于固有的自发性、分散性、盲目性，使它们很难自行从正规渠道获得企业发展所需的全部信息，并且获取信息的成本非常高，而行业协会以及浙商商会作为行业的专业组织，在获取信息以及传播信息方面有着天然的优势，是区域企业获取信息的重要渠道。如浙江的众多商会通过创办商会杂志或者报纸的方式为成员提供最新的资讯。比方说，安徽浙江商会创办了《安徽浙商》杂志以及《安徽浙商报》，温州总商会创办了杂志——《温州商会》，而上海温州商会则创办了杂志——《上海温州人》，广州温州商会则创办了《广州温州商会报》，上海台州商会创办了《台州商人》杂志，等等。这些杂志或者报纸大多把关注重心放在浙商在本区域内商业特色，报道商会以及商会各个成员相关资讯信息，致力于为会员企业在本地区的发展提供资讯支持。

（3）浙江企业、产业集群参与区域品牌传播

浙江企业及产业集群作为浙江区域品牌传播的实际受益者，在区域品牌传播过程当中主要发挥两方面的作用。首先，传播企业品牌，进而提升区域品牌的知名度。浙江在发展过程中已经形成了众多全国性的龙头企业，如正泰集团、雅戈尔集团、娃哈哈集团、吉利集团等，这些大集团在传播自身企业以及产品品牌的过程当中，也一定程度上提升了浙江整体区域品牌的影响力。尽管如此，由于发展所限，当前浙江具有强大国际化影响力的企业品牌仍然比较少。而从大部分国家区域品牌的发展情况来看，也正是一些具有雄厚品牌实力的国际大牌支撑了一个产业集群以及区域品牌形象。例如法国的兰蔻、香奈儿、爱马仕等国际性的大品牌支撑了法国整个香水产业，赋予法国香水以浪漫的形象。而显然，浙江龙头企业的实力以及传播力远没有发展到这一步，但我们也看到了浙江企业在品牌上所做的努力，如雅戈尔成立五个品牌工作室：MAYOR& YOUNGOR、GY、YOUNGOR CEO、"汉麻世家" 和 Hart Schaffner Marx，分别面向行政公务人员、年轻时尚人群、商务人员等目标群体进行品牌定位，并在品牌风格和内涵上建立鲜明的个性。我们相信，随着浙江龙头企业及品牌的国际化发展，未来这些大企业、大品牌必将成为浙江产业区域品牌的重要依托。其次，积极参与政府以及行业协会组织的区域品牌传播活动。每年，浙江众多产业集群企业都会积极参加政府以及行业协会组织的节庆、会展活动。如浙江义乌的小商品博览会是众多小商品企业的盛会，而1994年开始在浙江海宁举行的海宁皮革博览会则是众多皮革企业的盛会。通过这些人们耳熟能详、持续性极强的博览会，不仅浙江的企业以及产业集群的区域品牌得到传播，也吸引了众多海内外客商的参加，极大地推动了浙江的区域品牌传播。

（4）浙江高校、研究院所等科研单位及普通社会公众助推区域品牌传播

在浙江区域品牌传播体系中，浙江高校、研究院所等科研单位是浙江

企业、产业乃至整个经济发展的重要支撑，他们不仅帮助培养企业、产业、行业各类不可或缺的人才，更为各项产业发展提供技术保障，并且发挥高校创意优势，加速推动企业、产业乃至整个行业的创新，为浙江整体经济的发展立下了汗马功劳。

　　而普通社会公众在浙江区域品牌传播中，不只单单作为区域品牌的传播者，其传播行为甚至可能成为推动区域产业升级的重要传播渠道，从而大大提升产业的竞争力以及品牌影响力。据资料显示，温州人已经与"第三意大利"地区的企业建立了广泛的联系，有一些温州人甚至在"第三意大利"形成自己的社区，这些温州人借助互联网技术和其他先进的信息通信技术，将"第三意大利"的先进技术设备、产品创新款式等知识迅速传递到远在千里之外的温州地区，增强了当地的技术和产品创新能力，在"第三意大利"地区出现的国际上流行的新款式服装或鞋，一周内就可以在温州市场看到，在"第三意大利"的温州人也可以通过家乡的亲戚朋友，迅速了解国内的市场需求或产品价格变动信息，从而有利于自身企业及时转换经营方式或产品式样，增强企业的竞争力。他们不断地合作交流，也增强了其创新能力。Axenian（1998）等学者发现，中国的台湾地区与美国的硅谷地区之间存在着广泛密切的联系，这主要归功于台湾地区的留学生和技术移民，这些密切的个人和专业纽带促进了技能、诀窍、市场和技术信息的快速传播。由此可见，普通社会公众在区域品牌传播的过程中发挥着不可替代的作用。

二　山东区域品牌传播模式

（一）山东省区域品牌传播资源分析

1. 自然资源

　　山东省地处黄河下游，东部半岛如鹰嘴状向东突入渤海、黄海，形成了3000多千米的黄金海岸，拥有近海岛屿200余个，海洋生物资源丰富，水产品产量居全国前列，其中对虾、海参、扇贝、鲍鱼、海胆等海珍品产量更是居全国首位。此外，山东已建成多处大中型盐场，是全国四大海盐产地之一。得天独厚的沿海优势给山东带来了发达的海洋化工业。目前，山东已经初步形成了以纯碱、氯碱系列产品和海洋生物化工为主要内容的海洋化工产业链。纯碱深加工及综合利用氯产品已具规模，如碳酸钠、氯化钙、白炭黑、聚氯乙烯、氯化聚乙烯、环氧丙烷等，其中氯化聚乙烯生产能力居亚洲首位。

山东矿产资源丰富。全省现已发现的矿藏资源有 128 种，占全国已经发现矿产品种类的 70% 以上。探明储量的 74 种，其中有 30 多种储量居全国前 10 位。居全国第一位的有黄金（岩金）、自然硫（占全国储量 90% 以上）、石膏（占全国储量 79% 以上）等。居第二位的有石油、金刚石（储量占全国 40%，产量占 80%）、菱镁矿、钴、花岗石等。居第三位的有钾盐、石墨、滑石、膨润土、石灰岩等。其中黄金产量约占全国总产量的 1/4，经济效益占全国黄金行业的一半以上。山东是全国重要的能源基地之一。胜利油田是中国第二大石油生产基地，全省原油产量占全国的 1/3。山东境内含煤地层面积 5 万平方千米，兖滕矿区是全国十大煤炭基地之一。山东电力资源充足，山东电网是全国六大电网中唯一的省独立电网。

山东是中国重要的农产区，素有"粮棉油之库，水果水产之乡"之称，农业种类齐全，基本上是全国的一个缩影。粮食产量居全国第二位，小麦产量占粮食总产量的 50% 左右，居全国第一位。经济作物主要有棉花、花生、麻类等，花生产量占全国的 40% 左右，出口占全国的 90% 以上，各种麻类种植面积和产量均居全国前列。山东还是水果、蔬菜、海产品及蚕茧、药材的主要产区之一。果树品种丰富，名特产品多，特别是烟台苹果、莱阳梨、肥城桃、乐陵金丝小枣、枣庄石榴、大泽山葡萄以及章丘大葱、莱芜生姜、潍坊萝卜等，都是山东久负盛名的特产。

2. 经济资源

改革开放以来，山东经济发展速度很快。2002 年，山东省 GDP 首次突破 1 万亿元，四年翻一番，2006 年突破 2 万亿元，2008 年超过 3 万亿元，2011 年突破 4 万亿元，2015 年达到 6.3 万元，居全国第三位，排在广东、江苏之后。

山东区域经济蓬勃发展，2009 年国务院批复了《黄河三角洲高效生态经济区发展规划》，依托黄河三角洲优质生态资源，以四大临港产业区为核心，以经济技术开发区、特色工业园区和高效生态农业示范区为节点，形成环渤海南岸经济集聚带。[①] 借助国家战略政策支持，使鲁西北等欠发达地区得到进一步发展。2011 年初获批的山东半岛蓝色经济区，是我国第一个以海洋经济为主题的区域发展战略，第一年就实现生产总值18724.9 亿元。[②] 在以高新技术产业为主的省会城市经济圈和以青岛为龙头的半岛城市群的带动下，山东区域经济一体化协调发展，为增强山东在全国区域发展中的竞争力做出了积极的贡献。

从山东的经济所有制性质来看，山东国有及国有控股企业资产的比重偏大，与广东、浙江相比，山东没有出现民间资本的汇集，也没有过早地引进成规模的外来资本。在民营经济方面，注册资本超过 1000 万元的企业不足总量的 5%，与浙江、广东、江苏等先进省份存在较大差距。

从经济发展结构来看（见表4—1），与其他三省相比，山东第二产业比重过大，第三产业比重偏小。2011 年，山东人均 GDP 为 7469 美元，从世界各国发展历史来看，人均 GDP 超过 7000 美元的国家，第三产业比重一般在 60% 以上。而山东 2011 年第三产业占 GDP 的比重仅为 38.3%，远远低于国际标准，相比广东的 45.2% 也有很大差距。但是，从 2004 年的三产比重 5.4∶66.7∶28 也能看到山东产业结构调整的显著成绩。

表4—1　2011 年山东、广东、江苏、浙江省生产总值及三次产业增加值

	GDP 总值（亿元）	第一产业（亿元）	比例（%）	第二产业（亿元）	比例（%）	第三产业（亿元）	比例（%）
山东省	45429.2	3973.8	8.7	24037.4	52.9	17418.0	38.3
广东省	52673.6	2659.8	5.0	26205.3	49.7	23808.5	45.2
江苏省	48604.2	3062.1	6.3	25031.2	51.5	20511.0	42.2
浙江省	32000.1	1580.6	4.9	16404.2	51.3	14015.4	43.8

资料来源：山东省、广东省、江苏省、浙江省 2012 年政府工作报告。

---

① 东营市发展和改革委员会：《〈黄河三角洲高效生态经济区规划〉解读》，http://dypc.dongying.gov.cn（2010 - 03 - 03）。

② 山东省统计局：《2010 年山东省国民经济和社会发展统计公报》，山东统计信息网，http://www.stats-sd.gov.cn（2011 - 02 - 28）。

3. 政治资源

新中国成立之初，中央政府掌握着我国的主要政治资源，并以计划的形式进行配置。党的十一届三中全会以后，中国进入市场化发展阶段，原有的政治资源配置方式已经不能适应经济的发展，政治资源配置出现分散化趋向。山东凭借"融南汇北，沟通东西"的地理区位优势和良好的经济基础，在政治、经济、文化、社会方面取得了突破性的进展。2009 年国务院批复的《黄河三角洲高效生态经济区发展规划》、2011 年的《山东半岛蓝色经济区发展规划》、2011 年的《关于山东沂蒙革命老区参照执行中部地区有关政策的通知》等国家政策，为山东区域经济发展提供了良好的政策资源。

近年来，山东经济总量一直居全国前列，属于经济大省，但是在人均占有量方面仅处于全国中等偏上水平。针对山东区域内部、产业结构和城乡经济发展的不平衡，山东省政府出台了一系列针对鲁西北欠发达地区、高新技术产业、下岗工人和农民工的优惠政策，诸如 2004 年山东省委提出的"突破菏泽，带动西部，促进全省发展"战略、2007 年的《山东省支持自主创新加快高新技术产业发展的若干资金（金融）扶持政策》、返乡农民工创业扶持政策、农民工培训补贴政策、下岗职工创业优惠政策等。

4. 文化资源

（1）传统文化资源

齐鲁大地，历史悠久，拥有内蕴深厚的思想学说和多姿多彩的地域文化，有开拓进取、坚忍不拔的黄河文化，有仁、义、礼、智、信的儒家文化，有忠义、刚烈的水浒文化，有开放包容的海洋文化，有独具特色的民间文化。不同地域的文化在山东这一方水土上汇聚、积淀，共同谱写了齐鲁大地的精彩诗篇，支撑起刚健耿直的齐鲁精神。

黄河是中华民族的母亲河，下游横穿山东，在东营市垦利县流入渤海，常年淤积的泥沙平均每年造陆 23—28 平方千米，形成了黄河河口三角洲。黄河是一条善淤、善决、善徙的河流，与黄河千百年的斗争造就了山东人民不畏艰险、英勇抗争、兼容并蓄的群体主义精神。

儒家思想起源于春秋战国时代孔子和孟子的思想，公元前 136 年，汉武帝实行"罢黜百家，独尊儒术"，将儒家思想推上了学术界的大一统地位。儒家学说倡导血亲人伦、现世事功、修身存养、道德理性，其中心思想是孝、悌、忠、信、礼、义、廉、耻，核心为"仁"。儒家哲学注重人的自身修养，强调与人建立一种和谐的关系，"与朋友交，言而有信"①，"老吾老以及人之老，幼吾幼以及人之幼"②，充满了人文主义精神和完善的伦理道德思想。

《水浒传》的故事发生在水泊梁山（今山东省西南部梁山县境内），讲述了北宋末年的水浒英雄们揭竿而起，反抗朝廷黑暗统治，反贪官污吏，劫富济贫的故事。水浒既崇尚阳刚气质、勇武之风，也传承着儒家"忠、孝、节、义"的伦理精神，展示了水浒英雄们的侠骨与柔情，体现了社会各阶层崇尚英雄、向往和平盛世与幸福生活的美好意愿。

山东半岛三面环海，海岸线绵延曲折，约占全国大陆海岸线的1/6，拥有丰富的渔业、盐田、浅海及矿产资源。生命起源于海洋，人类繁衍于陆地，山东先民们一直崇拜东海之神，建造了众多的海神庙宇祭祀海神，希望海神能够赐福人类，消解灾害，也流传下了许多地方色彩浓厚的神话传说。当人们了解了海洋、征服海洋以后，海洋产业（涉海渔业、滨海旅游、海洋节庆、涉海体育业、涉海工艺品等）逐渐成为经济发展的重要增长极。

山东的民间文化丰富多彩，吕剧、山东快书、五音戏、章丘梆子、梨花大鼓等民间艺术汇集而成"曲山艺海"，剪纸、黑陶、潍坊风筝、面塑、杨家埠木版年画、核雕等民间工艺也是数不胜数。随着文化体制改革不断深入，山东打造的文化产业品牌也卓有成效，推出的电视剧《大染坊》《闯关东》《沂蒙》《小小飞虎队》，电影《沂蒙六姐妹》《上学路上》等一大批地域文化色彩突出的影视作品，受到了观众的普遍欢迎和社会各界的广泛认可。

（2）旅游资源

悠久的历史、灿烂的文化、优美的自然风光构成了山东省特色鲜明、引人入胜的自然景观和人文景观，山东的旅游资源就是自然与人文交织的体现。

五岳之首的泰山，位于山东省中部，处于古代东夷文化的中心地带，

① 孔子：《论语》，中华书局2006年版。
② 孟子：《孟子》，中华书局2006年版。

南麓有大汶口文化，北麓有龙山文化，自然形象雄伟，自古就有"上可通天，下可通地""五岳独尊"的美誉，是"天人合一"思想的寄托之地。我国五千年的文明史上，泰山一直与中华民族的繁衍紧密联系，《史记》中有七十二王封禅泰山，《尚书》中有舜登泰山祭祀，这是王者取得最高祭祀权的标志、是帝王权力的象征，神农、炎帝、皇帝、秦始皇、汉文帝、武则天、康熙、乾隆等无不来泰山祭祀天地，汉武帝更是前后八次登封泰山。① 泰山封禅意味着受命于天，昭示着国家统一，彰显国泰民安，可见泰山在中华民族文明史上所占的地位。在普通百姓眼中，泰山是平安的象征。"泰山神"东岳大帝、"泰山老奶奶"碧霞元君、"泰山石敢当"都寄托着人们对和谐与平安的信仰。泰山是自然与人文巧妙结合的杰作，山下的岱庙、山上的碧霞祠、泰山刻石、百年古树、千年汉柏、望人松、南天柱、百丈崖彰显了自然的神奇和文化的神圣。

孔子故里——曲阜，位于山东省的西南部，有"圣贤之乡，礼仪之邦"之称，是孔子出生、立教、传教之地，是儒学之源、儒学之根。孔子是世界上最伟大的哲学家之一，是中国儒家学派的创始人。儒家文化作为中国的正统文化，是整个东方文化的基石，"三孔"（孔庙、孔府、孔林）是中国历代纪念孔子，推崇儒学的表征，被世人尊崇为世界三大圣城之一。孔庙由孔子故居改建，后由历代帝王扩建而成。孔庙的碑刻和石刻艺术品数量之多，艺术价值之高，堪称中国古代大型祠庙建筑的典范。孔府是孔子世袭"衍圣公"的世代嫡裔子孙居住的地方，是我国仅次于明、清皇帝宫室最大的府第。孔林是孔子及其家族的专用墓地，沿用2500多年，内有坟冢十万余座，其延续时间之久、墓葬之多、保存之完好，举世罕见。② 从1984年开始，曲阜国际孔子文化节已经举办了27届，吸引了大批的中外游客。

除此以外，"家家泉水，户户垂杨"——济南的趵突泉、黑虎泉、珍珠泉、五龙潭、大明湖、千佛山；"泰山虽云高，不如东海崂"的崂山；人间仙境蓬莱阁等众多人文、生态资源不胜枚举。目前，山东省旅游局整合省内旅游资源，形成了以济南、曲阜、邹城为一体的"山水圣人"旅

---

① 《泰山文化》，泰山风景区官方网站（www.mount-tai.com.cn）。

② 《至圣孔子》，中国·曲阜，www.qufu.gov.cn。

游区，以青岛、烟台、威海为中心的海滨旅游区，以潍坊风筝、杨家埠木版年画为主体的民俗旅游区，以淄博齐国故城、东周殉马坑、蒲松龄故居为主的齐文化旅游区，黄河入海奇观和生态湿地形成的黄河口旅游区，由台儿庄、刘公岛和沂蒙老区组成的红色旅游区等。山东旅游以"好客山东"为品牌形象进行整体宣传，"好客"正是呼应了孔子的那句"有朋自远方来，不亦乐乎"，既表现出了山东人的豪爽热情，又语带双关地诚邀四方。

5. 社会资源

人是社会构成的最小元素，也是社会发展的重要资源。在自然、文化、社会等环境的塑造下，形成了山东人敦厚尚礼、豪放刚烈、勤劳质朴、热情好客、坦诚忠义、宽容忍耐、坚守传统的性格特征。这些性格特质成为山东人的一种习惯、一种生活方式，已经被模式化、固定化，通过社会化和内化等方式逐渐渗透到人的心理结构之中，影响个人的思想、态度和行动。

山东省现有常住人口 9637.3 万人，中青年居多，15—64 岁的人口占 74.3%；出生率为 11.5‰，人口保持低速平稳增长。城镇新增就业 118.7 万人，新增农村劳动力转移就业 135.9 万人，连续 8 年实现城镇新增就业和农村劳动力转移就业双过百万。全年居民消费价格上涨 5.0%，其中，城市上涨 4.7%，农村上涨 5.9%；服务项目价格上涨 3.5%，消费品价格上涨 5.6%。[①]

"截至 2011 年底，山东城镇职工基本养老、基本医疗、失业、工伤、生育保险参保人数分别达到 1900.7 万人、2999 万人、964.8 万人、1276.1 万人和 857.8 万人。城镇居民社会养老保险和新型农村社会养老保险制度提前一年实现全覆盖。全省参加城乡居民社会养老保险人数 4093 万人，1197.9 万城乡居民按月领到了养老金。困难群众生活得到明显改善。城镇最低生活保障人数 61.7 万人，月人均保障标准 318 元。农村最低生活保障人数 240.5 万人，年人均保障标准 1693 元。社会救助事业稳步发展。应急救助规模不断扩大，安排城乡医疗救助资金 5.7 亿元，

① 国家统计局山东调查总队：《2011 年山东省国民经济和社会发展统计公报》，http://www.sd.gov.cn（2012 - 02 - 29）。

救助和资助居民 233 万人次。各级慈善总会支出善款 7.0 亿元，继续用于朝阳助学、夕阳扶老、情暖万家、康复助医、爱心助残五大工程。救助体系不断完善，已建救助管理站 36 处，流浪未成年人救助保护中心 23 处。现有收养性社会福利单位 2334 个，床位数 33 万张，收养 24.7 万人；其中农村五保供养服务机构 1626 个，床位数 23.8 万张，集中供养率达 75.5%。社会福利企业 1421 个，安置残疾人员 3.9 万人。"[1]

(二) 山东省区域品牌传播现状分析

1. 山东省区域品牌定位

区域品牌定位决定区域品牌的发展方向，因而决定着区域的竞争力和区域品牌传播的效果，合理的区域品牌定位是区域品牌传播系统的核心。区域品牌定位的确定并非简单地区分区域经济增长路径，而是需要较为系统地结合区域品牌资源、区域品牌发展目标、区域品牌竞争力等众多因素而定的目标。总体来说，山东省区域品牌传播缺乏整体的规划和定位，仅有山东省旅游品牌、部分城市、部分大企业拥有比较完善的品牌传播系统，包括品牌总体规划、品牌形象、品牌定位、品牌管理、营销传播等。

山东省区域品牌的定位应以市场为导向，以资源为支撑，以科学技术为动力，以政策为依托，因地制宜地优化资源配置，注重品牌传播受众真正需要的特色和特性，及时捕捉环境中正在出现或者即将出现的有利机会，逐步推进区域各个行业的全面发展。山东省区域品牌的定位不应仅仅关注各个行业的发展，还必须保证经济目标、社会目标和生态环境目标的协调统一。首先，山东省区域品牌可依托山东省旅游品牌的现有优势，整合山东文化、经济、历史等多种资源，以山东的"好客"作为区域品牌的核心，不仅与孔子"有朋自远方来不亦乐乎"的特质协调一致，展现山东人的热情好客，更能给予消费者"客好"的双重利益承诺，即产品和服务质量上的物质承诺和让消费者满意的精神承诺。其次，"好客山东"已经开始了整合城市、企业、产品品牌的步伐。济南火车站贴有"好客山东"标志的"和谐铁路 魅力泉城"的城市宣传广告；央视一套

---

[1] 国家统计局山东调查总队：《2011 年山东省国民经济和社会发展统计公报》，http://www.sd.gov.cn（2012—2—29）。

的"好客山东"中加入了景芝酒之城、天地缘洞藏基地等企业广告的内容；由山东省旅游局、山东省海洋与渔业厅、山东省质量技术监督局、山东省食品药品监督管理局共同培育打造的山东旅游商品"山东三珍"（阿胶、海带、胶东参）推荐了14家企业的产品。① 以"好客山东"品牌拓展为契机，将"好客山东"升华为山东省的整体区域品牌大有可为。

2. 山东省区域品牌传播管理

目前，山东省区域品牌未设立专门的品牌管理机关，在山东省政府领导下，由各级市县政府、各行业主管单位及行业协会、各企业共同联合管理。在这样一种品牌管理模式下，城市间的地方保护、企业之间的恶性竞争等都可能成为区域品牌传播的阻碍。只有区域政府、城市、行业协会、企业、市民认识到区域的整体性，站在区域共同发展的视角审视和确定自身定位，区域品牌才能走得更高更远。

2012年4月10日，在山东旅游产学研工作会议上，山东省旅游局表示将支持合资或合作组建"好客山东"品牌管理公司，以特许经营的模式推出包括"鲁菜馆""山东客栈""逍遥游""乡村休闲度假酒店""四海为家"滨海度假酒店管理公司、"山东100"旅游开发管理公司等一批优质品牌旅游项目，以实现山东旅游品牌的产业化、实体化和市场化。② "好客山东"在飞速发展壮大的同时，已认识到品牌管理对一个品牌的重要性。

山东区域品牌应在品牌发展战略规划的基础上，尽快组建起专门的品牌管理机构来统筹策划和管理区域品牌，整合区域品牌传播资源、区分区域品牌传播的目标受众、制定区域品牌传播策略、协调各区域品牌传播主体之间的关系，为区域品牌传播做好充分准备。山东省区域品牌应当由山东省政府牵头，吸收一批在理论、实践方面有较多经验的品牌管理和品牌宣传人才，并借助顾问团及各类专业公司的专业知识和专业技能，为区域品牌制定发展战略规划、传播策略、创新项目提供专业支持。

---

① 张译文、霍春竹、赵思颖：《"山东三珍"品牌产品发布首批推荐14家企业》，山东旅游政务网（http：//www.sdta.cn），2011年12月30日。

② 乔显佳：《"好客山东"将有品牌管理公司》，《大众日报》2012年4月11日。

（三）山东省区域品牌传播主体分析

1. 山东省政府是区域品牌传播的领导者和规划者

山东省政府作为山东省区域品牌传播的领导者，在产业发展、定位及区域品牌的构建、传播活动中起着主导性的作用。区域政府作为国家在区域设立的一级行政管理机构，能够运用行政、法律的手段，对区域品牌传播活动进行规划、引导、调控和监督。

1993 年，山东省开始启动名牌战略，是全国首批实施名牌战略的省份。进入 21 世纪以来，山东省委、省政府高度重视名牌战略工作，先后提出了"发展一批大企业集团，壮大一批支柱产业，培育一批知名品牌"和实施名牌战略作为培育发展"三个一批"的总抓手，推动实施名牌战略再上一个新的台阶。2005 年，经山东省政府批准，由山东省名牌战略推进委员会、山东省质量技术监督局制定的《山东省名牌发展规划（2005—2010）》正式出台。作为全国首份省级名牌发展规划，确定了2005—2010 年的总体发展目标，指出了山东名牌战略发展重点，提出了八项主要措施。2006 年，在山东省政府印发的《山东省国民经济和社会发展第十一个五年计划纲要》中，把实施名牌战略、争创名牌产品列入纲要的重要内容，明确提出了争创中国名牌产品的任务目标和措施要求。

同时，山东省政府作为区域对外关系的代表，其主办或参与的各项对外传播活动成为区域品牌传播最具影响力的方式之一。2010 年 9 月 6—10日，中国文化部和教育部、联合国教科文组织全委会以及山东省政府在联合国教科文组织总部举办的"孔子文化周"活动，[①] 让世界各地的人们更加深入地了解孔子，了解山东，了解中国。2012 年 4 月 5 日，第十六届西洽会山东半岛蓝色经济区和黄河三角洲高效生态经济区投资环境说明暨项目推介会在西安市举行，旨在搭建黄蓝两区项目建设和西部大开发交流合作的平台。[②] 本次推介会，山东省 17 市和省直有关部门负责人全部到会推介黄蓝两区投资环境和重点产业项目，展示黄、蓝两区建设的优势和

---

① 吴辛欣、何滨：《"孔子文化周"精彩亮相联合国教科文组织总部》，国际在线，http：//gb. cri. cn（2010—9—7）。

② 李梦、魏好勇：《西部企业看好"黄蓝"两区》，《大众日报》2012 年 4 月 6 日。

蓬勃发展后劲，引起了社会各界的广泛关注。来自新华社、山东电视台、陕西电视台、《大众日报》《山西日报》、凤凰网等近 20 家主要媒体对本次推介会进行了全方位的报道。以政府为主体进行的区域品牌传播活动相对于其他区域品牌传播主体，传播的平台更高、传播范围更广。

2. 山东省各管理机构是区域品牌传播的实施者

山东省政府下辖的山东省文化厅、体育局、旅游局、农业厅等政府管理机构在山东省政府的领导下，进行城市品牌传播、举办推广山东文化、经济、产业的活动，以扩大山东区域品牌的影响力、增强品牌感染力。

2011 年 9 月，山东省文化厅、巴黎中国文化中心共同举办了山东书架暨山东当代绘画展、琴箫雅乐演奏会，① 用以促进东西方文化的交流与沟通，增进彼此的了解与理解，构架起东西方文化的桥梁。自 1987 年以来，每年 9 月由中国登山协会、山东省体育局主办的泰山国际登山节除了原有的文化、体育活动，愈加强调登山节的载体作用，突出发展旅游主题，扩大开放和招商引资。山东省旅游局为推广山东旅游品牌举办的"好客山东贺年会""谁不说俺家乡好——山东人游山东""山东旅游超市""鲁川携手 振兴旅游"等活动，在推广"好客山东"旅游品牌的同时，整合 A 级景区、旅行社、星级餐馆、旅游商品的多种旅游资源，确保品牌品质；同时以旅游外宣作为山东外宣的切合点，向世界发出"有朋自远方来，不亦乐乎"的真挚邀请，让更多的朋友走进山东、感知山东，积极借用旅游文化资源带动外宣、用外宣促进旅游。还有一年一度的潍坊国际风筝节、山东国际滑雪节、青岛国际啤酒节、中国（寿光）国际蔬菜科技博览会等节庆活动作为山东省政府管理机关的主办活动，在山东省区域品牌推广过程中起着举足轻重的作用。

3. 各种行业协会是山东省区域品牌传播的助推器

山东省各个行业协会在区域品牌传播过程中发挥着助推器的作用。行业协会是介于政府、企业之间，商品生产者与经营者之间，并为其服务、咨询、沟通、监督、公正、自律、协调的社会中介组织，是政府与企业之间的桥梁和纽带。行业协会存在的主要目的就是为行业发展提供助力，以

---

① 《山东书架暨山东当代绘画展、琴箫雅乐演奏会在巴黎中国文化中心举办》，《山东图书馆学刊》2011 年第 5 期。

实现更大的经济效益。

山东省商会由从事商品生产、流通、餐饮、服务的各类企业和个人自愿组成，担负着传达和宣传贯彻国家、省有关方针、政策、法律、法规；向政府反映行业情况、问题和要求，提出意见和建议；对行业和企业进行监督、管理、协调和服务；为会员企业开拓国内外市场提供咨询、中介服务；组织各类博览会、展览会、展销会、交易会等职能。山东在其他省份设立的山东商会，将儒家"仁、义、礼、智、信"作为商会的核心文化，发挥了"服务、维权、协调、监管"的职能。同时，在各山东商会的凝聚作用下，山东商人在行业经营过程中把山东人豪爽、淳朴、忠义的传统美德与解放思想、勇于创新的时代精神结合起来，形成了鲁商的独特标志。

山东省橡胶行业协会主办的"中国国际橡胶技术展览会""中国国际轮胎展览会"自2004年以来，已发展成为国内橡胶业规模最大、参展品牌最多、影响最广的专业展会，是展示山东省橡胶轮胎行业发展成果和最新产品的良好平台，也是促进山东与国内外企业交流合作的重要渠道，为省内橡胶、轮胎行业把握新技术、推动产业升级发挥了很大的作用。山东省汽车行业协会先后建立"山东省新能源汽车技术创新联盟"和"山东省企业轻量化技术创新联盟"，搭建信息、统计、会员三个平台，为企业提供展会资源、人才培训、安全生产标准化考评、国际交流等多项服务。山东省旅游协会、山东省保险业协会、山东省科学技术协会、山东软件行业协会、山东家具协会等行业协会在各个行业的发展过程中、山东省区域品牌的传播过程中为各个行业品牌的发展搭建了良好的平台。

4. 区域内企业是山东省区域品牌传播的主体

谈到山东最具影响力的企业和最有价值的品牌，非海尔莫属。海尔集团创立于1984年，经过三十多年的发展，产品从单一冰箱发展到现在拥有96大门类15100多个规格的产品群，出口世界100多个国家和地区，集团成为在海内外享有较高美誉度的大型国际化企业集团。目前，海尔集团700多家原材料分供企业中，世界500强企业就有59家。同时，供应商参与到海尔产品的前端设计与开发中，根据用户需求与供应商的零距离沟通，以保证海尔整机技术的领先性，实现与供应商的双赢，增强整条供应链的竞争力。

2012 年 1 月，在一年一度的国际消费电子展（CES）上，海尔展出四大电视行业发展趋势：全球首创的无边框云电视、脑力波电视、包括裸眼 3D 电视在内的海尔 3D 电视系列及云电视为中心的"云家电"解决方案。作为中国家电品牌领军企业的海尔，对"中国制造"升级为"中国创造"做了很好的注解，也让国际市场看到中国制造业升级的成果。海尔以"创新"作为企业文化的核心，注重制度创新、管理创新和技术创新[1]，谋求自身发展的同时也深刻影响着集群内部的其他企业，从而保证了家电产业集群技术的领先型和产业发展优势，产生了产业集聚、地区集聚的双集聚效应，拉长了整个山东半岛的制造业产业链条，形成极具市场竞争力和强大生命力的集聚平台。海尔在区域文化影响下形成的严把质量、品质服务、注重诚信的品牌特质，反过来亦强化了区域品牌特性，二者之间存在一种相辅相成、共荣共生的关系。

可以说，山东省内企业的品牌传播活动以传播企业品牌为主，未能与区域品牌进行有效的结合。区域内大中型企业诸如澳柯玛、海信、青岛啤酒、山东重工等在区域品牌传播的过程中引领行业前沿发展，但大部分中小型企业的品牌传播活动仍采取投放广告宣传片、进行促销活动等低成本的宣传方式，主要是因为中小企业不具备系统地进行品牌传播的经济、文化实力，在区域品牌传播系统中处于从属地位。因而形成一种恶性循环，没实力参与品牌传播直接影响企业收益，收益率低造成中小企业无暇参与品牌传播活动。任何一家大企业也都是从小企业发展起来的，在未来的山东区域品牌传播活动中，应加强对区域内中小企业的引导和支持，为区域品牌增添活力与动力。

5. 社会公众是山东省区域品牌传播的协作者和监督者

区域利益相关者特别是广大市民是区域的主体，是区域品牌传播过程中不可或缺的重要参与者。山东省区域品牌建设和传播的重要特点是在社会效益、环境效益和经济效益统一的前提下，充分发动群众、紧紧依靠群众，通过全体市民的参与和支持，充分组织社会各界人士指导、参与区域品牌建设和传播活动。

2008 年，由山东省旅游局、中国旅游报社、大众报业集团、山东省

---

[1]　文正欣：《张瑞敏谈战略与管理》，海天出版社 2011 年版。

广播电视局联合主办了"好客山东，精彩旅游——山东旅游线路设计大赛"评选活动，致力于营造关注山东旅游、参与山东旅游的浓厚氛围，从而更好地满足国内外游客的消费需求，大赛期间收到海内外投稿 5 万余份，社会反响强烈。①

2011 年 10 月，由济南市委宣传部、市文明办、市委外宣办指导，济南日报报业集团组织开展的"泉城新八景"评选活动吸引了众多市民的关注。该评选活动组织了专家评审团、市民评审团，结合公众投票逐级评选出"泉城新八景"，是城市主人翁权利的具体体现。区域市民主动参与、主动出击，使更多的人了解济南、认识济南。

2012 年，第 29 届潍坊国际风筝会开幕，该届风筝会首次举办"百龙闹春"潍坊龙头蜈蚣风筝放飞表演活动、首届青年自行车骑行赛、市区万人风筝放飞活动等，相比往届风筝节更加注重市民的参与，营造欢乐、向上、和谐的气氛，向外界展示潍坊的良好精神风貌。

山东省旅游局联合各市旅游局举行的"到山东不可不去的 100 个地方""到山东不可不吃的 100 种美食""到山东不可不买的 100 中特色商品"等评选活动，也得到了广大市民的热烈响应，市民对山东的评价成为游客畅游山东最好的"旅游指南"。可见，区域建设得好不好，传播的效果怎么样，是要由市民做出评判的。只有正确认识市民的主体性，积极提升市民的参与度，充分尊重市民的发言权，区域品牌建设和传播活动的进程和效果才能有保证，区域品牌的各项功能才能得到更好的完善。从另一个方面说，好客的居民是吸引游客的一个重要因素，"好客"的山东人无疑是山东人素质的独特体现，也是吸引区域外部旅游者、投资者的关键因素之一。

从山东省区域品牌传播主体分析来看，相对于企业品牌、产品品牌相对单一的传播主体，区域品牌的传播主体具有多元性、交叉性的特点。首先，区域政府是区域品牌传播的领导者和规划者，为区域品牌传播制订总体规划；区域各管理机关是区域品牌传播的实施者，直接为区域品牌传播服务，且以新闻发布会、节庆会展、对外传播活动为主，影响广泛；山东

---

① 《"西霞口杯"好客山东　精彩旅游——山东旅游线路设计大师评选结果》，山东省旅游政务网，http：//www.sdta.gov.cn/zhuanti/xlpxjg/。

省行业协会所进行的区域品牌传播主要为该行业发展服务，传播活动以研讨会、会展为主；企业作为山东区域品牌传播中最有活力的部分，以企业品牌传播活动为主，尤其是中小企业对区域品牌传播的参与度不高；山东社会公众对区域品牌传播的参与，真正地让人体会到山东人的"好客"与"热情"。其次，由于系统内的传播主体纷繁芜杂、层次多样，在区域品牌传播过程中有着不同的利益诉求，可能会增加区域品牌传播的复杂性和不可控性。

（四）山东省区域品牌的传播渠道分析

1. 大众传播（直接传播）

山东省区域品牌利用大众传播方式主要传播新闻和广告两类信息。采取的渠道主要有以下几种。

（1）报纸、杂志。主要是在报纸、杂志上刊登关于山东的各类信息，如《人民日报》上《山东全力振兴文化产业》《山东谱写文化"三部曲"》《山东：大企业战略提升自主创新能力》等新闻信息；以宣传各界山东精英人物事迹的《山东人》杂志等。通过这类传播渠道传播的主要是山东新近发生的新闻，对受众了解山东各类时事和感知山东的发展作用巨大。

（2）电视、网络。主要包括政府门户网站、企业网站、网络报纸杂志、企业/产品的广告片、关于山东的影片、博客、微博等。"好客山东"在央视一套投放套装广告，《朝闻天下》插播（约7：45分）、《新闻30分》前（约11：50分）、《新闻20分》前（月14：56分）、《人与自然》前（月16：25分）、《星夜剧场》集间（约23：14分）①，央视一套是我国覆盖面最广、收视率最高、最具权威性和影响力的电视频道，"好客山东"广告覆盖早、中、晚三个黄金时段，实现全天的传播覆盖。讲述山东人开拓边疆、艰苦创业的《闯关东》在全国热播，展现了山东人仁义宽厚、忠诚守信、勤劳智慧的精神特质。山东电影电视剧制作中心翻拍的《小小飞虎队》掀起了新一轮收视高峰，既弘扬了爱国主义精神，也将重

---

① 《关于投放"好客山东"央视1套套装广告的通知》，山东旅游政务网（http://www.sdta.gov.cn）2010年3月18日查询。

承诺、守信用、敢于担当、仁义友爱的品质传达给每一位观众。

山东省政府门户网站"中国·山东"以发布省内政务信息为主，并设有信息公开、办事服务、便民服务、互动交流等板块，为市民了解山东政务、解决各类问题提供了良好的平台。山东旅游局官方网站"山东旅游政务网"既有常设性的政务信息、服务信息，还为旅游经营者、从业者、管理者、媒体记者分别开设了查询信息、办理业务的窗口，为受众办理业务节约时间，更是体现了传播者向"受众中心"转变的传播观念。

图4—4 中国山东网站首页截图

在新浪微博搜索山东—认证用户，"山东卫视""山东省旅游局官方微博""山东鲁能""山东公安""山东共青团""山东商报""山东大学""山东航空公司""山东高速出行服务""青岛啤酒""大道鲁商"等山东企事业单位、学校等开通的官方微博，发布行业最新信息，与粉丝互动。其中的"山东卫视"微博7939条，拥有粉丝276万人，[①]微博内容以预告山东卫视各频道电视节目为主，微博信息的即时性、共享性、动态性和用户多层次化的特点使微博为传统大众传播方式做了有效补充。通过电视和网络进行的品牌传播具有高度大众化的特点，传播面广、效率高、速度快，是目前树立区域形象、强化区域品牌的重要途径。

（3）节庆会展等。通过在山东举办的各类节庆活动、体育竞赛、会展等大型活动的开展，吸引国内外游客、机构的关注和参与。每年各类活动之多，数不胜数，仅好客山东贺年会大型节庆活动就有60余项之多，

图 4—5　山东旅游政务网首页截图

涉及跨年迎新、贺年、购物、美食、温泉滑雪、春节祈福、元宵节民俗狂
欢等。国际性的节会有中国（曲阜）国际孔子文化节、中国（寿光）国
际蔬菜科技博览会、青岛国际啤酒节、中国（青岛）国际时装周、潍坊
国际风筝节、泰山国际旅游文化登山节、威海国际人居节、中国（淄博）
国际陶瓷博览会；还有黄河口（东营）国际马拉松赛、全国登山比赛等
体育赛事（具体见表 4—2）。节庆会展是地方政府与各行业协会、企业共
同组织的与区域产业发展紧密相关的活动，可以起到扩大区域品牌影响、
发展区域产业的作用。

表 4—2　　　　　　　　　　2011 年山东区域品牌传播的主要活动

山东区域品牌传播活动	时间	类型
中国（曲阜）国际孔子文化节	2011 年 9 月	节庆推广
中国（寿光）国际蔬菜科技博览会	2011 年 4—5 月	展会营销
青岛国际啤酒节	2011 年 8 月	节庆推广
中国（青岛）国际时装周	2011 年 6 月	节庆推广
潍坊国际风筝节	2011 年 4 月	节庆推广

续表

山东区域品牌传播活动	时间	类型
泰山国际旅游文化登山节	2011 年 9 月	节庆推广
威海国际人居节	2011 年 9 月	节庆推广
中国（淄博）国际陶瓷博览会	2011 年 9 月	展会营销
黄河口（东营）国际马拉松赛	2011 年 5 月	体育竞赛
全国登山比赛	2011 年 5 月	体育竞赛
中国国际消费电子博览会	2011 年 7 月	展会营销
第十二届山东省大学生科技文化艺术节	2011 年 4—11 月	竞赛活动
2011 好客山东贺年会	2012 年 1—2 月	节庆推广

资料来源：由各网站、报纸信息整理。

（4）公共关系传播。包括与区域产业有关的研讨会、新闻发布会、评审会、专业论坛、对外交流合作等。在公共关系传播活动中，邀请专家学者、品牌管理者、新闻媒介从业人员参与到区域发展的过程中，以扩大区域品牌的知名度和影响力。2009 年 9 月 2 日，由央视网、中视金桥国际传媒有限公司、中国商务广告协会主办，中国旅游研究院协办的"2009 中国区域品牌传播论坛——'好客山东'旅游品牌与价值推广"在北京举行。[①] 此次论坛以区域旅游品牌"好客山东"为案例，分析了"好客山东"品牌营销模式与传播路径，探讨了中国区域旅游品牌传播和发展方向，"好客山东"赢得了众多专家学者的好评，也得到了许多未来发展的意见和建议。2010 年 5 月，由山东省文化厅组建的山东艺术团赴香港、中国台湾参加"2010（香港）山东周"和"齐鲁经贸文化台湾行"文艺演出活动，[②] 展示山东地方特色的吕剧、琴书、唢呐等优秀节目受到了中国香港和中国台湾各界观众的热烈欢迎。2011 年 11 月 4 日，山东省烟台市与德国因戈尔施塔特市建立友好城市关系。[③] 2012 年 3 月，临沂市政府代表团访问韩国军浦市，考察了温泉旅游项目，并签订了友好城

---

① 胡伟：《打造区域旅游品牌势在必行——访山东省旅游局局长于冲》，《大众日报》2009 年 9 月 8 日。

② 山东省文化厅：《山东艺术团赴港台成功演出》，山东文化网，http://www.sdwht.gov.cn。

③ 《烟台与德国因戈尔施塔特市缔结友好城市》，胶东在线，http://www.jiaodong.net。

市关系协议书。① 这些活动都在一定程度上提升了山东区域品牌的知名度和影响力。

2. 间接传播

间接传播指的是采用一种间接的方式，将信息"润物无声"地传播给受众，人们从平时接收到的各类信息中形成的关于山东的形象、亲友口中关于山东的信息或对山东的印象、关注的某位知名人士或朋友对山东的城市、企业、产品的自我感受等都属于间接传播的范畴。通过这些方式传播的信息并不是品牌传播主体主观营造的，而是由区域品牌传播主体无法控制的信息源发出的，是不掺杂任何利益诉求的信息。受众从相对客观的角度接收到的关于区域品牌的信息，与传播者主动传播的信息相比，前者更能获得受众的信任，并吸引受众关注。

初中《语文》课本有一篇《济南的冬天》，老舍先生以自己的亲身感受，通过与北平、伦敦、热带的对比，写了济南的阳光、山川、白雪、绿水，写出了济南冬天的"温晴"和"出奇"，也表达了作者对济南冬天的喜爱，让读者也想去亲身感受一下。

2008 年汶川地震中有一支被称为"最牛救援队"的农民队伍，驾驶一辆农用三轮车，第一时间出发，历经 4 天 3 夜，到四川抗震救灾。他们是来自山东省日照市莒县的 10 位普通农民，他们用实际行动感动了灾区人民，感动了山东，感动了全国，也让人们看到了山东人的朴实和热情。

2011 年 3 月 19 日，山东好汉环球功夫大师争霸赛在烟台拉开序幕，由山东省体育局、山东省旅游局、山东广播电视台、山东省人民政府侨务办公室主办的"山东好汉"争霸赛设有烟台站、泰国站、西班牙站、韩国站、印尼站、美国站等分赛和济南总决赛。② 参赛的中国选手以山东籍为主，采取全球巡回的方式与各国高手切磋武艺。这类国际性的体育竞技类赛事，在世界各地宣传"山东好汉"品牌的同时，也将山东人勇武、硬朗的英雄本色表现得淋漓尽致。

---

① 《临沂牵手韩国军浦缔结友好城市》，人民网—山东频道，http://sd.people.com.cn。

② 毛旭松、柳斌：《山东好汉环球功夫大师争霸赛 19 日烟台开战》，《齐鲁晚报》2011 年 3 月 13 日。

（五）山东省区域品牌的传播受众分析

山东省区域品牌的传播受众分为区域内受众和区域外受众。区域内受众主要是当地企业、行业协会、居民，他们既是区域品牌的传播者，又是区域品牌传播的受众。通过对内传播增强区域内企业、行业协会与居民的认同感，促使区域品牌传播的四大主体协调合作，实现传播效果和范围的最大化。山东省区域品牌的对内传播内容主要包括政策发布、政策解读、新闻报道、节庆会展等信息，让公众了解区域发展情况、区域发展规划、各类政策变化，并吸引公众参与到区域品牌建设和传播的各项活动中，营造良好的区域发展氛围。政策方面有每年年初发布的年度《山东省政府工作报告》、人口普查主要数据公报、人事任免、规章制度和政府单位发布的其他文件；新闻报道主要是对山东省内新近发生事件的报道，这两类信息是为了满足公众的知情权，促进公众与区域产生互动，实现价值上的认同与融合，从而更加积极地参与到区域品牌发展与传播的过程中去。

山东省对外传播的目标受众包括山东省各类产业投资者、出口市场、旅游者、上级政府等。

1. 产业投资者

2011 年，山东省实有外商投资企业 28915 户，比 2010 年同期的 29486 户减少 571 户，同比下降 1.94%。从外资来源看，亚洲是山东省最主要的投资来源地，包括中国香港、韩国、日本、中国台湾等国家和地区，拉丁美洲和北美洲投资增长稳定。[①] 从利用外资情况来看，全省新登记外资大项目数量有较大增幅，产业布局也更加合理，第一产业发展平稳，第二产业仍占主导，第三产业成为吸引外资的热点。

面向产业投资者的传播主要采用小众化的传播方式（内部杂志、行业网站、邮件、邀约等），传递与产业相关的政策、信息，包括企业信息、行业发展情况、产业相关政策、产业博览会或高峰论坛的信息等。区域品牌传播主体可结合山东转变经济发展方式、调整优化经济结构的要求，针对外资来源和外资投资重点领域，选择差异化的传播内容。第一，

---

① 《山东省 2011 年外商投资企业基本情况统计分析》，山东红盾信息网（山东省工商行政管理局网站），http://www.sdaic.gov.cn。

发达国家产业转移项目能加速山东地区产业集聚，其动机源于优惠的产业政策和廉价劳动力，传播者可为外资推介高端制造业和高新技术产业项目。第二，针对有意向投资的企业，传播信息以山东区位优势、政策优势、配套设施为主，并积极推荐项目选址、分析市场发展前景。

2. 出口市场

随着改革开放的日益深入，山东的贸易伙伴不断增加，目前山东已与200多个国家和地区建立了贸易关系，主要以欧盟、美国、日本、韩国为主（见表4—3）。2011年，山东前5位的出口市场依次为欧盟（17.4%）、美国（15.8%）、日本（13.3%）、韩国（11.5%）、东盟（7.9%）①。通常情况下，出口市场与国际经济环境有着较大联系，2009年受到国际金融危机影响，山东出口下降14.6%。但对一些新兴市场的出口仍保持增长势头，2009年山东对印度出口增长5.6%，对澳大利亚增长5%。② 因此，传播主体应根据出口市场的经济、政治状况选择不同的品牌传播内容和品牌传播方式。

表4—3 　　　　　　　　2011年山东主要出口市场情况

国家（地区）	金额（亿美元）	同比增减（%）
合　计	1007.64	20.7
欧盟	218.99	18.8
美国	199.02	8.3
日本	167.67	27.2
韩国	144.17	4.6
东盟	98.91	36.9
印度	43.37	17.3
中国香港	32.57	4.7
俄罗斯	30.94	50.5
澳大利亚	23.37	25.8
巴西	22.28	17.6
中国台湾	16.07	37.4
南非	10.28	35.7

资料来源：山东国际商务网2011年山东省分洲别市场累计进出口情况。

---

① 根据山东省商务厅山东国际商务网2011年山东分洲别市场累计进出口情况整理。
② 同上。

3. 旅游者

2010 年，山东接待国内外游客 4.15 亿人次，全年实现旅游总收入 3700 亿元，同比增长 21%。① 从数据分析来看，山东入境游的主要客源地以日本、韩国、中国台湾和中国香港为主。因为旅游者分布广泛，区域品牌传播可采用大众化的传播方式，例如报纸广告、电视广告、官方网站、官方微博、电子杂志、淡季优惠活动，等等。旅游者可通过这类途径了解目的地的旅游信息和口碑，选择最优的旅游方式和线路，从而实现自身的消费需求。虽然旅游者分布广泛，但是根据历年统计数据还是可以大致反映旅游者来源、旅游消费、旅游目的地等情况。目前，山东省对旅游者的数据统计比较有限，难以细分目标顾客。因此，应尽快进行旅游相关信息的统计、调研，为区域旅游品牌的传播提供可靠依据。

4. 上级政府

对于上级政府，主要以汇报、调研报告、上报文件等公文形式出现，汇报各种成果的同时说明区域发展遇到的困难，从而争取上级政府的优惠政策、优惠条款等。2009 年 3 月，来自山东的全国人大代表张少军在全国"两会"上发言，希望国家将沂蒙革命老区纳入扶持中西部地区优惠政策范围。② 2011 年 10 月，国务院办公厅下发了《关于山东沂蒙革命老区参照执行中部地区有关政策的通知》（国办函〔2011〕100 号），提出在安排中央预算内投资等资金时，参照执行中部地区政策。③ 山东沂蒙革命老区在农业农村、社会事业、基础设施、能源交通、节能环保等方面将获得高于东部的中央资金的扶持，大约比现有政策争取的中央资金数额多一倍以上。

（六）山东省区域品牌的传播目标分析

从消费者角度来看，山东省区域品牌传播无论是从政府层面、行业协

---

① 《2011 年全国各省旅游总收入排行榜出炉》，人民网—旅游频道（http://travel.people.com.cn）（2012—1—30）。

② 张少军：《希望国家将沂蒙革命老区纳入扶持中西部地区优惠政策范围》，新华网，http://news.xinhuanet.com（2009—3—8）。

③ 李梦：《国务院批准沂蒙老区享受中部地区政策》，《大众日报》2011 年 10 月 10 日。

会层面还是企业层面，其传播目标都是在消费者的头脑中形成或强化关于山东品牌的印象，并促成品牌联想和相应的消费行动，继而形成品牌情感和品牌忠诚。例如，山东省旅游局主办的"好客山东贺年会"活动，在整合冬季旅游资源的基础上，创新性地融合了传统节日的文化和精神内涵，策划"贺年会"品牌及系列产品，吸引了众多海内外华人的关注。年味儿浓了，人们乐于走出家门，感受山东的好客和传统气息，消费热情亦见高涨，有数据显示赴山东的港澳台游客快速增长，成为入境旅游增长的有力支撑。2011 年第三届好客山东贺年会活动期间，全省接待游客4012.7 万人次，同比增长 25.2%，旅游综合收入 375.5 亿元，同比增长31.7%。[①] 山东省旅游品牌的传播既让受众了解了山东的各类旅游信息，为消费者提供了其所需的消费品，也实现了打响"好客山东"这一旅游品牌和促进消费的目标。

从市场竞争和社会影响的角度出发，山东省区域品牌各个层次的传播目标都是在塑造品牌形象的同时，赢得更多的市场份额，以实现品牌收益的最大化。在国内市场中，同质化的产品、服务、资源已经成为各行业发展的桎梏，只有抓住产品、服务或资源的差异性特点，采用区别于他者的传播方式，才能够吸引受众的眼球，最终赢得相应的市场份额。从山东的农产品来看，山东一直是我国的农业大省，特别是有"中国蔬菜之乡"美名的寿光，蔬菜的产量和产值一直位居全国首位。1989 年，山东省寿光市三元朱村党支部书记王乐义带领农民建起冬暖式蔬菜大棚。从 1991年起，王乐义开始在山东全省传授冬暖式蔬菜大棚种植技术，并以最快的速度向全国推广。2006 年 4 月，三元朱村成立了寿光乐义国际农业科技培训中心。据统计，2005 年以来，先后有 1 万多名来自全国各地的农民到三元朱村接受了培训。[②] 寿光乐义蔬菜在传播蔬菜种植技术的同时，乐义蔬菜"科技、绿色"的企业理念得到了广泛的传播，"乐义"的社会影响力也得到了很大的提高。目前，全国乐义现代农业示范基地已发展到近百家，遍及北京、新疆、云南、上海等省市区，"乐义"的品质、品牌成为市场竞争的有力法宝。

---

① 刘英：《贺年会每天拉动收益超 10 亿》，《大众日报》2012 年 2 月 9 日。

② 单保江、李建忠：《冬暖式蔬菜大棚创始者王乐义》，《经济日报》2008 年 12 月 12 日。

（七）山东省区域品牌传播信息反馈

信息反馈作为重要的传播资源，在品牌传播过程中发挥着特有的调节功能。山东省区域品牌传播信息的反馈渠道较少，信息反馈还没有引起传播者的足够重视，这与长期以来大众传播缺乏信息反馈渠道有密切关系。大众媒介是介于传播者和接收者之间的中介机构，其由一向多的传播特点决定了传播者的主控权，受众仅拥有收听、收看的权利，缺少发布信息的渠道。

山东区域品牌传播的反馈渠道主要由问卷调查、访谈、读者来信、短信互动、热线电话、网络调查、微博等方式。一种新兴的网络调查网站也开始进入人们的视线，网络调查问卷为调查者节省了东奔西跑的时间和精力，但也存在真实性、受众来源的不可控等问题。网络调查网站的使用者以个人和研究项目为主，因此，网络调查数据仅可作为参考性资料，网络调查问卷涉及山东的有好客山东品牌形象传播调查问卷、山东琴书传播效果调查问卷、山东省烟台市烟台山旅游景区客源市场调查问卷、山东广播电视台新闻频道节目调查、山东杂粮煎饼品牌情况调查问卷等。采取短信互动的主要是一些综艺类、生活类、新闻类的电视节目，目的是让观众表达自己的看法，为受众提供了一个相对快速的信息反馈平台。还有一种产品反馈方式比较常见，即消费者购买的产品包装里的用户使用反馈信息卡，因为需要消费者寄送回生产商手中，影响了消费者参与的积极性。现阶段使用度比较高的反馈渠道应数微博，政府部门、企业只需在微博网站开通认证用户，就可以发布官方信息、与"粉丝"互动了。可以说，在互联网、手机等媒介技术的支持下，短信、博客、微博成为破除传统单项传播模式的节点，一种一对多、多对一的新型互动渠道正在大规模地涌现。区域品牌传播主体应加强对新兴媒介的关注与使用，让更多的传播技术为品牌信息传播、信息反馈和传播系统服务。

三　广东区域品牌传播模式

（一）广东省区域品牌传播环境分析

广东，《吕氏春秋》中称"百越"，《史记》中称"南越"，《汉书》

称"南粤","越"与"粤"通，也简称"粤"，泛指岭南一带地方。截至 2014 年 12 月末，全省共有 21 个地级市，23 个县级市、41 个县、3 个自治县、54 个市辖区，4 个乡、7 个民族乡、1137 个镇、436 个街道办事处。① 广东历史悠久、文化独具特色、气候宜人、环境优美、政通人和、商贸发达，是中国第一经济强省。

1. 自然生态环境

广东在地理位置上处于中国大陆最南部，东邻福建，北接江西、湖南，西连广西，南临南海，珠江口东、西两侧分别与香港、澳门特别行政区接壤，西南部雷州半岛隔琼州海峡与海南省相望，可谓"南海之滨，港澳之邻，珠江之畔"，是华南地区、东南亚经济圈的中心地带。全省东西跨度 800 千米，南北跨度 600 千米，陆地面积 17.8 万平方千米，海域面积 41.9 万平方千米，海岸线长 3368.1 千米，居全国第一位。广东属于亚热带，是中国光、热、水和海洋资源最丰富的地区之一。全省年均气温 22.3℃。降水充沛，年平均降水量在 1300—2500 毫米之间。

得天独厚的自然环境，为广东区域品牌传播创造了条件。首先，广东水路、陆路、航空四通八达，交通便利，能扩大传播范围，提高传播速度和传播便捷性；其次，广东地势北高南低，南部的珠江三角洲平原、潮汕平原等地区人口集中、产业集群密集，为区域品牌的传播孕育了土壤；再次，广东毗邻港澳，面向东南亚，深受外来思想的影响，言论相对自由，开放兼容，传播影响力大；最后，广东气候湿热，培养了广东人喝凉茶、煲靓汤的习惯，广东人常在早茶、下午茶期间倾谈生意、交换信息、会朋聚友、谈天说地，很多生意人甚至把茶楼当作商谈重地，为区域内的区域品牌信息交流和传播提供了场所。

2. 经济环境

广东省作为我国改革开放的先行地区，经过 30 多年的发展，经济已经取得了令人瞩目的成绩，不仅超越了"亚洲四小龙"中的新加坡、中国香港和中国台湾，还形成了包括综合实力、对外开放、工业制造、区位地缘、可持续发展和文化建设在内的经济社会发展"六大优势"。"十一五"时期，广东 GDP 年均实际增长 12.4%，高于全国 1.2 个百分点。到

① 资源来源：广东省人民政府门户网站（http://www.gd.gov.cn/）。

2015年，广东GDP达到72812亿元，稳居全国第一。

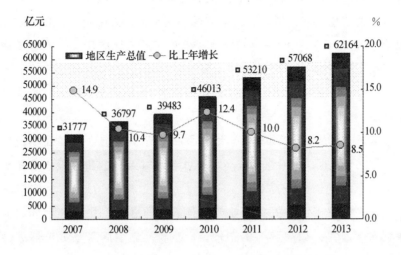

图4—6　广东省经济生产总值及增长速度

资源来源：广东省统计局：《2013年广东国民经济和社会发展统计公报》。

　　然而，国际金融危机等因素使广东的外向型产业集群遭遇了世界市场需求下滑的重大冲击，广东省经济增长速度逐步放缓。从图4—6可以看到，2008年、2009年的广东经济增长幅度均低于前一年，至2010年，经济增长幅度才开始抬头。在这种经济形势下，"出口转内需"是突破广东经济发展瓶颈的有效措施，广东急需扩大区域品牌在国内的影响力，实施"广货北上"，重塑区域品牌，从出口导向型向内需主导型转变，从"广东制造"向"广东创造"和"广东品牌"提升与转型，尽快实现广东新型经济的振兴。

　　3. 政治环境

　　20世纪80年代，广东依靠毗邻港澳的有利地理区位，独享国家改革开放的第一波优惠政策，争取到了轻型消费品全球生产供应网络在本地区的聚集，使珠三角在全国率先发展起来并进而形成区域的经济中心。20世纪末，面对长三角的紧逼，广东实施"中心—外围"互动政策，促进珠三角与粤北山区互动发展，推进珠三角整合和产业的转移升级，使珠三角腾笼换鸟，实现了漂亮的转身，粤北山区也"寒极变热土"，获得快速发展。2005年3月，《关于广东省山区及东西两翼与珠江三角洲联手推进产业转移的意见（试行）》（下文简称《意见》）出台，成立了广东省推进珠江三角洲产业向山区和东西两翼转移联席会议，提出由山区、东西两翼与珠三角合作共建产业转移工业园的战略举措，并确定了合作模式和扶持政策。2008 年 5 月，《中共广东省委、广东省人民政府关于推进产业转移和劳动力转移的决定》出台和全省推进产业转移和劳动力转移工作会议召开，产业和劳动力"双转移"被确认为广东省经济社会可持续发展的战略决策。

在区域品牌方面，2005 年 6 月，原广东省委书记张德江在一份名为《广东发展产业集群与创建区域品牌的思考及对策》的研究报告上作出重要批示，指出创建区域品牌"具有重大战略意义"。为贯彻落实广东省委、省政府《关于大力提高工业产业竞争力的意见》中有关引导产业集聚地创立一批"区域品牌"的精神，广东省实施名牌带动战略联席会议印发了《关于创建区域品牌的指导意见》（以下简称《意见》），《意见》指出创建区域品牌的四个"有助于"，要求各地要从促进区域协调发展的高度，充分认识创建区域品牌的重大战略意义，增强紧迫感和责任感，勇于进取，开拓创新，摸索出一条创建区域品牌的新路子。① 同年，广东省工商局召开"广东省创建区域国际品牌试点工作会议"，一场涉及数千亿元产值、声势浩大的打造专业镇"区域品牌"战役在广东打响。2010 年，广东实施珠三角地区基础设施建设、产业布局、城乡规划、基本公共服务、环境保护五个一体化规划，加快建设广佛肇、深莞惠、珠中江三大经济圈，推动珠三角交通对接、年票互认、环境联治、规划衔接。部省合作建设城际轨道交通进展顺利，广佛、广珠城际铁路开通运营，公交 IC 卡实现五市互联互通，为广东区域品牌奠定了良好的传播环境。

然而，广东区域品牌传播的政治环境还存在一些问题。例如，广东目前的区域分类方法简单（按东西南北划分），现在的珠三角地区、粤东、粤西和北部山区等区域划分基本是按行政区划进行，而不是按经济总量、人均 GDP、产业结构水平、固定资产投资规模、就业与教育水平、环保状况等一系列经济和社会发展的综合指标来划分，这就造成广东区域政策

---

① 广东省经济贸易委员会综合处：《【广东】关于创建区域品牌的指导意见的通知》，http://finance. people. com. cn/GB/8215/210272/224080/224138/228639/228893/15465985. html。

目标不明确，分类标准难以细化，政府各自为政，影响全省区域品牌战略的实施效果。

4. 文化环境

广东文化渊源于岭南文化，深受岭南文化的熏染。岭南文化作为中国传统地域文化的构成之一，是指五岭以南的特定地理区域的文化，在历史上，她是广东广西两省的统称。① 目前，广东文化主要有广府文化、客家文化、潮汕文化三大块组成，然而，广东民间却流传着"经济大省、文化沙漠"的评价。人们普遍认为，广东虽然有茶文化、酒文化、食蛇文化、喝汤文化，但广东人很少接受国粹，只崇拜港台文化，收看港澳电视台，基本不看中央台和内地频道。《"品评"广东人》一书中总结道："广东是经济的绿洲，亦是'文化的沙漠'……广东人的文化生活，无人会评价为温馨、高雅、文明、充满文化氛围。广东的物质上的'暴发户'、精神上的'贫困户'何其之多。"② 此外，也有学者相信广东文化是以香港文化为导向的，认为"香港文化，实质上是20世纪30年代海派文化的畸形变种。繁华富裕的香港……长期作为英国殖民地，其缺乏具有思想和学术价值的文化创造，缺乏知识分子雅文化生长的土壤，缺乏历史的和民族的文化底蕴，也显而易见。因而，讥香港为'文化沙漠'或不妥，但在高度商业化、功利化的滚滚红尘中，香港严肃的思想、文化、学术、艺术之微弱，也是不争的事实。不难看到，广东文化具有类似的不足"③。

广东区域品牌传播需要加强区域文化建设，进一步挖掘区域历史和人文文化资源，创造广东产业集群文化和企业文化，赋予区域品牌更丰富的文化内涵。应该实现经济、政治、社会、文化等全面协调发展，在文化上让外界产生认同、认可、接受、融合，而不是由上而下的强制与表象的融合，④ 因此，广东区域品牌传播的文化环境还需进一步改善。

5. 人口状况及面临的问题

2012年1月，广东省统计局公布统计数据：经国家统计局核定，地

---

① 参见李锦全等《岭南思想史》，广东人民出版社1993年版，第3页。
② 李文飞、周树兴主编：《"品评"广东人》，中国社会出版社1995年版，第378—384页。
③ 杨东平：《城市季风——北京和上海的文化精神》，东方出版社1994年版，第533—534页。
④ 刘建忠：《论珠三角文化一体化的必然趋势》，《北京行政学院学报》2010年第3期。

区生产总值突破 5 万亿元，达 5.3 万亿元，增长 10.0%；人均 GDP50500 元，增长 8.0%，按年平均汇率折算达 7819 美元，跨入中上等收入国家或地区水平。在经济总量上，广东 GDP 在全国各省市中已经实现了连续 23 年的领跑。

衡量一个地区的经济发展状况，不是全向 GDP 看齐，而是要综合各方面的因素考虑。也就是说，即使广东省 GDP 在全国各省市中排名第一，也不一定拥有最合理的经济发展模式。现在，我们按照"人均 GDP = GDP/常住平均人口"的公式，分析广东经济发展的紧迫性。

据 2010 年第六次全国人口普查主要数据公报国内常住人口数量排名前十名的省区分别是：广东、山东、河南、四川、江苏、河北、湖南、湖北、安徽和浙江。广东由于经济发展较快，劳动力需求量大，吸引较多外省人到广东务工经商。自 2007 年以后，广东常住人口总量已超过河南、山东排在全国第一位。截至 2010 年 11 月 1 日零时普查登记标准时间，广东省常住人口已达 10430 万人[1]，是全国唯一一个常住人口总量过亿的省份，比排第二位的山东多 851 万人。

广东人口基数大，虽然一定程度上对该区域 GDP 排名做出了贡献，但必然会影响该地区人均 GDP 排名。目前，北京、上海、浙江、江苏等地区的人均 GDP 都已经遥遥领先于广东。以江苏省为例，2011 年江苏的人均 GDP 突破 6 万元，远远高于广东的 5.05 万元；江苏 GDP 比 2010 年高出 0.7701 万亿元（增长率为 11%），高于广东的 0.7527 万亿元（增长率为 10%），指标结构也比广东更加全面。正如北京大学教授杨开忠预测，未来 5 年中国的经济格局或将会有很大变局，"江苏可能代替广东，上海可能代替香港，中国的经济中心将转移到长三角"。

由此看来，单纯追求速度的经济发展模式已不再符合广东的实际，只有全面实施区域品牌战略，全力打造区域强势品牌，传播广东区域品牌信息，树立良好的区域形象，展现广东自然风光、历史文化、人文精神等，才能增加广东 GDP 含金量，从情感上促进外界对广东的认知和偏好，达到增强广东区域品牌知名度和美誉度的目的。

---

① 广东省统计局：《广东省 2010 年第六次全国人口普查主要数据公报 [1]（第 2 号）》。

（二）广东区域品牌发展状况

广东省区域品牌的发展，主要体现为名牌企业聚集、产业集群发展和地理区域或行政区域形象塑造三个方面。

1. 广东名牌企业聚集

企业品牌推动区域品牌的形成，即在某个区域内，如果形成一个或多个强势的企业品牌，该企业将成为代表区域品牌的符号。① 广东省是中国名牌企业的聚集地，从中国驰名商标网获得数据，截至 2013 年 5 月，中国共有知名品牌 3043 个，主要集中于长三角、珠三角、环渤海、京津唐经济区域。按照省区来看，如图 4—7 所示，排在第一位的是浙江省，其区域内有知名品牌 541 个；广东省拥有知名品牌 364 个，排第二，但与浙江省的差距却很大，相差 177 个；后面的依次是江苏、山东、福建、北京、上海、四川、河北、湖南。与 2012 年 2 月统计数据相比（浙江省拥有驰名品牌数量 454 个，占据全国之首，其次为广东省 338 个，江苏省274 个，山东省 246 个，福建省 182 个，北京市 117 个，上海市 111 个），广东省的排名不变，还是第二，但其域内知名品牌增长速度却明显低于浙江省。这一时间浙江省域内知名品牌增加 97 个，而广东只增加了 26 个，差距在扩大。

在 2011 年、2012 年世界品牌实验室发布的《中国 500 最具价值品牌》排行榜中，根据数据统计出 2011 年、2012 年 500 品牌地区分布前十名，如表 4—2 所示，两年都是北京排第一，广东排第二，品牌数相差不大。而浙江省排到第三，与北京和广东的差距很大。然而这个数据结果，与中国驰名商标网所得数据却有很大的反差。

这可能是由调查标准不一样所导致。因为驰名商标网针对的是一定标准下的中国所有知名品牌，而世界品牌实验室只考察中国品牌影响力前500 强企业，现实的情况也是浙江省的中小企业要多于北京。不管采用哪个标准或数据，广东省知名企业聚集程度均排在第二位。理论上讲，域内名牌企业的聚集程度，代表着该区域的知名度和影响力。

① 孟韬：《企业品牌与产业集群发展》，《中国产业集群》第 3 辑，机械工业出版社 2005 年版，第 17—21 页。

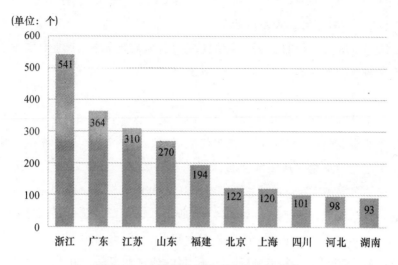

图4—7　中国驰名品牌分布前十名地区

资料来源：中国驰名商标网（http：//www.21sb.com/）。

表4—4　　　　　　　　**2011年、2012年500品牌地域分布数据**　　　　（单位：个）

排名（2011）	省份（2011）	品牌数（2011）	省份（2012）	品牌数（2012）
1	北京	92	北京	92
2	广东	83	广东	84
3	浙江	45	浙江	44
4	上海	45	上海	45
5	福建	38	福建	38
6	江苏	31	江苏	32
7	山东	31	山东	29
8	四川	19	四川	19
9	广西	10	广西	9
10	河北	9	河北	9

资料来源：《中国最具价值500品牌评估报告》。

2. 广东产业集群大力发展

很多学者认为名牌企业聚集是形成产业集群的基础，产业集群进而又升级和发展，形成区域品牌。从现象上看，产业集群内涌现出大量的民营企业品牌和产品品牌，在民营企业品牌和产品品牌集群的基础上，产业集群逐渐升级壮大，最终形成了强大的区域品牌①。但对于广东省的名牌企业来说，如品牌影响力排在前面的华为、招商银行、中兴、万科、TCL等，由于其发展的方向不一样，无法聚集为产业集群。广东省的产业集群，多是由小企业聚合而成的专业镇。

《2012 广东镇域经济综合发展力研究报告》对广东省近 1130 个镇域经济（包括城关镇）进行了综合测评，得出 100 个综合发展水平较高的镇域经济（简称百强镇）。其中，东莞市虎门镇、佛山市南海区大沥镇、东莞市长安镇、佛山市顺德区北窖镇、广州增城市新塘镇、佛山市顺德区乐从镇、中山市小榄镇、佛山市南海区狮山镇、东莞市厚街镇、东莞市常平镇分别位居 2011 年广东镇域经济综合发展力排名前十位。

专业镇是广东省经济发展的重要增长极。2011 年广东省共有 326 个专业镇，实现 GDP 总量 1.64 万亿元，占全省 GDP 比重的 31%，专业镇对区域经济的平均经济贡献率达 39%。其中，佛山、云浮的专业镇对区域贡献率分别高达 94.7%、67%，中山、江门等 8 个地区也均超过 50%，珠三角外围及两翼地区专业镇情况同样喜人，凸显了专业镇对区域经济发展的带动作用。2011 年，全省工业总产值超千亿元的专业镇达 6 个；超百亿元专业镇达 103 个，占专业镇总数的 1/3。

广东省产业集群多指这些专业镇，广东省经济的发展，必须依靠这些专业镇经济的增长。很多时候，这些专业镇已然成了广东区域品牌的代表符号。

3. 广东区域形象塑造工程

区域形象是指地理区域或行政区域形象塑造。广东省 2003 年确定了发展文化大省的战略目标，十年以来文化产业迅速发展。广东省文化产业规模排在全国前列。2003 年以来，广东文化产业收入年均增长值为 14.6，文化产业的单位数、从业人员数量等都高速增长。十年来广东文化产业中的重要行业取得了重大进展：广播电视产业实力不断增强；新闻出版业仍是全国的榜样，《南方周末》《南方都市报》等都成为广东省区域形象的

①　顾强、任宝、张彦明：《产业集群与品牌互动发展实证研究》，《中国产业集群》第 3 辑，机械工业出版社 2005 年版，第 6—16 页。

良好代言，南方报系成为广大新闻学子实现其新闻梦想的最好平台。

广东省在"十二五"时期（2011—2015年），在总体目标和发展要求中又适时提出：广东要深入实施《珠江三角洲地区改革发展规划纲要（2008—2020年)》，深化改革开放，加快转变经济发展方式，攻坚克难，全面建设更高水平的小康社会，向基本实现社会主义现代化目标迈进，承前启后抢抓科学发展战略新机遇，紧紧围绕"加快转型升级、建设幸福广东"这个核心，全面开创科学发展、社会和谐新局面①。在产业加快产业转型升级方面，广东提出了由"广东制造"向"广东创造"的转变，这是一种思维的转变，也是广东由制造大省向制造强省形象的转变。而"幸福广东"这一区域形象的硬指标是：经济综合实力再上新台阶，产业结构进一步优化，城乡区域发展协调性增强，绿色广东建设初见成效，人民生活明显改善，基础设施建设实现大跨越，外向型经济稳步发展；同时，需要域内民众有意识地对"幸福广东"这一区域品牌形象进行有效传播。

（三）广东区域品牌传播解析

Kavaratzis的区域品牌传播理论是综合地、动态地看区域品牌传播，认为区域品牌传播分为初级传播和高级传播。初级传播不是区域的主要目标，与区域品牌的传播效果没有关系，它的重点在于区域内部的基础设施建设。区域品牌的高级传播是区域正式的有意识的传播，要通过社会整合传播来实现。广东省的区域品牌传播，正在走向高级传播阶段。以下将从广东省区域品牌的传播主体、传播内容、传播渠道、传播受众四个方面来探讨广东省区域品牌传播现状。

1. 广东区域品牌传播主体

区域品牌传播需要在政府规划，行业协会、企业和社会公众共同参与下完成。

（1）广东省政府

广东省政府在区域品牌传播中肩担三任。一是规划服务职能。广东省

---

① 《广东省"十二五"规划纲要全文（2011—2015年)》，中国经济网（http：//district. ce. cn/)，zt/zlk/bg/201206/11/t20120611_ 23397316. shtml。

政府在 2005 年就开始注重区域品牌建设，在《关于创建区域品牌指导意见的通知》① 中提出，政府要建立区域品牌的支撑服务体系，包括建立信息服务中心和信息网络（如广东创造网、广东现代服务交易中心、广货网上行官方网站等），建立各种教育培训机构，建立中小企业信用与担保体系等。二是组织协调各方力量。目前，区域品牌传播在制度和机制上还都不完善。区域品牌对于其域内的企业而言是一种公共资源，当区域品牌通过传播建立起良好声誉时，域内所有企业都会受益。但需要企业共同努力来打造区域品牌时，各企业却相互推诿，往往只关心自己企业品牌传播的问题。这就需要政府和行业协会出面，来组织协调各方面力量，共同为区域品牌的传播而努力。三是政府本身就参与区域品牌传播活动，如广交会、广州亚运会的举办宣传，就是一种政府主导的区域品牌提升活动。

（2）行业协会

在广东省区域品牌传播过程中起组织协调作用。广东省现有各类行业协会 120 余个。行业协会独立于政府部门，但又与政府有着密切的联系。吴晓波在其《激荡三十年》中论述，中国企业发展的 30 年，就是其与政府相互博弈的 30 年。广东省行业协会一方面协助政府机构进行相关问题的决策和执行；另一方面代表企业与政府进行有效的沟通，反映企业心声，从而影响政府的政策，为企业争取更多的利益。广东省门业协会在 2012 年 4 月 28 日成立之时，其宗旨就是：协会成立后，将充分发挥政府部门和门企之间桥梁和纽带作用，具有双向服务和一定的管理职能；同时，协会还将更好地为门企提供专业化服务，塑造广东省门业"区域品牌"，规范市场健康、有序发展，推动广东省门业整体素质提高。②

（3）企业

企业是广东区域品牌传播的中坚力量。区域品牌通过社会整合传播使其品牌影响力提升，促使区域品牌的知名度、美誉度、受众对其偏好度、

---

① 《广东省实施名牌带动战略联席会议印发〈关于创建区域品牌的指导意见〉的通知》（粤经贸质量〔2005〕651 号），人民网，http：//finance. people. com. cn/GB/8215/210272/224080/224138/228639/228893/15465985. html。

② 《广东省门业协会成立，打造"区域品牌"迈出重要一步》，http：//home. gz. soufun. com/news/2012–05–05/7606823. htm。

满意度的提高。这一结果的直接受益者之一是域内企业。企业可以借助区域品牌形象的整体上升，提高本企业品牌的影响力——回报需要以付出为基础，这也就要求企业在区域品牌传播中担起重任。但目前广东省域内企业在企业品牌传播中各自为政，没有形成合力，更谈不上在区域品牌传播中相互配合协作，形成良好的传播机制。

（4）社会公众

社会公众是广东省区域品牌传播的重要力量。社会公众是指参与社会活动的民众群体，既是区域品牌传播的主体，又是受传者。社会共公众在接收到区域品牌的有关信息后，如果他觉得有意义和必要，会通过人际传播来扩散信息。例如，广东亚运会的志愿者，很多会把自己的所见所闻所想通过博客、微博等自媒体传播给自己的亲朋好友。这种传播既具象又亲切，具有很好的传播效果。

2. 广东区域品牌传播内容

广东省区域品牌传播内容，是传播者整合区域内自然、经济、社会、历史、人文等一切资源，形成具有鲜明区域特色的区域品牌定位，凝练出的具有区域独特性、高辨识度并且便于理解记忆的区域品牌符号。通过总结归纳，广东省目前传播的区域品牌符号为：一是由经济大省向经济强省转变的"经济强省"符号；二是由文化大省向文化强省转变的"文化强省"符号；三是使域内居民具有认同感和归属感，对域外民众具有吸引力的"幸福广东"符号。

经济大省向经济强省的转变，主要取决于广东产业的转型与升级，摆脱以往依靠劳动密集型产业的状况，由"广东制造"向"广东创造"转变。改革开放以来，广东一直戴着经济环境宽松、经济增长快速、经济总量第一的标志，但在新时期，经济要持续健康发展，经济增长模式和经济形象都需要改变。

广东向来都是一个文化大省，有着悠久的历史文化，是岭南文化的中心地，海上丝绸之路从这里起航，民主革命又从这里发起……但长期以来，广东忽视了这些，其代表符号都是高速发展的经济形象。广东是一个文化大省，但却不是一个文化强省——域内居民不以其文化而自豪，域外民众不为其文化吸引。区域的发展如同国家、民族的发展，真正的强大需要文化软实力的发展，广东需要把自己优秀的文化传播出去。

经济的转型和文化的建设,最终会形成"幸福广东"的区域认同感和归属感。"幸福广东"不单纯是经济或文化问题,而是区域内政治、经济、社会文化与自然生态综合改善的整体性问题。

3. 广东区域品牌传播渠道

广东省区域品牌传播主要通过社会整合传播来完成,其传播渠道包括大众传播渠道、公共传播渠道、商业传播渠道和社会交往传播渠道。

大众传播渠道,主要是指通过报纸、广播、电视、杂志、网络等传播工具向性对众多的人传播信息,它的特点是传播成本低、传播受众多,是广东省区域品牌传播最广泛使用的渠道。广东省各级政府的政策宣传、域内社会经济文化信息的传播,都要通过大众传播渠道来完成。

公共传播渠道,主要指大型活动、公共外交等,这一渠道的主要利用者多为政府组织和非政府组织(NGO)。通过举办大型活动,能够在短时间内快速有效地提高区域品牌形象,如广交会与2010年的广州亚运会;公共外交是指政府外交部门更多是非政府组织在各自的领域和区域间交往,向域外的非政府组织、广大公众,甚至是政府机构,从不同角度传达本区域的情况和政策,宣传本区域和品牌。

商业传播渠道,主要指公共关系、会展、大型商场等商业性质的传播渠道。通过商业传播渠道进行区域品牌传播的组织多以获得经济利益为目的,企业多利用这一渠道进行品牌形象的传播。

社会交往传播渠道,主要指非正式团体的交往、集会、旅游、社区交往、网络论坛、个人交流等,这一传播渠道的特点是所有人都能通过这一渠道来传播信息。广东省区域品牌传播活动本来就是一个牵扯区域内所有人的利益,并且域内所有人都有责任和义务来进行传播的过程。

4. 广东区域品牌传播受众

广东省区域品牌传播受众可分为域内受众和域外受众。面对不同的受众,区域品牌所面临的传播任务有所不同。例如在建设经济强省战略中,对广东省本省居民来说,需要让人们知道政府的产业政策和经济服务体系,以形成域内经济发展的内在整合力;对于域外的受众来讲,需要重点传播广东开放的经济大环境,以吸引前来投资。在建设文化强省战略中,对域内,是要切实加大文化产业的投入,使区域内居民享受到文化政策的实惠。对外,则是把广东开放、包容文化情怀和积极进取的时代精神传播出去。

（四）广东区域品牌传播现状的调查统计分析

1. 研究设计

（1）问卷设计

实证分析法作为社会科学研究方法之一，它着眼于当前社会或学科现实，通过问卷、实例和经验等从理论上进行相应的推理说明。我国地域辽阔，人口众多，要在全国范围内对广东省的区域品牌传播做研究，实证分析法是较为理想的研究方法。

在实证分析的定量研究中，问卷起着至关重要的作用。为了能从问卷中收集到进行分析所需的数据，在问卷的设计过程中，前期做了大量的理论准备工作。初步的问卷形成后，为了确保调查对象准确理解问卷中问题及答案的含义，减少误差，首先进行试调查，然后根据调查反馈对各项问题进行修改。

问卷测试项中的"评价意见"均采用李克特五级量表，5代表完全同意、4代表基本同意、3代表一定程度上同意、2代表基本不同意、1代表完全不同意。

（2）抽样方案

考虑时间、精力、经费的限制和研究的需要，本研究采用了配额抽样方法。配额抽样也称"定额抽样"，是指调查人员将调查总体样本按一定标志分类或分层，确定各类（层）单位的样本数额，在配额内任意抽选样本的抽样方式。基于研究需要，确定广东样本量为500，其他省份（除港澳台和西藏）初步确定发放2000份。各个省份的具体样本量，按照该省人口占总人口的比例，配额确定。

调查实施委托兰州大学和广东外语外贸大学来进行。兰州大学是一所综合性重点大学，其生源遍布各个省份（除港澳台和西藏）。调查前期委托新闻传播学院的老师先对本院学生的生源地及寒假目的地作了详细统计，确定出目标省份所在同学的信息，由学生进行寒假调查。对于广东省域内的调研，则委托广东外语外贸大学的本科生来完成。调查过程中要求调查员根据具体情况，选择年龄在16—70岁之间的正常公民作为调查对象，并要求注意不同职业、年龄、性别三个方面的合理均衡。

（3）样本量的确定及数据回收

本研究于 2013 年 1—3 月在全国范围内进行问卷调查。根据 2010 年第六次人口普查公告数据，除港澳台和西藏外，全国人口数为1225469569 人，各省人口按其所占总人口（除港澳台和西藏）比例，确定山东省 156.3 份，河南省 153.4 份，四川省 131.2 份，江苏省 128.3份，河北省 117.2 份，湖南省 107.1 份，安徽省 97.1 份，湖北省 93.4份，浙江省 88.8 份，广西壮族自治区 75.1 份，云南省 75 份，江西省72.7 份，辽宁省 71.3 份，黑龙江省 62.5 份，陕西省 60.9 份，福建省60.2 份，山西省，58.2 份，贵州省 56.7 份，重庆市 47 份，吉林省 44.8份，甘肃省 41.7 份，内蒙古自治区 40.3 份，上海市 37.5 份，新疆维吾尔自治区 35.6 份，北京市 32 份，天津市 21.1 份，海南省 14.1 份，宁夏回族自治区 10.2 份，青海省 9.1 份。各区域样本所带小数都进 1 变为整数，共确定样本量 2015 份。广东省区域内共发放 500 份。

回收的问卷经过筛选（每份问卷超过 5 道题目未答视为废卷），广东省回收有效问卷 385 份，合格率为 77%；其他各省份回收有效问卷 1686份，合格率为 83.6%。

（4）统计方法

数据分析主要在 SPSS17.0 for Windows 界面进行。在对调查数据所做的技术分析中主要使用频率统计、单变量分析，并结合交叉分析、卡方检验，试图发现数据之间的相关性与某些因果关系。

（5）样本的预处理

为了保证问卷的有效性与数据的准确性，问卷收集后，对问卷逐一进行检测，超过 5 道题未答的视为废卷，不进入数据录入环节。

问卷的信度检验：信度是指使用相同研究技术重复测量同一个对象时，得到相同研究结果的可能性。[①] 在信度检测中，社会学家创造出了许多方法来处理这一基本问题：一是前测—后测方法，就是对同一受试者前后不同时间发出完全相同的问卷，最后把两次问卷的结果进行比较。如果两次测量结果有出入，而且差异较大，那么测量方法就一定有问题。在本

---

① ［美］艾尔·巴比：《社会研究方法基础》，邱泽奇译，华夏出版社 2002 年版，第 104—107 页。

次问卷调查中，正式调研的被试者中包括试调查时的被试者，问卷回收上来后进行前后数据比较，测量结果出入不大。二是对分法，是指在问卷调查中对复杂的概念多做几次测量。此次问卷设计中没有直接涉及区域品牌传播的概念，所以未用到对分法。三是工作人员信度控制。在此次调查实施过程中，要求调查员自己持有问卷，向被试者清晰读出问题及选项，待被试者做出选择后，用钢笔或签字笔填答，画"√"要准确、清晰地画在所选选项序号上。当调查对象对于题意理解不清时，调查员可适当解释，但不得对于选择答案做出有倾向性的诱导。回答问题时调查对象之间不得相互影响或相互商讨答案。

问卷的效度检验：实证研究中，问卷能够正确测量出所要测量的特质程度被称为效度，效度检验包括内容效度、结构效度、预测效度三种类型。内容效度是指问卷在多大程度上包含了所要调查概念的含义；预测效度是看问卷所确定的一些考量标准合理性程度多大。在调查前期，本研究就区域品牌及区域品牌传播的要素和概念作了充分的讨论，并对各要素进行了系统量化，此次调查具有很好的内容效度和预测效度。而结构效度是指问卷中变量之间的逻辑关系，本调查的结构效度检验中，变量之间的逻辑关系一致，如选择喜欢广东省的被试者对其区域要素评价也较高。

2. 回收样本的描述性统计分析

此次调研发放问卷 2515 份（其中广东省域内 500 份，回收合格问卷 385 份；其他省份，除西藏、港澳台地区共发放 2015 份，回收合格问卷 1686 份），合格问卷共 2071 份，合格率约为 82%。回收样本的基本情况如下。

（1）样本性别分布

在本次调查的有效问卷中，统计数据显示缺失样本为 18，占样本总量 0.8%。男性受访者为 892 人，占总体的 43.1%；女性受访者为 1163 人，占总体的 56.6%。

（2）样本年龄分布

本次调查中年龄缺失样本为 7，占样本总量 0.3%。如表 4—5 所示，在 18—24 岁年龄段的人数远多于其他年龄段，由于调查委托本科生来完成，所以他们会选择与自己年龄相仿的人群去调研。相比之下，18 岁以下和 65 岁及以上的样本比例很少，一个是未成年人群，一个是退休人群，他们接触社会的机会相对较少。

表 4—5　　　　　　　　　　**样本年龄分布**　　　　　　（单位：%）

年龄	18 岁以下	18—24 岁	25—34 岁	35—44 岁	45—54 岁	55—64 岁	65 岁及以上
百分比	7.2	48.8	15.0	13.0	11.5	3.0	1.2

（3）样本文化程度分布

本次调查中文化程度缺失样本为 17，占样本总量的 0.8%。如表 4—6 所示，总体上样本的文化程度较高，主要集中在高中、大专和本科学历段，产生此种结果的原因跟样本的年龄分布有关，样本年龄集中分布于 18—24 岁之间，这部分人受时代大环境的影响，基本都接受了系统的九年义务教育，大学扩招也使越来越多的年轻人走进大学接受高等教育。

表 4—6　　　　　　　　　　**样本文化程度分布**　　　　　　（单位：%）

文化程度	小学及以下	初中	高中/中技/职中/中专	大专	本科	硕士/博士
百分比	2.3	13.9	19.0	14.9	46.5	2.7

（4）样本婚姻状况分布

本次调查中婚姻状况缺失样本为 22，占样本总量的 0.6%。未婚、已婚、丧偶和离婚所占比例分别为 59.1%、38.7%、0.4% 和 0.8%。婚姻状况的分布情况是与样本的年龄分布相关的，在被调查中，18—24 岁的年轻人占样本总量的近一半，也可见，现在的年轻人结婚基本都在 24 岁以后或者更晚。

（5）样本政治面貌分布

本次调查中政治面貌状况缺失样本为 17，占样本总量的 0.8。中共党员、共青团员、民主党派和群众所占比例分别为 16.9%、45.1%、1.0% 和 36.3%。

（6）样本职业分布

本次调查中职业分布情况缺失样本为9，占样本总量的0.4%。如图4—8所示，由于抽样方法导致的高校学生比例过高之外，其他职业均有涉及并分布较为均势。

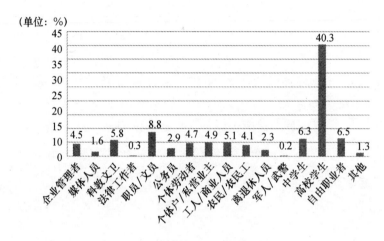

图4—8　样本职业分布

（7）样本个人月收入分布

本次调查中个人月收入情况缺失样本为145，占样本总量的7.0%。出现这种高比例的缺失值，是因为收入是一个敏感而隐私的话题，所以很多受访者拒绝回答。和前面一样，因为抽样的原因，没有收入来源的年轻学生占样本很大一部分，所以月收入500元以下者的比例很高（如图4—9所示）。除高收入者所占样本总量比例较小外，其余各收入阶层的人数比例相差不大。

（8）样本家庭年收入分布

本次调查中家庭年收入情况样本缺失为124，占样本总量的6.0%。和个人月收入一样，家庭年收入也属隐私话题。家庭年收入并没有因为抽样的年龄层多是学生而影响家庭收入，反而是中等收入家庭占到很大比例。

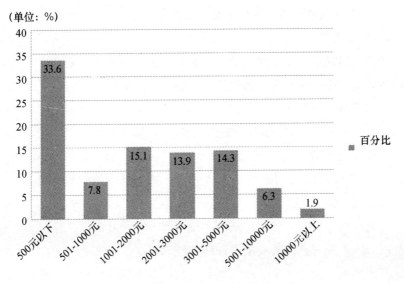

（单位：%）

图4—9　样本个人月收入分布

（9）样本家庭状况分布

本次调查中家庭状况数据缺失为20，占样本总量的1.0%。单身、两口之家、核心家庭①、祖孙三代和四世同堂所占样本总量的比例分别为16.0%、7.0%、57.4%、16.9%和1.7%。其中核心家庭占到一多半以上。

（10）样本家庭居住状况分布

本次调查中家庭居住状况数据缺失为70，占样本总量的3.4%。如表4—7所示，被调查者家庭居住地在省会城市、地级城市、县级城市、乡镇和农村的比例基本平衡。

表4—7　　　　　　　　　　　样本家庭居住状况分布　　　　　　（单位:%）

家庭居住地	省会城市	地级城市	县级城市	乡镇	农村
百分比	21.2	23.9	22.9	12.0	16.6

① 核心家庭指两代人所组成的家庭，核心家庭的成员是夫妻两人及未结婚的孩子。

　　3. 广东区域品牌传播现状调查结果及原因分析

　　(1) 受众最喜欢的区域及原因分析

　　一个区域或城市的形象，最终会转化为公众对它的喜爱程度。区域品牌传播，对内要形成现有居民的情感归属，对外要创造一个良好的区域形象。在对受众最喜欢区域的调查中，域内受众与域外受众的调查结果有很大的不同。对广东省内的调查统计结果显示，排在受众喜欢区域前三名的是：广东省 (51.2%)、北京市 (9.0%) 与香港 (8.5%)。而域外的受众最喜欢区域的前三名分别是北京 (13.3%)、上海 (10.9%)、江苏 (7.8%)，广东排在第五 (4.7%)。

　　数据分析，广东省域内民众一半以上非常喜欢其所在区域。一方水土养育一方人，中国人又有安土重迁的传统心理，这就致使在中国人的观念中，其所出生、成长和生活的区域，与自己有牢固情感纽带。另外，广东省悠久的历史文化、开放的经济环境，也使它广受域外受众喜欢。

　　在问卷所开发的测量喜欢某个区域的原因中，域外受众选择的前五个原因依次为：经济发达 (15.2%)、生态环境宜居 (13.9%)、历史文化悠久 (13.4%)、有熟悉的人和事 (11.1%) 以及社会风尚好 (9.1%)。广东域内受众喜欢的前五个原因依次为：经济发达 (16.4%)、自然风光秀丽 (14.3%)、历史文化悠久 (11.5%)、社会风尚好 (11.0%)、有熟悉的人和事 (9.6%)。域内和域外受众在主要原因选择上基本一致，经济发达都成为人们喜欢某个区域的第一原因。

　　中国是一个发展中国家，虽然新千年以来经济高速发展，但从根本上来说还没有达到一种为个人趣味而生活的有闲阶段，所以，人们很看重一个城市的经济发展水平——这是一种长期物质匮乏而引起的心理错位，正如杰克·伦敦笔下《热爱生命》中，主人公在经历长期饥饿的折磨之后，即使有了充分的食物保证，可还是要拼命地去储存面包一样——实际上，区域经济发展水平的高低，并不能决定区域内居住者的幸福感。随着社会经济的发展，人们对区域内的生态环境宜居程度越来越多地开始关注和重视，这是人在解决了生存危机之后开始谋求生活的第一步需求。历史文化是附加在区域上的光环，它和个体的生活没有多大关系，但却又是一种个体向外的炫耀及心理满足的资源。至于熟悉的人和事，虽然没有成为大众喜欢某个区域的首要原因，但它是人们对某个地方投入情感的重要原因，因为那里承载着自己对于过去经历的记忆，或许还有着自己为之牵肠挂肚、释放思念的人与事。

这里需要指出的是，"年轻人能有较多的机会"排在喜欢原因第六位，域内和域外都是。年轻人能否获得发展的机会，是整个社会是否公平、公正和开放的重要考量因素。年轻人能拥有实现自己理想和抱负的机会，社会阶层合理流动，使能者居于要位，这个社会才不会固化，才有继续行进的动力。而把社会范围缩小到某个区域，情况也是如此。只是相对而言，这是一个区域形象的隐形要素，不像区域经济水平、自然风光、历史文化、社会风尚等那么显性。

总体而言，大众喜欢某个区域的主要原因可以归纳为对区域内经济环境、自然环境、社会文化环境与政治环境的认同，而这些正好构成区域品牌传播所依赖的社会大环境。

（2）广东区域名片探讨

名片，又称卡片（粤语写作咭片），中国古代称名刺，是标示姓名及其所属组织、公司单位联系方式的纸片。对于个人而言，名片是新朋友相互认识、自我介绍的最快有效的方法，交换名片也是商业交往的第一个标准官方动作。

区域名片，也称城市名片，概念源于纸质名片。纸质名片只用于商务场合，代表着个人的形象，承载着商务信息。而区域名片则源于区域交往和竞争的需要。区域名片对于区域管理者来说，是想把区域最好的东西提炼出来代表整个区域；而对于大众来说，是一提到某个区域就自然联想到的最能代表这一区域的东西。由此可见，在区域管理者所要传播的区域名片和大众赋予某个区域的名片之间，可能存在着不同甚至是相反的结果。简而言之，区域名片就是代表区域标志的东西——区域品牌是一个复杂的属的概念，区域名片是构成区域品牌的要素之一。

广东省向社会公众所展示的区域名片，通过两个问题来测量：一是"提起广东，您首先想起来的是什么"，这是一个开放性问题，没有预设答案，意在探索大众把什么东西第一时间和广东联系起来；二是通过调查"广东省最突出的优势和特点是什么"来把握广东省的区域名片。

由于开放性问题所得到的答案太杂，无法一一列举，但出现频率高的前六个首先是它发达的经济水平，其次是改革开放、早茶、粤语、广东美食、深圳。在广东省最突出优势和特点的 7 个测量指标中，发达的经济水平占首位（34.2%），其次是众多的名牌企业（25.8%）、舒适的生活环境（12.4%）、美丽的自然风光（8.6%）、悠久的历史文化（7.8%）、高效廉洁的政府（6.5%）、淳朴的民风（3.6%），其他占 1.2%。

综合分析，广东省近几年来经济总量都位居全国首位，在大众心目中的广东区域名片，最主要的也是广东发达的经济水平，可谓名至实归。当然广东省也给人们留下不好的印象，如广东人的"什么都吃"、广东省的贫富差距大，等等。

（3）基于 14 个维度的各省（自治区、直辖市）区域品牌形象比较

如表 4—8 所示，本研究开发了 14 个维度的测量指标，来考察社会公众心目中各省（自治区、直辖市）的区域品牌形象。

统计结果显示，目前经济最发达区域，被选的前三名为上海、广东和北京。公众认为北京、广东和上海的政府最开放、负责。要选择投资或创业，大家最喜欢去广东、上海和北京。广东是一个开放和包容的城市，许多年轻人选择区广东创业。购物，广东是首选，其次是上海和香港。旅游目的地锁定在云南、北京和西藏，可能与云南自然风光秀丽，旅游资源丰富；北京作为中国政治、经济、文化的中心，其旅游资源也十分丰富；西藏是最接近天的地方，其本身的神秘性足以让大家神往有关。历史文化悠久的区域中北京、陕西和江苏入围。北京是历史名城；中国第一个大统一的王朝秦朝都城就坐落于陕西咸阳，西安也素有十三朝古都之称；江苏也是中华文化重要发祥地之一。教育最发达的区域，北京为首，江苏和山东次之。这个统计结果与事实有些出入，如北京自然是教育资源最优越的区域，湖北的武汉和陕西的西安是中国高校最密集的地区。大家最喜欢跟北京、广东和山东人做朋友。广东人有包容精神；山东自古出侠士，以豪迈和大气著称；北京入选，则可能是过多资源集中于北京而给人们带来的错觉。而人的素质最高、社会风尚和治安最好、卫生环境最整洁的北京、上海和香港排在前三位。生态环境最好的，自然是云南、四川和西藏。人最具有包容情怀的有广东、北京和山东入围。

在区域品牌建设和传播中，各区域因为自然、政治、经济、社会文化以及历史机遇的不同，而呈现出的结果不同。北京、上海和广东有得天独

厚的政治环境和经济政策，走在中国区域品牌建设前列。而其他区域，也有其突出的优势。

表4—8　　　　　　　　　区域形象测量维度　　　　　　　（单位：%）

区域形象测量维度	选择区域前三名（百分比）		
1. 经济最发达区域	上海（37.9）	广东（24.3）	北京（20.3）
2. 政府最开放和负责区域	北京（25.6）	广东（23.4）	上海（14.3）
3. 要进行投资或创业，您喜欢去哪儿	广东（28.5）	上海（13.6）	北京（13.0）
4. 您最喜欢购买哪些区域的产品	广东（23.7）	上海（15.7）	香港（9.1）
5. 您最喜欢去哪些区域旅游	云南（23.1）	北京（9.6）	西藏（7.6）
6. 哪些区域的历史文化最悠久	北京（33.2）	陕西（30.5）	江苏（3.6）
7. 哪些区域教育最发达	北京（42.7）	江苏（8.9）	山东（8.6）
8. 哪些区域人的素质最高	北京（36.1）	上海（11.6）	香港（10.2）
9. 您最愿意跟哪些区域的人交朋友	北京（12.7）	广东（10.7）	山东（7.0）
10. 您认为哪些区域社会风尚最好	北京（27.3）	上海（8.9）	香港（7.3）
11. 您认为哪些区域的社会治安最好	北京（40.3）	上海（8.6）	香港（7.9）
12. 您认为哪些区域的卫生环境最整洁	北京（25.1）	上海（11.2）	香港（8.9）
13. 您认为哪些区域的生态环境最好	云南（24.2）	四川（8.0）	西藏（7.9）
14. 您认为哪些区域的人最具包容情怀	广东（16.2）	北京（12.5）	山东（4.5）

（4）广东区域品牌传播环境形象呈现分析

区域品牌传播主要包括自然环境、政治环境、经济环境和社会文化环境。在调查测量中将他们细化为五个维度的量表，即广东省政府形象、经济形象、文化形象、社会形象和生态形象，以方便探究广东省区域品牌传播环境在社会公众心目中的形象呈现。

样本统计结果显示，广东省政府形象呈现中，"开放、透明"的样本均值①是3.56，众数②是4，也就是说选"基本同意"的样本比例最高；

---

① 样本均值又叫样本均数，是指在一组数据中所有数据之和再除以数据的个数，它是反映数据集中趋势的一项指标。

② 众数是在一组数据中，出现次数最多的数据。

"政府务实、高效"的均值是 3.43，众数是 3；"政府开拓创新"的均值是 3.41，众数是 3；"政府官员廉洁奉公"的均值是 3.17，众数是 3。可见广东省政府在民众心目中的开放、透明程度较高，而在务实高效、开拓创新、官员廉洁奉公方面则一般。

广东省经济形象呈现中，"经济发达"的样本均值是 4.08，众数是 5；"对投资者具有吸引力"的均值是 3.95，众数是 5。经济发达确实是广东省的区域标签和名片，而且由于广东有宽松的政治和经济环境，愿意去广东投资的人占样本总量的 71.8%。

广东省文化形象呈现中，"文化遗产丰厚"的样本均值是 3.19，众数是 3；"文化教育事业先进"的均值是 3.56，众数是 4；"人们观念开放进取"的样本均值是 3.86，众数是 5；"文化具有包容性"的样本均值是 3.40，众数是 4。其顺序依次为观念开放进取、教育事业先进、文化包容性强和文化遗产丰厚。

广东省社会形象呈现中，"社会治安良好"的样本均值是 3.23，众数是 3；"环境整洁"的均值是 3.36，众数是 3；"幸福指数高"的均值是 3.30，众数是 3；"社会风尚好"的均值是 3.38，众数是 3。广东省的社会形象呈现均值普遍较低，众数均为 3。

广东省生态形象呈现中，"气候宜居"的样本均值是 3.46，众数是 4；"物种丰富多样"的均值是 3.40，众数是 4；"土地资源丰富"的均值是 3.04，众数是 3；"水资源保护良好"的均值是 3.03，众数是 3。数据表明广东具有良好的生态形象，但是由于经济的高速发展，城市扩张迅猛，使土地资源稀缺，而是在经济发展过程中过于追求 GDP 的增长，也使广东省的水资源受到破坏。

总之，广东省的经济形象排在首位，符合经济总量第一的事实。文化形象排第二位，与其历史文化悠久有关第三位的是生态形象，政府形象排第四，社会形象排最后。这一结果也可以和区域形象 14 个测量维度中北京第一、上海次之、广东第三交互印证。广东虽然是一个经济大省、文化大省，但还不是经济强省和文化强省，在许多方面还需继续努力。

（5）广东名牌企业及其形象呈现

在某个区域内，如果形成一个或多个强势的企业品牌，该企业将成为区域品牌符号的代表。广东是名牌企业的聚集地，不论从《中国驰名商标网》还是《中国最具价值 500 品牌评估报告》的数据，都显示广东的名牌企业数量在全国排第二。

图 4—10 选取《中国最具价值 500 品牌评估报告》中分布于广东省的前 13 名企业，来考察社会公众对其认知度，并比较域内受众和域外受众的认知差距。

数据显示：域外受众认知度普遍低于域内受众，这种差距最高达到 21.9 个百分点（对格力的认知）；域内受众认知程度最高的是美的（75.0%）、最低的是海王（10.7%），13 个企业的平均认知水平为 41.1%；域外受众认知最高与最低的也是美的（53.2%）和海王（8.9%），13 个企业的平均认知水平为 31.1%，比域内受众平均认知水平低 10 个百分点。

由此可见，这些位于广东的中国甚至世界名牌企业，广东域内有不到一半（41.1%）的人知道它们发源于广东，而域外只有不到 1/3（31.1%）的人知道而且域内域外认知水平有 10 个百分点的差距，说明这些名牌企业的区域传播力度尚需进一步加强。

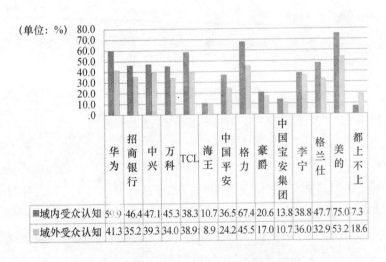

（单位：%）	华为	招商银行	中兴	万科	TCL	海王	中国平安	格力	豪爵	中国宝安集团	李宁	格兰仕	美的	都上不上
域内受众认知	59.9	46.4	47.1	45.3	38.3	10.7	36.5	67.4	20.6	13.8	38.8	47.7	75.0	7.3
域外受众认知	41.3	35.2	39.3	34.0	38.9	8.9	24.2	45.5	17.0	10.7	36.0	32.9	53.2	18.6

图 4—10　社会公众广州名牌企业认知

企业形象是区域品牌形象的表现形式之一，对广东省企业形象的测量，通过"创新创业、敢为人先""实用理性、务实低调""市场第一、效率优先"和"勇于承担社会责任"四个维度来完成。统计显示:"创新创业、敢为人先"的样本均值是 3.52,众数是 4;"实用理性、务实低调"的样本均值是 3.29,众数是 3;"市场第一、效率优先"的样本均值是 3.67,众数是 4;"勇于承担社会责任"的样本均值是 3.28,众数为 3。数据表明,广东省企业形象以"市场第一、效率优先"为首,其次是"创新创业、敢为人先""实用理性、务实低调","勇于承担社会责任"排最后。效率优先创新创业、理性、务实是广东企业的特有品质;而勇于承担社会责任还有待于进一步加强。

(6)广东区域品牌传播渠道分析

对广东省区域品牌传播渠道,主要通过调查社会公众通过哪些渠道获知区域品牌信息,得到区域品牌信息后的个体传播行为如何,以及公众对"广货全国行"和"广货网上行"网络传播渠道的熟知程度来完成。

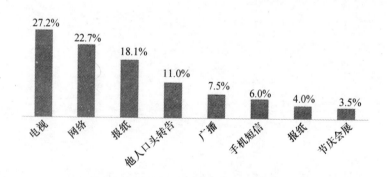

图 4—11 获得区域品牌信息的渠道

如图 4—11 所示,社会公众获得区域品牌信息的前三名传播渠道分别是:电视(27.2%)、网络(22.7%)和报纸(18.1%)。这三种媒介大众传播渠道网络在区域品牌传播中的作用越来越凸显。广东省适时提出了"广货网上行"的区域品牌战略,也说明广东省在以后区域品牌传播渠道选择中,应该更多利用公共和商业传播渠道。

在区域品牌传播中,社会公众既是受传者,又是传播者。社会公众在获得了区域品牌信息之后,35.4%的人选择口头转告他人,选择用网络传播的占 33.8%(用微博转发或在网络论坛、QQ 上发帖),没有任何行动的人占 30.8%。总体而言,有 2/3 以上的受众会选择把接收到的信息再传播出去。

为了进一步探索个体传播行为，我们向社会公众追问"您会向您的朋友推荐当地的一些名牌产品吗"。统计结果表明，肯定会和可能会的占到69.3%，也是2/3以上的人选择把本区域的名牌产品通过自己传播出去，22.1%的人说不上，8.6%的人基本不会。此测量试图达到两个目的：一是与前一问题相互印证；二是表明广东省区域名牌在大众心目中的认可程度。

广货全国行，是金融危机后广东实施走出去战略的一项重要措施。广货网上行是广东省加快发展电子商务的创新之举，以"促消费、扩内需、调结构、稳增长"为目标，按照"政府搭台、企业唱戏"的原则，依托广货品牌和服务优势，通过统一组织、统一标识、统一宣传、统一行动，开展"广货网上行"活动，促进产销对接，扩大网络交易，增强消费对经济增长的拉动力，集中推介广东电子商务平台、网上商城和广货网店形象，打造电子商务强省，建设优质品牌和电商厂商协同发展信息化平台，培育和壮大网络消费群体，提高广货网购市场占有率。

相对而言，广货全国行更多的是企业自己的行为，而广货网上行，需要在社会公众的积极参与。调查发现，社会公众对"广货全国行"和"广货网上行"非常了解和比较了解的占7.1%，26.0%的人一般了解，而不太了解和不了解的比例高达66.3%。表明广货网上行还有待进一步宣传和发展。

（7）岭南文化对广东区域品牌传播的影响

本次调查分别从岭南文化造就的广东人品格、粤商品格和广东人的创业精神三方面来测量广东人的文化传承与认同。

广东人品格测量排序依次是"开放兼容""敢为人先""创新意识""务实进取""敬业奉献""关注社会进步、关注民生""公正、公平意思""平民意识"和"慈善情怀"。测量均值是34.3%，高于均值的有"开放兼容"（58.3%）、"敢为人先"（54.9%）、"创新意识"（44.9%）和"务实进取"（37.7%）。其中"开放兼容"和"敢为人先"超过测量认同一半以上，最能代表广东人的品格。

粤商的品格测量排序依次为"开放变通""独立冒险""重商求利""锐意进取""讲求实用""热爱家乡"和"重利轻义"。测量均值是

40.2%，高于均值的有"开放变通"（62.6%）、"独立冒险"（49.7%）、"重商求利"（45.0%）、"锐意进取"（43.1%）。测量认同中"开放变通"领先很多，反映它最能代表粤商的品格。

对于广东人创业精神的测量排序依次是"做生意踏实稳健""崇尚外出经营谋生""创业意识十分强烈""做生意主动寻求机会"和"做生意勇于冒险"。测量均值是 39.8%，高于均值的只有"做生意踏实稳健"（49.5%）。

（8）公众的受教育程度与广东区域品牌传播的交叉分析

①公众受教育程度与广东区域品牌认知程度的关系

文化程度往往决定认知水平，"文化程度 * 对广东了解程度"的交叉分析中，公众的受教育水平与其对区域品牌的认知程度具有相关关系。表4—9 数据显示，小学及以下的受教育程度，对广东不太了解和不了解的占到 87.0%，"不了解"的比例随着文化程度的提高而下降，"一般""比较了解"和"非常了解"的比例随公众文化程度的提高而上升。

表4—9　　　　　　　　　　文化程度 * 对广东了解程度　　　　　　　（单位:%）

	小学及以下	初中	高中/中技/职中/中专	大专	本科	硕士/博士
不了解	50.0	34.6	27.2	24.5	21.1	27.3
不太了解	37.0	22.5	19.4	16.2	20.5	20.0
一般	13.0	30.7	33.4	41.1	38.0	34.5
比较了解	0	9.3	18.1	14.2	17.4	10.9
非常了解	0	2.9	1.8	4.0	3.0	7.3

②公众受教育程度与其区域品牌传播渠道选择的关系

受众文化程度与接收区域品牌传播渠道的交叉分析中，卡方检验通过，说明受众的文化程度与其接收何种区域品牌传播渠道有相关关系。从表4—10 中可以看出，小学及以下文化程度的受众接收区域品牌信息最大的渠道是电视，他人口头转告排其次，而这种口口相传的传播模式，在这一群体中占到最高比例（55.8%）。电视、报纸、网络和广播依然是公众得到区域品牌信息的主要渠道，但文化程度越高的受众，就越依赖于网络传播渠道。并且高中文化程度及以上的受众，网络已代替报纸，成为第二大他们所依赖的区域品牌信息接收渠道。手机短信的传播能力排在电视、网络、报纸、广播之后的第五位，并在低学历人群中（小学及以下、初中、高中/中技/职中/大专）超过广播的传播能力。新闻发布会在受众接受区域品牌传播信息中排第六位，高学历受众偏向于选择这种信息接收渠道。

根据统计分析，公众受教育水平影响着他们选择何种渠道来接收区域品牌传播信息。通过了解不同公众的媒介选择偏好，就可以在区域品牌传播活动中优化、整合传播渠道，以利用有限资源，达到传播效果的最大化。

表 4—10　　　　　　　文化程度 * 受众区域品牌传播渠道选择　　　　（单位:%）

	小学及以下	初中	高中/中技/职中/中专	大专	本科	硕士/博士
广播	16.3	27.8	20.1	31.0	23.8	23.6
电视	76.7	85.6	90.1	92.7	91.3	83.6
报纸	34.9	56.3	53.9	57.8	64.4	61.8
网络	39.5	49.8	70.3	75.6	85.5	85.5
手机短信	16.3	28.2	22.9	14.9	18.6	10.9
节庆会展	16.3	10.5	8.6	12.2	12.8	12.7
新闻发布会	11.6	15.9	10.9	17.2	11.6	20.0
他人口头转告	55.8	31.0	31.3	25.4	42.4	38.2

③公众受教育程度与其区域品牌传播的自觉性

区域品牌传播需要社会公众自觉、积极地参与，这种自觉和积极参与与其受教育程度的关系通过？"文化程度 * 受众区域品牌传播自觉性"交叉分析，通过了卡方检验，说明公众的受教育水平与其区域品牌传播的自觉性有相关关系。

表 4—11 显示，公众在接收了区域品牌的信息后，"小学及以下"文化程度肯定会和可能会自觉传播的比例为 48.7%，初中生肯定会和可能会自觉传播的比例为 61.3%，高中/中技/职中/中专的比例为 67.1%，大专为 67.1%，本科为 74%，硕士/博士为 66.0%。也就是说，受教育程度的高低与公众区域品牌传播的自觉性呈正相关关系，受教育程度高，其区域品牌传播的自觉性也相应较高。

表4—11　　　　　　　　　　文化程度＊受众区域品牌传播自觉性　　　　（单位:%）

	小学及以下	初中	高中/中技/职中/中专	大专	本科	硕士/博士
肯定会	23.1	22.7	21.7	21.7	14.3	28.0
可能会	25.6	38.6	45.4	45.4	59.7	38.0
说不上	41.0	24.7	23.1	27.1	18.3	26.0
可能不会	10.3	13.9	9.8	5.8	7.7	8.0
不会	0	0	0	0	0	0

④公众受教育程度与自我传播渠道的选择

区域品牌传播的特点决定社会公众既是信息的接收者，又担当传播者的角色。"文化程度＊区域品牌自我传播渠道"的交叉分析，通过了卡方检验，说明公众的受教育程度与其自我传播渠道的选择有相关关系。

表4—12显示，不论受教育水平如何，大家首选的传播渠道都是"口头转告他人"，而小学及以下文化程度的人群选择这一渠道的比例高达64.3%。选择网络渠道的以文化程度较高的为多。特别指出的是，最高学历的公众，在区域品牌传播中"无任何行动"的比例最高，占69.1%。

文化程度越高的人，越明白自己的社会角色，对自己应该做什么和不该做什么有清楚认识，这在哲学上是一个"应然"的认识，但"应然"和"实然"往往有差距——知道自己应该做什么，在实际生活中因种种原因却未必这样去做。能力越大，责任也越大，高学历人才，应该在区域品牌传播中承担应有的责任。

表4—12　　　　　　　　　文化程度＊区域品牌自我传播渠道　　　　（单位:%）

	小学及以下	初中	高中/中技/职中/中专	大专	本科	硕士/博士
在网络论坛/QQ发帖	11.9	18.9	14.8	20.9	19.7	12.7
用微博转发	9.5	22.2	21.1	28.9	30.3	18.2
口头转告他人	64.3	50.2	48.8	54.5	41.5	40.0
无任何行动	35.7	34.5	37.7	33.9	45.1	69.1

（五）广东区域品牌传播存在的问题分析

1. 广东区域品牌传播存在的问题

（1）广东区域经济结构不合理

"中国的制造工厂"广东，在其区域形象呈现中，以经济发达，经济环境宽松，适合投资创业为首。但同时，经济总量第一的广东，区域经济形象却排在北京和上海之后，背后深层次的原因，是广东区域经济结构不合理。

广东产业层次总体偏低，自主创新能力不强，人口压力又大，粗放型增长模式面临越来越大的资源环境压力，而土地和劳动力等生产要素成本的加快上升，使广东转变经济发展方式任务艰巨、刻不容缓。

（2）广东区域文化传承缺失

目前，社会公众对广东区域文化的印象主要是开放、包容——这是改革开放后的广东文化形象呈现。

广东的"包容与开放"，来自改革开放的政策春风，更来自它千年之久的文化血脉。

对于广东这块历史文化悠久的土地来说，它曾是岭南文化的中心地、海上丝绸之路的发源地、中国现代文化的前沿、民主革命的策源地，其域内的广州市是千年延绵的世界性滨海之都。改革开放后，这里成为改革开放的前沿阵地、中国制造业的主要基地和中国名牌企业的聚集地。广东过去的辉煌不亚于现在，但人们的眼光过多地关注于广东经济的辉煌，轻视这给予它辉煌的精神力量。

（3）广东区域政府形象有待改善

广东政府形象排在经济、文化、自然生态形象之后。当前区域经济发展的一个常用模式是"经济搭台、文化唱戏"，而台前台后的总策划和导演是区域政府。这就需要政府改变思路，重塑形象，由以往的管理型政府向服务型政府转变。其服务要使域内民众满意，对域外创业者和投资者要有吸引力。

（4）广东区域内名牌企业无法助推其区域品牌的发展

从国内外成功经验来看，区域品牌的形成必须依靠龙头企业的带动。

广东省域内的知名企业聚集程度排全国第二位，它们的品牌影响力都在中国甚至世界范围。在广东省区域品牌传播中，这些名牌企业的劳动作用明显缺失。

（5）广东区域品牌传播渠道单一，仍以大众传播渠道为主

区域品牌传播需要通过社会整合传播来完成，包括大众传播渠道、公共传播渠道、商业传播渠道和社会交往传播渠道。当前广东省区域品牌传播中，仍以大众传播渠道为主；社会公众选择点对点的人际交流方式来完成。非政府组织数量少，运营模式也不完善，在大型活动的策划和公共外交上难以发挥作用。而选择商业传播渠道（如公共关系、会展、大型商场）的企业，也都各自为政，在区域品牌建设中未形成合力。

（6）广东区域品牌传播中，缺乏社会公众积极参与

区域品牌的传播，需要社会公众的积极参与来完成。广东省区域品牌传播，缺乏社会公众的积极参与。

问题之一是区域品牌信息无法到达社会公众。如"广货全国行"和"广货网上行"，是广东在金融危机之后外贸转内销，重塑广货品牌的重要举措，但社会公众了解的比例不到 1/10（7.7%）。问题之二是社会公众接收了区域品牌信息之后，很少愿意把信息通过自媒体传播出去。

在区域品牌传播的自觉性方面，文化程度较低公众没有很好应用新媒体的能力；高学历人群，有传播的意识和能力，却没有实际行动，这是调查之初没有考虑到的问题，有待于研究者继续追问。

2. 广东区域品牌传播对策建议

广东省区域品牌传播存在的问题，有些是特有的，有些也是全国区域品牌建设与传播过程中所遇到的普遍问题，基于此，我们有如下认识。

（1）区域品牌传播环境建设是广东省区域品牌发展的基础

鉴于广东经济结构的不合理，文化传承的缺失等问题，需要加强广东区域内政治经济文化大环境建设。

首先，要加快经济结构调整。调整需求结构、产业结构、城乡结构、区域结构，使广东的发展速度与质量相协调，内需与外需相协调，城乡区域发展相协调。并且加快提升自主创新能力，发挥科技第一生产力和人才第一资源作用，使经济增长主要依靠科技进步、劳动者素质的提高和管理创新的转变，把"贴牌大省"变成"品牌大省"，"广东制造"变成"广东创造"。

其次，全方位提升文化建设水平。广东省要以传统的岭南文化为基础，以世界眼光打造具有岭南特色和广东气派，并适应时代的发展，加大文化产业的政策支持和投入力度，率先探索中国特色社会主义文化发展道路，加快实现从文化大省向文化强省的新跨越，建设"幸福广东"。

最后，必须整体推进社会建设。坚持把保障和改善民生作为区域品牌建设的出发点和落脚点，要重视区域发展成果的普惠性，更加注重社会公平正义，促进基本公共服务均等化，把发展的目的真正落实到富民、惠民、安民上。坚持包容性增长，围绕增进民生福祉统筹经济社会协调发展，畅通诉求表达渠道，让人民安居乐业，增强幸福感，共享经济社会发展成果。①

（2）政府职能转变是广东省区域品牌传播的积极推动力量

政府是区域品牌的管理者区域品牌的传播者。具体来说，广东省政府首先要加强自身的形象建设与传播。其次，要在行业协会的协助下，使企业和社会公众积极参与到区域品牌传播活动中来。再次，政府要担起区域品牌传播的重任。政府有较高的公信力，有丰富的传播资源，可以组织各种博览会、展销会、推介会、招商洽谈会等，邀请国内外商客参加，并充分利用新闻报道、公关活动、赞助活动、节日庆典以及公益活动，加强广东省区域品牌传播工作。

（3）行业协会是整合名牌企业的中坚力量

广东省各行业协会的总数大概有 120 个，借鉴国外经验，区域品牌的管理和传播活动都可由行业协会来承担。② 同时，在行业协会的协同下，可以解决广东区域名牌企业在区域品牌传播中各自为政的涣散状态。

广东省行业协会需要研究分析区域品牌的发展状况，制订区域品牌的管理与传播计划，承担行业自律、维权、组展、服务、协调、管理等任务。在区域品牌传播活动中，要进一步规范区域品牌的商标、印制、广告、宣传等，树立统一的区域品牌形象。还要积极组织、引导、协调和管理各品牌企业的促销行为，通过举办或参与各种展会、洽谈会等，组织企

---

① 《广东省"十二五"规划纲要全文（2011—2015 年）》。
② 苏朝晖：《政府与行业协会在区域品牌管理与营销中的作用》，《理论前沿》2009 年第21 期。

业联合开展市场营销、公关等活动，从而传播区域品牌。此外，行业协会还可在全国知名网站开设主页，或建立自己的网站开展网络营销，充分利用多媒体、图片、视频洽谈等手段，宣传、展示和推介区域品牌。

（4）社会公众的广泛参与是实现广东省区域品牌有效传播的关键

区域品牌传播的特殊性决定了它必须突破大众传播、分众传播和营销传播的一般模式。调动一切社会力量，向社会整合传播模式转型，使区域内的政府组织、非政府组织、社会公众都有责任来推动区域品牌传播活动。只有社会公众的广泛积极参与，广东省的区域品牌传播才能取得成功。

第 五 章

区域品牌传播的媒介呈现分析
——以广东为例

一 广东区域品牌传播的报纸媒介呈现分析

(一) 研究样本

1. 研究对象确立

本书选择《人民日报》《南方日报》两份报纸为媒介呈现的研究对象。《人民日报》是中国共产党中央委员会的机关报,为中国第一大党报,是中国最具权威性、最有影响力的全国性报纸。《人民日报》是一份权威、严肃的综合性日报,凭借其高素质的采编力量,对新闻事件作出迅速、及时、有效的反应,准确而有深度地报道国内外重大事件,从而赢得大量国内外读者的普遍信赖。《人民日报》每周一至周五24版,第1—6版为要闻版,第9—15版主要为国内新闻版,第17—20版为专刊版面,第21—23版为国际要闻版面,此外,第7版为理论版,第24版为副刊版(周二、五为20版),每周有一个新兴媒体版、一个观点版;周六、周日8版,节假日4版。《人民日报》在国内各省、市、自治区、经济特区和一些大城市设有38个分支机构或记者站,在香港、澳门设有办事处,在台湾也派驻了记者。在国外,《人民日报》的32个常驻记者站,遍布世界各主要国家和城市。作为中共中央机关报,《人民日报》承担着每天向全国和世界传播重大新闻的重任,其中《人民日报》的言论(尤其社论和评论员文章等),已成为《人民日报》的一面旗帜,直接传达着党中央国务院的声音,而备受海内外读者关注及外国政府和外国机构的高度重视。《人民日报》影响力大、传播范围广，因此，选择《人民日报》作为区域外样本对广东区域品牌传播进行媒体呈现。

《南方日报》是中共广东省委机关报，其报纸定位是"华南地区最具公信力的主流政经媒体，权威、智慧型资讯提供者"。《南方日报》1949年创刊，在半个多世纪的发展历程中，它一直担当着广东报业的龙头角色，它以不可替代的权威性和公信力，确立了华南地区主流政治经济媒体的地位。它的受众包括各级领导者、决策者，各层面的管理者、投资者、经营者和研究者；公务员、商人和专业人士等中高端读者群，是广东唯一一家主打高端读者群的品位大报。《南方日报》版面日均28版，按内容可分为六大板块，分别是"要闻/时政板块""经济板块""文体板块""深度板块""周刊板块""珠三角板块"。《南方日报》发行立足于广东省，辐射华南地区，密集覆盖珠江三角洲城镇，并面向全国及海外20多个国家和地区发行，发行量为85万份，连续17年创发行量居全国省级党报之首的佳绩。《南方日报》被认为是国内外企业欲以最快速打开广东市场的首要选择，具有巨大的传播效益和独特的广告影响力，因此，选择《南方日报》为区域内媒体呈现的样本。

2. 研究样本选取

在中国知识基础设施工程网站（中国知网：http：//www.cnki.net/）的中国学术文献网络出版总库中，以"人民日报""南方日报"作为文献出版来源，对刊发日期在2007年1月1日至2011年12月31日共5年期间内的所有报道，首先以全国各省（直辖市、自治区）名称为主题词（词频不做要求）进行检索，获取各省区媒体呈现总体情况；其次，从所获数量排行榜中选择研究样本，以《人民日报》为对象，按一定比例抽样，对各省区市的媒体呈现情况进行比较分析；随后，以"广东"为主题词进行搜索，展示《人民日报》《南方日报》对广东报道的区别。

（二）两大党报媒介呈现的各省区内容的对比分析

1. 各省区媒体呈现总体情况对比分析

在中国学术文献网络出版总库中，以"人民日报""南方日报"作为文献出版来源，以全国各省（直辖市、自治区）名称为主题词（词频不做要求）进行检索，对刊发日期在2007年1月1日至2011年12月31日共 5 年期间内的所有报道进行检索，并对报道数量进行统计，所得结果如表 5—1 所示。

表 5—1　　　　2007 年 1 月 1 日至 2011 年 12 月 31 日各省
（自治区、直辖市）媒介呈现数量统计

搜索主题	《人民日报》（篇）	《南方日报》（篇）
北京	1835	106
天津	301	17
广东	512	4377
河北	311	5
山西	278	10
内蒙古	330	7
辽宁	232	10
吉林	232	7
黑龙江	248	7
上海	824	60
江苏	365	17
浙江	407	21
安徽	295	3
福建	227	8
江西	261	15
山东	415	10
河南	377	13
湖北	269	4
湖南	237	15
广西	422	23
海南	212	36
重庆	339	17
四川	631	76
贵州	210	22
云南	261	21
西藏	574	20
陕西	202	5
甘肃	199	3

搜索主题	《人民日报》（篇）	《南方日报》（篇）
青海	191	3
宁夏	164	4
新疆	372	16

从表5—1可以看出，《人民日报》与《南方日报》信息传播的侧重点具有显著区别。《人民日报》对各省（自治区、直辖市）刊发的稿件数量排名前十的依次是：北京、上海、四川、西藏、广东、广西、山东、浙江、河南、新疆。《人民日报》承担着传播中国方针、政策和主张的重任，它把报道重点放在首都北京，对北京的区域报道最多，共计1835篇。《人民日报》对广东省区域报道幅度也比较大，共计512篇，位于报道数量排行榜第五名，报道比例大大高于各省区市平均报道水平，对广东区域品牌传播非常有利。

《南方日报》因受到地域因素的制约，报道主要集中于广东省内，对区域内报道力度大，对省外报道幅度较小，对全国所有省区刊发的稿件数量排名前十位依次是：广东、北京、四川、上海、海南、广西、贵州、浙江、云南、西藏（其中，浙江、云南并列第8，报道数量均为21篇）。《南方日报》对广东的报道数量最多，共计4377篇，对安徽、甘肃、青海三个省区的报道数量最少，均仅有3篇。而且《南方日报》对北京的报道总数排名第二（共计106篇），但也仅占广东报道总量的2%。这些都是顺理成章的。

2. 省区比较取样方法

根据上述统计结果，共有七个省区同时出现在了《人民日报》《南方日报》的报道数量排行榜前十名中，它们分别是：广东、北京、上海、广西、浙江、四川、西藏，因此，本文把这七个省（自治区、直辖市）作为比较研究的对象。《南方日报》作为域内报纸，省内外的报道数量悬殊，对广东之外的省区报道数量过小，省区比较研究参考价值小，因此，在对各省区媒体呈现总体情况对比分析时，主要以《人民日报》的报道为主。

在搜得文章的基础之上，对《人民日报》的相关文章采用等距抽样的方式，从每个省区市各选取样本 30 份，共取样 210 份。其中，广东的样本每隔 17 篇文章选取 1 篇；北京的样本每隔 61 篇文章选取 1 篇；上海的样本每隔 27 篇文章选取 1 篇；广西的样本每隔 14 篇文章选取 1 篇；浙江的样本每隔 13 篇文章选取 1 篇；四川的样本每隔 21 篇文章选取 1 篇；西藏的样本每隔 19 篇文章选取 1 篇。

3. 各省区市比较研究

（1）报道方式比较

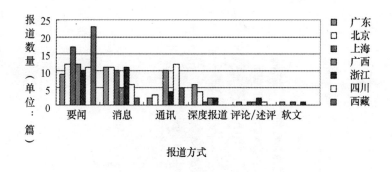

图 5—1　七个省（自治区、直辖市）报道方式比较

《人民日报》对七个省（区、市）的报道，总体上以要闻和消息为主。要闻即重大新闻，媒体的要闻就是该媒体最重视的、最想要受众获知的新闻。在《人民日报》的要闻报道中，西藏和上海报道数量最多（分别是 23 篇和 17 篇），其他省区市报道数量也在 10 篇上下浮动，广东省要闻报道数量最少（仅有 9 篇），广东在要闻报道的媒介呈现量上并不占优势；消息报道中，广东、北京、浙江报道呈现量最大，报道数量相同（均为 11 篇）；深度报道中，广东省报道数量最多（共计 6 篇），占广东样本总数的 1/5；在软文报道中，广东、上海、浙江都有 1 篇，其他省区市则没有。在三篇软文中，第一篇是样本编号 29 的《广东榕泰实业总经理李林楷代表——用财税机制促进企业自主创新》，第二篇是样本编号 75 的《上海车展：中外车企唱起"对台戏"》，第三篇是样本编号 145 的《浙江天能　让动力电池更清洁》，它们无一例外地以某一企业或某一产业为报道对象，通过新闻报道形式，在文中多次重复提及企业品牌、产业品牌，甚至产品品牌名称，将"广告"嵌入文章中，达到了一种春风化雨、润物无声的传播效果。

通过对七省（区、市）报道方式的统计比较发现，广东省报道形式呈现出的特点是：以消息报道为主线，深度报道为重点，要闻报道较薄弱，软文报道是亮点，通讯和评论相兼顾。

（2）报道叙述基调比较

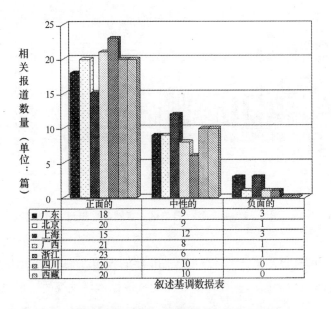

	正面的	中性的	负面的
广东	18	9	3
北京	20	9	3
上海	15	12	3
广西	21	8	1
浙江	23	6	1
四川	20	10	0
西藏	20	10	0

叙述基调数据表

图5—2 七省区（自治区、直辖区）叙述基调比较

图5—2数据表明，正面报道以浙江数量最大，广西次之，北京、四川、西藏位列第三；中性报道数量上海排名第一，四川、西藏第二，广东、北京第三；负面报道中，广东、上海的报道数量最多，四川、西藏没有负面报道。总的说来，《人民日报》的报道基调是以正面报道为主，中性报道为支撑，负面报道为补充。同时，负面报道的数量与地区开放程度成正比。广东、上海等地均出现了不同程度的负面报道，这些省区呈现出的共同形象特征是经济发达，对外往来密切，公众思想相对开放，看待负面报道时更加客观、公正，有辨别力。

（3）报道议题比较

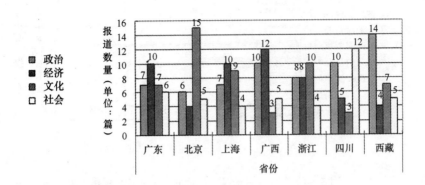

图5—3　七省（自治区、直辖市）报道议题比较

由图5—3可知，广东、上海、广西的经济议题报道数量最多，北京、浙江的文化议题报道数量最多，四川以社会议题为主，西藏政治议题报道最多。其中，广东经济议题比重大，与其作为第一经济大省的地位不无关系，该省的政治、文化、社会议题报道较为平衡；北京是中国的政治和文化中心，具有悠久的历史和丰厚的文化遗产，它的文化议题报道远远高于其他三个议题，政治议题位列第二；上海经济议题最多，但经济与文化议题并重，报道数量趋同；浙江省以文化议题为主，同时也重视政治和经济议题的报道；四川省受"5·12"地震的影响严重，社会议题报道比重最大，政治议题报道也比较突出；西藏的稳定是中国长期以来的重要话题，因此，西藏的政治议题约占所有报道总量的50%。

仅从《人民日报》的报道议题来看，广东在媒介中呈现出一种"重"区域经济，"轻"区域文化、区域政治和区域社会的形象。

①区域政治议题报道

在政治议题分析中，《人民日报》对广东的报道最多的是关于政府规划方面的文章；对北京的报道最多的是政府社会管理的文章；对上海的政府社会管理、政府对外交往和腐败惩治报道数量一致（均为2篇）；广西有5篇是政府社会管理领域的报道；浙江对政府政绩和政府社会管理的报道数量相同，都是3篇；四川有6篇文章涉及政府危机应对领域；西藏政府政绩报道篇幅最大，共5篇文章。

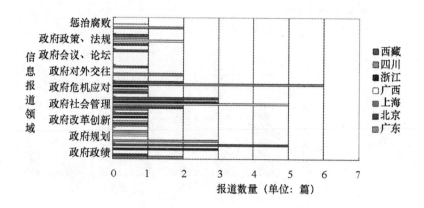

图5—4　七省（自治区、直辖市）区域政治议题分析

　　从图5—4据统计可知，广东关于政治议题的样本只有7篇。7篇样本均呈现了政府开拓创新的整体形象，其中6篇还同时呈现出广东政府开放、透明，务实、高效的形象。除此之外，《人民日报》对上海、西藏的报道中，呈现出政府廉洁奉公的一面，而对广西进行报道时，还涉及1篇关于奢侈腐败的报道。总体来说，各省区（市）的总体情况颇为相似，区域政治品牌呈现出政府开放、透明，政府务实、高效，政府开拓创新三个方面的形象。广东亦是如此，而且广东没有奢侈腐败等相关的负面信息报道，为外界呈现出一个正面的、良好的、有利的区域品牌传播的政府形象。

　　②区域经济议题报道

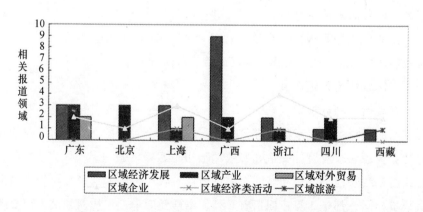

图5—5　七省（自治区、直辖市）企业经济议题分析

图 5—5 显示，《人民日报》的广东样本共有 10 篇与经济议题有关，涉及区域经济发展、区域产业的样本各 3 篇，涉及区域对外贸易的样本 2 篇，涉及区域企业的样本 2 篇。从统计数据可知，对经济议题报道比重较大的省区是广东、上海和广西，三者的样本都没有涉及区域旅游，它们的区别是：上海经济议题报道领域最全面，除了广东样本涉及的领域外，还有 1 篇对区域经济活动报道的样本；广东样本领域种类介于上海与广西之间，涉及了四个方面；广西的样本只涉及三个方面，比广东少了区域对外贸易的报道。其他对经济议题报道比重较小的省区中，北京的样本仅涉及区域产业和区域企业两方面；浙江的经济议题样本虽然只有 8 篇，但涉及的领域比较多，涵盖了区域经济发展、区域产业、区域企业和区域经济活动四个方面；四川的样本涉及区域经济发展、区域产业、区域企业；西藏的样本涉及区域经济发展、区域企业区、区域旅游。

《人民日报》对广东的报道侧重于经济方面，向受众展现了一个经济大省的品牌形象。虽然广东的经济议题报道数量多，但对区域旅游、区域经济活动等领域的报道却是欠缺的。

此外，《人民日报》的广东报道中呈现出"经济发达的"文章 9 篇，"经济外向的""产业现代化的"文章均有 7 篇，"对投资者有吸引力的"文章 6 篇，"产业落后的"和"对投资者缺乏吸引力的"文章各 1 篇。由于《人民日报》的报道基调以正面报道为主，因此，其他各省区的报道也呈现出经济发达、外向、产业现代化的形象。各省区的区域经济品牌整体形象大都是积极的、向上的、正面的。

③区域文化议题报道分析

区域文化议题可分为 5 种类型，即区域历史与人文（传统）、区域历史名胜与文化遗产、区域文化事业（文艺、出版及媒体）、区域精神文化、区域教育。《人民日报》对广东省的文化议题报道的数量较少，共计 7 篇。从统计数据可知，共有 2 篇报道与区域文化事业有关，2 篇报道与区域精神文化有关，3 篇报道与区域教育有关。《人民日报》对北京的文化议题报道数量排名第一，共计 15 篇，除了北京区域历史名胜与文化遗产报道在样本中没有涉及外，其他文化领域均已涉及。《人民日报》对浙江、上海两个省市的文化议题报道数量位列亚军和季军，分别是 10 篇和 9 篇，浙江的报道涵盖了文化议题的 5 种类型，上海缺少区域历史名胜与文化遗产报道。

如图5—6，《人民日报》对广东的文化报道重视程度较低，广东在《人民日报》中并没有很好地呈现出它的文化品牌，广东区域文化品牌的域外媒介呈现力较弱。

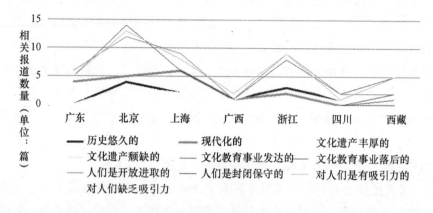

图5—6　区域文化品牌形象媒介呈现（文化）

七省（区、市）的区域文化品牌形象呈现如图5—6所示。根据曲线图，北京是区域文化品牌报道数量最多的地区，呈现出的形态最多，反映"文化教育事业发达的""人们是开放进取的""对人们是有吸引力的"三种形态的报道数量第一（均在10篇以上）；浙江、上海是区域文化品牌报道数量较多的地区，浙江各种形态的数量处于中等偏上的水平，上海反映"现代化的"报道数量居各省区的第一位；西藏、广东的文化议题报道数量相同，而且都出现了负面报道，但西藏反映"历史悠久的""文化遗产丰厚的"两种形态的报道数量都居各省区第一位，广东省报道数量却相较平均；广西、四川文化议题报道数量最少，均为正面报道。

与其他六省（区、市）相比，《人民日报》对广东文化议题的报道数量处于中等偏下水平，仅比广西、西藏两省偏多。其中，在《学分互认无人喝彩》（样本编号29）这篇有关"区域教育"的负面报道中，甚至反映了"人们是封闭保守的""对人们缺乏吸引力"等负面信息。总之，《人民日报》对广东的文化报道偏少，涉及的文化形态不全面，并没有为广东塑造一个很好的区域文化品牌的形象。

④区域社会议题分析

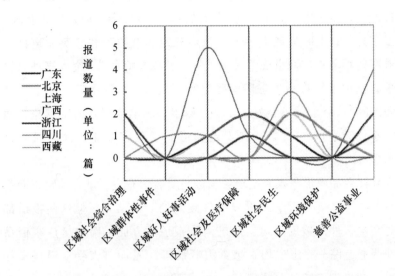

图5—7　七省（自治区、直辖市）区域社会议题报道统计

受汶川大地震影响，四川的社会议题数量居七省（区、市）第一位，报道集中于"区域好人好事活动""慈善公益事业"；广东的社会议题报道数量居第二位，涉及"区域社会及医疗保障""慈善公益事业"各2篇，"区域好人好事""区域社会民生"的各1篇；北京、广西、西藏社会议题报道数量均为5篇，北京集中于"区域社会综合治理""区域社会民生"报道，广西和西藏集中于"区域社会及医疗保障"报道；上海和浙江社会议题报道数量最少，上海集中于"区域社会民生""慈善公益事业"，浙江集中于"区域社会综合治理"。

从整体比较，《人民日报》对广东社会议题报道比重较大，报道数量仅次于"非常时期"的四川（"5·12地震"发生后社会问题较多），增加了广东媒介呈现的机会，有利于广东区域品牌在域外传播。

统计数据显示，《人民日报》对七省（区、市）区域社会整体形象的呈现，四川呈现出的形象主要是"社会风尚好的""突发事件频发的"，除此之外，展示的都是正面、积极的形象，这与四川震后稳定人心、重建家园的任务密不可分；广东呈现的形象也是"社会风尚好的""突发事件频发的"，其中"社会治安良好的""社会治安混乱的""幸福指数高的"
"幸福指数低的""自然生态环境治理好的"各1篇，既有正面报道，也
有负面报道；北京呈现了一个"幸福指数高的""社会风尚好的"形象，
以正面报道为主；上海呈现出一个"社会安定和谐的"和"突发事件频
发的"并存的形象；广西呈现了一个"社会治安良好的""突发事件频发
的"形象，出现了"自然生态环境恶化的"报道；浙江呈现了一个"社
会安定和谐的""社会治安良好的""自然生态环境治理好的"形象；西
藏"突发事件频发的"和"社会安定和谐的"并存，且"社会风尚好
的"的形象。

从区域社会品牌形象媒介呈现数据分析看，广东主要呈现的是正面形
象，虽然有3篇文章包含了"突发事件频发的"的信息，但这些报道都
侧重于对突发事件的援助报道、危机消除报道等方面，例如《广东佰易
药业事件调查追踪——患者均未感染丙肝病毒》是向广大受众通报事件
调查进展（即患者未感染丙肝病毒），以消除危险，稳定人心。另外，文
章《广东出现"退保潮"了吗》虽然涉及了广东"社会治安混乱的"
"幸福指数低的"的信息，但它聚焦社会保障体系等公众利益，通过全方
位的采访和评论，指出目前现存体系的缺点，提出改进意见和方法，充分
说明了广东对社会的和谐发展和人民生活质量的重视。

总体说来，《人民日报》呈现的广东区域社会品牌是一种社会风尚
好、关心公众利益、积极进步的正面形象。

（三）两大党报关于广东区域品牌传播的内容分析

1. 取样方法

继续在中国学术文献网络出版总库中以"人民日报""南方日报"作
为文献出版来源，以"广东"为主题词（词频不做要求）进行检索。对
刊发日期在2007年1月1日至2011年12月31日这5年的所有报道进行
检索，共搜索到《人民日报》带有"广东"主题词的报道512篇，《南方
日报》带有"广东"主题词的报道4406篇。

在搜得文章的基础之上，将《人民日报》的512篇文章均用作样本，
而对于《南方日报》，则参照《人民日报》的数量，采用等距抽样的方
式，以每8篇文章选取一篇的方式，共抽得样本文章512篇。

2. 样本逐年变化情况

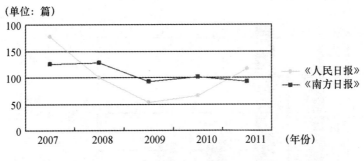

图 5—8 《人民日报》和《南方日报》的报道数量变化

　　从图 5—8 看到，2007—2011 年，《人民日报》对广东的报道文章数量波动较大，呈现出曲线变化趋势：2007 年对广东的报道是 177 篇，2008 年报道篇数下降到 100 篇，减少了 43.5% 左右；2009 年报道数量跌至 5 年内最低值 53 篇，比 2007 年下降了 70%；2010 年报道数量开始增多，但增幅很小，仅增加了 13 篇；进入 2011 年，报道数量迅速增加，突破百篇，有 116 篇。而《南方日报》对广东的报道数量相对稳定，2007、2008 年报道数量分别为 125 篇、128 篇。进入 2009 年，《南方日报》的报道数量也开始下降，但 2009 年、2010 年、2011 年三年的报道数量稳定，始终在 100 篇左右浮动。从统计数据分析发现，外界对广东的关注度还不够稳定，广东应该加大区域品牌传播力度，对外界形成持久的吸引力，赢得更多"曝光机会"。

　　3. 报道领域分析

　　按照新闻报道的报道性质，将广东区域报道划分为四个方面，即政治领域、经济领域、文化领域、社会领域。图 5—9 是《人民日报》《南方日报》对广东不同领域的报道情况统计图，呈现了广东在四大领域被关注报道的基本情况。《人民日报》对政治、经济、文化、社会领域的报道分别为：192 篇、165 篇、69 篇和 86 篇；《南方日报》对政治、经济、文化、社会领域的报道分别为：159 篇、218 篇、72 篇和 63 篇。两大党报均不约而同地将报道侧重点放在了广东的政治和经济领域，而对文化和社会方面的报道相对较少。而不同的是，《人民日报》对广东区域的报道，

(单位：篇)

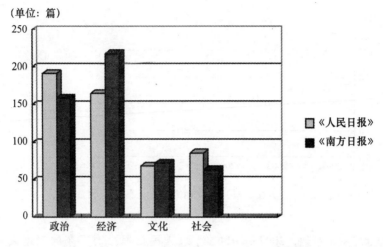

图5—9 《人民日报》和《南方日报》的报道领域

政治领域的比经济领域的报道多；《南方日报》对广东区域的报道，经济领域的报道数量大于政治领域。两家报纸对广东的报道，为广东政治、经济领域进行了良好品牌传播，但广东文化和社会领域的信息传播却有所欠缺。众所周知，"软实力"是衡量一个国家或地区综合实力必不可少的参照标准，区域文化就属软实力的范畴。近年来，随着广东省对本土文化、文化创意产业等日益重视，媒体对广东区域文化的报道数量本应增多，而统计显示，广东区域文化的媒介呈现力度仍然不足，亟待加强。

（四）关于广东区域品牌传播的文本分析

以《人民日报》和《南方日报》的广东报道的内容分析为基础，在这些数据基础上，我们再对《人民日报》《南方日报》进行文本分析，即从具体的文字信息中提炼广东区域品牌传播的具体情况。在此将对前面已经收集到的《人民日报》《南方日报》各512篇文章，共1024篇文章进行文本分析。

1. 关于区域品牌传播主体

（1）广东政府及各行政部门

广东政府及各行政部门是广东区域品牌传播的主体，积极为区域品牌建设营造良好发展环境，发挥政府在区域品牌自主创新中的扶持与主导作用。广东政府及各行政部门在媒介中呈现出如下的形象：

首先，力促区域协调发展。

2005 年年初，广东出台了山区、东西两翼与珠江三角洲联手推进产业转移的新举措——共建产业转移工业园，把民间自发的产业转移，提升为由政府引导、适应市场规律的产业有序转移……广东强调，产业转移工业园必须科学规划、统一配套、集约节约、科学发展。凡是污染企业一律就地关停并转，不得以任何形式向外转移。发达地区"腾笼换鸟"，山区两翼"顺势吸纳"，实现了优势互补，增强整体竞争力。（《广东力促区域协调发展》，《人民日报》2007 年 4 月 20 日）

促进区域协调，建设"幸福广东"，在让珠三角加快发展的同时，带动粤东西北地区实现共同富裕，已成为全省上下的共识。有专家指出，深入推进的"双转移"战略和逐步缩小区域间居民享有公共服务的差距是广东促进区域协调的重要途径，灵活运用财政杠杆手段更是其中的一大亮点。（《增强省级调控能力　促进区域协调发展》，《南方日报》2011 年 1 月 17 日）

其次，网络问政。广东不仅是一个经济大省，也是一个网络文化大省。广东的网民人数居全国首位，被广东政府视为"推动广东现代化建设的不可或缺的重要力量"[①]。广东政府在网络问政方面采取了多种举措：

网络问政在广东兴起，短短两年，形式已层出不穷……回想起来，正是在 2008 年初抗击那场罕见雨雪冰冻灾害之后，两位省领导通过省内主要新闻网站发布了《致广东网民朋友的一封信》，邀请大伙"灌水"、"拍砖"。公开信发出后，反响热烈。（《网络问政的"广东样本"》，《人民日报》2010 年 4 月 21 日）

开通的全省统一的手机网上信访网址 http：//wsxf. gd. gov. cn/xf-

---

① 汪洋、黄华华：《致广东网民朋友的一封信》（作者分别系广东省委书记、广东省省长）。

wap 和手机信访号码 10639888，方便群众利用方便快捷的现代化信息手段提出信访诉求……从 2009 年 6 月召开网友集中反映问题交办会以来，广东的网络问政制度化建设愈加完善。对此，省委书记汪洋近日再次作出重要批示，他在省委办公厅报送的《第四次网友集中反映问题交办会暨网上在线接访会工作方案》上批示："重在坚持，贵在为民。不断完善，提高水平，努力开拓网络问政制度化的新局面。"（《"手机信访"开通！》，《南方日报》2010 年 8 月 6 日）

最后，以"人才新政"推动产业升级。

30 多年前，广东凭借较低的人力资源成本，发展劳动密集型产业；30 多年后，广东在新一轮布局中，把高层次人才和"自主创新"作为核心推动力……《广东省加快吸引培养高层次人才的实施意见》明确指出，广东要重点引进产业急需，能带来重大经济和社会效益，具有世界一流水平、国内顶尖水平的领军人才和科研团队……中国工程院院士陈清泉说，广东集聚吸纳海内外人才的"创新工程"，对广东未来的产业转型升级，提高自主创新能力，增强国际竞争力，都有很长远的意义。（《广东"人才新政"推动产业新局》，《人民日报》2010 年 2 月 4 日）

以最有效的政策、最畅通的渠道、最灵活的制度、最宽松的环境，使广东成为吸引海内外高层次人才创新创业的"强磁场"……要坚决扭住推动全省产业转型升级这个"牛鼻子"，大力实施"珠江人才计划"，搭建引才平台，加大财政投入，为吸引人才到广东干事创业、建功立业创造巨大的市场需求，提供良好服务……统筹推进各类人才队伍建设和区域人才协调发展。（《为建设幸福广东提供坚强保证》，《人民日报》2011 年 5 月 10 日，作者系中共中央政治局委员、广东省委书记汪洋）

(2) 企业和产业集群

近年来，国际经济形势急剧恶化，世界经济增长放缓，对于广东经济造成的负面影响明显增加，企业特别是中小企业受到的冲击越来越大。在后金融危机时期，广东企业和产业集群的应对为：

第一，进行产业升级。

> 面对当前这场金融危机的冲击，在整个珠江三角洲企业生产经营
> 普遍比较困难的时候，深圳为什么相对要好一些？就是因为产业升级
> 抓得早，自主创新抓得早。因此，应对金融危机就有了准备，也有了
> 能力。这是一条极为重要的经验。（《温家宝在广东调研时强调　要
> 大力支持中小企业发展》，《人民日报》2008 年 11 月 16 日）

第二，创建区域公共品牌。

> 广东省工商局商标处处长吴励超透露，我省中小企业就单个力量
> 而言与国际大型公司差距很大，但是集群力量则远远大于国际众多大
> 型跨国企业，全省中小企业要走主业集群战略，创建区域公共品牌，
> 形成产业集群综合竞争力。（《走产业集群之路　创区域公共品牌》，
> 《南方日报》2008 年 4 月 26 日）

（3）广东行业协会

广东是外贸大省，但广东的行业协会却非常弱势，与广东的地位极不
相称。在许多国家对外贸易活动中，政府和行业协会是走路的"两条
腿"，而中国大部分省份都是"跛脚"走路的，广东亦是如此。

> 行业协会不是自企业中来，因此不了解企业的信息。由于不对企
> 业负责，也就没有积极性去了解企业的困难与意愿，很难作为企业的
> 代言人向政府反映企业的困难与愿望……行业协会目前主要的职能或
> 者说主要的工作就是组织会员企业参加各种展销会，以收取相应的参
> 展费用，几乎就没有参与过解决企业贸易纠纷问题。因此，大部分行
> 业协会在企业中欠缺必要的凝聚力和号召力，企业在遭遇技术性贸易
> 壁垒时也不会考虑求助于行业协会。在广东上百家的行业协会中，能
> 够真正发挥"行业代言人"作用的寥寥无几。（《应对贸易战广东行
> 业协会难挑大梁》，《南方日报》2010 年 2 月 9 日）

针对上述现象，广东推进行业协会民间化，实施"去垄断化"改革。

对于商会或行业协会，广东将登记管理权限从省下放至地级以上民政部门，并将改变目前"一业一会"的垄断局面，鼓励"一业多会"，允许按产业链各个环节、经营方式和服务类型设立行业协会，允许跨地域组建，允许合并组建，允许分拆组建，允许港澳台人士在广东境内工商注册的企业成为会员。（《广东降低社团登记门槛》，《人民日报》2011 年 11 月 28 日）

（4）广东社会组织和公众
首先，政府向社会组织放权。

近年来，广东省加快了政府职能转移和向社会组织购买服务的步伐。中共中央政治局委员、广东省委书记汪洋多次强调："应该由市场做的事情要交给市场，应该由社会组织做的事情要交给社会，该放的权要坚决放掉。"《珠江三角洲地区改革发展规划纲要（2008—2020 年）》明确提出"全面推进政企、政资、政事、政府与市场中介组织分开"，"鼓励社会组织和企业参与提供公共服务"。民政部与广东省签订相关协议，赋予广东先行先试的任务。（《广东 2.8 万社会组织助力和谐》，《人民日报》2011 年 4 月 6 日）

其次，社会组织蓬勃发展，数量增多。

目前，我省共有社会组织 28509 个，比"十五"期末增长了 44%。预计到 2015 年，全省社会组织总量达到 50000 个，平均每万人拥有社会组织 5 个以上……到 2015 年，我省要实现大多数社会组织能够承担政府转移、委托、授权的职能，成为党委、政府的参谋助手；能够履行相应的社会公共管理和公共服务职能，成为社会建设的主体；能够在各个方面发挥积极作用，成为现代化建设的重要力量。（《2015 年广东社会组织预计达 5 万个》，《南方日报》2011 年 3 月 18 日）

2. 关于区域品牌传播渠道

（1）大众传播

在改革开放 30 年的时间里，广东的新闻出版业始终走在全国前列，为广东进行区域品牌传播做出了突出贡献。目前，广东的大众传播渠道主要有以下特征。

第一，广东积极吸引区域外媒体的关注。

2003 年以来，广东率先践行科学发展观，成就斐然，引起了人民日报、新华社等众多中央媒体的关注。五年间，这些中央媒体就广东在全国率先开始转变经济发展方式的实践推出了一组组颇具深度、影响深远的报道。（《中央媒体看广东：新征途上再领跑》，《南方日报》2007 年 9 月 11 日）

第二，广东本地的大众传播媒体影响力大。

国家新闻出版总署署长柳斌杰一行莅穗视察了广东省新闻出版局、省出版集团有限公司和南方报业传媒集团……柳斌杰说，在改革开放年代，南方报业传媒集团在探索新体制、谋求新发展方面做出了许多有益尝试，孕育了许多在全国影响力很大的报纸，旗下的子报和系列报刊各具特色，形成了一批有全国影响力、甚至国际知名度的媒体品牌，"在全国 49 家报业集团中，南方报业传媒集团可以说是最有影响力、最成功的品牌之一，在全国报业发展上起到了排头兵的作用"。（《培育中国一流世界知名传媒集团》，《南方日报》2008 年 10 月 23 日）

第三，广东媒体加强合作共谋发展。

作为华南地区最有影响力的两家媒体集团，南方广播影视传媒集团和南方报业传媒集团有着广泛的合作空间，通过战略合作，可进一步提升品牌影响力和核心竞争力，共同为促进广东文化产业发展，为提升广东文化软实力作出更大贡献。(《南方报业与南方广播影视昨签署战略合作协议》,《南方日报》2010 年 7 月 9 日)

(2)商业传播

广东经济繁荣、商贸发达、市场潜力大,拥有四通八达的交通运输网络,区域合作水平不断提升。长期以来,广东作为外向型经济大省,与世界上百个国家和地区建立了长期、稳定的商业往来关系。金融危机后,由于国外市场经济不景气,广东逐渐调整了商业往来的策略,出口转内需,大力开发国内市场。

> 根据省经信委的统计,从 2004 年开始,我省驻外地广东商会快速发展,至今成立了北京、天津、山西、内蒙古、辽宁等地的 23 家广东商会,共发展企业会员超过 7000 家,会员企业注册资本超过2000 亿元,累计投资近万亿元,泛珠区域内地 8 省、东北地区实现了"一省一会"。近 3 年来,各商会组织开展招商引资活动超过 200场次,为粤企"走出去"提供了商机,搭建了发展平台。(《让广东商贸城花开大江南北》,《南方日报》2010 年 12 月 9 日)

> 在扩大加工贸易内销方面,万庆良透露,初定 6 月将组织全省各市 1000 家加工贸易企业、国内生产和进出口企业、流通企业,在东莞举办全省加工贸易暨出口企业产品内销展会,帮助企业搭建交易平台。同时,研究实施"广货北上"计划,联合港澳特区政府,在参加内地现有各类展销会的基础上,组织 2—3 场集中展销活动,帮助企业大力开拓内地市场。(《广东研究实施"广货北上"计划》,《南方日报》2009 年 3 月 19 日)

(3)公共传播

广东可以借助一些公益性的活动,树立区域品牌的良好形象,通过媒体的报道来增加品牌的可信度和亲和力,提升广东的知名度和美誉度,为区域品牌间接地创造价值。

一方面,通过公共活动传播广东文化。

亚运会和亚残运会给广州、广东乃至中国带来了新的发展机遇，也搭建了展示改革开放、繁荣发展、文明和谐、热爱和平的舞台。办好一届具有中国特色、广东风格、广州风采的亚运会和亚残运会，有利于促进广州经济社会又好又快发展，提升城市综合竞争力，提高城市的知名度和美誉度，进一步加快国家中心城市建设步伐；有利于宣传岭南悠久历史和灿烂文化，提高国际声誉，增强国际影响力，推动广州、广东以崭新形象大步走向世界。（《亚运会亚残运会为广州发展提速十年》，《人民日报》2010年11月12日）

另一方面，通过公共传播吸引外界前来投资、旅游观光。

由国家旅游局、广东省人民政府共同主办的2011广东国际旅游文化节暨旅游推介大会在韶关拉开序幕，现场举办了投资合同及合作协议的签约仪式，签约总金额近600亿元，全力助推广东旅游产业转型升级……举办旅游文化节，不仅促进旅游环境的改善，加快旅游产业转型升级，还为广东带来大量的客源，成为"引客入粤"的重要方式。（《旅游文化节揽大单近600亿元》，《南方日报》2011年11月6日）

（4）社会交往传播

社会交往传播是广东区域品牌传播的重要渠道，它以人际传播和小众传播的方式，在人与人之间搭建了一个沟通互动的桥梁。通过面对面的交流，把区域品牌传播给交往对象，使对方造成持久而稳定的记忆，形成良好的印象。

第一，通过社交传播扩大广东影响力。

我省昨日启动粤港澳三地青年大型联谊平台——"广东浪漫之旅"首场活动，预计将吸引5000人参加，将在全省21个地市征集1000个基地，吸引1000万人次参与，打造全国最大的交友联谊平台……这将是广东史上最大的旅游交友平台，并将带动广东旅游产业数十亿元的增长。（《粤港澳5000人将牵手"浪漫之旅"》，《南方日

报》2007 年 11 月 26 日）

第二，通过社交传播达到预期传播目的。

要把博交会打造成继留交会、高交会之后又一个人才交流和科技项目成果转化的重要平台，注重与产业转型升级相结合，努力促进科技成果产业化。广东将努力为优秀人才营造创新创业的良好环境，真诚希望博士后充分发挥聪明才智，积极创建科技创新团队，为广东的产业转型升级作出努力和贡献。（《首届中国（广东）博交会佛山开幕》，《南方日报》2011 年 5 月 20 日）

（五）广东区域品牌报纸媒介传播方面存在的问题

通过对广东区域品牌报纸媒介传播主体、传播战略、传播渠道和媒介呈现的分析，不难看出广东在区域品牌报纸传播过程中还存在许多问题。

1. 政府观念的保守，区域品牌传播合力未得到整合

首先，面对国际化竞争、区域发展竞争和城市发展竞争逐步升级的趋势，广东区域品牌传播的最大障碍就是行政分割阻断了按市场规律配置资源的通道，市场和资源被各级政府的部门利益和地区利益分割，限制了广东区域品牌竞争力的提升，区域品牌传播合力无法得到有效整合。

其次，广东行政管理、财政和考核奖惩等体制和机制还相对落后，各个政府之间存在着追求地方利益及短期效益的政绩观，政府各自为政，竞争关系大于合作关系，甚至在辖区内存在互夺生产资源、招商恶性竞争等情况，使区域品牌传播呈现出“散、乱、差”的局面，无法形成强大的凝聚力和整合力。

此外，广东政府区域品牌传播观念还不比较保守，传播多涉及经济领域，以经营性品牌为主，传播内容“重经轻文”，区域品牌传播为 GDP 服务。在过去相当长的时间里，广东把注意力重点放在“硬实力”传播上，而忽略了“软实力”的宣传和推广，区域品牌传播受利益驱动因素影响大。随着“十二五”规划的提出，“建设幸福广东”已经成为广东政府工作的核心任务，但广东政府对“幸福广东”“人文广东”“亚运精神”的

传播力度仍然不足，需要进一步加强和探索。

2. 行业协会尚未发挥应有的传播职能

首先，近年来，广东加快政府职能转移和向社会组织购买服务的步伐，促使行业协会民间化。然而，由于现行的大部分行业协会脱胎于计划经济时期，曾经一度是行政主管部门的职能机构，即使现在角色转变，也暂时无法真正发挥区域品牌有效传播的职能。

其次，广东的行业协会大多不是从企业发展而来，对企业的具体情况不够了解，无法从企业的切身利益出发，真正传播企业的声音。而且大多数行业协会缺乏专业素质高的工作人员，对所在行业的专业不够了解，这就为行业协会进行区域品牌传播造成了一定的局限。

最后，广东电子、加工贸易、轻工、电器、模具等重要的行业协会，目前主要的职能就是组织会员企业参加各种展销会，以收取相应的参展费用，几乎没有参与过解决企业贸易纠纷问题，[①] 也没有真正发挥区域品牌传播重要主体的职能。

3. 企业、产业集群缺少区域品牌传播意识

首先，广东的不少产业还停留在模仿、低价竞争阶段，创新能力和参与国内外竞争的能力不强，大量"小而全"的企业集中在同一个产业集群中，彼此制约发展，缺乏区域内合作，对区域品牌的塑造和传播意识淡薄。

其次，广东专业镇发达，但区域内的中小企业综合实力有限，难以树立起自己的品牌，更无暇顾及区域品牌。由于各个行业协会、商会没有发挥应有职能，企业之间信息不对称，存在"搭便车"心理。许多企业只想利用区域品牌提高本企业品牌的影响力，主观上却不愿为区域品牌这个公共资源尽责出力，削弱了区域品牌传播的力量。

4. 区域产品标准化工作落后，缺少统一的传播规范

广东区域品牌在商业传播中的一大短板就是标准化工作落后，缺少统一的传播规范。以广东"清远鸡"为例，虽然"清远鸡"具有天然的品牌优势，但却始终难以形成著名的区域品牌，就是因为这些鸡在饲养、销售等方面没有任何行业标准，打着"清远鸡"的招牌销往市场的活鸡一

---

① 刘茜、唐纯林：《应对贸易战广东行业协会难挑大梁》，《南方日报》2010 年 2 月 9 日。

年起码有 2000 多万只，许多鸡"名不副实"，质量良莠不齐，给"清远鸡"这一品牌的传播和塑造造成了损害。

二　广东区域品牌传播的互联网媒介呈现分析

（一）研究样本

1. 确定研究对象

本研究的目的在于通过对广东区域品牌传播在新浪网的媒介呈现进行展现，进而评价广东利用并整合各种区域品牌传播资源的情况，最终试图就广东区域品牌传播提出对策建议。为了更合理、更科学，在对新浪网媒介呈现进行内容分析时，我们在选取广东省的同时选取浙江省和山东省，以作为比对和参照。

浙江位于我国东南沿海，在区域品牌传播方面颇有成就，拥有诸暨大唐袜业、嵊州领带、义乌小商品、海宁皮革等这些基于传统制造业基础上形成的区域品牌，也有像杭州西湖、西塘、雁荡山、千岛湖等基于旅游资源形成的区域旅游品牌，更有像义乌国际物流中心、横店影视产业实验区、杭州白马湖生态创意城这些基于现代新型服务业形成的区域品牌。山东历史悠久，有着深厚的文化传承，最具有代表性的就是以孔子为代表的儒家文化，不仅传遍中国，更是随着众多海外"孔子学院"传遍了世界。山东的区域品牌传播，因其丰富的、深刻的、具有强大国际影响力的文化传播力，再加上大企业、大品牌的影响力，同当前浙江基于中小企业以及产业集群基础上形成的区域品牌形象有着比较明显的区别。

2. 研究样本选取

以新浪网作为样本来源，对广东区域品牌传播的媒介呈现进行内容分析，原因在于，媒体作为社会的瞭望塔和温度计，它通过报道内容反映客观现实，受众通过接收信息形成观念现实。同时，网络技术日新月异的发展，以及网民数量的迅猛增加，互联网成为人们了解新闻获取信息的最主要渠道。

就我国而言，互联网使用率已经处于高位。中国互联网络信息中心（CNNIC）发布的第 38 次《中国互联网络发展状况统计报告》显示，截至 2016 年 6 月底，我国网民规模达到 7.10 亿，互联网普及率为 51.7%。

新浪网在众多的门户网站中，凭借领先的技术和优质的服务不但深受广大网民的欢迎，并且在社会中享有较高的声誉。新浪公司是一家服务于中国及全球华人社群的在线媒体及增值资讯服务提供商，注册用户超过一亿。新浪拥有多家地区性网站，以服务大中华地区与海外华人为己任，是中国最具知名度的互联网品牌之一，因此选择新浪网作为研究样本的来源。

3. 研究方法选择

本研究采用构造周（constructed weeks）抽样，兼顾到平时和周末，比起连续周抽样和随机抽样，样本的均值更接近于总体均值。

本研究的时间段为 2012 年 10 月和 11 月这两个月，拟抽取一个构造周作为研究数据，即在这两个月中，按照星期的要求，随机抽取 7 天，组成一个"构造周"，具体日期如表 5—2 所示。在选定的构造周中，广东省样本量为 367 个，浙江省样本量为 400 个，山东省样本量为 399 个，三省份总样本量为 1166 个。（注：这里的样本量是指"有效样本量"，即除去重复篇目和无意义的篇目，如"××公司公告"等。）

本研究将基于这些抽取的样本，对这三个省份的区域品牌在互联网上的传播现状进行比较分析。

表 5—2　　　　　　　　　　　构造周日期明细

周一	周二	周三	周四	周五	周六	周日
10 月 8 日	11 月 13 日	10 月 24 日	10 月 11 日	11 月 2 日	11 月 17 日	10 月 21 日

（二）广东区域品牌传播新浪网媒介呈现的内容分析

1. 全国概况

新浪网拥有完备的站内搜索功能，在新浪网站内搜索的"高级搜索中"，选定时间段为 2012 年，主题词为我国 31 个省（或直辖市、自治区，港澳台除外），进行检索，结果如表 5—3 所示（按数量降序排列）。

表5—3　　　　　　　新浪网全国各省区市报道篇目统计　　　　（单位：篇）

排名	搜索主题	篇数	排名	搜索主题	篇数
1	北京市	107486	17	福建省	14452
2	上海市	78036	18	安徽省	12847
3	广东省	34777	19	山西省	12513
4	重庆市	28441	20	陕西省	10759
5	山东省	26212	21	江西省	10666
6	河南省	25841	22	广西壮族自治区	10287
7	浙江省	23975	23	河北省	10200
8	江苏省	22853	24	甘肃省	10058
9	新疆维吾尔自治区	20555	25	辽宁省	8743
10	天津市	19143	26	内蒙古自治区	6873
11	海南省	18530	27	吉林省	6611
12	云南省	17959	28	黑龙江省	5251
13	湖南省	17378	29	西藏自治区	3540
14	四川省	16588	30	青海省	3447
15	湖北省	14825	31	宁夏回族自治区	3290
16	贵州省	9723			

2. 报道形式

数据统计显示，新浪网有关三个省份的信息，以"文字"（报道形式单纯是文字）这种形式最为常见，使用最普遍：广东省"文字"形式的信息为269篇，占总体的73%；浙江省"文字"形式的信息为301篇，占总体的75%；山东省"文字"形式的信息为320篇，占总体的80%。

"图片＋文字"或者"视频＋文字"的形式较为常见，广东省有78条，占总体的21%；浙江省为83条，占总体的21%；山东省有69条，占总体的17%。只有图片报道或者只有视频报道的情况较少，三个省份都只有10条左右。

3. 报道基调

总体而言，三省份在新浪网呈现的整体区域品牌形象都是以正面形象为主。广东省"正面"报道为245则，占总数的66%；"中性"为98条，占总数的27%；负面为24条，占总数的7%。浙江省"正面"报道为

273 则，占总数的 68%；"中性"为 57 条，占总数的 14%；负面为 70 条，占总数的 18%。山东省"正面"报道为 254 则，占总数的 63%；"中性"为 78 条，占总数的 20%；负面为 67 条，占总数的 17%。

浙江省负面新闻数量最多，这主要是因为在 2012 年 10 月发生了"浙江温岭幼儿园女教师虐童"事件。这一事件引起舆论高度关注，多家媒体在短时间内给予高密度的报道，而且多数报道是质疑当地教育部门监管失职，曝光当地学前教育机构设置混乱等负面情况，所以与其余两个省份相比，在样本范围内浙江省负面新闻较多。

4. 报道篇幅

为了对广东省区域品牌传播在新浪网的媒介呈现有一个框架式的大体反映，我们将每一则样本根据其字数划分为 500 字以下、500—1500 字、1500 字以上三个类别。数据显示，三省份在"报道篇幅"中呈现的总体分布趋势相同，都是 500 字以下的稿件最多，其次是 500—1500 字，1500 字以上的稿件最少。

根据数据统计，广东省 500 字以下的稿件数量最多，177 篇，占总数的 49%；其次是 500—1500 字的稿件，共 115 篇，占总数的 31%；篇幅在 1500 字以上的数量最少，共 75 篇，占总数的 20%。

浙江省整体分布情况与广东省相同，500 字以下的稿件数量最多，共 201 篇，占总数的 50%；其次是 500—1500 字的稿件，共 113 篇，占总数的 28%；篇幅在 1500 字以上的数量最少，共 86 篇，占总数的 22%。山东省 500 字以下的稿件数共 223 篇，占总数的 56%；其次是 500—1500 字的稿件，共 112 篇，占总数的 28%；篇幅在 1500 字以上的数量最少，共 64 篇，占总数的 16%。

5. 报道议题

为了清晰地反映出区域品牌传播现状在新浪网的呈现情况，对报道议题进行分类必不可少。报道议题是指新闻（信息）的核心事实主要关乎哪一方面的内容，通常划分为政治、经济、文化、社会四个方面，近年来随着人们对生态环境的重视程度越来越高，自然生态也逐渐成为评价一个区域的重要指标。所以，我们根据样本信息中的核心事实将报道议题划分为政治、经济、文化、社会、自然生态五个方面。具体见表5—4。

表5—4　　　　　　　　　　三省份报道议题篇目统计　　　　　　　（单位：篇）

	广东	浙江	山东
政治	83	104	98
经济	111	104	105
文化	94	97	113
社会	65	84	65
自然生态	14	11	18
总计	367	400	399

（1）三省份报道议题对比分析

根据对样本的统计分析，总体来看三省份对政治、经济、文化、社会这几个方面的报道议题数量相当，都在20%以上。而关于自然生态的报道最少，样本中涉及的自然生态议题也多以气候变化的新闻为主，部分原因在于自然生态内容不具有新闻性。

就"报道议题"这一项三省份所呈现的形象分别是：浙江省注重于"政治"与"经济"，有关这两项议题的信息最多，均为104条，分别占总数的26%；山东省报道数量排名前两位的是"文化"与"经济"，报道篇目分别为113篇和105篇，分别占总数的28%和26%。

（2）广东省报道议题分析

就本研究的主要研究对象广东省而言，"经济类"报道明显高于其他各类报道，数量位列第一，共111篇，占总数的30%；排在第二的是有关"文化"的议题，共94篇，占总数的25.6%；排在第三的是"政治"议题，共83篇，占总数的22.6%；第四位的是"社会"议题，共65篇，占总数的17%；报道量最少的是有关"自然生态"的议题，仅有14篇，占总数的3.8%。

6. 互联网媒介呈现之"政治"议题分析

（1）三省份政治议题对比分析

为了对一个区域的政治情况进行更深入的分析、进而清晰地展现该区域的政治形象，我们进一步将政治议题根据所侧重的要素不同，细分为政府政绩、政府规划、政府改革创新、政府社会管理、政府危机应对、政府对外交往、政府会议（论坛）、政府政策（法规）、惩治腐败九大具体条目。

表5—5	三省份政治议题篇目统计				（单位：篇,%）	
	广东		浙江		山东	
政治议题	报道数量	比例	报道数量	比例	报道数量	比例
政府政绩	13	16	7	7	19	20
政府规划	9	11	9	9	11	11
政府改革创新	12	14	11	11	5	5
政府社会管理	9	11	12	12	16	16
政府危机应对	0	0	0	0	3	3
政府对外交往	4	5	21	19	0	0
政府会议、论坛	7	8	14	13	22	23
政府政策法规	21	25	13	13	15	15
惩治腐败	8	10	17	16	7	7
总计	83	100	104	100	98	100

如表5—5所示，按报道数量从高到低的顺序，三个省份具体的政治议题的分布情况为：广东省排在首位的是有关"政策法规"的内容；浙江省排在首位的是"政府对外交往"；山东省排在首位的是"会议、论坛"。

（2）三省份政治形象对比分析

基于对三省份各项政治议题关注度的分布情况有了大体的呈现状况，本研究将进一步对该区域政府作为政治议题中的重要角色，面对这些形形色色的政治议题在媒介中呈现出怎样的一种总体形象进行描摹和概括。对于政府形象我们将从四个维度进行评价和衡量，分别是"开放透明或封闭保守""务实高效或形式主义（效率低下）""开拓创新或官僚主义""官员廉洁奉公或奢侈腐败"。

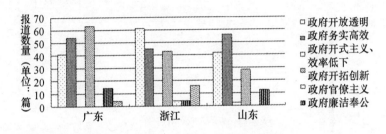

图5—10 三省份政治形象示意

如图 5—10 所示，广东省在新浪网呈现出的区域"政治"整体形象中，内容体现区域政治"开拓创新"的最多，有 63 篇；其次是"务实高效"，共 54 篇；排在第三的是"开放透明"，共 41 篇。在样本范围内，除有 4 则反映官员奢侈腐败的报道外，其余体现区域政府负面形象的信息如政府"官僚主义""封闭保守""效率低下"等均为零。

浙江省区域政治整体形象排在第一位的是"开放透明"，共 61 篇；其次是"务实高效"45 篇，排在第三的是"开拓创新"41 篇。对于体现政府负面形象的"政府官员奢侈腐败"和"政府官僚主义"两项报道量分别是 16 篇和 4 篇，是三省份中负面新闻最多的省区。

山东省区域政治整体形象在新浪网中呈现以"务实高效"为最突出的特点，体现这一形象的信息最多，共 56 条；其次为"开放透明"，有 42 条；排在第三的是"开拓创新"，共 28 条。

总体而言，三个省份在该区域政务活动中均呈现出较好的正面形象，以务实高效、开拓创新、开放透明为主要特点，得到媒体较高的评价。

（3）广东省主要政治议题分析

根据本调研采集的数据，在新浪网媒介呈现中，广东有关政府新闻的报道，大多是对相关政策法规的通告或解读，同时多数与经济活动相关，由此呈现出的广东政府的概况为工作重心在于经济建设，目标在于大力促进本区域经济发展。

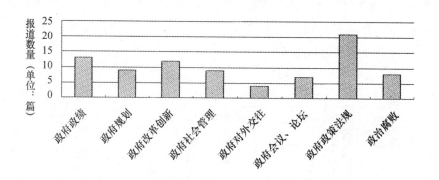

图 5—11　广东省政治议题示意

（4）广东省主打政治形象：开拓创新

对于广东省而言，在整体政治形象呈现中，"开拓创新"是其一大亮点，样本中涉及"政府开拓创新"的篇目最多，有63篇，高于浙江和山东。

就广东改革，新加坡国立大学东亚研究所所长郑永年在《广东改革的中国意义》中写道："广东历来被视为中国改革开放的'排头兵'，广东各方面的改革因此往往具有全国性意义。广东成功了，就可以成为全国的典范。对外界来说，从考察广东所发生的入手，往往可以看到中国未来的发展方向。"

《南方日报》也于2012年10月发表《广东改革：坚实迈向服务型政府》一文，专门论述广东改革的成就和日后政府改革创新的主导方向，文中提道："十七大以来，广东改革风生水起。从大部制改革到行政审批制度改革，从富县强镇事权改革到财政资金竞争性分配改革，从珠三角的深圳、顺德、南海、东莞到粤东西北的云浮、阳江、阳山，广东改革多举并进、各具特色、亮点纷呈。"

7. 互联网媒介呈现之"经济"

（1）三省份经济议题对比分析

统计数据显示，对于经济议题的呈现，三省份的总体状况是：广东省主要的经济议题是关于"产业（特色、优势产业）""区域内企业"和"区域经济发展"。从统计数据来看，报道数量最多的是"产业（特色、优势产业）"，共30篇，占总数的27%；其次是围绕"区域内企业"的报道，共23篇，占总数的21%；排在第三位的是"区域经济发展"，共20篇，占总数的18%。浙江省报道数量最多的是"区域经济发展"，共37篇，占总数的36%；"产业（特色、优势产业）"报道数量位列第二，共19篇，占总数的18%；排在第三位的是"区域对外贸易"共15篇，占总数的14%；紧跟其后的是有关"区域企业"的报道，共14篇，占总数的13%。

山东省对于"区域产业"（优势、特色产业）的报道数量，远远高于其他各项的数量，共有42篇，占总数的40%；其次是"区域经济类活动"，共23篇，占总数的22%；再次是"区域经济发展"，共15篇，占总数的14%。

比较而言，就样本范围内的数据来看，有关区域经济议题的报道中，三个省都以该区域"特色优势产业"为主打，但每个省的特色优势产业则各有不同。

广东省凭借其独特的海洋资源优势，意欲大力发展海洋经济；浙江省拥有全球最大的小商品批发基地、亚洲最人的轻纺集散地、中国最大的五金之都、中国最大的皮革批发市场等资源，因此浙江依托"全国商品市场数量最多、规模最大、交易额最高的"的发达的商品市场，着力打造全球知名的"市场强省"；山东省根据其得天独厚的地域优势，全力推动农产品、畜牧业等发展，如山东省在青岛市建造了山东国际农产品交易中心，并于 2012 年 11 月举办了第一届"山东国际农产品交易会"。

（2）三省份经济形象对比分析

在勾勒出新浪网对三个省份各项经济议题报道的大致情况后，进而对它们整体的区域经济形象从四个维度进行评价和衡量，分别是"经济发达的或经济落后的""经济外向的或经济内向的""产业现代的或产业落后的""对投资者有吸引力的或对投资者缺乏吸引力的"。

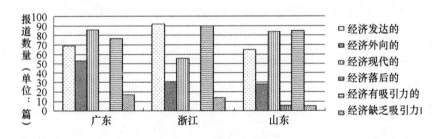

图 5—12　三省份经济形象示意

如图 5—12 所示，新浪网呈现的三个省份的经济形象都是积极良好的发展状态，排名前三的指标都是"发达的""现代的""有吸引力的"。报道以经济发展迅速、经济外向、产业现代化为主，主要报道各省经济发展成就，这与政治形象的正面性报道居多基本一致。

（3）广东省主要经济议题分析：区域企业、优势产业

广东省在经济议题中涉及最多的前三项是"区域产业（特色、优势产业）""区域内企业""区域经济发展"。

一是优势产业成主力：广东是我国的经济强省，具有众多的优势产业，但近年来海洋经济在其整个经济格局中的贡献日趋凸显。2011 年，广东省海洋产业生产总值为 9807 亿元，占全省生产总值的 18.6%，占全国海洋生产总值逾 21%，连续 17 年蝉联全国海洋经济生产总值冠军。

广东具备的以下三大独特优势，将使这个省在国家新一轮海洋经济发展中扮演着不可替代的重要角色：

一是广东接近国际原料来源地。当前，我国原油、铁矿等基础性资源的对外依存度越来越大，而我国以广东为主体的南海沿岸，在全国大陆最临近中东、非洲、东南亚等资源进口来源地，其战略地位不断凸显，已成为世界石化、钢铁、电力等巨头越来越重视的临海重化工业集中布局区域。

二是广东濒临南海，可成为南海深海开发的中心。作为我国最大的边缘海，南海面积达 300 万平方公里，已成为我国下一步海洋开发的重心。而作为我国南海行政和经济开发主体的部署重心，广东可望成为我国南海深海开发乃至走向远洋的主要门户。

三是广东毗邻香港，可发挥香港作为世界主要航运中心和融资中心的带动作用，加快形成粤港澳滨海经济走廊。①

除此之外，国务院在 2010 年将广东列为全国海洋经济发展试点地区，2012 年又正式批复《广东省海洋功能区划（2011—2020 年）》。由此可见，广东省的海洋经济发展已被全面纳入国家宏观经济规划中。

二是区域企业唱主角：区域品牌价值的形成基础首先是区域内的企业，脱离企业与企业品牌，区域品牌就是无本之木。企业是广东经济发展的中坚力量，因此广东省非常重视企业在区域经济发展中扮演的重要角色。广东省在《珠江三角洲地区改革发展规划纲要（2008—2020 年）》中明确提出"珠三角要在 2012 年打造 8 家年主营业务收入超千亿元企业，

---

① 梁钢华：《广东加快打造"滨南海海洋产业走廊"》，新华网，2012 年 11 月 12 日。

到 2020 年达到 20 家左右"。

2012 年广东省出台了《关于促进企业兼并重组的实施意见》。意见称:"广东要做强做大优势企业,以汽车、钢铁、水泥、稀土、装备制造、生物医药、家电、食品、金融等产业为重点,促进广东优势企业兼并重组、联合重组,提高产业集中度,推动产业转型升级。引导兼并重组企业转换经营机制,完善公司治理结构,推进技术改造和自主创新,淘汰落后产能,促进节能减排,提高市场竞争力。"①

(4) 广东省主打经济形象:"产业现代的"

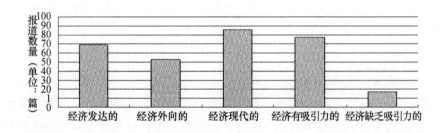

图 5—13　广东经济形象示意

如图 5—13 所示,在广东省整体经济形象中,"产业现代的"位居榜首,共 86 篇;其次是"对投资者有吸引力的",共 77 篇;再次是"经济发达的",共 69 篇;"经济外向的"位列第四,共 53 篇。报道内容反映经济负面形象的"对投资者缺乏吸引力的"这一选项,涉及篇目有17 篇。

从统计数据来看,在样本范围内,广东经济是一片有活力、有潜力,并呈现大发展势头的繁荣景象。广州素有"千年商都"之称,改革开放后的广东经济发展更是突飞猛进。"广州""广货"一度成为时髦的代名词,"广东出品"在消费者心目中不仅代表了新的商品,更体现着新的生活方式和新的生活理念。

① 《广东加快企业兼并重组》,新华社,2012 年 10 月 20 日。

8. 互联网媒介呈现之"文化"

（1）三省份文化议题对比分析

表5—6　　　　　　　三省份文化议题篇目统计　　　　（单位：篇）

	广东	浙江	山东
区域历史与人文	9	7	22
区域文化事业	43	36	29
区域精神文化	23	17	15
区域教育	10	25	39
区域名人	9	12	8
总计	94	97	113

由表5—6可见，在新浪网呈现的文化议题中，三省份的共同特点是"文化事业（文体、出版、媒体）"一项，都占了较大份额，占总数的20%以上。

比较而言，三省份也有各自的特点。广东省最突出的是对"文化事业（文体、出版、媒体）"的报道，共43篇，占总数的46%；其次是"区域精神文化"，共23篇，占总数的24%，这两项所占比例远远高于其他各项，其余几项都不足20%。浙江省报道量最多同样是"文化事业（文体、出版、媒体）"，共36篇，占总数的37%；其次是"区域教育"，共25篇，占总数的26%。山东省报道量排名第一的是"区域教育"，共39篇，占总数的35%；其次是"区域文化事业（文体、出版、媒体）"，共29篇，占总数的26%；第三是"区域历史与人文（历史遗迹、文化遗产等）"共22篇，占总数的19%。

（2）三省份文化形象对比分析

对于区域整体文化形象呈现，我们从以下五个方面的指标进行评价和展现，分别是"历史悠久的"或"现代化的"、"文化遗产丰厚的或文化遗产稀缺的"、"文化教育事业发达的或文化教育事业落后的""人们是开放进取的或人们是封闭保守的"、"对人们是有吸引力的或对人们缺乏吸引力"。

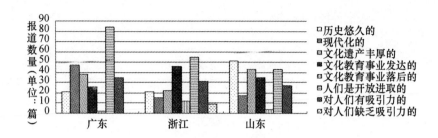

图5—14 三省区文化形象示意

如图5—14所示,三省区均呈现出正面积极的文化形象。

广东省的文化议题中,报道展现区域"人们是开放进取的"数量最多,共84条;其次是"现代化的",共47条;再次是"文化遗产丰厚的",共有38条。

与广东省相比,浙江省和山东省在新浪网中的文化形象整体各有特色。浙江省涉及文化方面的信息共97条,其中展现"人们是开放进取的"一项的数量最多,共55篇;其次为"文化教育事业发达的",共46篇。这些数据基本与浙江文化特色相符,正如一直以来人们提到浙商时,经常会用"恋乡不守土、敢冒知进退""敢为人先、特别能创业""爱拼才会赢"等来概括和形容浙商精神。

山东省是文化大省、历史悠久,被称为是中国文化的源头和中华民族的重要发祥地之一,如世界十大文化名人之首的孔子及其儒家思想以及五岳之首的泰山就诞生在这里。山东关于文化议题的报道共有113条,其中最突出的特点是"历史悠久",共有51条,这与人们通常认知的山东省整体文化形象不谋而合。

作为孔子故里和历史文化名城,在山东省的整体文化形象中其"孝"文化独具特色。对于这一点,在样本范围内有这样两条具有代表性的报道:

"每周帮父母做一次家务;每月带父母理一次发,给父母洗一次脚;每年给父母的生活费用不少于一个月的平均工资或收入……"在孔子家乡山东曲阜,孝道如今成了对公职人员的硬性要求。

曲阜市委书记李长胜 22 日在曲阜市打造"彬彬有礼道德城市"动员大会上说，要将孝道作为干部提拔使用的"红线"，不孝者不得提拔重用。

曲阜市要求全市各级将打造"彬彬有礼"道德城市纳入精神文明建设考核体系，作为年终评先树优的重要依据；定期组织评议监督，积极发挥调解委员会、妇女组织及道德评议会的作用，加强引导和监督。[①]

（3）广东省主要文化议题分析

如图 5—15 所示，广东省的文化议题中，对"文化事业（文体、出版、媒体）"相关报道最多，共有 43 篇，在总体中占比例为 45.7%。与之相比，其余几项都不足 20%。

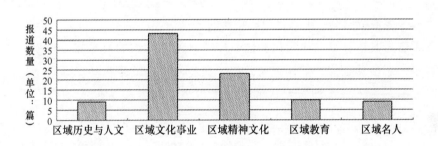

图 5—15　广东省文化议题示意

（4）广东省主打文化形象：开放、现代

如图 5—16 所示，广东呈现的整体区域文化形象最突出的特点是"人们是开放进取的"和"现代化的"，具体来看，在样本范围内的有关广东文化的文本中，"改革开放""开拓进取""思想解放""对外开放""科技创新"等都是高频词汇。

样本数据所呈现的广东文化形象，与历来人们对它的认识是基本符合的。因为从客观条件来看，广东具有丰富的港口资源、地理位置优越，同

---

① 刘宝森、席敏：《山东曲阜规定干部不孝不能提拔》，新华网，2012 年 10 月 23 日。

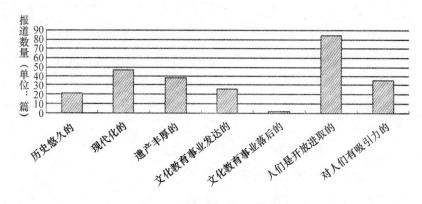

图 5—16　广东省文化形象示意

时又是改革开放的重点城市，这使广东人历来就具有开放兼容的心态。其次，从丝绸贸易到改革开放，历经千年的海洋文明孕育了广东文化具有强烈的突破地域限制、追求自由和创新的文化精神。

作为改革开放的先行试验区，广东对新生事物的接受能力很强，造就了广东文化创意产业的繁荣发展。典型的产业就是在动漫网游衍生商品流通领域，广东拥有发达的专业批发市场以及新兴的大型动漫主题商城。

作为国家四大动漫网游产业基地，广州目前从事网络游戏、动漫、漫画的企业超过 120 家，动漫产业年产值超过 100 亿元（不含衍生产品），占全国动漫产业产值的 1/5 左右。在国内网络收入和上线产品两项指标排名前 5 的企业中，落户广州的有 3 家。

9. 互联网媒介呈现之"社会"

（1）三省份社会议题对比分析

为了较为清晰和有条理地梳理并展现一个区域的社会议题，我们进一步将社会议题根据涉及的主要内容细分为 7 个类别，分别是区域社会综合治理、区域群体性事件、区域好人好事活动、区域社会及医疗保障、区域社会民生、区域环境保护、区域公益事业。

表5—7	三省份社会议题篇目统计		（单位：篇）
	广东	浙江	山东
区域社会综合治理	19	32	14
区域好人好事活动	9	7	6
区域社会及医疗保障	5	8	12
区域社会民生	24	26	26
区域环境保护	3	7	4
慈善公益事业	5	5	3
总计	65	84	65

由表5—7可见，三省份有关"社会"的议题在新浪网上的呈现以"区域社会综合治理"和"区域社会民生"为主，这两项的报道总量在三个省份有关社会的报道中都超过了50%。

广东省关于"社会议题"的样本总共65条，其中有关"区域社会民生"的最多，有24条，占总数的37%；其次是"区域社会综合治理"，有19条，占总数的29%；第三是"区域好人好事活动"，共有9条，占总数的14%。浙江省关于"社会议题"的样本总共84条，数量最多的一项是"区域社会综合治理"，共32条，占总数的38%；其次是"区域社会民生"，共26条，占总数的31%，其余几个选项所占的比例均在10%以下。山东省关于"社会议题"的样本总共65条，数量最多的一项是"区域社会民生"，共26条，占总数的40%；其次是"区域社会综合治理"，共14条，占总数的22%；再次是"区域社会及医疗保障"，共12条，占总数的18%。

（2）三省份社会形象对比分析

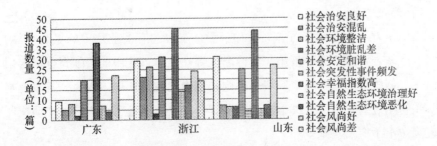

图5—17　三省份社会形象示意

如图5—17所示，对于区域整体社会形象呈现，三个省区在新浪网上总体都是正面优良的景象，如"社会幸福指数高""社会安定团结""社会治安良好"等均排在前列。

（3）广东省主要社会议题分析

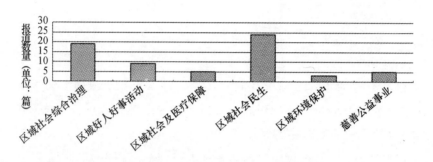

图5—18　广东省社会议题

如图5—18所示，在新浪网中广东省社会议题排在前三位的按照报道数量高低依次为："区域社会民生""区域社会综合治理"。在样本范围内具有代表性的稿件有：《广东气象再推惠民新举措全省12121电话免信息费》《广东顺德"黄金新娘"惊倒网友一片》《广东：净化空气要将绿化进行到"顶"》《广东将逐步推行居民阶梯气价》等。

（4）主打社会形象

统计数据显示，广东省在新浪网上的区域整体社会形象以"区域社会幸福指数高"为最突出的特点，体现这一形象的报道共38条；排在第二位的是"区域社会风尚好"，共22篇；位列第三的是"区域社会安定和谐"，报道数量为20篇。

广东省不但是经济强省，拥有一大批杰出的有商业才干的粤商群体，同时广东企业家、海外侨胞、演艺名人等在慈善事业中的贡献在全国名列前茅。据统计，近年来广东海外侨胞和港澳同胞已向中国内地公益事业捐赠款物超过850亿元人民币，为家乡改善民生、促进社会和谐、推动文明进步做出了突出贡献。

广大海外侨胞、港澳同胞崇善向善、行善乐善，或兴学办医、修桥铺路,或助学支教、扶贫济困,深刻诠释了情系桑梓、造福家乡的"粤侨精神"。他们的善行义举营造出团结互助、平等友爱、和睦融洽、乐于奉献的社会风尚,这也成为广东区域品牌中的一张闪亮的"名片"。

10. 互联网媒介呈现之"自然生态"

表5—8　　　　　　三省份自然生态议题篇目统计　　　　（单位:篇）

社会议题	广东	浙江	山东
	报道数量	报道数量	报道数量
区域海洋资源	3	1	6
区域生物资源	1	1	0
区域名山大川	4	3	5
区域气候	4	5	5
区域基础资源（水、土地等）	2	1	2
总计	14	11	18

如表5—8显示,三省份关于"自然生态"议题的样本都较少,其中对"区域气候"的报道量较多。

在经济全球化和信息化的强烈影响下,海洋对于国家和区域的发展显现出极端的重要性。沿海地区凭借其区位优势在提升区域竞争力中的有利条件有目共睹。

本研究所选取的三个省份都是沿海地区,它们根据自身的条件或是利用港口优势发展对外贸易(《烟台港:完善功能配套构建东北亚主枢纽港》,齐鲁网,2012年11月13日),或是开发海洋资源丰富产业结构(《全国首家船舶管理业协会在浙江舟山正式挂牌成立》,人民网,2012年10月11日),或是填海造地弥补自身不足(《用地缺口巨大广东与海谋地》,《中国经营报》2012年11月17日)。

广东省省长朱小丹在《2013年广东省政府工作报告》对2013年全省工作安排中就包括"建设海洋经济综合试验区",具体内容有:

　　实施广东海洋经济综合试验区发展规划,加快制定全省海洋主体功能区规划。培育壮大钢铁、石化、能源、海洋装备制造等高端临海产业和海洋生物医药、海洋可再生能源等海洋新兴产业，建设高端产业"黄金海岸"。加强海洋科技创新，推进海洋资源、海上能源和海岛开发。推动海洋服务业标准化、品牌化发展。实施"深蓝渔业"工程，发展远洋渔业。坚持集中集约用海，加快形成广州南沙龙穴岛、湛江东海岛等集中集约用海区，建设海洋生态文明示范区和美丽港湾。①

（三）广东区域品牌传播主体的互联网呈现

在上文中，我们通过与浙江省和山东省的对比分析，从政治、经济、文化、社会、自然生态五个方面分别展现了广东区域品牌传播在新浪网的主要议题和主打形象，对广东区域品牌传播的现状有了总体上的把握和了解。基于对这一总体情况的把握，以下将从区域品牌传播主体的角度进一步分析作为区域品牌传播主体的政府、行业协会、企业、大众媒体、社会公众在广东区域品牌传播中的具体表现及作用。

1. 广东政府和各行政部门

广东区域品牌传播是以广东政府为主导、各团体协同制定战略并实施完成的模式。因此，广东政府和各级行政部门在传播主体中扮演了"领头羊"的角色，规划着广东区域品牌传播的蓝图，引导广东其他传播主体实施传播行为。

广东过去在区域品牌传播方面的合作以民间自发的和分散的合作为主，合作各方大多从各自的利益出发考虑经济发展问题，区域经济社会的整体利益在合作中并不被各方十分重视，致使区域经济的一体化程度不高，曾经辉煌的"前店后厂"模式逐渐式微。由于行政区域划分等因素，广东各级政府和各行政部门往往各自为政，能动性不强，区域合力未能真正形成，区域竞争力没有得到最大限度的发挥，呈现出政府管理"散、乱、偏"的现象。有观点认为，珠三角地区的各个市政府都没有从根本上将对方纳入自己的发展战略；在空间上，各市政府没有从珠三角地区和更大的区域范围明确自身的战略定位及其相互关系；在时间上，各市政府未能从比较长远的视域确定自身的发展进程及其与周边经济社会发展态势

① 朱小丹：《2013年广东省政府工作报告》，《南方日报》2013年2月3日。

的互动，地区发展缺乏一股推动其持续、稳定前进的整体性的合力。①

广东区域品牌传播受到地方保护主义的阻碍，各种行政壁垒严重影响了区域经济的发展，地区之间的产业樊篱无法通过市场自身的力量被打破。中山大学岭南学院教授杨永福认为，广东的地方保护主义根源在于现行的政府体制和结构，在市场机制不完善、法治不健全的转型阶段，民间经济交往的市场力量难以打破体制性障碍。② 因此，广东区域品牌传播急需要广东省政府及时而适当地干预和引导。

2. 行业协会

行业协会是区域品牌传播的重要主体之一。在我国，行业协会大多是政府行政力量推动，采取自上而下的方式组建，在很大程度上只是一个有名无实的组织，起不到良好的区域品牌建设作用。③

值得欣慰的是，2006 年，广东省下发了《关于发挥行业协会商会作用的决定》，规定省内各种行业协会、商会将彻底与国家机关和企事业单位脱钩，不再设行政级别④，消除行业协会、商会的官办色彩，进行"政社分离"。至 2009 年，广东行业协会已经实现 100% 政会分开和民间化，有 1547 名现职国家机关工作人员退出，行业协会业务主管单位全部改为业务指导单位，行业协会全部实现"自愿发起、自选会长、自筹经费、自聘人员、自主会务"。尽管这样，广东的行业协会区域品牌意识还不强，大多对区域品牌传播还没有合理的规划，缺乏区域品牌传播经验，尚且不能很好地发挥其主体作用。

3. 企业

企业是区域品牌传播的重要主体，企业应该利用专业化市场和产业集群共同对区域品牌进行传播，以提高行业和地区品牌的综合价值为目标，加强区域品牌的建设。

广东现阶段绝大多数中小型企业集群内部产业关联度低。这些产业集

---

① 杨永福：《珠三角经济一体化的关键：转变政府职能》，《学术研究》2009 年第 8 期。

② 景小华：《珠三角专业镇之间鲜有合作》，《南方日报》2009 年 5 月 8 日。

③ 王梦婕：《区域品牌建设的问题及对策研究》，《张家口职业技术学院学报》2007 年第 2期。

④ 韩建清、李凤荷：《广东行业协会告别行政级别不得与国家机关合署办公》，《人民日报》2006 年 2 月 21 日。

群多是不同乡镇根据不同的资源禀赋、历史传统和地缘优势形成的，集群内部、中小企业间没有建立起良好的信息传播和上下游的产业链关系。①例如，广州增城的服装产业、南海西樵镇的纺织品、佛山石湾镇的陶瓷生产等。这些企业在集群过程中多采用引进、模仿或"贴牌"生产，自主创新少，缺乏区域品牌意识。它们根据专业化市场交易规模和交易种类获得市场需求和各种信息，并依据这类信息积极调整自己生产的种类、款式和规模，而并不重视自主品牌、区域品牌的对外传播。②

4. 大众媒体

广东聚集了一大批在全国范围内知名度高、影响力强的媒体（尤其是平面媒体），对广东的区域品牌传播提供了十分便利平台。2011 年 11 月 10 日，第四届中国品牌媒体高峰论坛公布了《2010—2011 中国媒体品牌影响力检测报告》，《广州日报》《南方日报》《南方周末》进入全国媒体总排名前十名，《羊城晚报》《南方都市报》进入全国都市报、晚报总排名前十名。无独有偶，同年的《中国 500 最具价值品牌》排行榜上，广州日报报业集团、羊城晚报报业集团、广东南方广播影视传媒集团、南方报业传媒集团、深圳报业集团等多家传媒集团上榜。广东的媒体较政府和企业来说，相对客观、独立，有一定的舆论引导力和监督力，对广东区域品牌发挥了大众传播应有的职能和作用。

5. 社会公众

社会公众是区域构成中最基本的单元，也是区域精神最集中的体现者，因此公众是广东区域品牌传播的重要力量，特别是在当今网络媒体发达的情况下，公众对区域品牌传播的影响更为突出和显著。

在广东区域品牌传播中社会公众的作用表现出以下两方面的特点。

一方面，广东位处中国的南大门，与香港特别行政区、澳门特别行政区极目相望，与国外贸易往来频繁、交往密切，深受外来文化和思想的影响，处在思想解放的前沿，将最有可能成为首先步入"公民社会"的省

---

① 储著贞、罗军：《论产业集群对区域经济发展的促进作用》，《现代商贸工业》2009 年第 6 期。

② 马建会、徐印州：《论专业化市场与珠三角产业集群的协调发展》，《广东商学院学报》2006 年第 2 期。

份之一，广东公众已经在不自觉中担当了区域品牌传播的重要主体。另一方面，随着网络信息技术的快速发展，互联网上不断涌现出 QQ、微博、博客、播客、SNS 网站等信息交流平台，人与人之间传播信息更加及时、方便、快捷，每个人都可以成为传播者，这就要求广东公众必须承担起区域品牌传播的责任。例如，2011 年 10 月在全国掀起轩然大波的佛山"小悦悦事件"，首先将该事件视频信息上传到微博的就是个人，事件从对路人的声讨，到广东佛山人冷漠的反思，最后引发为人们对精神道德的大讨论，让人们看到了部分佛山人的冷漠，对佛山人的形象造成了一定影响。与此相反，2012 年 6 月在广州市天河区一名青年不顾自身生命安全，攀爬防盗窗营救被困小女孩事件，也是最先通过微博等网络媒体广为传播的，引发了全城搜索"黄衣托举哥"的行动。后来这位善良勇敢、乐于助人的"黄衣青年"被评为 2012 年"广东好人"。"托举青年"助人为乐的精神以及广东近年来发起的"广东好人"活动，表现了广东省重视本区域公民的精神道德建设，通过对好人好事的表彰活动，带动全社会精神风貌更上一层楼，同时也是对外宣传广东人文精神的重要渠道。

因此，社会公众对于区域生态环境、精神文明、区域品牌形象建设同样能够起到至关重要的作用。

（四）广东区域品牌互联网传播中存在的主要问题

1. 区域品牌缺乏系统的管理与维护

广东区域品牌传播中一直以来存在的一大问题就是区域品牌形成后缺乏系统的管理和维护，以没有明确的准入机制、缺乏产品标准化规范、缺少统一的传播规则等为最突出的问题。

由于区位品牌不属于某一企业，而是属于该区域的所有同类产品生产企业，如果没有科学的管理，难免会出现"害群之马"。以广东"清远鸡"为例，虽然"清远鸡"具有品牌优势，但却始终难以形成著名的区域品牌，就是因为在饲养、销售等方面没有任何行业标准。

区域品牌属于公共物品，即人们可以自由地享受公共物品带来的好处，而不需要支付任何费用。因此某些企业可能存有侥幸心理，利用区域品牌形象进行掠夺性经营，大肆生产、贩卖假冒伪劣产品，最终会使整个区域品牌形象遭到破坏。这种现象在经济学上被称为"公地悲剧"。区域品牌具有明显的公地特征，其所有权不像企业品牌那样明确，当地企业都可以依附区位品牌。这种品牌寄生现象，使企业鱼龙混杂，一些厂商存在严重的机会主义行为，为了经济利益，见利忘义，不乏假冒伪劣商品，不仅损害了消费者的利益，也损害了整个区位品牌的形象和区域内其他企业的利益。

区位品牌的形成不是一蹴而就的，需要数十年甚至上百年的时间，因而后期的维护和管理更为重要，需要区域内政府和企业的共同努力，否则这种没有门槛的"搭便车"现象将会严重困扰广东区域品牌的可持续发展和进一步升级。

2. 区域品牌传播缺乏文化内涵

2010 年，广东省清远市佛冈县正式推出的旅游宣传口号为"更近，更爽，更给力"。此宣传语一经推出，就引起轩然大波：一方面，来源于网络的 2010 年热词"给力"竟入选地方政府的宣传语，各界纷纷表示"很惊讶"；另一方面，该口号遭到部分网友的另类解读，有网友喊出"怎么感觉让人遐想无限"，甚至有网友觉得有点"黄"。此标语一亮相，《南方日报》就发表了题为《广东佛冈宣传语"更近更爽更给力"网友称有点"黄"》（2010 年 12 月 14 日）的文章，针对这一网友高呼"另类""大胆"的宣传口号，采访相关人员介绍它出台的始末，并请专家进行评价。不仅如此，在时隔两年之后的 2012 年，又针对这一事件发表题为《旅游宣传语要创新也要守住底线》（《南方日报》2012 年 7 月 18 日）的文章。

一条宣传语引起网友和媒介的高度关注，可见它对城市发展以及区域品牌传播至关重要。好的宣传语应该既能彰显城市特色又具有品牌的特性，直指人心、感染力强，能够代表当地资源禀赋和优势。近几年来山东省政府一直在中央媒体上传播"好客山东"这个区域旅游品牌，取得了很好的效果，它在区域旅游品牌打造的过程当中，不只是"山""水"这些司空见惯的旅游物质载体，更多的是品牌背后的精神文化，这也是区域品牌持久魅力之所在。

3. 区域品牌传播中行业协会作用甚微

广东省现行的大部分行业协会脱胎于计划经济时期，仅仅是行政主管部门的职能机构，无法真正发挥行业自律的作用。行业协会缺乏专业素质高的工作人员，对所在行业的专业并不了解，造成行业协会工作的局限性。对这一状况，广东省总商会会长巫开立说："作为外贸大省的广东行业协会却非常弱势，与广东的地位不相称。在许多国家对外贸易活动中，政府和行业协会是走路的'两条腿'，而中国大部分省份都是跛脚的。"①

这一状况最明显的后果是广东产品在走向国际市场时遭遇严重的贸易壁垒，其中以技术性贸易壁垒最为显著。产品在出口时遭到发达国家所谓"标准"的层层阻碍。目前，欧盟拥有的技术标准就有 10 多万个，日本则有 8184 个工业标准和 397 个农产品标准。美国的技术标准和法规更是多得不胜枚举。

> 近年来，我国有 60% 的出口企业曾遭遇国外贸易技术壁垒，由此带来的经济损失每年超过 450 亿美元。而广州出口企业遭遇的贸易壁垒影响更大。据资料显示，去年（2009 年）广州市出口企业中有 76.1% 的企业在出口过程中遭受技术性贸易壁垒影响。据省质监统计，广州出口企业每年因技术性贸易壁垒遭受的直接损失超过 10 亿美元，成为第二大出口障碍。②

在解决这一问题中行业协会应该发挥应有的作用。例如各个行业协会必须对主要出口产品建立专家预警机制，并成立专门的技术性贸易壁垒研究小组，重点跟踪相关的国际组织、欧盟及其他国家相关标准、技术法规的最新动态，为国家制定相应的行业政策提供依据，也为政府、专业技术机构及企业建立技术性贸易壁垒预警系统提供信息支持。

然而广东行业协会的现状却不容乐观。《南方日报》记者曾专门走访了广东电子、加工贸易、轻工、电器、模具等重要的行业协会，了解到这些行业协会目前主要的职能或者说主要的工作就是组织会员企业参加各种展销会，以收取相应的参展费用，几乎就没有参与过解决企业贸易纠纷问题。大部分行业协会在企业中欠缺必要的凝聚力和号召力，企业在遭遇技术性贸易壁垒时也不会考虑求助于行业协会。在广东上百家的行业协会

---

① 刘茜、唐纯林：《应对贸易战广东行业协会难挑大梁》，《南方日报》2010 年 2 月 9 日。
② 同上。

中，能够真正发挥"行业代言人"作用的寥寥无几。

三 广东区域品牌传播的微博呈现分析

微博是通过关注机制分享简短实时信息的广播式社交网络平台。在当代人的生活中，除了使用即时通信工具（八成以上用户每日必用）及社交类网站之外，微博使用率位居排行第三。

微博作为自媒体、新媒体以及社交媒体吸引了很多个人用户，所以个人微博仍是主流。随着微博应用的普及，政府、企业商家以及其他媒体也开始研究微博作用。媒体微博、品牌微博，目前虽然关注度较低，但是对于品牌宣传而言，受众在微博上的关注度好感大于厌恶感，微博信息具有评论和转发行为一致性，能够在微博上收到较好的品牌评论，得到较好的品牌传播效果。所以，借助个人微博渠道引起微博受众朋友圈的关注和转发，将是下一步商家和媒体微博推广的有力方式。微博用户对于品牌信息较有包容性，83% 的用户表示在微博中可以接受发布有关产品和品牌的信息，有 13.83% 的微博用户接受广告，50% 的微博用户关注品牌广告，35% 的用户会被微博品牌内容所吸引①。

（一）研究样本

1. 确定研究对象

本研究是以广东省的区域品牌在微博的总体呈现作为研究对象。为了使研究更加科学系统，同时也对全国各省微博的使用情况进行概述，并且选择浙江省、山东省同广东省进行进一步的分析比较。

2. 确定研究样本

我国微博应用种类繁多，确定选择样本至关重要。为了能够得到国内影响最大、用户使用最广的微博应用，选择样本时，在超星学术搜索引擎中分别输入国内微博四大应用：新浪微博、搜狐微博、网易微博、腾讯微博来搜集得的文献篇数，以选择用户使用最多、发展时间较久以及研究相对成熟的新浪微博作为研究样本。

---

① 《微博社会化媒体报告》。

3. 研究方法

新浪微博每天产生的微博数量较多，为了能够完整、准确观察广东省区域品牌传播新浪微博的媒介呈现，本研究采用随机和系统抽样的方法，以便得到更加有效和准确的数据。

（1）随机抽样

按照随机的原则，即保证总体中每个单位都有同等机会被抽中的原则抽取样本的方法。这里选择不重复随机抽样。

（2）系统抽样

本文采取的研究方法是随机抽样和系统抽样。为了能够完整观察2013 年广东省区域品牌在新浪微博的呈现，所以在 2013 年 1—12 月中随机抽取 4 月并以 2 个月的间隔选择 2013 年的 4 月、7 月、10 月三个月份的新浪微博内容为分析研究样本。

（3）样本准备

为了保证研究数据的正确及无任何倾向性，在数据搜集之前特申请以"区域品牌"为名的新浪微博。因为关注的对象以及拥有的粉丝会影响搜索的内容范围。所以"区域品牌"微博未主动关注任何对象（申请成功之后，强迫关注情况除外）。

（二）广东区域品牌传播新浪微博媒介呈现的内容分析

1. 全国新浪微博概况

本文在新浪微博的高级搜索框中分别输入 31 个省（直辖市、自治区）名称进行数据统计。

表 5—9　　　　　　　　　　全国微博使用情况

序号	城市名称	全部结果（条）	认证结果（条）	热门结果（条）
1	上海市	1984192	90640	6
2	福建省	1923216	49440	0
3	北京市	1712272	2371472	91
4	山东省	1423872	49440	59
5	广东省	973968	52736	5
6	江苏省	939360	47792	3

序号	城市名称	全部结果（条）	认证结果（条）	热门结果（条）
7	河北省	688864	24720	1
8	四川省	659200	46144	0
9	湖南省	639424	47792	3
10	浙江省	629536	42848	0
11	河南省	593280	37904	1
12	江西省	440016	32960	3
13	吉林省	415296	24720	0
14	湖北省	372448	19776	0
15	云南省	360912	19776	0
16	安徽省	349376	26368	0
17	重庆市	336192	26368	25
18	贵州省	334544	23072	0
19	天津市	331248	13184	0
20	山西省	311472	36256	12
21	陕西省	309824	39552	1
22	辽宁省	286752	29664	22
23	宁夏（自治区）	257272	26398	0
24	甘肃省	184576	18128	0
25	黑龙江省	156560	11536	0
26	海南省	141728	9888	0
27	青海省	93936	4944	0
28	西藏（自治区）	65920	6592	0
29	内蒙古（自治区）	64272	4944	1
30	广西（自治区）	49440	4944	0
31	新疆（自治区）	3296	564	0

在表5—9中，全国微博影响力前5名的省市分别是上海、北京、山东、福建、广东。数据统计后5名的省区分别是：青海省、西藏自治区、内蒙古自治区、广西壮族自治区、新疆维吾尔自治区。

表5—10　　　　　　　上海市 2013 年 7 月 7 日 0—23 时微博数据

微博类型	总条数	社会	政治	经济	文化	生态自然环境	广告
条数（条）	95	19	9	20	17	10	20
比例（%）	100	20	9.47	21.05	17.89	10.53	21.05

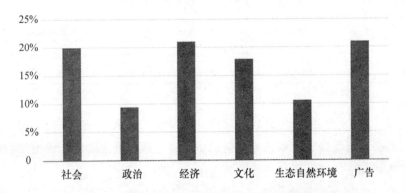

图5—19　上海市 2013 年 7 月 7 日 0—23 时微博数据

表5—11　　　　新疆维吾尔自治区 2013 年 7 月 7 日 0—23 时微博数据

微博类型	总条数	社会	政治	经济	文化	生态自然环境	广告
条数（条）	40	29	0	2	3	5	1
比例（%）	100	72.5	0	5	7.5	12.5	2.5

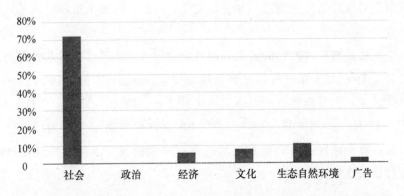

图5—20　新疆维吾尔自治区 2013 年 7 月 7 日 0—23 时微博数据

通过表5—12可以看出上海市在7月7日的微博内容以经济、社会新闻和广告为主。微博内容总体基调是积极向上。新疆维吾尔自治区的微博内容多为任命消息、政策法律法规以及风情风貌的展示。同传统媒体播报内容并无两样，总体基调较为严肃。

表5—12 上海发布与新疆发布的微博媒介内容呈现

名称	关注	粉丝	微博	开通时间
上海发布	1643	4210000	19957（原创：19030；转发：857）	2011年1月28日
新疆发布	921	5701392	12115（原创：4475；转发：7485）	2011年12月22日

对于各个城市的区域品牌的建设一定要注意数字鸿沟带来的影响，尤其是经济发展缓慢、交通较为闭塞的城市，应该积极主动学会使用社会化新媒体对自己的区域品牌进行有效传播。

2. 广东省区域品牌传播新浪微博媒介呈现的内容分析

（1）广东省微博内容议题

为了清晰地反映区域品牌传播现状在新浪微博的呈现情况，就应对微博的议题进行分类。议题是指信息的核心事实主要关乎哪一方面的内容，通常划分为政治、经济、文化、社会四个方面。随着人们对生态环境重视程度的提高，自然生态也逐渐成为评价一个区域的重要指标，因而将自然生态环境也列为议题之一。微博已经渐渐成为营销广告的手段之一，企业商家及个人利用微博来发布广告，广告也应列为议题之一。综上，本文将微博信息的议题划分为政治、经济、文化、社会、自然生态环境以及广告六个方面。

广东省微博样本内容的收集采用系统抽样方法，具体以广东省作为搜索关键词选择2013年进行随机和系统抽样确定4月、7月、10月三个月份，并且在每个月份之内最终确定以4月7日、17日、27日，7月7日、17日、27日，10月7日、17日、27日所有产生的微博内容为样本广东省区域品牌微博媒介内容的总体呈现（总条数的统计不包含非注明转发微博和非认证的个人微博）。

表5—13 广东省2013年4月微博内容呈现

微博类型	总条数	社会	政治	经济	文化	生态自然环境	广告
条数（条）	220	148	0	7	22	21	22
所占比例（%）	—	67	0	3	10	10	10

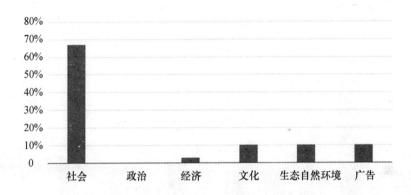

图 5—21　广东省 2013 年 4 月微博内容呈现

表 5—14　　　　　　　　广东省 2013 年 7 月微博内容呈现

微博类型	总条数	社会	政治	经济	文化	生态自然环境	广告
条数（条）	562	221	21	36	96	88	100
所占比例（%）	—	39	4	6	17	16	18

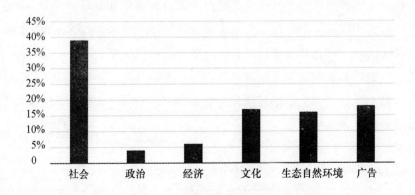

图 5—22　广东省 2013 年 7 月微博内容呈现

表5—15   广东省2013年10月微博内容呈现

微博类型	总条数	社会	政治	经济	文化	生态自然环境	广告
条数（条）	198	97	0	20	27	21	33
所占比例（%）	—	49	0	10	14	11	17

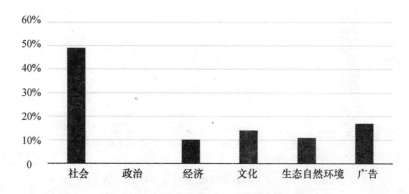

图5—23 广东省2013年10月微博内容呈现

根据图5—23中微博内容类型的统计分析，广东省的微博议题内容多是集中在社会（39%—67%），文化和广告内容数量适中，经济议题较少涉及，政治议题内容则在2013年4月以及7月几乎不涉及。广东省新浪微博内容主要集中在社会以及文化和广告三个方面的原因主要有：一是广东省作为发达省份在新浪微博每天能产生的议题多于其他省份，所以议题内容难以集中在某一个议题；二是广东省作为一个外来人口居住较多的省市，社会问题一定是其主要议题，而经济议题的内容较少则一个是奇怪的现象；三是广东省拥有像南方报业集团等一系列较为发达的新闻机构，相对于内陆其他省区市的政治环境较为宽松，所以有关广东省的政治议题不会像其他省份较为突出。

表5—16   广东省微博内容来源

来源＼议题	社会	政治	经济	文化	生态自然环境	广告
政府官方	85	32	74	31	42	5

来源＼议题	社会	政治	经济	文化	生态自然环境	广告
行业协会	9	0	60	26	40	76
企业	5	0	48	14	37	138
加 V 认证个人	30	5	15	23	3	232

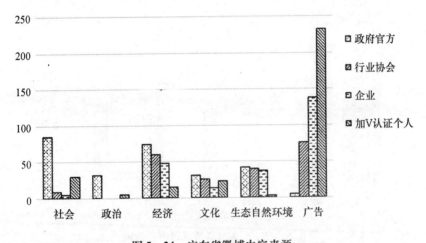

图 5—24　广东省微博内容来源

　　微博是社会化新媒体同时也是自媒体，不同于传统媒体的内容来源。通过对比分析，有关社会和政治议题的内容来主要源于政府官方微博发布。经济、文化和生态议题则是来源于政府、企业、行业协会以及加 V 认证个人，说明微博内容来源的广泛性。但是也存在一些问题，由于内容来源较为广泛则会出现虚假信息，这就要求受众在接受信息时有一定的甄别能力。其中，广告内容来源中加 V 认证的个人数量最多，主要集中在个人淘宝网店的推广，企业与行业协会除了软广告发布以外还有邀请受众参与的转发有奖等活动。通过以上微博内容来源分析发现，个人仍然不是主流话题的主要发布者，而行业协会和企业也仅仅在自己所在领域发布消息，没有很好地结合其他话题参与讨论。

表 5—17   广东省微博议题内容基调

议题 基调	社会	政治	经济	文化	生态自然 环境	广告
正面	198	65	39	125	113	132
中性	126	28	4	20	15	0
负面	142	0	20	0	23	0

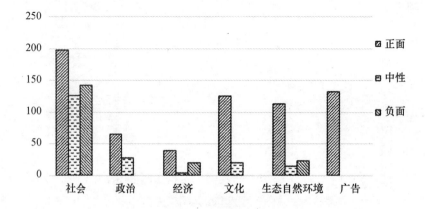

图 5—25 广东省微博议题内容基调

微博是社会化新媒体，这就意味着人人可以利用该平台发声。微博不同于传统媒体可以自由发布内容，通过对微博议题内容的基调对比也证明了这一点。社会议题的微博内容中正面为主，而负面内容同样占有较高的比例。但是政治议题中几乎没有负面信息，同时说明微博即使自由发布内容，但是仍然能够受到来自信息把关人的监控与限制。微博自身的开放性使其最初成为谣言诽谤的集中地，为了更好地让受众接受正面积极的信息，微博在履行舆论监督的同时也对发布的信息有严格筛选和审核。

表 5—18   广东省微博内容篇幅

篇幅 议题	社会	政治	经济	文化	生态自然 环境	广告
140 字	73	34	82	28	23	73

议题 篇幅	社会	政治	经济	文化	生态自然 环境	广告
140 字＋链接网站	45	30	63	5	20	60
长微博（大于 140 字）	0	1	0	2	0	0

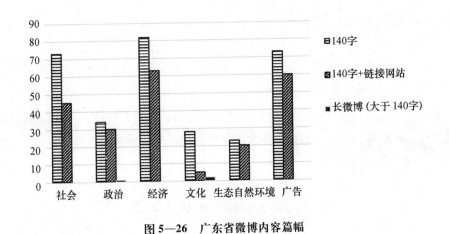

图 5—26　广东省微博内容篇幅

（2）广东省微博社会政治议题

表 5—19　　　　　　　　广东省新浪微博社会政治议题

内容	2013 年 4 月	2013 年 7 月	2013 年 10 月
医疗	66	8	7
社会，政治建设	52	49	38
教育	25	13	14
交通	2	1	4
食品	4	0	10

广东省的社会政治议题中有关社会政治建设的微博篇数为 139 篇，医疗的微博篇数为 81 篇，教育 52 篇。微博关于省内的基础建设以及政治建设同医疗、教育等民生问题与传统媒体关注的话题相一致。

（3）广东省微博社会经济议题

表5—20　　　　　　　　　广东省新浪微博经济议题

内容	2013 年 4 月	2013 年 7 月	2013 年 10 月
侨胞	2	3	1
本地经济	3	26	12
政策招商	1	10	5

广东省的社会经济议题（见表5—20）中有关海外侨胞内容的微博共有6条，有关本地经济内容的微博41条，以政策招商为主的微博共16条。侨胞经济在广东省区域品牌的资源中占有重要地位，但是关于海外侨胞的微博却只有6条内容。本地经济以及政策招商的新闻信息所占比例较高。

（4）广东省微博自然环境议题

表5—21　　　　　　　　广东省新浪微博自然环境议题

内容	2013 年 4 月	2013 年 7 月	2013 年 10 月
旅游	13	82	9
新能源	2	0	2
气象	2	6	9

自然环境议题下的旅游信息以104条的绝对优势成为最主要信息。不论是传播主体还是受众，对广东省的旅游信息都较为关注。但是自然环境议题中有关本省地貌风土人情等介绍较少，而作为旅游资源吸引受众的旅游资讯分享较多。新能源和气象灾害的信息也是突发状况下才会出现，并非议题中的常规内容。

（5）广东省微博文化议题

表5—22　　　　　　　　　广东省新浪微博文化议题

内容	2013 年 4 月	2013 年 7 月	2013 年 10 月
比赛、讲座	13	65	13
名人	7	4	5

广东省作为发达省份，微博所呈现的文化议题主要以比赛、讲座及名人活动的信息发布为主。凭借独特的地理文化优势，广东省常常能吸引港澳台以及海外的专家学者前往讲座或者学术交流。并经常举行文娱比赛，而微博内容有关广东省的名人、历史的趣闻趣事以及学术见解的介绍也较多。微博对本地文化的介绍主要包括粤绣、茶文化、广东美食以及粤剧等。

（6）广东省微博广告议题

表5—23　　　　　　　　　广东省新浪微博广告议题

内容	2013年4月	2013年7月	2013年10月
区域	14	12	8
个人	5	70	8
招聘	0	12	0
寻人启事	3	0	0

有关广告议题发布的微博内容主要是广东省内的个人广告，包括个人淘宝店铺，实体店面寻人启事，家具、电器、食品及省内商家与旅游业发布的营销广告。区域内的品牌出现次数较少，整体来看广东省还未能真正利用微博进行区域品牌的建设和维护。

3. 三省份域微博媒介呈现对比分析

为了更合理、更科学地对新浪微博媒介呈现进行内容分析，本研究在选取广东省的同时选取浙江省和山东省作为比对和参照。

由于微博不同于传统媒体或者其他网络媒体形式，在具体媒介内容的呈现上依据微博特点按以下内容进行。第一，微博外式。微博的外式包括微博名称、关注人数、粉丝人数以及微博界面的设置等。第二，微博内容的形式。由于微博的兼容性，微博内容可以有原创、转发，同时微博内容发布有以纯文字、图片、视频、音乐形式。第三，微博热度。因为微博并不像网站新闻那样计算点击率来观察其受欢迎程度，所以本文利用计算机爬虫程序去计算整理微博热度。第四，微博内容的具体分析。同类型微博内容仍然存在较大差异，同时微博发布数量巨大，所以内容分析议题较为细化，不能用图表方式进行呈现，故本文选择对微博内容进行文本分析。

三省微博呈现，微博的外式及热度通过图表对比，具体内容做文本分析对比，选取样本以广东省微博媒介呈现的时间为选择标准（2013 年 4 月 7 日、17 日、27 日，7 月 7 日、17 日、27 日，10 月 7 日、17 日、27 日）。

（1）三省微博媒介呈现之"政治"

表 5—24　　　　　　三省微博媒介呈现之"政治"·微博外式

名称	关注	粉丝	微博	页面设置
平安南粤	1487	5701392	12115	卡通民警头像 小蛮腰建筑物 微视频
浙江公安	880	414872	7090	和平鸽 （企业版微博背景图） 优酷视频
山东公安	813	3183722	5483	和平鸽 民警站岗作训图 百姓群

微博外式：通过三省微博外式发现，平安南粤拥有较高的关注数、粉丝数和微博发布数量。在页面设置上，平安南粤除了警务标识外还增加了小蛮腰这一广东独有的建筑，凸显与其他省市警务微博的区别。

表 5—25　　　　三省微博媒介呈现之"政治"·微博内容形式

名称	原创	转发	图片、视频、音乐
平安南粤	4475	7485	9010
浙江公安	4585	2463	2463
山东公安	4098	1306	3678

微博内容形式：平安南粤同浙江公安和山东公安原创数量相当，但是

转发频率高于其他两省。平安南粤发布的内容较好融合了图片、视频和音乐多种形式。

微博热度：

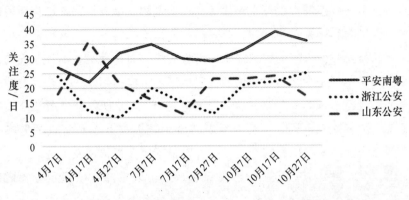

图5—27 三省微博媒介呈现之"政治"·微博热度

热门微博的热度数值是综合转发该微博用户的传播力、微博总转评数、微博内容信息量、微博发布时间等各项因素。因技术有限，主要通过爬虫程序获取三省微博热度对比。通过图5—27看出，三省政务微博并非每天都能获得较高的关注度，随着当天消息发布条数以及消息内容的吸引度甚至发布微博的时间点都会影响热度。通过对比，平安南粤的关注度仍然是三省最高。

议题文本分析：

平安南粤没有固定发布内容的板块，主要是以即时信息发布为主。平安南粤的原创内容主要包括：出行提示、路况介绍、防骗防害的方法（尤为重点介绍高科技新型信息犯罪），生活常识的介绍（生活常识以避免危害为主）。原创内容中较为吸引受众的是"请民协助"话题，主要是让微博博友帮助寻人，又称"微寻人"。转发内容主要包括《人民日报》、公安部打四黑除四害、广州公安发布的信息。平安南粤，微博中被他人@和转发内容多为刑事案件的消息、交通违规的举报，但是平安南粤极少回复这样的转发和@内容。总体而言：一是常识介绍避免广大居民上当受骗、利益受损以及个人自救常识；二是能与其他政务微博进行互动转发；三是原创微博中有当天的衣食住行的温馨提示，内容不仅仅是局限于警务方面，服务群众的内容都有涉及。

　　浙江公安微博同样没有固定板块，浙江公安的原创内容：一是与本省其他政务微博的互动；二是正在办理的案情进展汇报（不涉及原则的情况下有限制的发布案件信息）；三是及时转发社会新闻、本省警务系统的新闻；四是警务系统内部评选评优活动；五是同其他省市的信息沟通协助破案。转发内容则是央视新闻、公安部打四黑除四害、省内城市的公安新闻。浙江公安被他人@的内容同平安南粤一样。总体而言，浙江公安的微博原创内容主要是浙江省内当地的公安新闻、市民提示、衣食住行的防骗防害方法（重点同样介绍高科技新型信息犯罪）。原创内容中浙江公安加入了警察故事这一主题，主要介绍浙江省内较为有意思和特点的警察故事，例如会画漫画的娜警官。这一内容吸引了很多微博博友关注。

　　山东公安微博有固定的内容发布板块：公安发布、微提示、各地警讯、齐鲁警讯。公安发布板块内容主要包括省内公安新闻，微提示同平安南粤与浙江公安一样提示衣食住行的危险及诈骗。各地警讯则是发布全国公安系统的新闻以及政策新闻。齐鲁警讯则是关注本省的警讯。原创微博内容：一是系统内部的楷模播报，表扬表彰；二是当天具体路况信息及时播报；三是介绍一些法律警务小常识。总体而言，山东公安的原创内容同于平安南粤。转发及@内容同平安南粤和浙江公安以外，上诉、求救、申诉也是其主要内容。

　　三省之政治形象比较：

　　通过三省的政务微博具体呈现，三省的政治形象多为为民办事，为民着想。三省的警务微博深入平常生活细节之处，处处为民考虑、为民着想提供各种所需信息。由于微博自媒体的身份，更是将政府这一亲民形象深入人心。广东省政务微博在社会管理创新、政府信息公开、新闻舆论引导方面做得比较出色，能吸引群众参与，同时为树立政府形象起到了积极的作用。

　　（2）三省微博媒介呈现之"社会"

　　微博博主的标签划分不明确，微博内容繁多，这里选择了两种类型的样本来分析三省微博媒介呈现之社会议题。第一种方法：通过以"社会"关键词搜索得到研究样本，但是这不能完全代表三个省市社会议题最典型内容。第二种方法：弥补第一种方法的局限性，选择较为流行和受众接受度较高的城市官方微博为样本作为补充。通过以上两种方法能更加准确对比分析三省区域之社会微博的呈现。

微博外式：

表5—26　　　　　　　　　三省微博媒介呈现之"社会"

名称	关注	粉丝	微博	页面设置
广东省社工委	49	38301	2213	微博政府版 社工工作委员会墙展板 视频简介
浙江省慈善总会	158	112	10	微博企业版 慈善总工会 LOGO
山东省信用评价	85	79	59	微博企业版 信用评价 LOGO

表5—27　　　　　　　　　三省微博媒介呈现之"社会"

名称	原创	转发	图片、视频、音乐
广东省社工委	847	1314	1321
浙江省慈善总会	10	0	0
山东省信用评价	5	0	16

第一种方法以"社会"为关键词得到表5—26。但是得到的微博样本并非同种类型，例如政务微博博主都是公安类型。但是广东省社工委是同广东省共青团、妇联以及总工会联合的兄弟单位，属于政府微博，其他两个省份的浙江省慈善总会和山东省信用评价则是以企业身份进行的微博认证。广东省社工委同广东省社工委内容发布量以及微博内容的丰富性上都是以政府要求为标准。广东省社工委同浙江省慈善总会、山东省信用评价微博外式上相比，粉丝人数、微博发布量都远远高于其他两者，广东省社工委的页面设置详细展示社工委的机构性质与特点。浙江省慈善总会、山东省信用评价在微博外式上并没有用心打造，只是普通的企业微博展示。

微博热度:

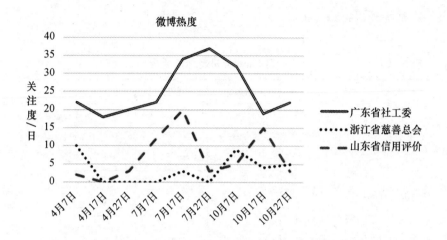

微博热度

图5—28　三省微博媒介呈现之"社会"

通过图5—28三省"社会"微博热度对比发现，广东省社工委因为其标签明确，用心打造其微博形象，同广东省共青团、妇联等其他社会组织进行互动，得到了较高的关注度。微博名称往往会让受众产生信息误差。浙江省慈善总会、山东省信用评价的名称同其发布的信息不对称则会让受众产生落差，如果仅仅作为相关企业的宣传补充作用，那么受众对浙江省慈善总会、山东省信用评价两个微博不会留下任何印象。

议题文本分析:

广东省社工委原创内容集中在养老、户籍制度的公众解读、经济政策的解读、社会建设的新闻发布。转发的内容大多是新浪新闻头条、《南方日报》的新闻消息以及共青团的志愿者招聘。浙江省慈善总会样本中均为原创，原创内容为中央关于社会服务的实施方案，全国慈善企业的排名和投票结果公布，以及浙江省《社会组织评估工作的通知》等新闻。山东省信用评价微博内容只有5条，分别为生活信息、本单位的新闻信息以及转发其他社会新闻信息。

微博外式:

表5—28　　　　　　　　三省微博媒介呈现之"社会"

名称	关注	粉丝	微博	页面设置
山东发布	97	1520000	2622	山东地图版图头像 山东风光图片墙 官方微信二维码
广东发布	116	2823873	11591	毛笔字"粤"头像 海心沙、小蛮腰、丹霞、粤剧图片墙

表5—29　　　　　　　　三省微博媒介呈现之"社会"

名称	原创	转发	图片、视频、音乐
山东发布	2852	58	1861
广东发布	11591	965	10616

　　城市发布是了解各个城市最主要的微博渠道，比较发现，浙江省并没有官方的城市发布微博，通过对浙江省的字段搜索发现，结果多是浙江省各个地县级城市的官方发布，浙江省作为一个整体区域并没有一个官方发布。

　　广东发布和山东发布的微博页面设置上能够应用区域最具特色元素。例如广东的小蛮腰、丹霞地貌、粤剧等。山东发布则是选择地图以及风景作为页面设置。微博形式上我们可以看出微博的发布量上广东发布都远远超出山东发布，同时微博发布的形式多样性与丰富性也远远多于山东发布。

　　议题文本分析：

　　山东发布的微博有以下板块：便民小提示、政务前言、国内新闻、城市名片。便民小贴士内容多为政策公告以及医疗新闻与市民提示，所占条数713条。政务前言为政务活动的预告、总结、精神，所占条数1069条。国内新闻多为山东省新闻，所占条数为713条。城市名片内容多为孔孟之乡、运河之都的旅游，山东省文化的介绍宣传，所占条数为356条。

　　广东发布的微博有以下板块：广东民生、活色广东、广东分享、广东教育以及广东关注。值得注意的是，广东发布的板块内容会根据社会发生的事件以及受众关注度随时调整。广东民生板块的内容大多是广东省的民生新闻信息。早安广东、晚安广东主要是天气预报以及出行提示等内容。活色广东主要是向受众介绍广东的文化艺术信息，主要包括演出、展览、动漫、美食、地铁沿线风光。广东分享内容主要有关广东省的经济信息，例如广东生产经济总值等，广东分享的发布时间分为每晚的晚间分享以及非工作日的周末分享。广东关注和广东教育主要发布考试招考信息以及小高中和大学教育的政策以及博友问题解答。

三省之社会形象：

通过两种类型微博样本分析发现，广东省能利用微博对外进行本省形象打造和宣传。广东发布以及广东省社工委的微博内容都能给受众一定的广东印象。广东社会委提到的慈善话题，广东省的企业家、海外侨胞、演艺名人等在慈善事业中的贡献在全国名列前茅深刻诠释了"粤侨精神"。广东发布的经济、民生、教育等老百姓关注的话题内容，都给受众留下了一个真实、快速发展的广东印象。

（3）三省微博媒介呈现之"经济"

微博外式：

表5—30 三省微博媒介呈现之"经济"

名称	关注	粉丝	微博	页面设置
广东省服装服饰行业协会	479	3730000	561	协会 LOGO 微博企业版 视频简介
浙江省技术创新协会	108	2815	918	工会 LOGO 微博企业版
山东省知识经济促进会	80	226	105	微博企业版 促进会 LOGO 焦点图片区

表 5—31   三省微博媒介呈现之"经济"

名称	原创	转发	图片、视频、音乐
广东省服装服饰行业协会	346	207	515
浙江省技术创新协会	604	367	3869
山东省知识经济促进会	113	37	76

通过以"经济"为关键词和区域限定之后搜索得到的广东省服装服饰行业协会以及浙江省技术创新协会和山东省知识经济促进会三个微博样本。通过微博名称可以看出三省微博在经济这一议题的侧重点有所不同。

广东是国内的服装批发大省。在广东有规模最大、装修最好、配套最完善、管理最规范、交易量最大的中高档服装市场。在这些市场内经营的业户有珠江三角洲地区、浙江、福建乃至全国各地的服装企业，也有中国香港、中国台湾的厂商。发零售、看样下单、专卖代理、连锁加盟等多种交易方式可供选择。包括黑龙江、新疆、内蒙古、西藏等地的全国 30 个省、直辖市、自治区的客商都纷纷前来购货，近年来辐射面更是越过国界迈向国际直达五大洲。通过广东省服装服饰行业协会的认证微博我们也发现，对于微博的外式设置上能做到推出自有品牌，规范行业标准，甚至在微博设置营业的照片墙，有图片示范告诉受众。浙江省技术创新协会微博的外式及页面设置说明浙江省将技术当作经济发展的一个主要手段，能够利用微博方式和受众互动凸显浙江省的浙商精神。山东省知识经济促进会则说明知识是第一生产力这一理念，并在微博上同受众讨论知识对于经济的帮助作用。

通过对三省经济议题的微博对比，广东省服装服饰行业协会在微博的外式上以 373 万粉丝数量说明得到了受众的认可。三省的微博原创转发数量以及发布方式都保持一致。广东省以较为潮流的服饰信息吸引更多粉丝，山东和浙江省则是以本区经济如何更好发展为主要议题进行内容发布，引起受众讨论。

微博热度：

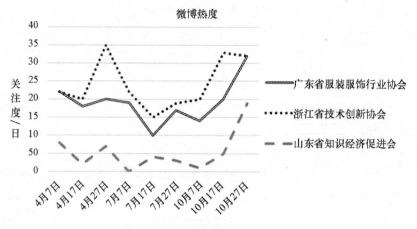

图5—29　三省微博媒介呈现之"经济"

通过三省微博的热度对比，广东省服装服饰行业协会得到了较高的关注，浙江省技术创新协会紧随其后，山东省知识经济促进会则在三者中关注度最低。外式对比以及热度分析都可以说明微博博友受众较多关注与生活实际息息相关的内容，作为碎片化阅读，受众往往对信息简单了解，很少会有受众对微博的内容进行深入思考，所以广东省的服饰议题内容相对于技术、知识经济方式的讨论更具有吸引力。

议题文本分析：

广东省服装服饰行业协会原创内容：①行业新闻。行业经济发展方式的转型，互联网贸易方式的思考，电商淘宝竞争月度数据汇报，以及广佛电商的邀请商讨会。②转发内容：本省服装批发的广告，以及其他省市的服饰行业的新闻动态。浙江省技术创新协会原创内容：①信息国家的质量监督。②介绍并学习其他国家的经济发展方法，例如《哈利·波特》影视带动英国当地其他产业发展等。③市民提醒。银行卡信息泄露防治方法，鞋子质量抽查通报，职场技能介绍等。转发的内容多是本省市经济新闻以及各行各业的经济动态。值得注意的是，山东省知识经济促进会的微博内容则不仅仅是围绕经济进行。山东省知识经济促进会原创内容多为本省的经济政策通知及发布。转发内容为哲理人生故事。山东省知识经济促进会虽然关注度较低，但是微博发布内容的多样性值得学习。

三省之经济形象:

广东省服装服饰行业协会微博对于广东省的经济形象做了很好的呈现。服饰行业的发达，经济方式的积极转变，电商的如火如荼，以及国际潮流的及时跟进，都是展现了广东省作为一个经济发达的省份对于投资者的吸引力以及自身积极热情的经商理念。

（4）三省微博媒介呈现之"文化"

微博外式:

表5—32　　　　　　　　　三省微博媒介呈现之"文化"

名城	关注	粉丝	微博	页面设置
广东省博物馆	364	30000	2135	微博企业版 博物馆 LOGO 链接广东省博物馆志愿者
浙江省创意设计协会	373	23032	927	微博企业版 链接台州信促会
山东省裕春茶业	495	489	191	微博企业版 书法企业 LOGO

表5—33　　　　　　　　　三省微博媒介呈现之"文化"

名称	原创	转发	图片、视频、音乐
广东省博物馆	1027	1097	1743
浙江省创意设计协会	641	284	868
山东省裕春茶业	1130	256	3154

通过以"文化"字段为关键词筛选得到有关文化的微博:广东省为16个，浙江省为2个，山东省为7个。最终以关注粉丝数以及微博发布量确定有表5—32中三个微博样本。

通过微博外式对比，广东省博物馆是较为纯粹以"文化"为主题的微博，但是浙江以及山东微博搜索结果则是和经济有关的文化产业。浙江省创意设计协会的微博标签说明此微博主要是由华东地区迅速崛起的行业协会发起，此行业协会吸纳全省80%以上的知名省属企业、上市公司、大型民营集团、院校、研究机构。通过微博外式对比，三个微博的页面设置都是企业版，广东省博物馆和浙江省创意设计协会的关注人数以及粉丝人数不相上下，微博的发布数量广东省博物馆较多，而山东省裕春茶业的微博发布量只有 191 条。

微博热度：

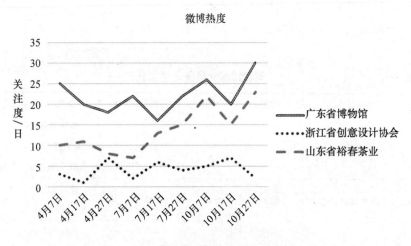

图 5—30　三省微博媒介呈现之"文化"

通过三省微博的热度对比，广东省博物馆的关注度较高。其主要原因是广东省博物馆作为国家一级博物馆同时是广东省建设文化大省三大文化设施之一，本来就对外有较强的吸引力。受众关注其微博主要是得到博物馆的相关资料、主题馆的信息以及其他广东省内的文化咨询。由于其微博定位精准，所以受众很容易找到其微博，同时给予较高的关注度。浙江省创意设计协会和山东省裕春茶业则以文化相关产业作为主要内容，可能更多吸引的是对创意设计和茶业有兴趣的受众，不能很好整体展示本省的文化氛围。

议题文本分析：

山东省裕春茶业的原创微博数量以及发布含有图片、视频、音乐微博数量是三个微博博主中最多的。以商业为目的的微博往往在发布微博的频率以及微博形式上比较注意。广东省博物馆微博原创内容：活动讲座的预告，活动讲座的大纲内容，专家学者的介绍；转发内容主要以为博物馆招募志愿者为主。浙江省创意设计协会原创内容：全球创意集锦（橡子，茶包），文化部发布的新闻信息，行业协会新闻，人物聚焦；转发内容：各个国家、设计师、主题的作品。山东省裕春茶业的原创内容：茶品介绍、市场反馈、淘宝商铺的信息发布以及齐鲁情；转发内容：其他微博对于茶品的评价。

三省之文化形象：

广东省博物馆通过微博向受众展示了作为一线城市的文化氛围，密集的讲座活动、著名的专家学者都展示了广东省是个文化强省。但是山东省作为儒家文化的发源地并没有很好地借助微博这一平台进行博大精深的文化展示。浙江省将经济和文化很好地融合在一起突出了浙商精神中的文化底蕴，值得学习。

（5）三省微博媒介呈现之"自然环境资源"

微博外式：

表 5—34   三省微博媒介呈现之"自然环境"

名称	关注	粉丝	微博	页面设置
广州旅游	222	51731	4185	广州毛笔字头像 广东全景图
浙江省旅游局	859	1520129	14078	诗画浙江毛笔字头像 红枫叶背景图 宣传以及活动图片墙 旅游信息微信二维码
山东省旅游局	837	2703906	28933	"Friendly 山东"蜡笔画头像 海上帆船背景图 宣传以及活动图片墙 好客山东旅游微信二维码

表 5—35   三省微博媒介呈现之"自然环境"

名称	原创	转发	图片、视频、音乐
广州旅游	3639	526	32646
浙江省旅游局	11925	2059	13731
山东省旅游局	24072	4605	27834

三省自然环境的微博主要集中在旅游产业。通过微博的外式对比，三省都能做到在页面设置突出本省元素，微博博主都有意识地将本省著名景观特色设置成为图片墙。同时都加入了毛笔字这一具有中国传统文化特色元素。三省旅游微博都能做到原创数量多于转发数量，并且都能较好地利用图片、视频、音乐方式发布微博吸引更多的受众。通过对比三省的微博内容形式，广州旅游作为广东省的省会城市旅游微博，同浙江省和山东省的省级旅游微博相比，微博数量、粉丝人数以及原创微博数量都较低。

微博热度：

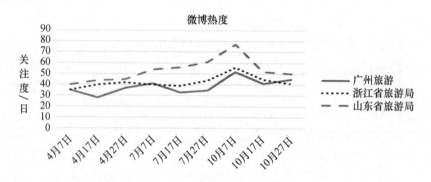

图5—31 三省微博媒介呈现之"自然环境"

三个旅游官方微博的热度对比：三省旅游微博热度最高点均为10月份，受众对于自然环境议题的关注只有在节假日外出旅游时才会通过旅游微博去关注，说明自然环境议题并非受众天天关注的议题信息。广州旅游因为其本身是省会城市的旅游微博，得到的关注度不如浙江省以及山东省旅游局。

议题文本分析：

广州旅游微博原创内容分为以下几个板块：温馨提示，广州旅游好去处，旅途分享，旅游咨询。温馨提示的内容主要包括机票信息、景点介绍、门票以及旅游攻略。广州旅游好去处：根据季节、年龄层次、性别以及文化水平的不同推荐不同景点；行车指南，地铁等沿线景点。旅途分享主要是转发网友的旅途内容并配有较为诗情画意的文字。旅途咨询主要是行业新闻，以及旅游时遇到问题的解答，国内旅行的路线推荐，活动优惠。

浙江省旅游局包含的板块：学（玩，吃，出）浙里，休闲娱乐，五一（十一）去哪儿，早安，晚安。学（玩，吃，出）浙里中学主要是向博友们介绍生活工作小常识，例如 word 操作、电脑维护、颈椎操、洗衣妙招。玩浙里主要内容是浙江省内一切景点介绍。出浙里主要内容是国内外的景点介绍。吃浙里主要是介绍浙江省特色食物，例如绍兴菜、温州菜、千岛湖的有机鱼头以及水笋。休闲娱乐主要是发布一些搞笑的图片动态图以及视频。五一、十一去哪的内容主要是向博友推荐浙江省内旅游景点并在内容中@当地城市官方旅游微博。早安、晚安板块主要内容是人生哲理故事分享。

山东省旅游局的微博没有固定的板块发布内容，微博内容较为个人化，微博内容主要是以下内容：一是广告。介绍山东省内旅游景点并@当地城市的官方微博。二是全国旅游资源的整理。例如十大海市蜃楼，江南十大著名水乡，四大古镇。三是山东省内的旅游资源介绍。例如仙境海岸，济南 121 个吃货地点，山东早餐，泰山景点，如何在泰山上拍摄日出，齐鲁文化传承方式等介绍。定期发布哲理、搞笑故事。

三省之自然环境形象：

浙江省旅游局和广州旅游均在微博中结合旅游产业发布旅游的相关信息，受众从中收获了自然风光的信息之外，更多的是旅游时的一些注意事项。山东省旅游局则更加倾向于向受众介绍山东省内的自然风光，没有过多的涉及游玩事项。通过三者微博的对比，受众对于单纯介绍自然风光环境的山东省旅游局则更为关注。广州旅游局呈现的关于自然环境的形象则是更多地以玩乐为主。

（三）广东区域品牌传播新浪网微博呈现的整体特征

1. 全面的内容呈现

通过与浙江省和山东省的微博呈现的对比分析，广东区域品牌传播在新浪微博的主要议题和主打形象已经从政治、经济、文化、社会、自然生态环境五个方面进行了比较。

社会政治方面，通过政务微博看到了广东政府为人民服务的热情，不论是社会大事件还是群众的生活小事，政务微博和城市发布都无处不在地体现出广东政府的热情和细心。

经济方面，广东能利用其优势产业服饰行业进行微博宣传，但是并非所有行业都如此利用微博给受众展示全面的广东产业以及经济优势和进步。

文化方面，广东省并没有很好地利用微博进行其粤文化的传播，但是一些个人微博会向博友介绍白话、煲汤、粤剧等文化资源，但是个人微博内容大都基于博友个人的生活分享，不能得到较多关注。

自然生态环境，广东省更多的是为旅游业服务的角度在微博展现自然风光，受众并未清晰地了解到广东省的地貌风情以及特有的自然资源。

总体而言，广东新浪媒介呈现的区域品牌形象为主动热情，产业集群较为发达，紧跟时代潮流，拥有自己的地方特色。但是通过各个议题的新浪媒介内容的呈现，广东还未能将区域内部资源很好地整合形成一个整体的广东印象给予受众，未深处挖掘资源优势及内涵，也没有很好结合新媒体微博的特点进行展示，只有政务微博突出了不同于传统媒体细心热情接地气的政府形象外，其他资源的展示同传统媒体所展示的形象并无二致。

2. 主流的传播主体

广东各个传播主体能较为熟练地掌握使用新浪微博，同受众互动并能对其产生一定影响力。但在区域品牌新浪微博媒介呈现的各个议题中，大部分微博博主认证身份都为政府，这是因为区域品牌传播是以政府为主导。广东省政府和各级行政部门在传播主体中扮演了引导者的角色，整体规划广东区域品牌建设和发展，引导未来发展。

由于行政区域划分等因素，广东各级政府和各行政部门出现各自为政，不能很好发挥各政府作为主体的能动性，区域之间没有很好地融合，区域竞争力没有得到最大限度的发挥。珠三角地区的各个市政府都没有从根本上将对方纳入自己的发展战略；在空间上，各市政府没有从珠三角地区和更大的区域范围明确自身的战略定位及其相互关系；在时间上，各市政府未能从比较长远的视域确定自身的发展进程及其与周边经济社会发展态势的互动，地区发展缺乏一股推动其持续、稳定前进的整体性的合力①。广东区域品牌传播受到地方保护主义的阻碍，地区之间的产业障碍

---

① 杨永福：《珠三角经济一体化的关键：转变政府职能》，《学术研究》2009 年第 8 期。

无法通过市场自身的力量打破。广东的地方保护主义需要政府改变现行的政府体制和结构，时而适当地干预和引导市场为区域品牌的建设发展和传播营造一个好的环境。

企业、行业协会也是区域品牌传播的重要主体。作为企业和行业协会已逐渐意识到区域品牌的建设与自身发展的相关性，并主动发挥传播主体的作用。但在我国，由于行业协会大多是政府行政力量推动，作为行业领头羊以及监督管理者和指导者，对区域品牌建设的作用还需要进一步加强。2009 年，广东行业协会已经实现 100% 政会分开和民间化，行业协会业务主管单位全部改为业务指导单位，行业协会全部实现"自愿发起、自选会长、自筹经费、自聘人员、自主会务"。但是广东的行业协会区域品牌意识还不强，对区域品牌的内容、未来发展计划以及传播方式缺乏相关经验，也未能很好地指导区域品牌的建设和发展。而企业由于尚未脱离狭隘的利益追逐，很难形成大局意识以及区域品牌的建设意识，因此，企业应进一步利用专业化市场和产业集群共同对区域品牌进行传播，并通过改善自己生产产品的种类、款式和规模，重视自主品牌与区域品牌的结合，以提高行业和地区品牌的综合价值。

广东是经济大省也是传媒大省。经济强省必然也要成为传媒强省①。《广州日报》《南方日报》《南方周末》进入全国媒体总排名前十名，《羊城晚报》《南方都市报》进入全国都市报、晚报总排名前十名。广州日报报业集团、羊城晚报报业集团、广东南方广播影视传媒集团、南方报业传媒集团、深圳报业集团也是全国实力雄厚的报业集团。广东媒体的实力、号召力、影响力和穿透力为打造一个良好的区域品牌建设提供了舆论氛围以及传播平台。因为媒体较政府和企业来说，相对客观、独立，有一定的舆论引导力和监督力，所以传统的报业集团、文广集团都可以通过与新媒体进行媒介融合，为打造广东省区域品牌发挥作用。

---

① 《广东新闻工作者特别能干，经济强省要成为传媒强省》，金羊网，2007 年 3 月 16 日。

第 六 章

基于产业集群的区域品牌传播

——以广东药业为例

区域品牌是促进区域经济增长方式转变、推动区域经济发展的主要引擎，同时区域品牌又会直接推进区域产业结构的优化和升级，并进而带动区域经济实现整体上的转型升级和长足发展。区域品牌是产业集群发展到高级阶段的表征，区域特性、品牌内涵和产业基础是区域品牌的三个主要构成要素，在研究区域整体品牌特性传播的同时，关注区域的产业基础和产业集群也是区域品牌传播的重要内容。

一 产业集群与区域品牌

1. 产业集群与区域品牌的内在联系

产业集群又被称为产业簇群、块状经济、特色经济、专业镇等。美国的迈克尔·E. 波特教授（Michal E. Porter）最早将"产业集群"定义为：在某一特定区域中，大量产业联系密切的企业及相关支撑机构按照一定的经济联系在空间上集聚，并形成持续竞争优势的现象；雅各布斯·德曼（Jacobs Deman）从横向集群和纵向集群对之进行了界定，且识别出了集群定义过程中的关键因素。国内学者从不同方面对产业集群展开了研究。认为产业集群作为一种生产组织方式或企业制度，只有企业高度集聚，产业与产业之间形成完整的产业网络和产业链，才能够带动整个区域经济的蓬勃发展，促进区域品牌的形成和升级。我们认为，产业集群是指集中于一定区域特定产业的众多具有分工合作关系的不同规模等级的企业及与其发展有关的各种机构、组织等行为主体，通过纵横交错的网络关系紧密联系在一起的空间积聚体，是介于市场和等级制的一种新的空间经济组织形式。

区域品牌由"区域"和"品牌"构成，是在某一特定产业集群区域内形成的具有相当规模、较强生产力能力、较大市场占有率和影响力的以区域著称的集体品牌。区域品牌是一种公共资源，它的形成以产业集群为基础，以提高集群内企业的综合竞争力、协作水平和创新能力为目标，具有地域性、产业化和品牌性特征。

产业集群与区域品牌之间的关系可概括为以下几个方面。

（1）产业集群是区域品牌形成的重要载体。产业集群是许多相关联的企业联合而形成的，其形成的产业规模、产业集中度、市场占有率都是区域产业品牌最初形成的基础，而且区域产业品牌形成后，它是否能产生不断和持久的影响力，更依赖于其有形资产——"产业集群"的进一步发展与壮大。产业集群同一个独立的企业一样是品牌的附着体，是品牌的有形资产主体。因此，可以说，产业集群是区域品牌的重要载体，区域品牌依附于产业集群。

（2）产业集群与区域品牌的构建要素是相通的。产业集群是由众多关联企业或相关联的机构在利益最大化的共同目标下，聚居在一定区域，以某一或某些企业为龙头，相互依托，从设计、原料、包装到销售、服务的上下游产业链。因而，产业集群具有一定的区域性和产业实力特征。而区域品牌正是由区域性、产业实力和品牌特征三大要素构成的，所以说，产业集群与区域品牌的构建要素具有相通性。

（3）产业集群有利于区域品牌的形成和维护。大量相互关联的产业机构及其组织形式集合在一起，便可形成专业化的分工体系和有效的合作网络，从而可以有效地克服单个企业所要面临的种种发展限制。在产业集群区内，企业可通过选择有效的生产方式和合作竞争模式，与其他企业相互补充和学习，共同推动区域的发展和产业的不断创新，从而促使区域品牌的形成。同时，区域品牌一旦形成，便成为产业集群区域的一项共享资产，对产业内的任何一家企业都具有品牌效应，这样就促使他们在某种程度上自觉去维护其共有资产，从而使品牌的维护工作得到有效的监督。

（4）区域品牌建设可提升产业集群的整体形象。区域内的中小企业由于企业的资金、技术、人才等不足，综合实力有限，即使产品的质量、独特性等非常优越，但往往难以树立起自己的品牌，在市场竞争中难以发挥潜力，而借助区域品牌，则可起到有效传播信息、创造市场需求、树立消费者信心以及排斥区域外竞争对手的作用。这又在一定程度上促使集群企业之间的采取横向合作行动，维护区域品牌，使区域内的产品和服务的品牌形象、价值得以进一步提升，从而有力地促进集群企业形象和产品形象的推广工作，提升区域的整体形象。

（5）区域品牌是集群升级的手段，是集群升级的"助推器"。区域产业品牌一旦形成，区域产业相关的更多企业受利益的驱使将向集群区域内聚集，同时资金、劳动力、先进的技术、及时的市场信息等企业需要的要素也会源源不断涌入区域，这为产业集群的规模扩张与技术升级提供了强有力的支持。大量的资金将为区域内产业集群的规模扩张提供最有利的经济支持，先进的产业技术为产业集群的技术升级创造技术支撑，丰裕的劳动力资源降低了区域企业的劳动力成本，同时，及时的市场信息也不断引导产业集群内的企业进行协同调整，适应外部市场的需求变化，并使产业集群的市场地位进一步强化。

2. 医药产业集群及其特点

产业集群是医药行业的重要组织形式。美国的波士顿、旧金山湾、华盛顿、圣地亚哥和北卡罗来纳研究三角园等五大生物技术集群，成为地方经济的支柱，带动着全美乃至全球的生物医药创新与产业化进程。欧洲莱茵河上游谷地跨国生物谷已成为欧洲生物技术的中心。现代医药产业是我国大力扶持的战略新兴产业，近年来国内生物医药企业也开始集聚发展，形成了珠江三角洲、长江三角洲及京津环渤海湾 3 个医药产业经济区，各区域制定的发展战略促进了该区域医药产业的成长与发展。同时，建立医药产业集群已经成为各地政府发展生物医药产业的一个主要途径。如吉林通化医药城、上海张江"药谷"、北大生物城、广州国际生物岛等。其中张江"药谷"不但吸引了中科院药物所、国家人类基因组南方研究中心等 10 多家国家级药物研发机构落户，还拥有瑞士罗氏、美国礼来等 40 多家国内外一流生物医药企业，再加上它们周围集聚的 120 多家从事研发创新的中小企业，"人才培养—研究开发—中试孵化—规模生产"的产业体系日趋完善。可见，国际现代生物以及医药技术产业的发展和布局大多采取空间集群的方式进行，医药产业具有空间集聚发展的内在需求。

与其他产业集群相比较，医药产业集群具有以下几个明显特征。

（1）容易形成集聚经济。医药产业集群最重要的特点之一是可以产生广泛的集聚经济效益，而集聚经济产生的重要原因是产业集群可以实现外部规模经济。规模经济既指内在规模经济，即厂商自身的平均生产成本随着其自身生产规模扩大而下降；也指外部规模经济，即对单个厂商来说是外在的，平均成本与单个厂商的生产规模无关，但与整个行业的规模有关。医药产业集群的地理集中可以共同利用各种基础设施、服务设施、信息资源和市场网络等公共区域产品，共同利用集群内辅助企业如专业化的供应商、分销商及相关支持服务机构，从而能够降低信息搜寻和交易成本，产生外部规模经济。

（2）专业化优势。医药产业集群内的企业无论是上游供应商、中间商、下游分销商，或是合同研究组织（CRO）、物流、咨询、法律等服务支持机构，专业化的分工协作都具有医药行业特性，更具专业性；同时，医药产业集群具有熟练、专业化的人力资源优势。由于行业的特殊性，医药产业对人员任职资质和专业化程度都具有更高的要求。医药产业集群内医药相关企业的集中本身就形成了一个专业化的医药"人才池"，从而使集群发展所需专业化医药人才得以保障。

（3）医药产业集群内企业间是合作竞争关系。医药集群中的合作包括垂直和水平两类，即一个产品的各个不同生产环节中的供应商和客户之间的合作，及同一生产环节的生产商间以及各种服务支持机构之间的合作。同一集群内部医药企业之间更加接近和了解，从而能够增进了解和信任，通过建立共同的社区文化，基于友谊、信息分享，在联合开发新产品、开拓新市场、市场营销以及培训、金融、技术交流等各方面实现高效的网络化的互动和合作。但是，合作并不意味着缺乏竞争，由于地理上的接近性，更易获知竞争者的信息动向，企业对竞争压力的感受更为直接和强烈，竞争的障碍会进一步减少，竞争加剧。这种合作竞争的结果是集群内企业的相互促进发展。集聚增强了企业间的合作和竞争，同时合作竞争也带来医药产业集群的整体竞争力的提升。

（4）知识外溢和创新优势。对于高技术产业来说，知识资本在企业的可持续发展中起着至关重要的作用，而医药产业集群内企业通过相互之间的合作竞争、学习、模仿及集群内员工的非正式交流，有利于加快新观念、新知识和新技术的扩散和交流传递，由此形成知识的溢出效应，获取"学习经济"（Learning Economies），增强企业的研究和创新能力。当新的技术、知识、理念出现，企业间的模仿和追赶效应也会通过前向、后向或横向的传递，以更为迅速的方式加快其扩散传播，从而能够迅速提升整个集群的知识水平和竞争力。同样地，由于地理位置的邻近，产业集中本身就可以刺激创新，并形成一种积极向上的创新文化氛围，在企业间的合作竞争、技术扩散及良好的创新氛围（包括医药科研所、医药高等院校、专业的咨询中介机构、行业协会等）中更容易促进创新。

3. 广东医药产业集群及药业区域品牌的构建意义

广东是传统医药大省，独特的地理位置和气候条件，造就了广东悠久的医药历史与医药文化，同时，现代医药也是广东省的重要支柱产业之一。广东省多年来在全国医药制造业中居于领先地位，医药产业产值、产量和利税均名列全国前三名，出口创汇位居全国第一。中药、化学药物制剂、生物制药产品领域在全国处于领先地位。"广药"在全国享有盛誉，如陈李济、潘高寿、白云山制药都有很强的竞争力，省内拥有像白云山制药总厂、广州中一药业、王老吉、康美药业、华南药业、迈瑞、立健等一大批在国内外具有较高影响力的名牌药品生产企业。随着以基因工程药物、南海海洋生物技术、中药提取分离过程现代化等6家国家工程研究中心的建立，在中科院生物与健康研究院、暨南大学国家基因医药工程中心、国家南海海洋药物工程中心等为代表的国家级高水平生物研发机构的带动下，以达安基因、天普药业、健心药业、扬子药业、香雪制药等为代表的生物医药企业日渐崛起，且初步形成了以广州国家生物产业基地、深圳国家生物产业基地、中山国家健康科技产业基地、珠海三灶医药生物产业园区等为代表的生物医药研发和产业集聚基地。

药业区域品牌就是在医药产业集群基础上形成的用以表示本地区医药产业特征和竞争力的品牌集合。广东悠久的医药历史文化和以大企业为核心的医药产业格局使广东已初步形成在国内有较强实力的医药产业集群，且已产生了一定的区域品牌效应。区域品牌作为产业集群向高端发展的产物，既是产业集群发展的表征，也是产业集群进一步发展的保障。有了一定产业基础的区域品牌，还必须经过系统的规划和主动的传播才能使品牌效力得以体现，从而才会使区域品牌的塑造成为可能。因此，构建与广东目前的医药经济规模相适应的区域品牌，对广东医药产业结构调整、发展模式转型及产业集群高端化的带动作用将具有重要意义。

二　广东药业区域品牌现状调查

基于广东省药业产业发展的历史与现状，通过调查问卷、访谈等形式了解广东药业产业集群和药业区域品牌的现状，是广东药业区域品牌模式构建和区域品牌战略规划及传播策略制定的基础。

（一）广东药业产业集群与区域品牌现状的企业调查

1. 调查设计

为准确了解广东医药产业集群及区域品牌的现状，首先对广东不同地区的医药企业展开调查，以问卷调查和访谈为研究工具，采用抽样调查方法，以广东医药企业名录为样本框和调查对象，在科学地确定样本数的同时，由广东药学院学生于 2011 年 7—9 月深入药企开展问卷调查。本次调查共发放问卷 350 份，有效问卷 346 份。样本的地区分布如表 6—1 所示。

表 6—1　　　　　　　　调查样本的地区分布

调查地区	频数（人次）	频率（%）	累计频率（%）
东莞市	13	3.76	3.76
佛山市	10	2.89	6.65
广州市	39	11.27	17.92
惠州市	27	7.80	25.72%
江门市	31	8.96	34.68
茂名市	11	3.18	37.86
梅州市	17	4.91%	42.77
清远市	19	5.49	48.27
汕头市	33	9.54	57.80
韶关市	16	4.62	62.43%

调查地区	频数（人次）	频率（%）	累计频率（%）
深圳市	21	6.07	68.50
云浮市	14	4.05	72.54
湛江市	24	6.94	79.48
肇庆市	20	5.78	85.26
中山市	35	10.12	95.38
珠海市	16	4.62	100.00
总计	346	100	

2. 广东药业产业集群的调查数据统计分析

（1）广东药业产业集群规模与成长

表6—2 广东药业产业的规模与成长 （单位:%）

潜变量		测项	完全同意	基本同意	一定程度同意	基本不同意	完全不同意
规模与成长	q1	本地区大部分企业都是从事药品的产品开发、生产和销售	9	31.2	39.9	16.5	3.5
	q4	本地区药企尽管大多数是中小企业，但已经形成了规模优势和较高的市场占有率	7.5	30.9	45.7	14.5	1.4
	q6	本地区药品的销售具有极强的市场渗透力	9.2	33.2	44.2	12.7	6

如表6—2所示，药业产业中企业数量的多少是药业产业规模大小的重要体现，更是衡量该产业集群状况的一个重要指标，市场占有率反映企业的相对市场份额，市场渗透力则反映出产品被市场或公众接受的速度和程度，体现的都是药品市场的成长状况。在"本地区大部分企业都是从事药品的产品开发、生产和销售"这一药业从业状况的调查中，有9%的

人选择"完全同意"，有 31.2% 的人选择"基本同意"，而"一定程度同意"的比例更是高达 39.9%，三者的累计百分比达到 80.1%。可见调查对象对本地的医药行业有着很高的关注度，而当地医药企业的集中式分布又强化了这一感受。药业企业在当地不仅有着先天地理上的丰饶土壤，更有着数量上的庞大优势，而且其销售也呈现出极强的市场渗透力，表现出强劲的发展势头。

（2）医药企业的关联度

表 6—3　　　　　　　　广东医药企业的关联度　　　　　（单位：%）

潜变量		测项	完全同意	基本同意	一定程度同意	基本不同意	完全不同意
企业关联度	q2	本地区企业之间已经形成专业化的分工与协作	5.5	38.2	44.8	11	0.6
	q3	本地区企业之间已形成供需关系，可以实现采购本地化	4.9	33.8	45.4	14.7	1.2
	q7	本地区医药产业已经形成了产品从原料、加工、生产到销售等各个环节的高度关联	5.2	34.7	43.9	15	1.2

产业集群内的企业之间是否有专业化的分工与协作，是否形成了竞争性的配套模式，且通过专业化分工能够带来规模经济和经验效率，并形成完整的产业网络和产业链是衡量产业集群发展状况的定性指标。在表 6—3 关于"本地区企业间已经形成专业化的分工与协作"的调查中，有 5.5% 的受访者选择"完全同意"，有 38.2% 的人选择"基本同意"，而"一定程度同意"的更是高达 44.8%，三者累计 88.5%。可见本地区的药业企业之间具有高度关联度，这种高度关联不仅反映在企业间的供需关系上，还表现在企业之间在产品从原料、加工、生产到销售等各个环节的整个供应链上的协作与配套机制。

（3）医药企业的发展格局

表6—4　　　　　　　　广东医药企业的发展格局　　　　（单位：%）

潜变量		测项	完全同意	基本同意	一定程度同意	基本不同意	完全不同意
发展格局	q5	本地区已经形成了以大企业为龙头，带动大批中小企业发展的格局	10.4	30.3	43.4	14.2	1.7
	q8	本地区的医药产业已经在国内外形成了一定的品牌影响力	8.1	35.5	40.5	13	2.9

广东医药产业的地域根植性，决定了该产业的发展格局。政策的大力扶持，素有南药美誉的悠久的广东药业历史和文化更是支持和促进了该集群的发展。因此，广东医药产业集群的制度和社会文化根植性，决定了广东地区形成了以大企业为龙头，带动大批中小企业发展的格局。从表6—4中84.1%的受众支持率来看，对这一观点比较认同。在产业集群大力发展的同时，地区品牌也得以大幅提升，并在国内外形成了一定的品牌影响力，表6—4中84.1%的数据支持了这一看法。

（4）医药企业的定位与作用

表6—5　　　　　　　广东医药企业的定位与作用　　　　（单位：%）

潜变量		测项	完全同意	基本同意	一定程度同意	基本不同意	完全不同意
定位与作用	q9	本地区的医药企业大多属于技术密集型企业，有一批创新企业家和人才	7.2	36.1	44.2	10.7	1.7
	q10	本地区医药产业的发展已经能够对地区经济产生巨大的推动作用	14.2	31.2	47.7	6.4	0.6

企业定位是由该企业所从事行业的性质决定的，同时又受到国家政策的影响。广东医药产业的发展是随着以基因工程药物、南海海洋生物技

术、中药提取分离过程现代化等 6 家国家工程研究中心的建立，在中科院生物与健康研究院、暨南大学国家基因医药工程中心等为代表的国家级高水平生物研发机构的带动下发展起来的。因此该产业从一开始就有着强烈的政策导向性和技术指引性，属于技术密集性企业，而技术的研发离不开人才的支撑，人才是指引该产业集群向高端产业集群发展的关键。在表 6—5 关于"本地区的医药企业大多属于技术密集型企业，有一批创新企业家和人才"这一态度的调查时有 87.5% 的受众高认可度。而广东医药产业的迅猛发展必然反映在对当地经济的带动上，具体表现在税收缴纳、创造就业机会、拉动就业、提高居民收入、促进科技文化进步等方面。这种带动作用是企业能够切实感受到的，且是最大的受益者。

（5）医药企业集聚的主要原因

表 6—6　　　　　　　　　广东医药企业集聚的主要原因

集聚因素	政府优惠政策	靠近市场	行业集中	成本优势	基础设施健全	信息灵通	历史原因
频数（人次）	179	256	140	123	175	157	55
百分比（%）	16.5	23.6	12.9	11.3	16.1	14.5	5.1

众所周知，企业只有有了足够的资金才能正常运转，只有实现了利润才能长远发展。所以产品是否有市场，能否打开销路，关乎企业的生死存亡。在表 6—6 关于企业集聚的主要原因的调查中，有 23.6% 的受众选择了"靠近市场"，他们认为促使企业纷至沓来的主要原因就是市场，市场是激发企业集聚热情的原动力。而这一调查结果，也很好地证实了前面关于医药产业规模与成长中"规模优势和较高市场占有率"说法的正确性。对"政府优惠政策""基础设施健全""信息灵通"等认同度也说明一个产业从萌芽到发展，再到快速发展，离不开政府的大力支持，政府是企业稳定运营和长远发展的坚强后盾。政府对产业的扶持不仅体现在优惠政策的提供上，还表现在对基础设施的大力投入上，这些优质的基础设施，如交通、通信等，一方面便利了政府和企业之间的双向沟通和信息反馈；另一方面也方便了企业与企业之间以及企业内部各部间的联系，更是为企业实现高速成长提供了沃土。

（6）医药企业间的协作关系

表 6—7　　　　　　　广东医药企业间的协作关系

协作关系	共用设备	合作经营	人员培训	相互参股	共享信息
频数（人次）	90	238	187	80	177
百分比（%）	11.7	30.8	24.2	10.4	22.9

产业集群内企业之间的相互分工、相互协作，建立良性的竞合关系，对该产业的健康发展至关重要。在表 6—7 对企业间协作关系表现形式的调查中，有 77.9% 的受众认为，产业集群内企业间在"合作经营""人员培训"和"信息共享"三方面具有高度的合作关系。企业间不仅相互参股，稳定合作关系；而且相互培养人才，畅通沟通渠道，实现信息共享。

（7）医药企业竞争的压力来源

表 6—8　　　　　　　广东医药企业竞争的压力来源

压力来源	本地同行	国内同行	海外同行
频数（人次）	237	239	111
百分比（%）	40.4	40.7	18.9

在表 6—8 对企业竞争压力主要来源的调查中，有 40.7% 受众选择的是"国内同行"，另有 40.4% 的受众选择了"本地同行"，两者难分伯仲。这一方面可以看出医药产业在我国的蓬勃发展和旺盛的生命力，另一方面也反映出区域产业竞争的扩大化和白热化。

（8）医药企业竞争的主要手段

表 6—9　　　　　　　医药企业竞争的主要手段

竞争手段	价格竞争	质量竞争	技术竞争	营销手段	品牌竞争	产品差异化
频数（人次）	258	227	146	234	204	139
百分比（%）	21.4	18.8	12.1	19.4	16.9	11.5

在表 6—9 对企业竞争手段的调查中，排在前四位的分别是："价格竞争""营销手段""质量竞争"和"品牌营销"，它们的认同度分别为：21.4%、19.4%、18.8% 和 16.9%。从这些数据中，可以发现：一是企业在竞争中所采用的手段呈现出丰富化和多样化的特点，手段灵活；二是企业在竞争时，是四面出击，既有价格战，也注重产品的质量，同时运用促销、广告等营销手段，更有品牌运作来强化公众感受。

（9）广东医药行业的发展趋势

表 6—10　　　　　　　　　**广东医药行业的发展趋势**

发展趋势		大企业数目	中等企业数目	小企业数目
增加	频数（人次）	185	191	170
	百分比（%）	53.5	55.2	49.1
减少	频数（人次）	58	97	129
	百分比（%）	16.8	28	37.3
不变	频数（人次）	102	56	45
	百分比（%）	29.5	16.2	13

一个行业的规模直接体现在该行业内企业的数量和大小上，企业的发展格局决定着行业的分布状况。在表 6—10 企业发展趋势的调查中，认为在近五年内，大企业数目会增加的占到 53.5%，认为中等企业数目会增加的有 55.2%，而认为小企业数目会增加的也占到 49.1%。在这些数字背后，看到了企业对于医药行业未来发展的期待。

3. 广东医药企业品牌现状

（1）企业是否实施了品牌战略

品牌是用以识别某个销售者或某群销售者的产品或服务，并使之与竞争对手的产品或服务区别开来的商业名称及其标志，通常由文字、符号、图案和颜色等要素以及这些要素的组合构成。所以品牌是企业所有内部和外部公众能够切实感受到的东西。在对"贵公司是否实施了品牌战略"的调查中，有 71.7% 的公众选择了"是"，这充分肯定了该公司在品牌运营方面所作出的努力。

（2）公司实施品牌战略的出发点

在对企业实施品牌战略的出发点的调查中，37.1%的被访者选择的是"提升企业价值"，26.8%的被访者选择了"企业战略的要求"，26.6%的被访者选择了"竞争的需要"。可见品牌战略是企业总体战略规划的一部分，是适应行业激烈竞争的需要，也是提升自身商业价值的重要手段。

（3）企业的品牌规划

表6—11 企业的品牌规划

规划内容	确定名称	制定标识和口号	明确的品牌定位	完整的品牌结构
频数（人次）	137	151	175	119
百分比（%）	23.5	25.9	30.1	20.4

品牌包括品牌名称和品牌标识。品牌名称是品牌中可以用语言表达的部分，而品牌标识是由图案、字母和颜色组成的部分，它更强调视觉上的效果。品牌规划包含的范围更加广泛，既包括对品牌名称、品牌标识的设计，也涉及对品牌定位的阐释和对品牌品类的细分。所以品牌规划是企业对品牌所做的一个系统、全面和长远的考量。在对企业都在哪些方面做品牌规划调查时，受众给出的答案呈现出均衡分布的特点，表明企业都懂得品牌的重要意义，并且或多或少正在运作品牌。他们对品牌的理解也更加全面，不仅制定了品牌名称和标识，在品牌定位和品牌结构的完善上也下了不少功夫（见表6—11）。

（4）是否有专门的品牌管理人员和管理机构

表6—12 企业是否有专门的品牌管理人员和管理机构

测项	有	没有
频数（人次）	217	34
百分比（%）	86	14

在表6—12关于"本公司是否有专门的品牌管理人员和管理机构"的调查中，选择"有"的占到了86%，而坚持"没有"的仅有14%。可

见大部分企业对品牌运营是非常重视的，他们会设置专门的品牌管理人员和管理机构，对品牌运作进行专业的、细致的分析和管理。

（5）公司实施品牌战略的效果

表6—13　　　　　　　　　　公司实施品牌战略的效果

效果	销售量增加	利润增加	市场份额扩大	资产增加	市场价值增加	品牌影响力
频数（人次）	177	157	144	83	133	131
百分比（%）	21.5	19	17.5	10.1	16.1	15.9

企业实施品牌战略，专注于品牌运作，进而提高品牌的知名度和美誉度，最终是为了吸引新顾客，留住老顾客，建立起品牌忠诚，培养忠诚顾客。所以实施品牌战略的好处是显而易见的。在表6—13对品牌战略实施效果的调查中，人们选择最多的三项分别是："销售量增加""利润增加"和"市场份额扩大"，它们分别占到21.5%、19%和17.5%的比例。这三项好处是本企业员工感受得最明显的和最强烈的，因为这直接和他们的工资收入相关。而紧随其后的三项分别是："市场价值增加""品牌影响力"和"资产增加"，这三者也占到了相当大的比例。因而实施品牌战略不仅有直接的收入增加的好处，也有间接的品牌价值提升的益处。

（6）企业未实施品牌战略的原因

表6—14　　　　　　　　　　企业未实施品牌战略的原因

原因	财力不足	品牌不重要	人才匮乏	产品特性	其他
频数（人次）	56	7	42	42	8
百分比（%）	36.6	4.6	27.5	27.5	3.9

在对"公司是否实施了品牌战略"的调查中，选择没有实施品牌战略占到总人数的27.7%。而在我们继续对这部分企业未实施品牌战略的原因进行调查时，选择"财力不足"的有36.6%，认为"人才匮乏"和"产品特性"的各占到27.5%的比例，而坚持"品牌不重要"的极少

（见表6—14）。看来，这当中有不少企业也是想走自主品牌之路，它们并不是认为品牌不重要，而是各有原因，无法实施。

4. 广东药业区域品牌的现状

（1）广东药业是否已经形成了一定品牌影响力

品牌影响力是指品牌开拓市场、占领市场，并获得利润的能力。品牌影响力对一个企业而言至关重要。在关于广东药业是否已经形成了一定的品牌影响力的调查中，超过78%的受众认为广东医药已经在国内外形成了一定的品牌影响力。由此看来，不论是从品牌知名度、品牌美誉度，还是从顾客对品牌的偏好度、满意度抑或是品牌忠诚度，广东药业都有良好的基础和影响力。

（2）广东药业品牌影响力形成的原因

在关于广东药业品牌影响力形成原因的调查中，排在前三的分别是："规模优势""历史悠久"和"著名品牌及其影响力"，分别占到25.9%、20.1%和20.1%的比例。规模优势说的是广东医药产业的规模与数量。而广东发展生物医药产业具有悠久的历史，在国内乃至东南亚地区拥有"南药"美誉，这也为品牌影响力的形成奠定了厚实的基础。在科研方面，广东医药也颇占优势，有中山大学、南方医科大学、暨南大学、中科院广州生物医药与健康研究院等相关的高等院校和研究院所。全省发展形成了广药、三九等医药企业集团，目前拥有广州药业、白云山、三九医药、太太药业、丽珠集团、康美药业等一批医药上市公司，数量居全国第一。凭借巨大的市场潜力和良好的投资环境，广东已经吸引了诺华、拜耳、罗氏等跨国医药企业前来投资发展。这些著名品牌的集聚对广东医药品牌影响力的贡献不可谓不大。

（3）没有形成品牌影响力的原因

在关于广东医药是否形成一定的品牌影响力的调查中，有21.1%的被调查者认为广东医药没有形成了一定的品牌影响力，他们给出的理由排在前三位的分别是："缺乏著名企业""政府支持不够"和"没有著名品牌"，分别占到31.6%、25.9%和22.2%。"缺乏宣传"也占到了19.6%。这些观点与那些认同广东医药已经形成品牌影响力的受众的意见明显相左，可能与人们善于从外部寻找原因有一定关系。

5. 广东药业区域品牌形成中政府与行业协会的作用

（1）政府为本地区医药产业发展提供的支持

表6—15　　　　　政府为本地区医药产业的发展提供的支持

支持类型	政策	资金	激励	财政、税收、融资	基础设施建设	公平的竞争环境	其他
频数（人次）	211	132	148	149	163	168	1
百分比（%）	21.8	13.6	15.3	15.4	16.8	17.1	0.1

　　政府的扶持对一个产业的发展至关重要。现代医药产业是我国"十二五"期间及今后大力扶持的战略新兴产业，也是广东省的重要支柱产业之一，所以政府必定会在各方面对本省的医药产业提供支持。在表6—15对"政府为本地区医药产业的发展提供了哪些支持"进行调查时，支持率最高的一项就是"政策"了，高达21.8%。紧随其后的"公平的竞争环境"的认同度为17.1%，接着是"基础设施建设""财政、税收、融资""激励""资金"。看得出广东省政府为本地医药产业的发展，提供了全方位的支持，被访者也是感同身受。

　　（2）企业获得过的政府帮助

　　有24.2%的被访者觉得自己获得过的政府帮助是"信息服务"，有22.4%的认为是"政策性贷款"，有19.2%的觉得是"人才服务"。信息服务活动通过研究用户、组织用户、组织服务，将有价值的信息传递给用户，最终帮助用户解决问题。所以，信息服务实际上是传播信息、交流信息，实现信息增值的一项活动。政府要做的就是发布信息，提供信息咨询和网络信息服务。政策性贷款是政府为解决中小企业资金短缺的问题而提供的在贷款规模、期限、利率等方面享受的优惠条件。人才服务不仅体现在人才的培养上，更表现在留住人才的机制的建立上。广东不但有像中科院生物与健康研究院、暨南大学国家基因医药工程中心、国家南海洋药物工程中心这样的国家级高水平生物研发机构，还建立了比较完善的人才留任和引进机制，这样不仅培养了高素质的人才，更重要的是留住了人才，同时吸引了更多的人才前来为本地企业服务。

（3）企业希望政府提供什么支持来促进本地区药业区域品牌的形成

调查当地医药企业想要获得政府提供的哪些支持，可直接为政府提供参考。调查后我们得知企业呼声最高、要求最强烈的三个方面分别是："资金""财政、税收、融资""政策"，它们的得票率分别为：19.2%、19.1%、17.9%。由此可见，资金问题仍是当地企业面临的最大问题，尤其是中小企业，而与资金问题密切相关的政府财税政策也是他们最关心的。尽管政府在融资、税收方面给予了企业许多优惠，但企业融资难的问题并没有从根本上得到解决，许多企业对政府在这方面仍然有很高的期待，获得政府更大程度的政策支持是这些中小企业最大的心愿。

（4）贵公司是否参加本地相关的行业协会的活动

行业协会是指介于政府、企业之间，商品生产者与经营者之间，并为其服务、咨询、沟通、监督、公正、自律、协调的社会中介组织。行业协会是一种民间性组织，它不属于政府的管理机构序列，而是连接政府与企业的桥梁和纽带。在对企业是否参加本地相关行业协会的活动这一问题进行访问时发现，绝大多数企业只是偶尔参加本地行业协会的活动，这一比例高达72%；能够经常参加的企业很少，仅占24%。说明本地行业协会在当地企业中的影响力不是很强，企业并不认为行业协会有非常重大的作用，所以企业也没有很高的积极性去参加行业协会的活动。

（5）您觉得本地行业协会对企业的影响力

行业协会是连接政府与企业、企业与企业关系的桥梁和纽带，在一个行业的发展过程中起着十分重要的作用。而我们在对本地行业协会影响力进行调查时，67.1%的受众认为本地行业协会"有一定的影响力"，认为影响力"一般"的有20.2%，认为影响力"较强"的只有8.6%，认为"非常强"的不到1%。可见本地行业协会还没有发挥应有作用。行业协会应该加大宣传，同时为企业提供他们实际需要的信息和服务；而企业也应该认识到行业协会不可替代的作用，积极向行业协会靠拢，为自身更好的发展做准备。

（6）本地区的行业协会主要为企业提供了哪些服务

本地行业协会提供的服务，我们从"法律咨询""相关行业信息"

"培训与研讨会""市场开拓和与政府对话的代言人"四个方面一一进行了访问。在行业协会提供的法律咨询方面，有55.9%的受众选择的是"偶尔"，选择"经常"的占到35.8%，说明行业协会在法律咨询这一方面做得还不错，至少有一部分受众是有切身体会的，但还有待进一步加强。对于"相关行业信息"方面，认为经常提供的有50.9%，认为偶尔提供的有46.5%，可见行业协会在提供行业信息方面做得很好，深得本行业企业的认可，应当继续保持。在培训与研讨会方面，"偶尔"所占的比例最大，为57.5%，"经常"的有37.6%，这与行业协会在提供信息咨询方面的表现比较类似。行业协会在"市场开拓"和"政府对话的代言人"两个方面，受众认为"偶尔"的占大多数，而选择"经常"的相对较少。所以行业协会在"培训与研讨会""市场开拓和与政府对话的代言人"两个方面也应当适当加强，为企业提供更多的市场信息，并对企业进行先进技术的培训与市场开拓技巧的传授，积极传达政府的要求和企业的意愿。

（7）贵公司与相关机构的联系状况

为了测量广东医药企业对"外脑"利用的程度，我们对这些企业与其他机构的联系状况进行了调研。我们以"培训中心""技术咨询服务""管理咨询机构""大学和科研机构"作为参考对象。调查发现，大部分企业与这些"外脑"机构都有一定的联系，有些联系还很密切，如"技术咨询服务"，有34.4%的企业和这一类型的机构保持着经常性的联系，有52.3%企业也有偶尔的联系，没有联系的企业仅占9%。同时我们也看到当地企业与这些机构的联系很多没有深入，仅仅停留在表面，因为很多企业只是偶尔接触这些机构，如培训中心，选择偶尔联系的高达64.2%；大学和科研机构，选择偶尔的有55.5%；管理咨询机构，选择偶尔联系的占到52.3%。这些数据表明企业与这些"外脑"性质的机构有一定的联系，但是联系不够紧密，很多是浅尝辄止，没有真正利用这些机构为本企业的技术革新、思想进步、管理现代化等服务，大部分医药企业没用做到研发和应用的有机结合。

（8）公司市场信息、产品信息的主要来源

在企业市场、产品信息的主要来源的调查中，有23.6%的受众认为企业信息的主要来源是"行业协会"，有21.6%的受众觉得是"企业内部相关部门"，还有 18.8% 的受众认为是"渠道商"为他们提供了市场、产品相关的信息。对于那些认为信息主要来源于企业内部相关部门的企业，不得不承认这些企业对信息搜集的强烈重视和在消息获取方面的突出表现。对于信息主要来自渠道商的企业，除了供应商和零售、批发商之间紧密的合作关系，渠道商在与消费者的广泛接触中，掌握了市场的第一手资料，并将其反馈给供应商，供应商根据这些信息安排生产和产品决策，然后向渠道商供货，而渠道商再将所获得的市场信息反馈给生产商，这样就形成了一个良性循环，最终形成了一个双赢抑或多赢的局面。

（二）广东药业区域品牌的消费者调查统计分析

1. 调查设计

依据第二章所构建的基于消费者的区域品牌传播测量指标，从消费者的角度，对广东药业的知名度、忠诚度、美誉度、联想度和市场状况进行分析和评估，分析广东药业的产业现状与影响因素，从而把握观点药业区域品牌建设的方向，是本次调查确立的基本研究内容。

本研究以问卷调查为研究工具，采用抽样调查方法，以药品消费者为调查对象，通过网络和现场发放问卷开展调查；此次调查由广东药学院学生于 2012 年 12 月至 2013 年 3 月实施。问卷调查总共发放问卷 350 份，收回 349 份，问卷回收率 99.7%，其中有效问卷 328 份，有效回收率 93.98%。对研究内容的各个构面问题变项通过 SPSS17.0 等统计软件对数据统计分析。

如表 6—16 所示，在受访者性别问题的回答上女性占 46.4%，男性占 52.3%。受访者年龄以 18—30 岁为主，占了 49.1%。受访者受教育程度以初中及以下（29.3%）、高中/中专（36.0%）和大学本科（33.2%）为主，总计 98.5%。受访者职业以个体从业人员（24.7%）、企业人员（17.1%）和学生（32.3%）为主，总计 74.1%。受访者的个人收入以1000 元以下（33.5%）、1001—2000 元（20.1%）和 2001—4000 元（32.9%）为主，总计 86.5%。

表 6—16　　　　　　　　　消费者基本状况的描述性统计分析

			性别		Total
			男	女	
年龄	18—30 岁	Count	78	83	161
		% within 性别	52.3%	46.4%	49.1%
	31—40 岁	Count	31	40	71
		% within 性别	20.8%	22.3%	21.6%
	41—50 岁	Count	16	34	50
		% within 性别	10.7%	19.0%	15.2%
	51—60 岁	Count	10	15	25
		% within 性别	6.7%	8.4%	7.6%
	60 岁以上	Count	14	7	
		% within 性别	9.4%	3.9%	6.4%
教育程度	初中及以下	Count	52	44	96
		% within 性别	34.9%	24.6%	29.3%
	高中/中专	Count	43	75	118
		% within 性别	28.9%	41.9%	36.0%
	大学本科	Count	49	60	109
		% within 性别	32.9%	33.5%	33.2%
	硕士及以上	Count	5	0	5
		% within 性别	3.4%	.0%	1.5%
职业	公务员	Count	8	4	12
		% within 性别	5.4%	2.2%	3.7%
	个体从业人员	Count	42	39	81
		% within 性别	28.2%	21.8%	24.7%
	企业人员	Count	23	33	56
		% within 性别	15.4%	18.4%	17.1%
	文教卫生人员	Count	3	26	29
		% within 性别	2.0%	14.5%	8.8%
	学生	Count	54	52	106
		% within 性别	36.2%	29.1%	32.3%
	离退休人员	Count	19	25	44
		% within 性别	12.8%	14.0%	13.4%

续表

			性别		Total
			男	女	
个人收入	1000 元以下	Count	54	56	110
		% within 性别	36.2%	31.3%	33.5%
	1001—2000 元	Count	33	33	66
		% within 性别	22.1%	18.4%	20.1%
	2001—4000 元	Count	38	70	108
		% within 性别	25.5%	39.1%	32.9%
	4001—6000 元	Count	21	17	38
		% within 性别	14.1%	9.5%	11.6%
	6000—9999 元	Count	2	3	5
		% within 性别	1.3%	1.7%	1.5%
	10000 元以上	Count	1	0	1
		% within 性别	.7%	.0%	.3%
Total		Count	149	179	328
		% within 性别	100.0%	100.0%	100.0%

2. 广东药业的认知度、知名度及美誉度分析

（1）广东药业整体认知度分析

表6—17　　　　　　　　广东药业的消费者认知度分析　　　　　　（单位:%）

广东药业具有悠久的历史				
完全同意	基本同意	一定程度同意	基本不同意	完全不同意
25	53	17.4	3.4	1.2
本地区有很多从事药品的产品开发、生产和销售的企业				
完全同意	基本同意	一定程度同意	基本不同意	完全不同意
23.5	34.8	23.8	12.2	5.8
与其他地区相比，广东药业更具有优势				
完全同意	基本同意	一定程度同意	基本不同意	完全不同意
14.3	39.6	39.6	4.9	1.5

通过表6—17可以知道，消费者基本上认同广东药业具有悠久的历史，对广东药业的认知度较高，大部分人也认同广东地区的医药产业相对于其他地区来说，具有更大的优势。但有18%的消费者表示不同意"本地区有许多从事药品的产品开发、生产和销售的企业"的观点，说明有一部分人对于广东药业还缺乏了解，医药企业在宣传方面还没有达到期望的效果。

（2）广东医药企业及其品牌知名度分析

表6—18　　　　　广东医药企业及其品牌的消费者认知分析　　　　（单位：%）

您知道以下药品生产企业吗	白云山	37.2
	三九药业	31.2
	广药集团	21.2
	太阳神	6.5
	太太药业	3.9
与其他地区相比，广东著名制药企业及知名药品品牌更多	完全同意	9.8
	基本同意	37.5
	一定程度上同意	46.6
	基本不同意	4.9
	完全不同意	1.2

由表6—18可知，白云山制药厂、三九医药公司和广药集团具有一定的知名度，对于"广东著名制药企业及知名药品品牌比其他区域更多"的问题，绝大部分消费者持赞同的态度，表明广东药企具有一定的品牌优势，在全国医药行业具有一定的影响力。

（3）广东药业品牌的美誉度分析

表6—19　　　　　广东药业品牌的消费者品牌印象分析　　　　（单位：%）

你对广东医药企业及其产品品牌的印象如何				
非常好	好	一般	不好	很差
11.6	44.5	40.2	3.4	0.3

在表6—19关于"对广东医药企业及其产品品牌的印象",有56.1%的消费者持比较积极的评价,但仍有很大比例的消费者持"一般"的态度,占40.2%,说明广东医药企业无论在企业本身还是"产品品牌"方面的形象建设工作仍需进一步改进。

(4)广东药业的消费者联想度与忠诚度分析

通过交叉分析发现,接受访问的广东药品消费者中,无论是什么职业和工资薪层的消费者,提到广东药业,首先联想到是"凉茶"和"白云山"的占绝大多数,其中凉茶的比例均高达80%以上,足以证明广东凉茶的观念已深入人心,各个年龄、职业阶层,各种收入水平的人群对凉茶的需求量很大;但是,能将"广东药业"与"医药强省"联系起来的,只有少数企业人员和离退休人员,说明广东药业的品牌建设仍需要投入很多工作,同时也反映了其潜在的市场在公务员、学生、个体从业人员诸如此类的人群中,因此,关于品牌的宣传也可以在这些方面寻找突破口。

从职业的角度来分析,消费者无论从事任何职业,对广东品牌药品的购买选择"没有偏好"在各职业层中所占比例最大,其中,公务员人数更高达一半以上;其他不同工资薪层的消费者,对广东品牌药品的购买选择也是在"没有偏好"的选项中所占比例最大。从两组数据中可以反映出,与其他省份品牌相比,各职业层消费者对广东本土品牌的药品的选择和购买的意识相对不是很强烈。

对于消费者选择广东药品的原因,交叉分析发现选择广东产的药品的主要原因,从职业的角度来分析,除了公务员职业中部分消费者对广东药品的购买原因偏向于"价格合理",其他职业阶层的,对广东药品的购买原因大部分都集中在"药品质量可靠";从个人收入不同阶层来看,工资薪层的消费者大部分都集中在"药品质量可靠"。所以,从两组数据中可以共同反映出,无论是从不同职业阶层或不同工资薪层来看,消费者倾向于选择广东产的药品的主要原因都集中在"药品质量可靠"。

由表6—18和表6—19的分析结果总结可知,对于广东药业的忠诚度而言,虽然消费者对药品品牌的选择大部分人没有明显的偏好,但是广东药业在本地消费者心目中还是认为质量可靠,产品质量值得信赖。

(5)广东药业的市场状况分析

通过相关性分析发现,消费者的收入与职业都对其获得药品品牌信息无明显的影响，基本都是通过个人购买经验、朋友推荐、广告宣传和公众口碑这几个渠道获悉药品品牌；在药品购买渠道中，公务员绝大部分由医生开，这可能是由广东省公务员一直未参加医保，而是实施公费医疗有关，且通过营销人员渠道来了解药品品牌所占的比例最少；个体从业人员、企业人员等其他职业的消费者，则更多是自主购买药品。购买药品渠道最多的是选择自己在药店购买，在各项中都超过了50％的比例；而通过医院医生开药来获取药品所占的比例仅仅在20％—30％范围内；通过便民诊所或附近卫生院来获取药品所占的比例更是远远落后于前面两种渠道。当然，除这几种渠道之外，也有少部分消费者是通过其他渠道购买获得。这表明，在当前的医药体制下，不同人群对医药产品的认知与需求渠道还存在巨大差异。

3. 广东药业的传播效果分析

（1）广东药业的品牌传播力分析

表 6—20　　　　　　　　广东药业的品牌传播效果分析　　　　　（单位：％）

广东医药企业形象传播力度				
大	一般	差	没感觉	合计
19.2	64.9	1.5	14.3	100.0
广东医药产品品牌传播力度				
大	一般	差	没感觉	合计
19.2	65.5	4.0	11.3	100.0
广东医药整体形象传播力度				
大	一般	差	没感觉	合计
9.5	61.9	13.4	15.2	100.0

由表 6—20 可知，大部分消费者认为广东药业的"医药企业形象""医药产品品牌""医药整体形象"的传播力度均属一般，说明广东药业的品牌形象力度尚需进一步加强。

（2）广东药业的影响力及原因分析

表6—21　　　　　　　　广东药业的品牌影响力及原因分析　　　　　（单位：%）

	历史悠久	32.0
	药品企业集中	14.1
	有许多著名的医药企业	13.2
广东药业品牌影响力形成的原因	药品品质和疗效好	26.0
	有许多著名的药品品牌	11.9
	企业及政府的大力宣传	1.9
	其他	0.9
	缺乏整体宣传	34.0
	政府支持不够	11.3
广东药业未形成影响力的原因	缺乏著名企业	20.7
	药品广告力度不够	9.3
	没有著名品牌	18.7
	其他	6.0

品牌影响力是指品牌开拓市场、占领市场并获得利润的能力，品牌影响力对一个企业乃至一个产业至关重要。68.6%消费者认为广东药业已形成一定的影响力，且认为广东药业的影响力形成的原因在于广东药业历史悠久，药品品质好而且疗效确切，值得肯定。但是，对此持否定态度的也占到了31.4%，他们认为，广东药业缺乏整体宣传，也缺乏著名品牌和著名企业带动是导致其未形成一定影响力的原因，这表明，广东医药企业和医药品牌的传播认识还需要深入。

（3）消费者对广东药业区域品牌建设的意见及建议分析

表6—22　　　　　消费者对广东药业区域品牌建设的意见及建议　　　　（单位：%）

	调整价格，降低药品价格	17.0
	加大宣传力度，提高品牌知名度	29.8
对广东省药业区域品牌建设的意见及建议	提高药品质量	26.2
	防止生产劣药、假药	12.1
	加强药品监督	14.9

整理分析消费者提出的建议发现，29.8%的消费者认为广东药业应该通过"加大宣传力度，提高品牌知名度"来提升自身区域品牌的建设，而26.2%的消费者则认为应该通过"提高药品质量"来实现，其次是"调整价格，降低药品价格""加强药品监督""防止生产劣药、假药"等。说明广东药业除了自身品牌宣传力度不足导致知名度不高之外，还存在一些扰乱药品市场秩序、动摇消费者信心的因素，在此提醒广东药品制造和销售企业，在不断提高自身知名度的同时，也要自觉维护药品的市场秩序。

（三）广东药业区域品牌调查研究结论

1. 广东药业产业集群已初步形成

产业集群是在某一特定区域中，大量产业联系密切的企业及相关支撑机构按照一定的经济联系在空间上集聚，并形成持续竞争优势的现象。产业集群形成的标志就是产业集群内的企业与企业之间是否有专业化的分工和协作，形成了竞争性的配套模式，且通过专业化分工能够带来规模经济和经验效率，给该区域带来成本优势，并形成完整的产业网络和产业链。调查结果发现，首先从企业专业化分工和协作来看，被访者对于本地区的药业企业之间的高度关联度是非常认同的，这种高度关联不仅反映在企业间的供需关系上，还表现在企业之间在产品从原料、加工、生产到销售等各个环节的整个供应链上的协作与配套机制。企业间的协作尤其表现在企业间在合作经营、人员培训和信息共享三个方面。其次，从规模经济的角度看，广东医药企业不仅数量众多，而且已经形成了规模效应，且广东医药企业除了有较高的市场占有率之外，产品也表现出极强的市场渗透力。最后，从产业链和产业网络的形成来看，广东医药企业之间已经形成了从产品设计、原料采购、仓储运输、生产加工到订单处理、批发、零售这样一条完整的产业链条，甚至形成了自己特有的发展模式，即以大企业为龙头，带动大批中小企业发展的格局。因此，可以说，广东医药产业集群已经初步形成，集群内部有着良好的竞合关系，集群正朝着良性方向发展，影响力逐步显现。

2. 广东药业建立了自己的区域品牌，并形成了一定的品牌影响力

广东药业区域品牌就是在广东医药产业集群形成基础上形成的用以表示广东地区医药产业特征和竞争力的品牌集合。通过企业和消费者调查，我们发现，首先，有 71.7% 的企业表明实施了品牌战略，这说明有自己的品牌并且有意识、有积极性和主动性并进行品牌活动的企业占到了药业企业的绝大多数，他们认识到了品牌对一个企业的意义，并且先行一步，付诸行动。而实施品牌战略的出发点就是为了提高企业的价值，为了在激烈的竞争中胜人一筹，并把它作为企业战略的一部分，为企业的长远发展服务。企业品牌战略的实施是一个系统工程，实施品牌规划的企业不但有明确的品牌定位、制定了标识和口号、确定了品牌名称，还有完整的品牌结构和品类细分。为了树立起企业全体员工的品牌观念，有 86% 的企业还建立了专门的品牌管理部门和人员，负责品牌相关的专项活动。而实施了品牌战略的企业，除了产品销量和利润持续增加，市场份额扩大外，更重要的是他们有了一定的品牌知名度和美誉度，培养了一批忠实顾客，并形成了一定的品牌影响力。广东药业形成品牌影响力的原因主要有规模优势、历史悠久、著名品牌的带动和政府支持。

3. 政府和行业协会对促进广东药业的发展至关重要

广东医药产业一定程度上是政策性产业，政策导向性对该产业的发展功不可没，而政府即是政策的制定者。首先，政府提供的优惠政策吸引着企业形成集聚。其次，政府的支持和宣传提升了区域品牌的知名度，扩大了区域品牌的影响力。同时，政府还在融资、贷款、税收方面给予了当地医药企业很大的帮助；并且政府及时、准确发布行业信息，为企业的决策提供依据；对企业进行人才和技术培训，保证了企业的人才供应，促进了企业的技术革新。

行业协会是介于政府、企业之间，商品生产者与经营者之间，并为其服务、咨询、沟通、监督、自律、协调的社会中介组织，它是政府与企业的桥梁和纽带。行业协会为本行业企业提供诸多服务，如法律咨询、信息披露、技术培训、产品研讨会等，并将企业的意见和建议上传给政府，同时把政府的政策和文件下达给各个企业，促进了政府和企业之间的沟通和理解。行业协会也举办很多企业交流活动，促进企业与企业之间的交流、信任与合作，行业协会真正起到了润滑剂的作用。

三　广东药业区域品牌战略规划及传播策略研究

（一）广东药业区域品牌战略规划

在各类调研基础上，应以产业集群高端化和区域品牌带动化为目标，以区域布局为重点，以区域品牌的带动效应为核心，对广东药业区域品牌进行整体规划。同时，对区域品牌构建的主体、区域品牌的构成品牌层级（产品品牌、企业品牌、产业品牌、区域品牌）、区域品牌的所属关系及使用等也需要作出具体规划。

1. 广东药业区域品牌战略规划的指导思想

广东药业以发展为主题，以经济优势为依托，以市场为导向，以企业为主体，以科技创新为支撑，以开发区为平台，以招商引资为手段，实施医药工业园、药材市场和药业关联产业等重点工程，推动广东省医药产业的集群化发展、规模化经营、系列化产品，并形成一定的区域品牌效应。

2. 广东药业区域品牌发展的总体战略规划

按照分工协作和规模经济原则，依靠宏观调控和优胜劣汰的市场机制，将形成产业内适度集中、企业间充分竞争、大企业为主导、大中小企业协调发展、重点突出、特色明显、带动力强的广东药业产业空间布局。通过兼并、重组、上市等方式培育一批拥有著名药品品牌和自主知识产权、业绩突出、核心能力强的大公司大集团，提高产业集中度和产品研发能力，将广东打造成立足于国际市场的领先全国的医药产业集群基地，并且充分发挥广东区域特色产业集聚效应，实现广东药业产业规模扩大、集群式发展、产业结构全面优化升级，并且建立相应的配套医药产业体系以实现广东医药产业的良性发展，并形成区域品牌的影响力，进而实现年均增长10%的战略目标。

3. 广东药业区域品牌发展目标

（1）产业集群高端化

产业集群高端化可使广东药业的生产效率提高。大量的医药相关企业集聚在同一区域，一方面分工细化，另一方面又相互协作，既提高了生产效率，又降低了企业间频繁交易产生的运输成本。产业集群高端化可以产生"滚雪球"式的集聚。药业相关企业集聚是产业集群的前提。大量相关企业集聚可以促进产业集群的雏形形成，使其进入自我强化的良性循环，吸引更多的企业和单位集群广东，从而形成集群效应，产生滚雪球式的集聚。产业集群高端化加强了集群内企业之间的合作交流，促进制药企业之间创新技术的交流及合作，也促进制药企业与相关机构的支持与协作，促进知识和技术的转移扩散。产业集群高端化也有利于形成区域品牌。医药行业的特点决定了医药产业通过集群化能够降低经营成本，提高生产效率，增加经济效益，因此具有吸引高新技术、人才、资金的优势，利用产业集群效应提升广东药业产业的竞争力，推动区域品牌的形成。

（2）区域品牌带动化

区域品牌与产业集群间存在着相互促进、相互影响的关系。产业集群作为区域品牌的发展载体，产业集群逐渐升级与壮大，形成强大的区域品牌，而区域品牌的形成将进一步带动产业集群的发展。因此，通过打造广东药业区域品牌，可以进一步提升广东药业产业的国际化水平，带动广东药业更好地融入全球价值链。

（3）以区域布局为重点

广东当前医药高新技术产业发展的重点、核心在珠三角经济区。广东有五大医药产业基地（园区），分别为广州国家生物医药产业基地、深圳国家生物技术与医药产业基地、佛山市高新技术产业开发区医药健康产业园、中山国家健康科技产业基地、珠海生物医药科技产业园。广东药业区域布局规划方向应选择发展生物医药领域，以广州、深圳的产业基地为主，珠海、佛山、中山的产业基地为辅的区域布局，利用它的辐射作用，优化产业区域布局，拓展新的发展空间，逐渐带动广东二、三线城市的医药及其他产业建立，推动全省的产业结构调整，实现广东省生物医药产业的可持续发展。

4. 广东药业区域品牌的构建主体

广东药业区域品牌构建的主体包括药业相关企业、政府及行业协会。

企业是发展区域品牌的最重要的主体，既是区域品牌形成的基础，又是区域品牌使用者和受益者。企业能够通过塑造自主品牌、创设产品名牌直接推动、影响区域品牌的创建。区域中的优势企业和名牌产品能够产生极大的磁场效应，吸引配套企业、技术人员和科研机构向集群区域集中。

政府及医药行业协会等机构是建设区域品牌的重要力量。作为区域品牌的建设者，政府机构为区域品牌的培育创造良好的政策环境和服务平台。另外，医药行业是高科技行业，需要大量的专业人才，在人才储备方面政府发挥其重要的作用。而医药行业协会等相关机构则对医药企业具有监督作用，更好地维护区域品牌的形象及行业秩序。

区域品牌构建具有多个主体，而政府在其中发挥主导作用，行业协会发挥辅佐作用，企业则是区域品牌的依托。不是所有的医药相关企业都能进入广东的医药产业集群。政府制定相关准入制度限制企业的进入，淘汰那些品牌形象受损的和不法的企业，避免问题企业的株连。重点吸纳知名度和美誉度高的、实力雄厚的企业。

5. 广东药业区域品牌的构成层级

区域品牌的品牌层级包括产品品牌、企业品牌、产业品牌、区域品牌。它们之间互不相同，但是又互相有联系，而且层层递进。

产品品牌是对产品而言，包含两层含义：一是指产品的名称、术语、标志、符号、设计等方面的组合体；二是代表产品的一系列附加值，包含功能和心理两方面的利益点，如产品所能代表的效用、功能、品位、形式、价格、便利、服务等。产品品牌局限于单一或系列的产品，只需考虑该产品本身的发展及产品所在行业的发展趋势。产品品牌是企业品牌形成的重要基础，是企业品牌的直接体现。

企业品牌代表企业自身特性的形象符号，企业品牌的主体是企业本身，其带来的利益为企业所有，产品品牌是企业品牌形成的关键，因此企业品牌的价值大于产品品牌的价值。企业品牌是区域品牌的基础和支柱。

产业品牌是某地区的企业品牌集体行为的综合体现，在较大范围内形成该行业较高的知名度和美誉度。产业品牌具有区域性、产业实力、品牌内涵，是地方产业集群发展的重要依托。

品牌层级规划：根据广东本地的情况，拟定药业产业经济的总体战略，明确本行业发展方向和重点，最终形成区域品牌、产业品牌、企业品牌、产品品牌的多层次品牌体系，为塑造品牌各层级的品牌形象提供参考，推动广东医药企业建立具有广东特色的 CIS 体系。

同时，在培育区域品牌的过程中，要明确区域品牌的所属关系及其使用，实现资源的最佳配置。区域品牌归属于集群区域内的政府、行业协会、企业成员及其他利益相关者成员。符合准入条件的成员企业可共享区域品牌，但无权独占、分割区域品牌的使用或者排斥其他企业成员享用。

（二）广东药业区域品牌的生成路径

区域品牌的生成路径与集群的成长过程密不可分。在集群不断演进的过程中，区域品牌具有明显的阶段性，受意大利著名集群理论家布诺梭（Bruso）的集群两阶段模型和孔德（Kunde）的品牌演进模型启发，根据广东药业区域品牌现状、区域品牌与政府干预、企业品牌的相互作用，特提出广东药业区域品牌的五阶段生成路径模型。

从图 6—1 中可以看出，药业区域品牌的形成与成长模型可分为广东区域品牌产品—广东药业集群—广东药业区域品牌形成—广东药业区域品牌成长—品牌稳定发展/区域品牌消亡四个阶段。其中，前三个阶段代表广东药业区域品牌的形成阶段，而后三个阶段代表广东药业区域品牌的成长和成熟阶段。广东药业区域品牌形成又构成了广东药业区域品牌成长和腾飞的起点。整体模型体现了广东药业区域品牌在时间和空间两个维度上的演化轨迹和内容。在不同时间和空间维度组合下的广东药业区域品牌形成和成长阶段中，广东药业区域品牌的发展核心和发展重点都是不同的。

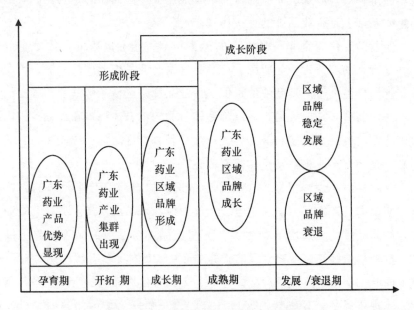

图 6—1　广东药业区域品牌生成路径模型

第一阶段：孕育期——广东药业区域产品。

孕育期以区域药品的发展作为焦点。区域药品就是具备区域特色的药品，其形成既有必然因素也有偶然因素。区域药品的形成主要由三个要素组成：资源优势、政府和带头人引导、消费者意愿。资源优势是药品区域品牌形成的必要条件。因为药品本身就是自然环境的产物，区域的地理位置、土壤特质、气候条件等自然条件组成的资源优势是特色药品形成的基本条件。如果不具备自然条件，很难形成具有竞争优势的药品，没有特色的药品是不会产生集群效应的。另外，区域药品形成需要政府或者带头人的引导。政府是区域品牌形成的最主要的推动者。好的制度、交易环境是区域品牌形成和知名度不断提升的保证，而政府以其独特的地位在制度的建立方面有着自身的优势。政府引导才会形成区域药品的集聚效应。

第二阶段：开拓期——广东药业产业集群出现。

开拓期是医药产品集群阶段，这个阶段就是区域医药产品的生产上规模后，形成了一定的社会影响力和市场占有率。一个品牌的综合价值＝品牌的市场占有能力＋品牌的超值创利能力＋品牌的发展潜力。所以，市场是医药产品集群形成区域品牌的主要途径，是检验区域品牌竞争力的重要指标，在这一阶段，所有医药企业、销售推广公司都以开拓市场、推广医药产品品牌为己任，企业带头人组织企业销售产品。渠道中的医药经纪人也会依靠手中的市场资源与产品生产者进行讨价还价，将医药产品推向更远的市场。随着医药产品销售范围不断扩张，产品的质量和特性受到消费者的肯定，形成消费者口碑。政府看到区域医药产品给当地带来经济效益，就会加大扶持力度，帮助区域医药产品进行宣传。由于集聚效应引起更多人的关注，相应的行业协会产生，同时一些高校、科研机构等都会对医药产品的成长、市场推广等问题进行密切关注。至此产业集群初具规模、产业链初步形成。在这一阶段，市场开拓是品牌经营主体的首要职责。

第三阶段：成长期——广东药业区域品牌形成。

成长期，也就是医药产品区域品牌形成阶段，是指医药产品集群经过发展已经拥有产业优势和区域环境优势。区域品牌建设主体权责明确，经营有方，品牌具有较高的市场知名度和美誉度。此阶段在品牌运作主体——政府、行业协会和医药企业的共同努力下，已经形成医药产品区域品牌的核心竞争力，该品牌的独特性和资源稀缺性已经使竞争对手无法复制和取代。产业优势，包括品牌优势和规模优势基本形成。在药品集群阶段，由于良好的消费者口碑和市场运作，形成具有较高知名度的企业品牌、产品品牌，可以共同支撑区域品牌。区域品牌建设离不开企业品牌和产品品牌，企业要全面提高经营管理水平，做好企业品牌、产品品牌、区域品牌的市场推广工作。

第四阶段：成熟期——药业区域品牌发展壮大/衰退。

成熟期是医药产品区域品牌壮大时期。在这一阶段区域品牌具备很高的知名度和美誉度，市场占有率很高，产品价格由于品牌效应高于同类产品数倍甚至更多，拥有海外市场并且市场影响力处于快速增长期，产业集群不断扩充和完善，产业链更加成熟，专业化分工越来越细。但是由于医药产品区域品牌的公共性属性，使得为了追求品牌超额利润的"搭便车"行为越来越严重。以次充好、劣质品驱逐优质品的"柠檬市场"会影响品牌的市场美誉度，品牌管理和品牌保护将成为这一阶段的首要任务。不然就会出现两种情况，一种情况是由于管理失误或一些不可抗拒的因素，导致产业区域品牌消亡。另一种情况是由于运用了科学的区域品牌运营战略和策略，区域医药产业区域品牌的竞争力进一步提升，并且表现出旺盛的生命力和稳定发展的趋向。政府首先对生产过程进行全方位监控，引入"优胜劣汰"机制，并且在渠道流通中开通"绿色通道"，保证产品质量。行业协会要对区域品牌行使具体管理职能，制定行业标准，引导行业自律，加大品牌保护力度。企业在进行品牌保护的时候，不但要对自有品牌进行合理保护，还要保护区域品牌。因此，相比较而言，企业品牌保护的任务更为艰巨。企业要实施产品质量认证，开展全面质量管理，保证产品质量。同时，进行技术创新，提高品牌质量，开展质量跟踪，提高售后服务质量，另外，企业要重视品牌法律保护、商业秘密的保护、域名的保护。

在广东药业区域品牌的形成与成长路径的四个阶段，其核心任务和发展重心各不相同。即孕育期以区域特色药品的发展为焦点；开拓期以市场开拓和区域品牌的推广为重点；成长期是区域品牌建设的关键阶段；成熟期对品牌的管理和保护则是建设主体的首要任务，否则品牌将会消亡。这样就给政府、行业协会、医药企业等区域品牌建设主体提出了明确的要求和应采取的发展策略。各个主体只有各负其责，才能齐心协力做好区域品牌的塑造。

（三）广东药业区域品牌定位与品牌设计

依据区域品牌战略规划，对广东药业区域品牌的内涵、核心理念、品牌精神及定位，以企业形象系统（CIS）为框架，作出完整的系统设计。

1. 广东药业区域品牌的内涵、核心理念及定位

依据广东药业品牌传播现状的调查及广东药业的历史及特征分析，我们发现，药已经深入广东人的日常生活，形成了广东独特的医药文化和饮食文化。广东气候闷热湿润，当地人易上火，广东人常喝"凉茶"以预防上火或降火，可以说清热解毒的概念深入人心。而广东人日常饮食中，喜好"煲汤"，汤中常加入几味中药，以防病治病。广东人"煲汤"由来已久，他们相信汤有清热去火之功效，所以饮食不可无汤，这体现了"未病先防""药食同源"的思想。同时，处于对外贸易和交流前沿的广东，其药业的发展最先受到了西方科学技术和文化思想的影响，开创了现代药业引进与使用的先河。在制药业技术方面，最早应用西药制剂技术完善中药制剂和生物制剂，从而使中制剂药和生物制剂拥有了显著的科技优势。

由此，我们总结出广东药业发展的整体特点为：未病先防，日常调理，清热解毒，中西结合，精益科技。

根据广东药业的特点，可提炼出广东药业品牌的核心理念：调理日常体质、传承地道中药、科技健康明天。

广东药业的定位为以下几方面。

第一，重视日常调理、未病先防。大众印象中的药是用来治疗、诊断人的疾病的，而广东人及广东药业则对药有更广泛的定义和更频繁地使用。在广东人眼里，生病大多是体内的"火气"积累过多，导致了最终的上火，因此，广东药业有必要进入人们的日常生活，在日常生活中通过药物的合理使用去预防疾病。凉茶、药膳等经久不衰就是通过日常调理，通过养成良好的饮食等习惯来清热解毒，从而达到祛病防病之效的。

第二，传承传统中药精华。广东药业中，传统中药材、中药饮片、中成药皆为重要组成部分，且在国内属领先地位。对于传统中药，广东药业

应分辨优劣，批判继承，通过实施现代中药供应链管理，实现从源头到生产过程到中药使用的完整产业链管理，从而为现代中药开拓更加广阔的市场空间。

第三，以现代科技促进传统中药发展。充分发挥广东的科技优势，用现代科技再造和生产中药，使传统中药的发展与现代科技完美结合，从而实现中药的现代化。

第四，以精益科技促进现代药业发展。广东药业将持续发展现代科技，并通过现代科技实现生物医药等产业的巨大发展，从而使生物医药成为广东经济新的增长点和未来的优势产业。

2. 广东药业区域品牌 VI 模拟设计

图 6—2　广东药业区域品牌 VI 设计

广东药业区域品牌的视觉识别初步设计如图 6—2 所示。VI 释义如下所述。

（1）药，大部分根源于植物。而大部分植物以绿色为主，传达了大自然的勃勃生机与生命的活力。基于此，logo 以绿色为主色调，意涵着药的起源。

（2）logo 内圈两边形似两片紧挨的植物叶子，意味着传统中草药发展和生物创新科技携手并进，相互携持，共创广东药业发展之路上的辉煌。

（3）内圈中间状如洁净无瑕的水滴，意涵着人类的健康及生命的延续，同时也意味着我们"广东药，健康人"的理念如水滴般悄无声息却源源不断地渗透到人们的意识深处，成为我们日常生活必不可少的一部分。

（4）logo 外圈"GUANGDONG PHARMACEUTICAL INDUSTRY"紧紧环绕传统和科技携手并进的内圈，底部直接将"广东药业"四字呈现大众眼前，简单明了却也准确阐释了 logo 设计的初衷。同时外圈小部分的留白，承载着我们对广东药业发展前景的无限期许，是健康理念传播之路的延伸，更是广东药业对传承与创新之路的探索轨迹。

（5）logo 最底部"广东药，健康人"六字浓缩了广东药业生生不息的理念——调理日常体质，传承地道中药，科技健康明天；同时也打造了本地区特色品牌，营造出一种日常调理健康人的理念氛围。

（四）广东药业区域品牌的传播策略

依据整合营销传播理论，对广东药业区域品牌进行系统传播。

1. 以整合营销传播策略实现系统传播

整合营销传播的理念起始于 20 世纪 80 年代中期。1993 年，舒尔茨正式提出整合营销传播的概念，他认为整合营销传播是一种长期对顾客及潜在顾客制订、执行不同形式的说服传播计划的过程，是将所有与产品或服务有关的信息来源加以管理的过程，使顾客及潜在顾客接触整合的信息，并且产生购买行为以维持消费忠诚度。

信息的传播手段是多种多样的，但是任何一种传播手段都有其局限性，因此，想要更好地塑造和提升广东药业的形象，必须整合运用各种传播手段，开展区域品牌的整合传播活动，向消费者传递一致的信息。

2. 以广告、公关活动为主要手段的大众传播

大众传播是现代社会中最普遍的传播形式，其中广告活动是主要的传播手段。广告活动能在较短的时间内最大化地传播区域形象，因此，必须

做好广告的目标、传播对象、传播信息的策划。广告的目标既有总体的目标，同时有一些细化、量化的具体目标；广告的传播对象包括区域内部公众和外部公众，明确目标对象的人口统计特征与心理特征。最后拟定广告要传播的信息，这些信息在受众接收后，能够对区域品牌有所认知，并能对集群企业产生好感。

公关活动和事件营销。开展各类公关活动，可以弥补目标受众被动接收宣传信息的缺陷，增强消费者的互动性和归属感；借助事件营销，可增强活动本身的实效性和轰动效应，是宣传区域品牌形象更深层次的传播手段，可以借助某种重大事件来提高区域品牌的知名度，展示区域的实力，从而吸引潜在目标顾客，以实现营销与传播目的。公关活动和事件营销主要包括政府公关、民俗文化活动、科技周和访问等。

3 以人员促销为主要手段的人际传播

人际传播是指人与人之间交接信息沟通的方式，具有自觉、随意、互动性强等特点。而人员促销正是结合了人际传播的特点的活动形式，它是企业为促使目标顾客购买其产品所进行的一系列说服与沟通活动。促销的目的不但是为了提高销售量，而且在促销过程中也间接宣传了集群企业的品牌。

人员推销在区域内的所有人包括区域领导、著名人物、企业家、政府官员、当地居民等各行各业的人都是区域的营销者，都承担着区域品牌营销与传播的责任和义务，因此区域内的相关人员也是区域营销传播的一种渠道。

4. 网络与新媒体传播

网络传播是新型的传播方式，兼顾了大众传播的开放性和人际传播的互动性，它扩宽了传播的广度和深度，对区域品牌的传播具有重要的意义。广东药业可以通过网络传播来培养顾客长远的品牌忠诚度，例如广东药业可以建立自己的官方网站，并在网站上设置相应的栏目：广东医药产业新闻、市场行情、产品供求、医药企业、医药论坛等，不仅包含大量的信息，而且将集群内各医药企业网站建立链接，利用先进的互联网多媒体技术，运用新闻、视频、动画等视觉效果，展示广东药业的新产品、新知识等，是公众与集群品牌沟通互动的平台，可以将区域品牌的核心价值传递给所有的目标顾客和潜在顾客，从而形成顾客对广东药业品牌的美誉度和忠诚度。除此之外，微博、微信及公众号等都是可以利用的现代传播方式。

第 七 章

区域品牌传播战略管理

——以"珠三角"为例

一 区域品牌传播战略管理的内涵

区域品牌传播战略是区域品牌传播主体根据区域品牌传播目标而进行的区域品牌传播战略环境分析、区域品牌传播战略定位、区域品牌传播战略制定、区域品牌传播体略符号化与识别系统设计、区域品牌传播战略实施以及区域品牌传播战略实施的效果评估等一系列活动。

(一) 区域品牌传播战略环境分析

传播战略环境分析是指对传播所处的内外部竞争环境进行的分析，以发现传播的核心竞争力，明确传播的方向、途径和手段。

区域品牌传播战略环境分析是区域品牌传播战略管理过程的第一个环节，也是制订战略规划的开端。区域品牌传播战略环境分析是制定区域品牌传播战略的基础，是为了使传播的目标与环境变化和传播能力实现动态的平衡而做的基础性工作，战略规划都是依据环境状况制定的。区域品牌传播战略环境包括区域品牌传播的外部环境和内部环境。

1. 区域品牌传播的外部环境

制定有竞争力的区域品牌传播战略必须深刻理解传播竞争规则。外部环境分析的重点是识别超出区域品牌传播主体的外部发展状况及趋势。成功的战略必须是将主要的资源用于利用最有决定性的机会。通过外部环境分析，区域品牌传播主体可以明确自身面临的机会和威胁，从而决定能够选择做什么。对外部环境未来变化做出正确的预见，是区域品牌能够获得成功的前提。区域品牌传播的外部环境包括区域品牌传播所处的政治环境、经济环境、社会文化环境以及竞争环境。政治环境、经济环境、社会文化环境是影响区域品牌传播宏观环境的因素，环境对区域品牌传播具有双重影响，良好的政治环境、经济环境、社会文化环境本身就是区域品牌重要的构成要素，同时也会对区域品牌传播产生积极的影响，相反则会对区域品牌产生负面影响。

2. 区域品牌传播的内部环境

传播本身是一个传播系统，传播是社会信息的传递或社会信息系统的运行，是一种行为、一个过程，一个系统。① 区域品牌传播的内环境包括区域品牌传播主体、媒介、受众等要素。区域品牌传播的任何一个要素都是决定品牌传播效果的重要因素，都对区域品牌传播的效果产生着或多或少的影响。区域品牌传播主体具有多层次的特点，因此每一个层次的传播主体主导下的传播都将产生不同的传播效果，例如省级政府对区域品牌给予足够的支持将比市级政府重视会产生更为良好的效果。区域品牌信息是区域品牌传播的内容，是决定区域品牌传播成败的关键，因此清晰、准确、易记的信息会对区域品牌传播产生良好的效果。媒介是对区域品牌传播产生重大影响的另外一个因素，随着媒介多样性发展以及受众媒介接触习惯的改变，品牌传播主体越来越注重媒介的选择和投放，这表明媒介在区域品牌传播中的重要性在逐渐增强。受众是区域品牌传播信息的接收者，同时也是区域品牌传播的反馈者，因此区域品牌传播战略研究中应该注重对于受众的双重身份研究，既要在传播前认真分析受众的信息接收方式、行为、习惯、态度，同时也应该在信息传播之后注重受众信息反馈研究，为区域品牌传播调整提供数据支持。

（二）区域品牌传播战略定位

区域品牌传播战略定位就是将区域的产品、形象、品牌等在潜在受众的头脑中占据有利的位置。它是一种有利于区域发展的选择，也就是说它指的是区域如何传播可以吸引受众。

---

① 郭庆光：《传播学教程》，中国人民大学出版社 2001 年版。

区域品牌传播定位是一项系统工程，不能拘泥于传播定位，而是应该定位于到区域定位、产业定位、城市定位。① 区域品牌传播定位的基础在于区域品牌自身定位的准确和清晰，只有区域品牌传播清晰准确定位才能保证区域品牌传播定位的准确。而产业定位、城市定位是区域定位的基础，因此在进行区域定位之前应该认真分析区域产业定位和城市定位。

区域品牌传播定位与区域品牌定位一致，区域品牌传播定位是区域品牌定位的延伸，区域品牌传播定位服务于区域品牌定位。区域品牌传播定位是在区域品牌定位的基础上，将区域品牌信息通过优化的渠道进行精准传播，从而与受众建立的一种内在联系。

（三）区域品牌传播战略制定

区域品牌战略制定是指确定区域品牌传播的任务，识别区域品牌传播的外部机会与威胁，认定区域品牌传播的内部优势与弱点，建立长期目标，制定可供选择的战略，以及选择特定的实施战略的过程。区域品牌传播战略制定是区域品牌管理的一个重要组成部分。区域品牌传播战略制定主要有以下几个步骤和环节。

第一，对区域品牌传播所处的外部环境进行全面的分析。外部传播环境分析主要包括政治环境分析、法律环境分析、文化环境分析等。② 只有把握住外部传播环境的现状及未来发展变化的趋势，掌握足够的环境信息，才能为正确确定区域品牌传播的方向和思想、提出传播目标、确定传播策略打下良好的基础。

第二，对区域内部传播条件进行分析。区域品牌传播条件分析指的是要评价区域品牌传播活动中所具备的和可取得资源的数量和质量，只有明确了区域自身的优势和劣势，才能扬长避短，为区域品牌长远的传播活动指明战略方向。

第三，确定区域品牌传播方向和范围。通过对区域品牌传播外部、内部传播环境的分析，区域品牌传播主体应该确定区域品牌传播将通过何种

---

① 韦文英、杨开忠：《区域营销的基本前提：区域及其特性》，《经济研究》2005 年第 4 期。

② 田耕：《传播策略制定和实施的 12 个步骤》，《市场观察》2009 年第4 期。

方式从何处获得区域品牌信息，主要通过哪些媒体进行传播，开展何种形式的经济交流活动等。简而言之，就是要找到适合区域品牌开展的传播活动和传播活动的舞台。

第四，明确区域品牌传播思想。传播思想是区域品牌传播主体在正确认识了内外部传播环境和条件以后，为实现区域品牌传播整体目标在传播活动中的指导思想。它是区域品牌传播活动的哲学，是区域品牌传播主体确定传播活动方式所依据的理念、价值观和行为准则，也是制定区域品牌传播策略的灵魂。

第五，设计和选择达到传播目标的途径和手段。这是把区域品牌内外部环境和条件相结合，并进行机会分析的结果。区域品牌传播主体可以按照传播方向提出几个具有可行性、符合长期传播目标和策略的方案，并且逐个比较和评价每个方案，寻找一个最佳实现区域品牌传播方向、目标的战略组合。

第六，制订区域品牌传播策略计划。区域品牌传播策略在确定后，就要制订具体的传播策略计划。传播策略计划是区域品牌传播主体为实施传播策略而制订的可执行的具体行动方案。传播策略计划一般是以季度为单位，是短期的、详细的，以完成定量目标为主的行动方案。①

（四）区域品牌传播战略符号化与识别系统设计

品牌识别是品牌主体希望创造和保持的能够引起人们对品牌美好印象的联想物。品牌识别体现了品牌代表的产品、地区、国家的品质和内涵。一个强势品牌必然有一个清晰、丰富的品牌识别。比如海尔的"海尔，中国造"，伊利的"心灵的天然牧场"，农夫山泉的"有点甜"。同样，一个地区和国家也拥有品牌识别，比如提起法国，人们一般会想起浪漫的国度，提起德国就会想起"德国制造"、精益求精、追求不懈的品质。

这是一个信息供过于求的时代，新经济时代受众稀缺的不是信息，而是时间、注意力、体验、信任和娱乐。有价值的不是信息，而是注意力，只重内容不重形式、只重实力不重形象的时代一去不复返了。在品牌识别系统中，产品的品牌、公司的品牌、人的品牌属于品牌的"灵魂"和

---

① 张金海、段淳林：《整合品牌传播的理论与实务探析》，《黑龙江社会科学》2008 年第 5 期。

"意识"，而符号的品牌则属于品牌的"形体"，任何品牌的内涵（即灵魂与意识），都需要表现出来（即形体），达成"以形表意""以象表言"的目的和"一图胜千言"的效果。区域品牌同样需要形象设计和符号化，而且需要系统化的识别系统。

（五）区域品牌传播战略实施与推广

在区域品牌传播战略管理中，战略实施是战略制定的继续，即区域品牌传播主体制定出目标和战略以后，必须将战略的构想转化为战略实施。在这个转化过程中，传播主体首先要考虑战略制定与战略实施的关系，两者配合得越好，战略管理越容易获得成功。区域品牌传播主体为了实现有效传播，不仅要有效地制定战略，而且也要有效地实施战略。如果哪一方面出现了问题，都会影响到整个战略的成败。

战略实施是一个自上而下、共同协作的动态管理过程。所谓"动态"主要是指战略实施的过程中，常常需要在"分析—决策—执行—反馈—再分析—再决策—再执行"的不断循环中达成战略目标。区域品牌传播是一个涉及多层次主体、多种媒介、不同受众群体的传播过程，因此，必须要有相应的组织机构来实施，同时，还有要充分的制度做保障。因此，组织机构建立是区域品牌传播战略实施的组织保障；而传播推广流程的规范则是区域品牌传播战略实施的制度保障。

（六）区域品牌传播战略的效果评估

品牌传播效果是传播者将各类品牌信息通过传播媒体和渠道向消费者或公众传播之后所产生的影响。开展品牌传播的效果评估，对构建有效的品牌传播信息，合理地使用广告费用，进而制定科学的传播策略、完善品牌管理体系、推进品牌战略的实现具有重要意义，是每一个传播者品牌传播控制管理中关注的焦点。[1]

"传播信息构成"与"传播载体"是区域品牌传播效果评估所面临的两大主要问题。相应地，区域品牌传播战略实施的效果评估分为品牌传播信息的效果评估和品牌传播载体的效果评估。

---

[1]　彭红：《品牌传播的管理之道》，硕士学位论文，四川大学，2007 年。

1. 区域品牌传播信息的效果评估

（1）区域品牌传播事前评估。事前评估是品牌传播信息评估的重要手段。我们经常在品牌传播前会听到这样的争论"这句广告语到底好不好""这个设计怎么样"，即前测，就是在品牌信息对外传播之前，为确定它是否能达到预期目标，与受众的沟通上是否存在盲点或负面影响而开展的效果测评方式，通过前测，能准确判断品牌信息与传播目标的吻合度。这也是消解争议、帮助传播主体做出最终判断的重要方式。

（2）区域品牌传播事后评估。事后评估品牌是获得较为客观的传播效果数据的重要测评方式，一般测评的指标有广告受众记住了多少信息，他们对广告信息的相信程度，是否记住了广告活动口号或广告品牌。品牌传播信息的事后评估通常不适用于测评单纯的品牌信息，因为品牌信息已在传递过程中与传播载体产生了极大的关联效应。基于品牌传播费用支出的很大部分都是发生在传播载体上，因而，对传播载体的效果研究是传播主体更为关心的问题。

2. 品牌传播载体的效果评估

品牌传播载体，也就是一般意义上的媒体。媒体选择与投放是整个品牌传播活动中的重要环节，如何科学地制定有效的媒体策略，合理地使用媒体费用并得以有效监控，是每一个传播主体在品牌传播管理过程中实施控制的关键点。媒体选择与投放策略的优劣直接关系到利用媒体资源的效益，牵涉到品牌建设的成败。[1] 媒体效果研究可分为事前的媒体选择与投放策略研究和事后的媒体效果监测两大部分。

（1）媒体选择与投放策略研究

对于传播主体而言，媒体选择与投放策略研究主要致力于解决如何有效花费巨大的媒体投放费用预算。应用精准的媒体投放策略，以经济的投入产生最大的传播效果。由于媒介供给的增加，媒介传播渠道的多样性，受众的媒介接触习惯和消费行为也在逐步发生改变。针对这种变化，广告学学者黄升民认为，广告主应该针对目标人群，选择不同媒体、不同的场所、不同的时间段进行投放。因此，"消费者的媒体偏好"成为媒体研究的主要内容。媒体效果研究的核心在于要在何时何处传播品牌信息，消费

---

① 管文娟：《浅析新媒体时代的公共传播》，《新闻爱好者》2011 年第 10 期。

者的媒体偏好、行业媒体选择规律和竞争对手的媒体投放情况都是媒体效果研究的主要内容。

（2）媒体效果监测

通过媒体监测，品牌传播主体可以有效监控媒体投放情况，评估媒体预算的合理性，避免花费不足或浪费，查漏补缺，同时防范并发现媒体恶性报道事件；另一方面是可以监督竞争对手，做到知己知彼。区域品牌传播媒体监测的项目一般包括：区域品牌传播主体硬性广告投放情况、软文投放情况、媒体对传播主体的报道、竞争区域硬性广告投放情况。媒体对竞争区域的报道等。

3. 区域品牌接收受众的效果评估

区域品牌传播的落脚点在于受众的接收，受众接收区域品牌信息的效果有信息接收、态度改变、采取行动等三个方面，因此区域品牌受众接收的效果评估就是分别对这三个方面展开评估。

要想客观准确地通过以上三个维度的指标深入挖掘区域品牌传播对于受众影响，就要采用科学严谨的定量研究方式，锁定目标受众群体，采用适合其特征的定量研究方法进行深入研究，根据区域品牌传播主体的重点差异，选择不同的加权手段，从而挖掘出隐藏在数据背后的真相，为区域品牌传播主体评估其传播的效果奠定坚实的基础。[①]

以上我们分别从区域品牌传播战略环境分析、区域品牌传播战略定位、区域品牌传播战略制定、区域品牌的品牌符号化与识别系统设计、区域品牌传播战略实施以及区域品牌传播战略实施的效果评估 6 个要素对区域品牌传播战略进行了详细的叙述，这是本章的重要理论基础，也是"珠三角"区域品牌传播现状分析的理论工具。

二 广东"珠三角"区域品牌传播现状与问题

（一）广东省"珠三角"区域品牌传播现状

20 世纪 90 年代中期以后，我国实行区域经济非均衡协调发展战略，

---

① 马滕：《新媒体在品牌传播中的应用价值、问题及出路》，《山东社会科学》2009 年第 8 期。

经过 20 年的发展，我国基本形成了若干个经济区和产业带，其中以上海为中心的"长三角"经济圈，以广州、深圳、珠海为中心的"珠三角"经济圈，以北京、天津为核心的"京津冀"经济圈，逐渐形成了三足鼎立的局面。

区域品牌建设是区域品牌传播的基础。"珠三角"区域经济一体化伴随着改革开发取得了举世瞩目的成就。"珠三角"经济圈区位优势明显、产业发展良好，初步形成改革发展、创新跨越、最具活力的都市圈。这为"珠三角"区域品牌传播奠定了基础。

"珠三角"区域经济一体化是"珠三角"区域品牌发展的基础，"珠三角"区域品牌的创建、塑造、传播建立在"珠三角"区域经济一体化发展之上。只有"珠三角"区域内各城市之间形成协同定位、优势互补、良性互动、共同发展的竞合态势，避免重复建设、同质化竞争、贸易壁垒等情况才能创建具有竞争力的区域品牌。

经过 30 年的快速发展，"珠三角"区域经济一体化已经初步形成，而且随着国家对"珠三角"区域的重新战略定位，"珠三角"区域品牌就显得尤为重要。但是，虽然"珠三角"区域经济一体化已粗具规模，但是"珠三角"区域品牌却相对滞后，主要有区域品牌定位模糊、缺乏核心价值观、缺乏统一标识等问题。

1. 传播受众品牌定位：缺乏统一精准的传播主题

品牌定位是指企业在市场定位和产品定位的基础上，对特定的品牌在文化取向及个性差异上的商业性决策，它是建立一个与目标市场有关的品牌形象的过程和结果。换言之，即指为某个特定品牌确定一个适当的市场位置，使商品在消费者的心中占据一个特殊的位置。

当前"珠三角"区域品牌的定位并不清晰，缺乏系统规划。经查阅发现"珠三角"都市圈的定位有以下几种："全国重要的经济中心""世界级都市圈""全国经济发展引擎""改革开放先行区"，等等。由于"珠三角"都市圈的品牌定位混乱，因此造成了受众对于"珠三角"区域品牌认知的模糊和混乱。

2. 品牌形象：缺少形象标识体系

品牌标识是指品牌中可以被认出、易于记忆但不能用言语称谓的部分——包括符号、图案或明显的色彩或字体，又称"品标"。区域品牌形象标识是受众了解、认识、接受区域品牌的介质。品牌的标识和名称是一个完整品牌的重要组成部分。品牌标识自身能够创造品牌认知、品牌联想和消费者的品牌偏好，进而影响品牌体现的质量与顾客的品牌忠诚度。品牌标识是一种"视觉语言"。它通过一定的图案、颜色来向消费者传输某种信息，以达到识别品牌、促进销售的目的。[①]

区域品牌标识体系应该围绕区域品牌定位，是可以承载区域形象、核心价值观、经营理念、主导产业的形象载体。我国的三大经济圈均没有统一的形象标识体系，"珠三角"区域品牌同样缺少形象标识体系。

3. 品牌文化：缺少核心价值观

品牌核心价值是品牌资产的主体部分，它让消费者明确、清晰地识别并记住品牌的利益点与个性，是驱动消费者认同、喜欢乃至爱上一个品牌的主要力量。核心价值是品牌的终极追求，是一个品牌营销传播活动的原点，即企业的一切价值活动都要围绕品牌核心价值而展开，是对品牌核心价值的体现与演绎，并丰满和强化品牌核心价值。[②]

"珠三角"地区是我国改革开放的前沿阵地，经过 30 年的发展已经积累了深厚的创新文化，形成了具有"珠三角"特色的核心价值观。但是由于区域内城市各自为战，缺乏区域联盟的联动，一直没有确立"珠三角"区域品牌核心价值观。区域品牌核心价值观是区域品牌传播的核心内容，凝练可以反映区域品牌的核心价值观，是取得良好区域品牌传播效果的关键因素。

区域品牌的主题、形象、价值观是区域品牌传播的内容，只有形成统一的传播主题、良好的传播形象、贴切的核心价值观，才能为有效的区域品牌传播奠定基础。

（二）广东"珠三角"区域品牌传播存在的问题

1. 战略管理：缺乏统合的品牌传播战略规划

广东省非常注重品牌的培育和管理，改革开放以来，广东省涌现出了众多的知名品牌，在全国乃至世界上享有盛誉。这同广东省政府对品牌的关注

---

① 张少芬：《商标设计——品牌标志设计方法与原则》，《中国广告》2008 年第 3 期。

② 翁向东：《本土品牌战略》，南京大学出版社 2008 年版。

和培育有着很大的关系，广东省自 2001 年以来发布多个品牌指导意见和相关政策，2012 年 4 月广东省人民政府发布了《广东省人民政府关于实施商标品牌战略的指导意见》（以下简称《指导意见》），从优化商标注册环境、加速提升企业品牌竞争力、提高商标品牌管理水平、实施商标品牌国际化战略、营造商标品牌战略实施政策环境、健全商标品牌保护体系六大方面采取措施培育商标品牌。这是广东省政府第一次将商标品牌上升为全省发展战略，并从政府层面对商标工作与品牌建设统筹规划，给予政策指导。《指导意见》的发布为全面推进商标品牌战略实施指明了方向，开创了商标品牌建设新局面，意味着政府在引导企业品牌建设，促进创新发展和转型升级方面将发挥更大作用。同时，将通过工作机制、保障措施促进企业产品质量、创新能力、社会责任等支撑品牌要素的提升，对逐步形成以自主创新、自主品牌为核心竞争力的经济可持续发展模式，建设创新型广东、幸福广东具有深远的意义。

这一指导意见中还提出了对区域品牌发展的意见，"加快创建区域品牌。以产业集群和专业镇为依托，引导培育公共品牌，推动产业集群内的企业开展竞争性合作，加快产业集群从产品经营、资产经营向品牌经营升级，提高市场竞争力和可持续发展能力。逐步形成以区域品牌为纽带的产业集群专业化分工协作体系，加强产业集群公共服务平台建设，制定产品质量、服务标准，着力提升产业集群的综合品质，提升产业核心竞争力"。① 从中可以看出本次指导意见主要是针对产业集群的区域品牌，并没有提及更高层面的区域品牌。

迄今为止，广东省提出对珠三角区域整合的政策有《关于加快推进珠江三角洲区域经济一体化的指导意见》，提出以交通一体化为先导，以广州、佛山同城化为示范，省市联手推进基础设施、产业发展、环保生态、城市规划、公共服务一体化，到 2012 年，在"珠三角"基本实现区域经济一体化。显然这是主要是针对"珠三角"区域经济一体化的指导意见，没有对"珠三角"区域品牌提出具有实质性的指导意见和政策。

综上所述，广东省政府虽然注重品牌的培育和支持，也基于产业集群的区域品牌建设，但是却没有对基于区域经济一体化的区域品牌提出指导意见，因此，"珠三角"区域品牌传播缺乏统合的战略规划。

---

① 《政策解读》，广东省人民政府网，2012 年 4 月。

2. 传播主体：区域品牌传播主体缺乏协调统一机制

区域品牌传播是一项系统工程，需要多级政府、不同城市、众多企业等多方机构协调一致共同行动。需要深入调查研究区域内政治、经济、文化、社会等各项优势资源、分析竞争对手区域品牌对本区域品牌构成的威胁，准确定位区域品牌、塑造统一区域品牌形象。但是当前我国大部分区域没有采取系统性操作，"珠三角"区域品牌同样缺乏系统性思维。

2009 年 1 月 8 日，国家发改委公布了《珠三角区域改革发展规划纲要（2008—2020）》（以下简称《纲要》），对珠江三角洲地区赋予五大战略定位，即探索科学发展模式试验区、深化改革先行区、扩大开放的重要国际门户、世界先进制造业和现代服务业基地，以及全国重要的经济中心。随后广东省政府出台了《关于加快推进珠江三角洲区域经济一体化的指导意见》（以下简称《意见》），为加强组织协调、统筹推进珠江三角洲经济一体化进程，《意见》提出，省有关部门根据分工分别设立城市、交通、能源、信息化、水资源、环保、产业、基本公共服务等专项工作小组作为协调机构。各有关市之间要建立相应的协商机制，以市市互动推进区域一体化。这将有利于实施《纲要》，突破体制障碍，优化配置资源，科学合理布局，推进共建共管，加快珠三角区域经济一体化进程。[①] 但是在指导意见中并没有设立区域品牌管理的专项工作小组，显然"珠三角"区域品牌传播缺乏协调统一机制。

3. 符号体系：缺乏统一的符号化以及识别系统设计缺失

品牌识别可以方便人们记忆以及品牌的传播，但是在当前信息爆炸和信息过剩的时代，人们对信息接收的忍耐性是有限的，因此这就对品牌传播的统一性提出了很高的要求，太过散乱、复杂的品牌识别系统显然不利于品牌的传播。

"珠三角"区域品牌的符号化系统显然不符合品牌传播的规则，我们现在收集到的"珠三角"区域品牌符号有"全国重要的经济中心""亚太最具活力经济圈""东亚金融中心""世界制造中心"等多个符号，太多的符号化不仅不会提升"珠三角"区域的认同感，反而会迷惑受众对

---

① 《关于加快推进珠江三角洲区域经济一体化指导意见》，广东省人民政府网，2009 年 6 月 15 日。

图7—1　泛珠三角合作

"珠三角"整体形象的认识。这只是对"珠三角"区域整体的符号认识，那么"珠三角"区域内的9个城市也因为不同的产业发展而被赋予了不同的标签，比如佛山的"陶瓷之都"、中山的"灯饰之都"、东莞的"家具之城"，这些不同的符号同上述"珠三角"区域整体符号混合在一起，已经完全失去了统一的符号化，因此"珠三角"区域品牌传播的效果也就会大打折扣。

"珠三角"区域品牌符号化混乱的另一面则是识别系统设计的缺失，经搜索发现，"珠三角"区域除了有一个"泛珠三角合作"logo（见图7—1）以外，"珠三角"区域品牌并没有统一的识别系统，这不利于"珠三角"区域品牌的有效传播。

4. 效果评估：缺乏区域品牌传播效果评估机制

区域品牌传播效果评估是区域品牌传播获得反馈信息、调整区域品牌传播战略的重要环节。由于我国区域品牌传播一般由政府主导传播，因此缺乏对区域品牌传播的效果评估。反馈是传播主体获知传播效果、调整传播方案、同受众进行良好互动的基础。人类社会传播方式的发展证明，反馈越来越成为传播必不可少的一个环节，尤其是网络等新媒体的出现，反馈已经成为以受众为主体的传播。

区域品牌传播是一个动态过程，首先区域品牌形象会随着政治、经济、社会的发展而改进。另外区域品牌传播方式也需要随着社会的发展改进。通过分析"珠三角"区域品牌传播发现：一是"珠三角"区域品牌传播倾向于大众媒体，大众媒体的反馈机制相对较弱。二是"珠三角"区域并没有建设官方网站进行传播，因此没有形成网络媒体较强的反馈机制。三是"珠三角"区域品牌传播并没有建立起效果评估机制，尤其是没有进行媒体选择以及投放监测的实施。

品牌的建立是传播主体和受众双向互动的结果，是区域品牌信息在受众脑海中的根植，但是这种记忆并非短时间内可以完成，需要长期的互动交流才能使品牌信息深入人心。① 因此，区域品牌必须建立相应的效果评估机制，及时获得区域品牌传播的反馈信息，以进一步改进区域品牌传播的内容、方式、载体，建立清晰的区域品牌形象。

三　广东"珠三角"区域品牌传播环境分析

（一）广东省"珠三角"区域品牌传播宏观环境分析

1. 政治因素分析

政治因素是影响区域品牌传播极为重要的宏观因素，由于"珠三角"经济区位于港澳台附近，因此政治因素对区域品牌的影响就显得更为重要。

政治环境中的国家政策倾斜是影响区域品牌传播的关键因素，国家和地方政府政策决定了区域品牌的定位和发展。"珠三角"经济圈是我国改革开放的先行示范区域，是最早受益于国家政策倾斜的区域之一。

2008 年，国务院常务会议审议并原则通过《珠江三角洲地区改革发展规划纲要》（以下简称《纲要》），明确了珠江三角洲地区在全国改革发展大局中的战略地位，承诺赋予珠三角地区发展更大的自主权，将其打造为全国发展的经济引擎。并且国家首次明确"珠三角"五大定位：探索

---

① 莫梅锋、刘欣：《"传受合一"传播模式的实证分析》，《新闻界》2007 年第 8 期。

科学发展模式试验区、深化改革先行区、扩大开放的重要国际门户、世界先进制造业和现代服务业基地、全国重要的经济中心。这是第一份在国家层面对"珠三角"改革发展进行规划的纲领性文件。

在广东改革发展面临新形势、新挑战的关键时期，特别是在我国改革开放 30 周年的重要历史节点上，国务院出台《纲要》，是我国进一步深化改革和扩大开放的重大举措，充分体现了中央对广东省特别是珠江三角洲地区改革发展的高度重视和大力支持，对于推进广东省特别是珠江三角洲地区改革发展，维护港澳地区长期繁荣稳定具有十分重要的意义。①

此次战略规划是国家站在全局的角度重新审视"珠三角"经济圈，对珠三角的定位和发展更加明确。比如扩大开放的重要国际门户，这不仅强调了珠三角对外开放的作用，更加强调珠三角与港澳合作的作用，还强调了"珠三角"对内拉动，最终在"珠三角"形成内外联动的集聚效应。

当前，从总体来讲，"珠三角"区域品牌面临的政治环境良好。国家对"珠三角"区域的规划和支持对"珠三角"区域品牌的发展和传播将起到强有力的推动作用。

2. 经济因素分析

经济环境是指区域品牌传播所面临的外部经济条件、经济特征、经济联系等一系列客观因素。"珠三角"区域品牌面临的经济环境主要是"珠三角"区域一体化的发展情况以及区域内城市发展状况。

区域经济一体化实质就是打破行政区划界线，按区域经济原则统一规划布局、统一组织专业化生产和分工协作，建立统一大市场，优势互补、联合协作，联结形为一个利益命运共同体。也就是说，通过区域经济联合的优势和优势互补，促进区域经济优势充分发挥，在更大范围实现产品、生产要素市场的优化配置，降低区域整体经济发展成本和社会运行成本，提高区域综合竞争力，实现区域经济与社会全面发展。

可见，区域经济一体化要求城市发展模式从城市经济向区域经济转向，从单纯的竞争模式向竞争与合作转变。就目标层面看，一体化不是单极发展观，而是谋求多极发展，不排斥多样化。区域经济一体化不是绝对意义上的同城化、均一化和扁平化，而是异中求同、求同存异，是在允许

---

① 《国家首次明确珠三角定位：全国重要的经济中心》，新华网，2008 年 12 月。

区域多样化基础上的更富层次性、互补性与合理性的整体区域利益最大化。

从珠三角一体化发展现状看,城际竞争强于合作,区域经济发展相对完善的竞合模式尚未成型,经济一体化尚处于低水平。对于珠三角区域经济一体化的主要障碍,行政管理、财政和考核奖惩等体制和机制的相对落后是主要因素。具体而言,原有城市位序的惯性作用和基于新自由主义的城市发展政策取向是这一区域经济一体化的绊脚石。全球化背景下,珠三角城市体系更趋复杂和混沌,可能背离原先的相对严格的等级化格局。原来的区域中心城市可能降格,次中心城市可能升格,一旦城市管理者依旧遵循原有的城市位序安排城市发展,可能会贻误发展机遇。①

"珠三角"区域一体化虽然存在诸多问题,但是总体来讲已经基本具备区域经济一体化雏形。另外,广东"珠三角"隶属于广东一个省,易于整体联动、协调发展,较"长三角"经济区的上海、江苏、浙江三个省市、"京津冀"经济区的北京、天津、河北三个省市的整合协作要容易很多。因此,"珠三角"经济圈所处的经济环境比较优越,诸多问题会随着区域经济一体化的进一步发展而逐步得到解决,总体的经济因素有利于"珠三角"区域品牌的发展和传播。

3. 社会文化因素分析

当今社会是消费社会,人们不仅仅在消费物质,同时也在消费文化。文化内涵是一个品牌的精神和灵魂,同样文化内涵也是区域品牌的精神和灵魂。"珠三角"经济圈受岭南文化的影响主要有以下几个特征。

(1) 具有善于吸收外来文化的开放风气

"珠三角"区域从古老的传说开始,就有一种与众不同的开放心态。特别是改革开放以来,广东人更发挥了这方面的潜质,在全国率先敞开大门,在对外经济、文化的交往中扮演了引人注目的角色,这绝不是偶然。

2008年,国务院常务会议审议并原则通过《珠江三角洲地区改革发展规划纲要》,其中对"珠三角"的定位中就有"探索科学发展模式试验区"。赋予珠三角地区发展更大的自主权,支持率先探索经济发展方式转

---

① 姚华松、欧君秀:《珠三角区域经济一体化的五个关键问题》,《特区经济》2009年第6期。

变、城乡区域协调发展、和谐社会建设的新途径、新举措，走出一条生产发展、生活富裕、生态良好的文明发展道路，为全国科学发展提供示范。另外还有"深化改革先行区"。《纲要》要求"珠三角"继续承担全国改革"试验田"的历史使命，大胆探索，先行先试，在重要领域和关键环节率先取得突破，为推动科学发展提供强大动力，为发展中国特色社会主义创造新鲜经验。[①] 知名区域经济专家、广东省社会科学院教授丁力认为，作为第一份国家层面的珠三角改革发展规划纲要，从国家战略全局和长远发展出发，对珠三角地区的改革发展进行规划，渗透了全国一盘棋、珠三角一盘棋思想，在充分考虑珠三角所面临机遇与挑战的前提下，将进一步发挥其对全国的辐射带动和先行示范作用。

从改革开放最初的考虑，一直到改革开放深入阶段的重新定位，都印证了"珠三角"区域善于改革创新、勇于探索、善于接受外来文化的开放风气。这一风气是"珠三角"区域的独特气质，也是推动"珠三角"区域成为国家重要经济重心的重要精神内涵。

（2）努力超越"传统导向"的进取精神

广东远离中国传统文化内核，有一种敢于超越"传统导向"的进取精神。由于远离也就缺少束缚，因为远离也就善于超越，在近代历史上涌现出了一批敢于超越传统的文化名人，比如民主革命家孙中山、思想启蒙运动先驱梁启超等，这些璀璨的群星代表了广东地区文化思想特征，这种思想文化特征依然对当前的社会经济产生着巨大的影响。

"珠三角"区域是国家改革开放的试点区域，也是改革开放成功示范区域。改革是一种超越，超越传统，超越桎梏，改革需要一个进取的精神。进入20世纪80年代，广东人敢想、敢干、敢为人先的精神表现得更为突出，也更为多样化。广东人在观念上创新，形成了可以冲垮当时固有观念和传统体制的崭新价值，这也可以说是广东人首先在价值观上进行了大胆的创新，从而形成了对当时社会观念极大的冲击力。比如从蛇口工业区建设中诞生的"时间就是金钱"的口号，就标志着中国社会从农业文明向现代工业文明转换的价值观变革。30年的改革开放实践，已使敢为

---

① 《国家首次明确珠三角定位：全国重要的经济中心》，《网易经济》2008 年 12 月 19 日。

人先的精神渗入到广东人的骨髓与血液之中，也成了广东文化的标志。[①]
如今广东省政府提倡"创新广东"，希望传承岭南人的文化气质，以及凝
练改革开放以来积淀的创新文化，这一文化势必将成为"珠三角"区域
发展的精神内核。

（3）实利重商的文化倾向

广东得天独厚的地理条件，使它在唐宋时期就已经成为我国重要的对
外贸易区，以珠江三角洲为中心向外辐射，特别是清中叶以后，随着国际
市场对茶叶、丝绸需求量的增加，刺激了当地商品经济的发展，除广州、
佛山两大商埠外，潮州商人的足迹，"上沂津门，下通台厦"，远至新加坡、
暹罗一带，形成了当时商业系统著名的"潮州帮"（潮商）、"广东帮"。商
品经济的发展，铸造了岭南文化讲求实利实惠、偏重商业的倾向。

"珠三角"地区的社会文化特征中既存在有利于区域品牌发展的因
素，比如创新和开放的精神内涵，也有实利重商的文化倾向。另外"珠
三角"社会文化内涵对区域品牌的贡献相对"京津冀"以及"长三角"
地区还是有所欠缺，如何加强"珠三角"地区的人文建设是区域品牌建
设以及传播过程中需要认真思考的问题。

（二）广东"珠三角"区域品牌传播竞争环境分析

区域品牌同企业品牌一样也存在竞争，而且随着区域经济一体化进一
步发展，区域品牌之间争夺投资和消费的竞争会更加激烈。因此，深入研
究"珠三角"区域品牌竞争对手的传播战略也是区域品牌战略制定的重
要基础。在国内，"珠三角"区域品牌竞争对手主要是"长三角"区域品
牌和"京津冀"区域品牌。

1. "京津冀"同"珠三角"区域竞争分析

"京津冀"经济圈指的是以北京和天津为核心，主要包括石家庄、唐
山、承德、张家口、保定、廊坊、秦皇岛、沧州、邯郸、邢台、衡水等城
市的经济一体化发展区域。随着"京津冀"区域经济的快速发展和天津
被确定为北方的经济中心，以及它的特殊地理位置（处于环渤海地区和
东北亚的核心重要区域），越来越引起中国乃至整个世界的瞩目。下面我

---

① 蒋述卓：《广东改革开放彰显岭南人文精神》，《南方日报》2008 年 8 月 29 日。

们简单对比"珠三角"同"京津冀"经济圈的优势和劣势。

（1）"京津冀"经济圈较"珠三角"经济圈的优势

"长三角"和"珠三角"两大都市圈合作机制日趋成熟的背景下，京津冀、环渤海是被关注的中国经济增长第三极。该区域位于东北亚的中心地带，在我国加快开发建设的新形势下，继长江三角洲、珠江三角洲之后，必将对中国乃至东北亚区域经济的发展产生引擎带动效应，所以已引起各界的关注。

①政策优势

政策是一个地区发展中非常重要因素，许多地区的飞速发展都得益于政策的惠及。"京津冀"经济圈以北京和天津和核心，具有得天独厚的政策优势。这一点是"京津冀"经济区最为有利的竞争优势，也是"长三角"和"珠三角"这两个区域无法企及的有利资源。

京津冀作为环渤海经济圈的核心，其地域相连，文化相近，人缘相亲，资源互补，相互联系十分紧密。随着第三经济增长极的定位，国家宏观政策的引导和市场力量的作用，使大量的国内外资金、人才、技术向京津冀集聚，区域经济发展的步伐必将提速。① 可以看出国家宏观政策的引导和倾斜是促进"京津冀"区域经济发展的重要因素之一，是吸引资金、人才、技术向"京津冀"区域汇聚的一个重要方面。

②科技优势

科学技术是第一生产力。当前，科学技术在经济发展中占据的比重越来越大，在未来经济发展中，科技将会发挥更为巨大的作用。"京津冀"经济圈拥有"长三角"和"珠三角"经济区无法比拟的高等教育、科学研究资源，这也是"京津冀"经济圈后发制人的关键因素。

"京津冀"区域的科技优势主要集中在北京和天津地区，而北京的科技优势则更为明显。北京是中国乃至世界上公认的智力最密集的城市之一②，据《中国城市竞争力报告2011》蓝皮书对中国200个城市进行的分析和评估，北京的综合竞争力排在香港、上海、深圳之后，但是北京的人

---

① 张淑莲：《基于合作博弈的京津冀区域经济协作研究》，《河北师范大学学报》（哲学社会科学版）2011年第1期。

② 万青：《北京地区的科技优势》，《北京观察》2004年第1期。

才竞争力、科技竞争力均居全国首位。

北京拥有一批全国重点大学（北京大学、清华大学）和国家科研院所（中国科学院、中国农业科学院），北京市政府重视地区科技力量的整合，促进这些重点大学、国家科研院所同北京市属科研机构的合作，开放共用大型科研设备、实现资源共享、共同申请重大科研项目，极大地促进了北京的科技实力。另外，以北京中关村科技园区为龙头的高新科技企业的科技实力逐渐壮大。这都为北京地区科技实力增加做出了很大的贡献，也带动了"京津冀"区域科技发展，成为这一区域独有的竞争优势。[①]

③文化优势

"京津冀"区域地处燕赵大地，悠久的历史文化在这里积淀，成为这一区域独特的竞争优势。"京津冀"经济圈的核心城市北京是我国的首都，也是我国的文化中心。北京具有独特的人文环境以及拥有深厚的文化底蕴，具有不可替代的文化资源优势。中国西周时成为周朝的诸侯国之一的燕国的都城，自中国金朝起成为古代中国首都——中都。自元代起，开始成为全中国的首都。元朝国都，元大都，或称大都，由于忽必烈是蒙古汗国的大汗，蒙古文称为"汗八里"，意为"大汗之居处"。元大都城址位于今北京市市区，北至元大都城遗址，南至长安街，东西至二环路。明朝自成祖后开始对北京进行大规模扩建，清朝在延续明北京城的基础上又进行了一些修缮和扩建。至清末北京成为当时世界上最大的城市。北京有着3000余年的建城史和859余年的建都史。自秦汉以来北京地区一直是中国北方的军事和商业重镇，名称先后称为蓟城、燕都、燕京、涿郡、幽州、南京、中都、大都、京师、顺天府、北平、北京等。[②]

北京悠久的文化历史自身就是一种生产力，同时也是促进北京乃至"京津冀"区域经济发展的软实力。当今社会的竞争是文化的竞争，文化具有强烈的吸引力，文化可以为区域内的公众带来强烈的自豪感，这就是北京乃至"京津冀"区域文化的优势。而这一优势也是"长三角"和"珠三角"经济区无法在短时间内超越的。

虽然"京津冀"经济区具有上述诸多优势，但是其经济整体发展水

①　万青：《北京地区的科技优势》，《北京观察》2004 年第 1 期。

②　周鸣：《京津冀发展需十指握拳》，《中小企业管理与科技·中旬刊》2012 年 3 月刊。

平却在三个区域内最低。另外，由于"京津冀"经济区的定位同"珠三角"经济区的定位不同，因此"京津冀"经济区对"珠三角"经济区构成的威胁并不大。

（2）"珠三角"区域较"京津冀"区域的优势

虽然"京津冀"经济圈在政治、科技、文化等方面具有得天独厚的优势，但是由于其经济发展较"珠三角"经济圈起步晚，因此还是存在一些劣势。

①经济一体化程度

"珠三角"区域内城市之间的分工相对较为明确，区域内城市之间经济来往密切，城市之间的合作协调机制较好，另外由于"珠三角"区域内城市同属于广东省管辖，因此经济协调发展程度较"京津冀"区域内城市协调发展要高。

"京津冀"区域内地区间的发展差距大，地区间协作联系也比较松懈。"京津冀"并没有明显地体现出区域整体运作、协作联系的特征，尤其是北京和天津并没有很好地发挥区域中心城市的作用。① 一些学者在对京津冀地区旅游经济的研究中写道："行政区划造成的地方利益分割，制约了生产要素的自由流动战等，形成浪费性竞争。由于行政上的条块分割，各地方存在强烈的地方保护倾向，利益短视行为为区域旅游合作制造了人为障碍。在现实中，这种例子比比皆是，不仅环渤海地区存在这种情况，北京、天津与河北之间也存在这种情况，而且在各地区的内部也存在频繁的矛盾与冲突。"② 这一论述从一个侧面反映了京津冀地区在迈向区域经济一体化过程中出现的发展瓶颈，如何整合行政区域的障碍是京津冀区域发展需要重点考虑的问题。

北京和天津所处的环渤海经济圈在中国经济发展中具有举足轻重的地位，将是继珠江三角洲、长江三角洲之后中国的第三个经济热点地区。但同珠江三角洲和长江三角洲地区相比，京津冀地区几乎没有实质性的区域

---

① 徐正宁：《新三国演义——京津冀、长三角、珠三角比较》，《中国石化》2004 年第 5 期。

② 王淑娟：《区域合作视角下京津冀、环渤海旅游产业带协调机制研究》，《学术探索》 2012 年第 2 期。

经济合作与联合，仍停留在行政区经济阶段，一直没有形成完整的区域经济。相反，从另外一个方面也印证了"珠三角"区域一体化的优势。

"珠三角"区域同属于广东省，区域内有整体的共同利益，协调成本非常低，政府的规划和政策导向为区域经济的形成提供了有利的外部制度环境，减少了区域经济形成的制度障碍，有利于形成以区域比较优势为基础的良好的专业化分工与协作体系。可以看出，开放程度高、无体制障碍是珠三角形成区域经济一体化的主要优势。①

②商业文化氛围

改革开放以来，广东省尤其是"珠三角"地区开始实行经济体制改革，走市场经济的道路，率先取得了经济全国领先的地位，培育了良好的商业文化氛围，另外香港的商业文化对"珠三角"经济区的影响也是有目共睹的。

广东30多年来经过几次经济结构调整和产业整缩，价值观念已由当初的粗放型日趋理性化。主要表现在以下三个方面，第一，"珠三角"区域的竞争文化催人奋进。随着港澳台"三资企业"在广东"珠三角"遍地开花，竞争机制也逐步建立起来。虽然现在这个机制还不是很完善，但广东人的工作和生活节奏已明显加快，形成具有粤港风格的竞争文化。②这主要表现在人才的竞争无处不在、产品竞争的日益激烈以及随之而带来的商业文化氛围。第二，管理竞争国际化。改革开放以来，广东企业引进了不少硬件（设备），进入90年代中期以来，为了进一步提高国际竞争力，与之配套的软件管理引进需求大增。不少优秀企业不惜重金请麦肯锡、高盛等国际知名的中介机构，为本企业的发展策划和理财。广东业界为了改善管理，加强出口，亦不惜重金改善自我，与世界潮流接轨。③第三，效率观念大大加强。由于竞争讲求时效，"拖着不办"的官僚作风已显得很不合时宜。当年深圳蛇口招商局总裁袁庚就讲过一句话："时间就是金钱，效率就是生命。"这句话一经传媒广泛传播，就成了广东各地许多工厂

① 安虎森、朱妍：《环渤海经济区，你比"珠三角"、"长三角"缺什么？》，《领导之友》2003年第6期。

② 雷巧旋：《香港商业文化对广东的影响》，《现代企业》2002年第9期。

③ 雷巧旋：《当广东人遇上香港商业文化》，《大经贸》2002年第12期。

车间墙上的一句标语，成为企业管理者警醒员工的佳作。时至今日，这句话不但影响了企业界，也影响了政府。① 同时也形成了"珠三角"地区浓厚的商业文化氛围，这种文化氛围也迅速发酵，带动了整个广东的发展。

③区位优势

"珠三角"经济圈位于我国东部沿海，交通发达，便于原材料进口和产品出口。毗邻港澳台、在技术、人才、金融等方面都得到了很好的支持。紧邻东南亚地区，是我国国际合作的重要区域。

"珠三角"区域较"长三角"区域的优势依然是毗邻东南亚以及邻近港澳的地缘优势，这是"珠三角"区域发展的关键，也是"珠三角"区域未来发展的引擎。一位经济学家说，如果"珠三角"离开了港澳，那么其竞争优势则大打折扣，同"长三角"区域则不是同一个重量级的。港澳对"珠三角"区域的带动不仅仅是资金的投入和产业的合作，更重要的是一种思想的输入，改革开放在"珠三角"区域率先展开，同"珠三角"区域毗邻港澳，接收新的思想文化里面、开放创新的文化范围有着很大关系。而且港澳地区对"珠三角"未来的发展还会有强大的带动作用，在"珠三角"打造全国重要经济中心的总体战略中，"珠三角"的区域优势依然会是重要的因素之一。

综上所述，"京津冀"经济圈虽然在政策、科技、文化等方面具有很强的竞争力，但是这些因素只是经济高速发展的基础。事实证明，"京津冀"经济圈的经济总量以及一体化程度是三个经济区中最低的。另外由于"京津冀"经济区在区位上同"珠三角"经济区相距较远，以及在定位上的明显差别，因此"京津冀"经济区对"珠三角"总体上并不构成太大的威胁。

2. "长三角"同"珠三角"经济区竞争分析

"长三角"经济圈是以上海为中心，南京、杭州、苏州、无锡、宁波为副中心，包括江苏的扬州、泰州、南通、镇江、常州、盐城、淮安，浙江的嘉兴、湖州、绍兴、舟山、台州、金华、衢州，安徽的合肥、马鞍山，共22个城市的都市圈。"长三角"经济圈是全国最大的经济圈，其经济总量相当于全国国内生产总值的20%，且年增长率远高于全国平均

---

① 雷巧旋：《香港商业文化对广东的影响》，《现代企业》2002年第9期。

水平。长江三角洲的进出口总额、财政收入、消费品零售总额均居全国第一。下面我们简单对比"珠三角"同"长三角"经济圈的优势和劣势。

（1）"长三角"经济圈较"珠三角"经济圈的优势

①区域一体化程度

"长三角"经济圈是这三个地区中整合程度最高的区域。"长三角"经济圈虽然由3个省市联合组成，但是以上海为核心的"长三角"经济圈一直在努力构建区域合作机制，以期构建真正意义上的区域经济一体化。从2001年开始每年召开一次由常务副省（市）长参加的"沪苏浙经济发展座谈会"，围绕进一步优化"长三角"地区发展环境，加强区域合作构建区域大交通体系、促进统一大市场建设、实现区域信息资源共享、建设相互融通的区域经济功能与服务体系、促进人力资源有序流动等进行了协商与合作，提出了打破贸易壁垒、统一市场、共享城市信用体系的计划。①

"长三角"区域内城市合作氛围良好，区域内城市之间的产业形成了优势互补。上海作为"长三角"的核心城市对周边的城市带动能力较强，周边的城市都在不同程度上有所收益。"珠三角"区域内城市在推动"长三角"区域经济一体化过程中，达成了"错位发展"的共识，在竞争的基础上也形成了良好的合作关系，在为打造世界级都市圈共同目标而努力。

②悠久的商业文化发展

"长三角"是我国历史上以精致细巧著称的吴越文化的发源地，具有悠久的手工业和经商传统，正所谓"其货纤靡，其人善贾"。随着我国经济重心的南移，在隋唐以后"长三角"地区成为当时经济和社会发展的重心之一，当时的情况是"商贾辐辏，百货骈阗，上自帝京，运连交广以及海外诸洋梯航毕至"，已经对区域经济和全国的经济产生了重大的影响。南宋以来"长三角"更是当时生产力最发达的区域，史书记载"当今赋出于天下，江南居十九"。明清时期，更是依靠漕运，从江南调出大批粮食、棉花、丝绸和其他物资财富，以维持和巩固当时的政权。

① 徐正宁：《新三国演义——京津冀、长三角、珠三角比较》，《中国石化》2004年第5期。

由于"长三角"区域农业和手工业发达，因此商业也就随着发展起来，商业的繁荣培育了良好的商业氛围，至今依然影响着这一区域，成为"长三角"经济发展的原动力。

③产业转型较快

"长三角"经济圈是我国经济起步较早的经济区域，在全球产业转型中曾经承接了众多的落后产业，但是随着该区域逐渐意识到落后产业的危害性之后，开始寻求产业转型和突破。"长三角"适时将"先进制造业"作为区域产业发展的重点目标：上海提出要优先发展先进制造业和现代物流业，浙江要建设先进制造业基地，江苏则要打造国际制造业基地。这些战略有效地促进了长三角经济圈的产业结构升级。[1]

然后，"珠三角"区域在产业转型中却处于劣势位置，区域的产品技术含量低，缺乏核心技术。珠江三角洲西岸主要是传统家电生产基地，产品的技术含量较低，而且许多核心部件依然依赖于进口。珠江三角洲东岸虽然是属于高新技术产业的电子信息产品生产基地，但对于芯片、大规模集成电路等高端核心技术产品一直以来就很少介入，这使珠江三角洲产品参与国际市场的竞争，主要不是依靠研究开发的核心技术，而是依靠由珠江三角洲廉价劳动力决定的低成本产品。[2]

低水平的、劳动密集型的资源消耗式的外源型经济是"珠三角"经济发展的主要形态。但随着"珠三角"进入工业化中后期，传统的经济增长方式已随着资源环境约束加大和外部环境的恶化而不适应当前的发展。"珠三角"的外资结构以"成本指向型"为主导，它主要利用廉价的土地、劳动力和环境成本来获得竞争优势，使能源资源匮乏的广东成为能源消耗大省，能源供需矛盾加剧。这将对"珠三角"区域经济发展带来严重的负面影响，制约"珠三角"区域经济发展和升级。然而"长三角"区域则在产业转型过程中走在了前列，占据了全国服务业领先地位。2002年的时候，一位学者写道，今后真正决定两个三角洲的命运变化的因素，是上海与香港的服务业转移状况。如果上海真的替代了香港的许多的功能

① 《协调发展呈新格局　区域经济迈入新境》，《中国工业报》2007年10月16日。
② 邹华、雷磊、陈岗：《珠三角经济区竞争力的战略研究》，《经济研究导刊》2012年第9期。

和业务，工业制造业的生产企业更多地聚集长江三角洲是有可能的。因此，观察这两个三角洲的命运，主要是盯住上海和香港两个城市的变化，关键在服务业！[①] 如今上海已经成功向服务业转型，而"珠三角"区域产业转型却依然在进行，这也就成为"长三角"区域的优势以及"珠三角"区域的劣势。

（2）"珠三角"经济圈较"长三角"经济圈的优势

①毗邻港澳的地缘优势

"珠三角"同"京津冀"相比的优势同"长三角"相比时已光辉不再，但是毗邻港澳的地缘优势则是"珠三角"发展中非常重要的因素之一。"珠三角"的发展不能囿于广东省内的 9 市发展，必须扩大"珠三角"的合作范围以及辐射范围，"珠三角"区域的发展在于进一步构建"泛珠三角"和"大珠三角"。在这两个区域合作中，港澳都是重要的一极。"珠三角"区域应借助港澳地区进一步扩大国际合作，从而构建亚洲最具活力的都市圈。

"珠三角"地区的经济主要以外向型经济为主，珠江三角洲与港澳地区，形成了外向依赖型明显、以轻型加工制造业为主的地区生产体系，具有较强的国际竞争能力。[②] 目前，"珠三角"区域的 GDP 约有一半要依靠国际贸易。很多企业的绝大部分产品面向国际市场。其外向型经济的基本路径是从境外引进资金，先进的技术、设备和管理。同时依靠本地区临近港澳的地缘优势，侨乡的优势，多优良海港的优势和劳动力丰富等优势，再加上国家为这里制定的优惠政策，使这里成为吸引外商投资和外企落户的风水宝地。[③]

北京大学经济观察研究中心主任仲大军在对比"珠三角"和"长三角"优劣势时说，珠江三角洲的经济规模一定要把香港和澳门包括进去，不这样，就无法衡量珠江三角洲的重要性，两个地区也不是一个等量级。只有将香港和澳门这两个地区都囊括进去，才是一个完整的珠江三角洲经

---

① 仲大军：《珠三角、长三角谁将执龙头地位》，《珠江论坛》2002 年第 2 期。

② 邹华、雷磊、陈岗：《珠三角经济区竞争力的战略研究》，《经济研究导刊》2012 年第 9 期。

③ 徐冲：《珠三角的转型与发展》，《新重庆》2009 年第 12 期。

济。① 费孝通先生说："在洲际经济中，东亚地区可以成为中心和门户的地方，除了上海，香港也是一个。但是香港的发展要依靠华南这一块腹地的开发。""珠三角"的竞争优势在于同港澳的紧密结合，而港澳的发展也离不开"珠三角"，这为"珠三角"的发展奠定了优势。

②改革开放的先行示范区域

"珠三角"的发展完全得益于改革开放，得益于改革开放带来的外资拉动，也就是贸易理论里面讲的"三来一补"促进了珠三角地区的发展。2008 年国家对"珠三角"首次站在国家战略进行定位，提出了"深化改革先行区"的定位，国家要求"珠三角"区域继续承担全国改革"试验田"的历史使命，大胆探索，先行先试，在重要领域和关键环节率先取得突破，为实践科学发展提供强大动力，为发展中国特色社会主义创造新鲜经验。

《珠三角地区改革发展规划纲要（2008—2020 年）》（以下简称《纲要》）的颁布，将这种排头兵意识推到了全新高度。"探索科学发展模式试验区""深化改革先行区"，《纲要》对珠三角的战略定位已经再明白不过地宣示：整个珠三角就是一个"科学发展，先行先试"的大特区。②

在这份近 3 万字的纲领性文件里，"率先""先行先试"等字眼出现了近 40 次，明确授予"珠三角"的全国性试点有 9 个，示范区、试验区高达 12 个。最令人瞩目的是，"深圳综合配套改革试验区"的字眼出现在《纲要》里，惠州、佛山、中山被确定为统筹城乡发展综合改革试点，四个市戴上"新特区"的帽子，"珠三角"由此获得了巨大的探索和发展的空间。

当好排头兵，核心是当好实践科学发展观的排头兵。因此，"珠三角"要再创新辉煌，就必须强化转型意识，走出传统发展模式的路径依赖，闯出一条科学发展的新路。这是"长三角"和"京津冀"经济圈不具备的优势之一，也是未来促进"珠三角"经济圈发展的重要推动力之一。

综上所述，"长三角"经济圈的区域优势以及发展情况明显较"珠三

---

①　仲大军：《珠三角、长三角谁将执龙头地位》，《珠江论坛》2002 年第 2 期。

②　《珠三角地区改革发展规划纲要解读》，《南方日报》2009 年 9 月 16 日。

角"良好,"珠三角"区域发展的主要竞争对手是"长三角"经济圈,如今"珠三角"同"长三角"在人才、资源、资金、技术的争夺过程中已经处于劣势,如何打造更具竞争力的区域、创建更具影响力的"珠三角"区域品牌是"珠三角"当前面临的重要问题。

(三)广东省"珠三角"区域品牌传播内生态环境分析

1. 传播主体分析

区域品牌传播主体是指有动力和有责任进行区域品牌传播的机构或个人。不同类型的区域品牌传播应该具有不同层次的区域品牌传播主体。一般的区域品牌传播主体应该是"政府领导、协会引导、企业主导"。这一区域品牌传播主体模式比较适合基于产业集群的区域品牌,而对于区域经济一体化的"珠三角"区域品牌传播主体主要有以下几类。

(1)"珠三角"区域政府联盟

区域品牌传播的主体应该是区域政府或政府联盟。有统一行政管辖权的区域中,比如广州市、深圳市、佛山市,区域的政府部门应该是该区域品牌的传播主体。"珠三角"经济圈,由9个城市联合组成,没有统一的区域政府,因此"珠三角"区域品牌传播主体就相应地由区域政府联盟承担,区域政府联盟是政府之间联合成立的协作管理组织。比如1985年底由上海、重庆、武汉、南京4个城市成立的长江沿岸中心城市经济协调会以及自2001年起定期举办的由上海、浙江、江苏的政府领导发起的"苏浙沪合作与发展座谈会"事实上承担了区域营销和传播的任务。[1]

"珠三角"经济圈没有区域政府之间的合作组织,只有"泛珠三角"合作组织。泛珠江三角洲地区概念(即知名的"9+2"经济地区概念)是2003年7月在国内正式提出来。泛珠江三角地区包含了中国华南、东南和西南的九个省份及两个特别行政区,它们是:福建、广东、广西、贵州、海南、湖南、江西、四川、云南、香港和澳门特别行政区。显然,"泛珠三角"合作组织管辖的区域太广,不能有针对性地为"珠三角"区域品牌提供有效的资金、人力、智力支持。因此建立"珠三角"区域合作组织是推动"珠三角"区域品牌推广的重要组织保障和基础。

---

[1]　齐文娥:《区域经济一体化与区域营销》,广东经济出版社2006年版。

（2）"珠三角"9市地方政府

"珠三角"区域内的独立行政政府包括广州、深圳、佛山、珠海、东莞、中山、惠州、江门、肇庆9个城市的地方政府。"珠三角"区域内的9个城市是"珠三角"经济圈的子系统，区域经济系统的各子系统都承担区域品牌传播的职能，尤其是子系统的地方政府更应该承担起区域品牌传播的责任。

"珠三角"区域品牌归属于"珠三角"9个城市，品牌价值并不会归于某一个特定的城市，每一个城市都享有相应的品牌使用权，同时每个城市都应该承担相应的区域品牌创建和传播工作。"珠三角"区域品牌对这9个城市来讲依然属于公共产品，因此每个城市自发创建、传播区域品牌的动力并不强劲。但是由于这9个城市隶属于广东省政府，因此问题就变得相对容易解决，各个城市的分工协作由广东省政府统一协调，建立区域品牌的协作机制，就可以解决各个城市动力不足、互相推诿的弊端。

（3）"珠三角"区域其他利益相关者

"珠三角"区域其他利益相关者包括"珠三角"区域内的企业、行业协会、公众等。"珠三角"区域经济以及"珠三角"区域品牌发展状况与同区域内的企业、行业协会、公众的利益息息相关，因此区域内企业、行业协会、公众显然具有区域品牌传播的动力。

但是，现如今"珠三角"区域品牌尚处于初级发展阶段，区域品牌建设和塑造并不完善，区域品牌形象不够清晰，区域品牌影响力有待提升。也就是说，"珠三角"区域品牌建设和传播需要投入大量资金，虽然企业、行业协会、公众是区域品牌的利益相关者，但是却没有能力承担如此巨大的资金压力，也没有系统化操作区域品牌建设和传播的能力。因此，企业、行业协会、公众虽然具有区域品牌传播的动力，但是"珠三角"区域品牌处于初级发展阶段，它们不可能成为区域品牌传播的主力，只有等区域内硬件、软件等基础设施建设完备、区域品牌影响力逐渐增强的时候，企业才能成为区域品牌传播的主要力量。

（4）广东省政府

基于广东省整体以及"珠三角"区域整体发展的规划，广东省工商局、广东省区域发展管理部门、区域规划管理部门、区域旅游委员会、广东省政府主要官员等机构和个人在一定程度上也应该承担"珠三角"区域品牌传播的责任。

2012 年 4 月，广东省政府发布了《广东省人民政府关于实施商标品牌战略的指导意见》，文件在主要保障措施中提到了加强商标品牌战略实施的组织领导。提出"建立省商标品牌战略实施工作领导协调机制，负责全面统筹、组织领导和督导协调战略实施工作，省工商局具体承担战略实施的日常工作。各有关单位要按照职责分工，共同负责，协同推进商标品牌战略的实施。各级政府要结合当地实际，加强对商标品牌战略实施工作的组织领导，建立相应的工作机制，深入推进战略实施。大力发展商标专业人才队伍，加强基层商标管理机构服务能力建设"①。从中可以看出广东省工商局主要承担了品牌战略实施的日常工作，其他部门按照职责分工，协同推进品牌战略的实施。

（5）国家层面的区域品牌传播者

国家政府的政治领袖、各部门官员、国家级的产业协会等在负责国家品牌传播的同时，也应该负责国家的各子系统区域品牌传播，尤其是对我国较大的"长三角"经济圈、"珠三角"经济圈、"京津冀"经济圈应负有一定的品牌传播责任。

2. 传播媒介分析

传播媒介是区域品牌传播生态内环境中非常重要的因素，媒介及其技术因素决定了区域品牌战略中的媒介选择。当今，新媒体迅速发展以及媒介融合进一步深入为区域品牌传播带来了机遇也提出了挑战。目前，区域品牌传播使用的媒介一般有以下几种。

（1）大众传播媒介

大众传播媒介主要包括报纸、广播、电视、杂志、电影、书籍等一些传统媒体。大众传播是我国区域品牌传播的主要方式之一，区域传播主体在大众媒体发布广告是区域品牌传播的主要方式，报纸和电视一般是区域品牌广告的主要投放媒体。以图文并茂的形式在报纸上做全版的宣传广告以及在电视媒体上播放形象宣传片也是区域品牌传播常见的方式。如今一些高端精美的杂志也成了区域品牌传播的重要媒介，比如《中国国家地

---

① 《广东省人民政府关于实施商标品牌战略的指导意见》，广东省人民政府网，2012 年 4 月 5 日。

理杂志》中就可以经常见到区域品牌广告。书籍具有承载信息量大、叙述深入、有收藏价值等特点，因此在区域品牌传播中也具有独特的传播优势，可以作为深入阐释区域品牌内涵、深度解读区域品牌价值观、剖析区域品牌历史文化的重要媒介。大型演出也在区域品牌传播中逐渐占据了举足轻重的作用，比如张艺谋擅长的《印象××》之类就是区域品牌传播很好的载体。

（2）组织、群体传播

组织和群体传播是区域品牌传播中另外一种比较重要的传播方式，比如我们熟悉的招商会、洽谈会、商贸会、合作论坛等都是区域品牌重要的传播方式。

广州交易会，简称广交会，英文名为 Canton fair，创办于 1957 年春季，每年春、秋两季在广州举办，迄今已有五十余年历史，是中国目前历史最长、层次最高、规模最大、商品种类最全、到会客商最多、成交效果最好的综合性国际贸易盛会。自 2007 年 4 月第 101 届起，广交会由中国出口商品交易会更名为中国进出口商品交易会，由单一出口平台变为进出口双向交易平台。广交会以出口贸易为主，也做进口生意，还可以开展多种形式的经济技术合作与交流，以及商检、保险、运输、广告、咨询等业务活动。来自世界各地的客商云集广州，互通商情，增进友谊。[①] 随着经济贸易逐渐深入，各地的交易会也逐渐增多，比如中国（北京）国际服务贸易交易会、上海全国消费品交易会等，除了这些东部大城市举办交易会以外，其他一些省会城市也均在举办一些洽谈贸易会，而且有些洽谈贸易会的成交额都非常可观。交易会既是商品、服务咨询、成交的平台，同时也是展示形象的传播平台，当然也是区域品牌传播的重要渠道，区域品牌传播主体应该利用好一些大型的交易会作为区域品牌传播的重要平台，展示区域形象、区位优势、区域文化、产业产品，同区域品牌目标受众进行面对面的沟通，可能取得更为良好的效果。

（3）新媒体

当今世界网络、手机等新媒体的发展正在逐步改变媒介的生态格局。

---

① 罗秋菊、庞嘉文、靳文敏：《基于投入产出模型的大型活动对举办地的经济影响——以广交会为例》，《地理学报》2011 年第 4 期。

新媒体的出现不仅打破了传统媒体一统天下的格局，同时也正在威胁传统媒体的生存空间。网络新媒体凭借其互动性强、反馈机制好等特点，逐渐成为了继报纸、广播、电视后的第四大媒体。

网络等新媒体的出现和广泛应用也为区域品牌传播带来了机遇和挑战。一方面，固有区域品牌传播模式中经常使用的大众传播媒体关注度逐渐降低，相应其影响力也大打折扣；另一方面，受众将更多的注意力转向网络、手机等新媒体，如何利用新媒体进行区域品牌传播是一个崭新的课题。

随着 2010 年微博逐渐进入公众的视野，新媒体的应用再次升级，有些人已经将微博作为一种生活方式，足见微博对于人们媒体接触习惯的改变。随着网络的发展，政府与群众互动的方式与时俱进地进入了网络时代。作为一种快捷的迷你型博客，微博也逐渐被越来越多的政府所使用，并在发布信息、服务便民、解决问题、回应问责等方面发挥着越来越大的作用。① 同时微博也成为企业推广产品、宣传形象的重要渠道，鉴于微博越来越大的影响力及其独有的特点，它也能够应用到企业形象宣传中，在网络推广和危机公关方面起到积极的作用。② 而且微博在品牌传播中也具有独特的作用，高效便捷的信息传播、及时公开的双向沟通、危机公关的预防和处理以及营销成本的有效节约等方面的优势已经让微博成为品牌传播的重要渠道之一。

区域品牌的创建和传播需要同受众进行有效的沟通，而且区域品牌传播是一个持续而长久的过程，不可能一蹴而就，因此便捷互动、成本节约的微博就成为区域品牌传播的上佳渠道。

（4）人际传播

人际传播是区域品牌传播媒介选择中经常被忽视、但是实践中却不可或缺的一种传播方式。二级传播理论是扎斯菲尔德在其著作《人民的选择》中提出的，认为媒介所传达的信息和意见有时需要经过意见领袖，然后再到受众。

在区域品牌传播实践中，区域内产业公司遍布全国乃至全球的业务

① 董迎轩：《微博：政府发声新路径》，《新闻战线》2011 年第 2 期。

② 姚正凡：《微博——企业形象宣传的利器》，《商业现代化》2011 年第 3 期。

员、推销员有时候就充当了意见领袖的角色。消费者在购买商品时通常情况下并没有固定的意向品牌，很多时候都会受到推销员或多或少的影响。这时有些推销员就会将自有品牌的产品放置在区域品牌的光环下进行营销，从而起到良好的销售结果。

3. 传播受众分析

"珠三角"区域品牌受众就是区域品牌对谁传播。"珠三角"的整体定位为"亚洲最具活力的都市圈"。华南农业大学学者齐文娥曾经对"珠三角"区域内城市的功能定位进行了如下分析：深圳应该发展成为服务中心、物流中心、信息中心、高科技孵化中心；广州、佛山都市圈应该发展成为亚洲区域现代物流中心、文化中心、产业中心；珠海都市圈应该发展成为娱乐、休闲中心，东莞发展成为亚洲制造中心。可见"珠三角"区域品牌的传播对象主要包括以下群体。

（1）区域产品消费者

区域品牌传播的目的之一是促进本区域产业发展、产品销售。"珠三角"区域是我国重要的经济发展中心，石化工业、汽车工业、造船业、钢铁工业、通信设备、轻工业、软件业、纺织业等多个行业的产业水平已经产值位居中国乃至世界前列。除此之外，"珠三角"区域还拥有众多基于产业集群发展起来的区域品牌，比如"佛山陶瓷""盐步内衣""古镇灯饰""平洲玉器""金沙五金""澜石不锈钢""深圳珠宝""顺德家电""高明合水粉葛""三水饮料""澄海玩具"等在国内以及国际具有影响力的品牌。"珠三角"区域品牌传播的一个重要目标就是让国内外更多的消费者了解"珠三角"以及"珠三角"地区所生产的产品。

因此，"珠三角"区域品牌传播应该认真分析"珠三角"区域产品的热销区域，分析各类产品消费者特点，制定具有针对性的传播策略是取得区域品牌传播效果的基础。

（2）区域产业投资者

"珠三角"加工制造业虽然融入了全球价值链，但产业层次总体偏低，处于价值链的低端，产品附加值不高，自主创新能力还不够强。这主要表现在工业增加值率和劳动生产率较低，核心技术和自主知识产权少。"珠三角"地区相当一部分工业企业仍是以要素和产品低成本而非技术参与国际竞争，经济增长主要靠要素投入和规模扩大来实现。这些问题早在

20世纪90年代就已经出现，广东省和各地政府也注意到产业结构的调整问题，但是这些问题依旧没有得到有效的解决。

2008年国家对"珠三角"区域重新定位，将"珠三角"经济圈的产业升级放在战略转型的框架内。"珠三角"制造业的升级主要体现在三个方面：第一，传统的劳动密集型制造业的价值增值。通过创造品牌、技术创新和管理体制创新，增加产品的附加值和竞争力。第二，资本密集型制造业的发展，包括石化工业、汽车工业、造船业、钢铁工业、通信设备等。第三，向知识和技术密集型转型，即电子信息技术、电脑软件、生物医药、新材料等高科技行业发展。[①]

"珠三角"区域产业转型一方面要依靠区域内企业自身发展，另一方面也要依靠区域外企业的投资。因此，塑造良好的"珠三角"区域品牌形象，让更多的投资者深入认识"珠三角"区域品牌内涵就是区域品牌传播的重要任务。因此，"珠三角"区域品牌传播必须将区域产业投资者作为重要的传播对象，深入研究产业投资者的受众心理、媒介偏好，开展具有针对性的区域品牌传播。

（3）区域外政府

当前，区域政府之间的合作进一步加快，比如"泛珠三角"区域合作以及"大珠三角"区域合作就成为未来发展的趋势，其中"泛珠三角"包括珠江流域地域相邻、经贸关系密切的福建、江西、广西、海南、湖南、四川、云南、贵州和广东9省区，以及香港、澳门两个特别行政区，简称"9+2"。因此，"珠三角"区域品牌传播主体就应该承担起对"泛珠三角"区域其他政府的传播职责。事实上，随着经济一体化的进一步发展，区域政府间合作的范围会越来越大。因此，区域品牌传播应该承担起对区域外潜在合作政府传播的职责。

"珠三角"区域品牌传播不仅应该针对国内的政府，同时也应该扩大到国外政府。2008年，国家对"珠三角"经济区的五大定位中有一项是"扩大开放的重要国际门户"，《珠江三角洲地区改革发展规划纲要》中指出，与港澳紧密合作、融合发展，共同打造亚太地区最具活力和国际竞争力的城市群。创新国际区域合作机制，全面提升经济国际化水平，完善内

---

① 钟坚：《加快推进珠三角地区产业转型升级》，《深圳特区报》2009年6月15日。

外联动、互利共赢、安全高效的开放型经济体系。① 国家对"珠三角"经济区重要国际门户的定位则对"珠三角"区域品牌传播提出了新的要求,面向亚洲、面向全球的区域品牌传播也提上了日程。

四 广东"珠三角"区域品牌传播战略规划与实施

(一) 广东省"珠三角"区域品牌传播SWOT分析

1. "珠三角"区域品牌传播面临的机遇

(1)"珠三角"区域在全国改革发展大局中的战略地位不断增强

2008年国家的《珠江三角洲地区改革发展规划纲要》(以下简称《纲要》),首次明确了珠江三角洲地区在全国改革发展大局中的战略地位,承诺赋予珠三角地区发展更大的自主权,将其打造为全国发展的经济引擎。这一定位对"珠三角"区域品牌的创建和传播都是重要的历史机遇。

《纲要》提出了珠江三角洲地区在全国经济布局的五个战略定位,从而提升了珠江三角洲地区在国家区域发展总体战略上的地位,有利于推动珠江三角洲又好又快发展,有利于推动广东继续成为我国改革开放的排头兵,进一步向世界展示我国坚定不移地推进改革开放的信心和决心。以前,"珠三角"区域只是广东省的腹地,而在《纲要》发布后,"珠三角"则被强调其在全国的重要地位,这一方面说明"珠三角"的影响已经超出了广东省,也说明国家需要"珠三角"在全国的战略和改革中发展壮大。这是"珠三角"发展的总体纲要,是"珠三角"区域发展的机遇。

(2)港澳区域品牌发展将促进"珠三角"区域品牌形象的形成

近几年,港澳地区逐渐走出金融危机的阴影,经济逐渐迈向复苏道路。2011年,香港地区重新定位于"亚洲最具活动的大都市",并进行了一系列调整,这对"珠三角"区域品牌发展具有重要的拉动效应。国家发展和改革委员会副主任杜鹰在分析国家对"长三角"和"珠三角"定位异同的时候表示,整个科、教、文、卫等社会事业发展的水平,长三角比珠三角要强一些。像珠三角地区,我们文件里特别注重的是它怎么深化

---

① 李夏冰:《国家首次明确珠三角定位:全国重要的经济中心》,《羊城晚报》2008年12月19日。

和香港和澳门的合作，而这样一个毗邻港澳的区位优势，又是长三角所没有的。① 北京大学地理科学研究中心教授胡兆量曾经在《香港——珠三角城市群的龙头》一文中写道："明晰珠三角城市群的等级体系，实质是优势互补，捆绑发展，是你中有我，我中有你，天作之合，相辅相成，共同建设具有强大国际竞争力的城市群。珠三角其他城市可以捷足先登，利用香港上市筹资，利用香港的法律、会计、公共关系、市场策略、公司管理等方面的高端服务，与国际接轨。"② 他指出，一个紧密协作的"珠三角"城市群是可持续发展的城市群，将是具有世界一流竞争力的城市群。

2. "珠三角"区域品牌传播面临的威胁

（1）"长三角"区域经济发展迅猛、区域品牌发展良好，影响力逐渐增强

今后的"长三角"经济圈是我国提升制造业水平的重要基地，"长三角"也是我国最早进入后工业化的地区，区域内产业已经形成关联产业。从重工业、成套设备制造业到一套完整的产业链打造均已经完成。"长三角"地区工业化发展水平将标志着我国工业化水平的高低。随着一系列硬件和软件设施逐步完善，"长三角"区域品牌已经对"珠三角"区域品牌产生了很大的冲击力。很多产业的投资逐渐开始从"珠三角"地区向"长三角"地区转移。

"长三角区域是我国一体化进程最紧密、区域统一程度最高、城市高度集中的地区。"长三角区域规划编制小组成员、华东师范大学长江流域发展研究院常务副院长徐长乐认为，长三角区域所具有的重要战略地位，是其他十几个规划区域无可比拟的。③ 国家发布的《长三角发展战略研究报告纲要（2004年）》（以下简称《纲要》）指出，以上海为龙头、苏浙为两翼的长江三角洲地区，正引领我国经济社会的跨越式发展，并成为我国走向经济全球化的前沿。"长三角"地区的发展必须正确面对世界各国的挑战，以全球化为视野，对"长三角"地区发展战略的定位、演化路径和目标进行重新审视。既要作为中国经济社会和谐发展的表率和龙头，更要适

---

① 《发改委副主任解读长三角与珠三角战略定位及发展异同》，新华网，2009年1月8日。
② 胡兆量：《香港——珠三角城市群的龙头》，《城市问题》2004年第2期。
③ 《长三角一体化：定位中国经济的1/5》，《瞭望东方周刊》2010年7月22日。

应经济全球化的要求，确立其在全球范围中应占有的地位。从《纲要》中可以看出，国家对"长三角"的战略定位显然已经超出了其带动国内经济发展的作用，而是站在了更高的位置定位"长三角"，希望"长三角"可以参与到国际竞争中，确立在全球范围的地位。经过几年的发展，如今的"长三角"不管是经济总量还是产业升级都走在了全国前列，远远地超越了"珠三角"以及"京津冀"地区。

《长三角发展战略研究报告纲要》对"长三角"的定位是走向中国最强劲的经济增长极、走向重要的全球制造业基地、从区域市场走向全球市场、走向世界级的大城市群。国家对"长三角"区域的定位要明显高于2008 年发布的《珠三角地区改革发展规划纲要（2008—2020 年)》中对"珠三角"的定位，而随后几年的发展中，"长三角"也在经济总量、影响力、辐射力方面遥遥领先。

（2）"京津冀"发展潜力巨大、区域品牌定位明确、优势明显、潜力巨大

虽然"珠三角"区域经济发展及区域品牌较"京津冀"区域占据一定的优势，但是由于近些年来"京津冀"经济圈发展势头猛，再加上"京津冀"区域拥有的政策、科技、文化、人才等方面的优势，也对"珠三角"区域发展构成了一定的威胁，后发优势不可小觑。

2006 年之前，"京津冀"区域一体化的发展较"长三角"区域、"珠三角"区域都有很大差距。区域内发展不平衡、行政阻隔、利益博弈等因素都在阻碍"京津冀"区域一体化的发展。2006 年之后，天津的迅猛发展打破了"京津冀"区域格局的平衡，天津的 GDP 增速为 16.4%，位居全国第一。利益博弈，更直接的选择则出于战略考虑。2006 年滨海新区发展上升为国家战略，获得"综合配套改革实验区"政策支持后，天津一发而不可收，以火箭般的速度在五年之内实现了经济总量翻番的壮举。环渤海地区都把目光转向海洋，2011 年年初，《山东半岛蓝色经济区发展规划》出炉，2011 年年末，国务院批复了《河北沿海地区发展规划》，两个上升为国家战略的规划，目标都指向了海洋，环渤海地区的发展由此进入了一个百舸争流、多元竞合的时代。①

---

① 张凡：《京津冀 VS 环渤海经济重心南移　区域整合加速》，《小康》2012 年第 3 期。

河北一直充当着北京与天津之间的第三人角色，以环绕、依托京津两地的经济、战略位置而发展。但是新一轮的发展规划，则使河北得以将重心前移至渤海湾地区，一跃而成为整个环渤海湾的枢纽之地。^①区域一体化发展是区域内城市博弈均衡发展的过程，只有共同发展、互相渗透、联动互补才能实现真正的区域一体化，如今"京津冀"区域各增长极均表现出了长足的发展后劲。

虽然现如今"京津冀"区域发展依然存在很多问题，区域一体化程度依然不及"珠三角"区域，但"京津冀"区域发展的趋势已经形成，而且有足够的能力同"珠三角"区域抗衡。

3. "珠三角"区域品牌传播的优势

（1）区域品牌传播主体整体运营阻力较小

"珠三角"区域内的 9 个城市同属于广东省政府，行政协调阻力小，这一方面较"长三角"区域以及"京津冀"区域的三省市合作具有较强的优势。

"京津冀"区域主要包括北京、天津、石家庄、唐山、承德、张家口、保定、廊坊、秦皇岛、沧州、邯郸、邢台、衡水。囊括了两市一省，而且由于区域内经济发展极不均衡，因此行政协调的难度和成本也极高。2011 年年底，国家发改副主任杜鹰表示："现在看来，京津冀地区的规划工作还没有完全做到位，接下来还要进一步研究首都经济圈的问题和京津冀一体化发展的问题。"这一变化的根源不仅在于行政阻割及利益博弈，更直接的选择则出于战略考虑。^②

"长三角"区域经济一体化虽然发展较好，但是区域内行政阻隔依然存在，而且在很长一段时间内会成为困扰这一区域发展的重要影响因素。由于行政区经济的牵引，市场分割和地方保护阻碍了经济资源的自由流动和跨地区的经济合作，长三角内部行政分割、政府竞争和地区保护的现象仍很严重，形成了所谓的"行政区经济"现象。资源的有限性以及利益机制的不协调使各行政地位和经济实力相当的城市之间存在畸形竞争。各个城市各自为政，单从自身发展目标出发，使长三角城市之间的经济关系

---

① 张凡：《京津冀 VS 环渤海经济重心南移　区域整合加速》，《小康》2012 年第 3 期。

② 同上。

逐渐离散，导致各个城市以行政区域为界，建立和发展"小而全"的经济体系，没有充分利用长三角广阔的市场。一个行政区的"经济"往往可能导致一个区域的"不经济"。① 而"珠三角"区域内的9个城市同属于广东省政府管辖，协调成本低，行政阻力较小，为区域的整体运营奠定了良好的基础，这也是"珠三角"区域较"京津冀"和"长三角"区域的一个重要优势。

（2）区域品牌传播主体革新创新能力强

"珠三角"区域的成功发展得益于改革开放，同时也和广东人易于接受新生事物、善于创新发展的思想特质有着很大的关联。区域品牌传播是一项需要打破旧有格局，重新建立秩序的系统性工程，传播主体的创新能力是决定传播战略部署和实施成功的关键。

广东讲究务实，没有过多的精神包袱，从而能开创新天地。广东具有制度创新的优势。政府把决策权、执行权、监督权三分后和国际并轨，在财富集聚中起到杠杆作用。这种制度创新的作用在中国国情中怎么估计也不算高②。2008年国家发布的《珠江三角洲地区改革发展规划纲要》中的五大定位中，其中有一条是"深化改革先行区"。"珠三角"将继续承担全国改革"试验田"的历史使命，大胆探索，先行先试，在重要领域和关键环节率先取得突破，为实践科学发展提供强大动力，为发展中国特色社会主义创造新鲜经验。这是国家对"珠三角"区域改革发展30年的肯定，这也反映了"珠三角"区域革新扩展能力的肯定，这也是"珠三角"区域的优势所在。

4. "珠三角"区域品牌传播的劣势

（1）区域品牌缺乏产业创新支撑

产业发展是区域品牌创建和传播的根本基础和重要支撑。一个区域品牌的内涵、品质以及传播动力、传播效果都同区域产业发展有着密切的联系。但是，我国"珠三角"区域品牌缺乏产业创新支撑。

"珠三角"地区的加工制造业之所以被称为"卖硬苦力的"，就是因

---

① 汪飞、何海军：《长三角区域经济一体化进程研究》，《北方经济》2010年第4期。
② 邹华、雷磊、陈岗：《珠三角经济区竞争力的战略研究》，《经济研究导刊》2012年第9期。

为缺乏拥有自主知识产权的产品，仅仅从加工环节中获取利润，拿的是"微笑曲线"中效益最低的那部分。没有创新的动力，珠三角加工制造业的国际地位就不会得到提高，永远处于"打工"的地位，得不到长足发展。从而也对"珠三角"区域品牌的创建和传播造成了很大的负面影响。

广东的专业镇闻名遐迩：顺德的家电、南海的铝材、石湾的陶瓷、古镇的灯饰、龙江的家具、虎门的服装、狮岭的皮具、盐步的内衣……据统计，这样上规模的产业集群镇区，全省有100多个；其中实际生产能力在500亿—1000亿元的，至少有30来个。"广东造"也闻名全球，近十年来，随着产业集群的迅速发展，广东已成为我国乃至世界上电视机、空调、热水器、微波炉、建筑陶瓷、铝型材、休闲服、钟表、玩具、灯饰、家具、皮具、内衣、刀剪的著名制造基地，多项产品产量达到全国产量的30%—50%，有些产品如钟表的产量甚至达到世界产量的80%。然而"广东造"却是贴牌"贴"出来的，许多在市场上颇具盛名的世界品牌产品都是由广东省企业制造，但在国际市场上，却很少见到广东省自主品牌的产品。

"珠三角"的发展基本上是由出口型轻工业带动，依托香港的资金、技术、管理、国际进出口与国内市场，与香港形成前店后厂的协作关系，这一模式已经延续了20年。长期以来形成的"三来一补"经济发展模式严重制约了"珠三角"区域经济的整体发展、创新发展和区域品牌的形成。

（2）区域品牌传播缺乏文化内涵

文化内涵是区域品牌创建和传播的关键因素，也是利益相关者对一个地区区域品牌认知、理解、接受以及采取行动的关键。"珠三角"区域品牌的软肋在于区域品牌缺乏文化内涵。

区域文化是区域品牌的基石，是构建具有长远影响力区域品牌的重要基础，良好的区域文化本身就是区域品牌的重要因素之一，而且也是推动区域经济发展的软实力，对于提升区域形象、区域品牌形象，促进区域经济发展具有十分重要的意义。

"珠三角"区域品牌文化内涵同区域文化发展欠缺有关以外，还同"珠三角"区域的产业发展有着重要的关系。区域品牌的文化既来自这一区域历史的积淀，也同本区域产业发展有关，区域的创新文化来自区域产业的创新发展。纵观"珠三角"区域经济的发展，长期以来形成的"三来一补"发展模式，导致"珠三角"区域的经济陷入了高投入、低回报、劳动密集型、为其他品牌做嫁衣的恶性循环之中，在这种产业环境中也就很难形成具有影响力的区域品牌文化内涵。因此，区域品牌文化内涵是"珠三角"区域品牌在很长一段时间内的欠缺

（二）广东省"珠三角"区域品牌传播战略规划

1. 准确把握"珠三角"区域品牌传播定位

品牌传播定位是通过一系列传播手段使品牌的形象在消费者心目中占有独特的位置。品牌定位是基础，品牌传播定位是品牌定位的延伸，也是品牌定位的执行。

（1）"珠三角"区域品牌定位

根据前文的分析可知，"珠三角"区域品牌存在定位模糊以及同质化等问题。"珠三角"区域品牌的定位有"全国重要的经济中心""亚太最具活力都市圈""亚太重要的国际开放门户"等。显然，"珠三角"区域品牌的定位过多，过多的定位并不会提升"珠三角"区域品牌形象，反而会模糊目标受众对区域品牌的认知，不利于投资者和消费者深入而清晰的认识"珠三角"区域品牌的内涵，不利于受众同"珠三角"区域品牌建立关系，不利于"珠三角"区域品牌在受众心目中占据独特的位置。

"珠三角"区域品牌不仅定位模糊，而且存在同"长三角"定位同质化的情况。"长三角"的定位是亚太地区重要的国际门户、全球重要的现代服务业和先进制造业中心、具有较强国际竞争力的世界级城市群。显然"长三角"的定位同"珠三角"的定位有些相似。广州市社会科学院研究员彭澎博士表示，此次提到的全球重要服务定位，包括上海形成国际航运、金融中心等，都同香港的定位相似，"长三角"的总体定位也与"珠三角"无太大区别，存在雷同现象。

定位是在寻找差异化，就是在寻找特点。"珠三角"区域品牌的定位就是寻找"珠三角"区域品牌的差异化。由于"珠三角"区域的发展同港澳的来往关系密切，"珠三角"的发展离不开港澳，因此"珠三角"的定位应该同港澳的定位有密切的联系，才是对"珠三角"区域品牌的准确定位。从 2000 年开始，香港特别行政区政府组建专门的品牌顾问团采

用科学的品牌管理方法进行策划和塑造，历时整整一年，耗资 900 万港元。品牌顾问团在广泛调查和论证的基础上，综合了香港过去、现在和未来，确定了香港作为"亚洲国际都会"的战略定位。[①] 香港"亚洲国际都会"的定位也为"珠三角"区域品牌的定位提供了指引方向，按照香港定位的逻辑，"珠三角"区域品牌可以定位于"亚洲最具活力城市群"，这一定位可以很好地反映"珠三角"区域现有的经济发展能力和辐射能力，也可以同"长三角"区域"具有较强国际竞争力的世界级城市群"的定位区分开来。

（2）"珠三角"区域品牌传播战略定位

区域品牌定位是区域品牌传播定位的基础，将"珠三角"区域品牌定位于"亚洲最具活力的城市圈"，这就为"珠三角"区域品牌传播定位奠定了基础。"珠三角"区域品牌传播定位就可以围绕这一定位展开，主要有区域品牌传播主体、区域品牌传播渠道、区域品牌传播内容、区域品牌传播受众。

①传播主体：从区域合作到区域整体运营

区域品牌传播战略首要考虑的问题是传播主体，也就是确定谁来传播的问题。这是因为区域品牌传播包含的主体太多，而区域品牌传播主体过多必然导致的市场无效率问题。不管是基于产业集群的区域品牌还是基于区域经济一体化的区域品牌，"搭便车""智猪博弈"等情况总是无法避免。因此，建立区域品牌传播主体责任机制是区域品牌传播战略中最为重要的问题。

"珠三角"区域品牌传播战略分析首先要确定区域品牌传播主体，具体来说"珠三角"区域品牌传播主体可以由以下几个部分组成："珠三角"区域政府联盟、"珠三角"九市、"珠三角"区域利益相关者、广东省政府、国家层次的区域品牌传播者。无疑，"珠三角"区域政府联盟是最佳的区域品牌传播主体。

②"珠三角"区域内 9 市定位

"珠三角"区域品牌虽然属于区域内的每一个城市，但是并不独属于任何一个城市，而是属于公共品。公共品具有公共属性，公共属性决定了

---

① 齐文娥：《区域经济一体化与区域营销》，广东经济出版社 2006 年版。

"珠三角"区域内的任何一个城市都可以受益，即使是那些在区域品牌建设和传播中不出力的城市也可以享有区域品牌，这就产生了"搭便车"行为。区域内一个城市的"搭便车"行为具有示范效应，而且这种现象具有快速的蔓延特点，最终的结果就是整个市场的无效率。最终导致了"珠三角"区域内的任何一个城市都不会以非常高的成本代表而换取极低的受益，而且更为重要的是还会被别人分享。因此，"珠三角"区域内的9个城市如果没有统一的组织，那么任何一个城市都不可能为区域品牌贡献太多的力量。

③区域内的企业定位

企业在区域品牌传播中应该占据主导地位，但是前提条件是区域政府已经建设了良好的硬件和软件的前提下，企业才会承担一定的区域品牌传播责任。但是现如今"珠三角"区域品牌显然还处于初级阶段，不管是硬件还是软件都需要进一步完善，企业在这一阶段不会对区域品牌投入太多资金。

企业的投资决策会按照投入产出的原理来分析投资回报率。区域品牌传播对于企业来说是一项投入很大、收益很小的投资，企业的逐利性特征决定了企业一般不会做这种亏本的投资项目。在品牌建设和传播中，企业宁愿建设自由品牌而不愿建设和传播区域品牌。因此区域内的企业缺乏区域品牌传播动力，显然现阶段"珠三角"区域内的企业不是区域传播主体很好的选择。

④广东省政府传播定位

低层次经济系统的区域品牌传播是高层次区域品牌传播的组成部分，其总体传播水平的高低直接影响着高层次经济系统区域品牌传播的水平。也就是说"珠三角"区域品牌传播水平的高低直接会影响广东省区域品牌传播水平的高低。因此，广东省政府在创建和传播"珠三角"区域品牌责无旁贷，而且是"珠三角"区域品牌创建和传播前期阶段重要的责任主体。比如区域经济一体化、区域政府的整合等都应该是广东省政府承担的责任，但是当"珠三角"区域品牌建设和传播机制已经基本搭建完成以后，广东省政府就应该退出主导的地位，而应该发挥引导作用即可。

⑤区域政府联盟：从区域合作到区域整体运营

建立区域政府合作机制是"珠三角"区域品牌传播主体责任解决的必然走向。也就是说，我们需要从区域合作到区域整体运营思维的转变。

区域整体运营，是在区域社会经济发展国际化、市场化、信息化、法制化条件下，从整个区域全局出发，加强政府间合作，实行区域调控式的转换，联动营造一个打破区域政府间壁垒的区域政府联盟，以有利于资源和信息的自由、合理、充分、顺畅地流动和配置。共同制定区域品牌传播战略、制度、合作机制，以提高区域品牌传播综合竞争力。

（3）区域品牌传播方式：整合传播

在信息爆炸的当今社会，受众每天都在以不同的方式接触数以万计的信息，在信息过剩社会，受众的信息敏感度也在不断下降。在这样的背景下，品牌传播主体应该思考如何以有效的方式接触受众以及改变受众的消费倾向和购买行为。

整合传播从广告心理学入手，强调与受众进行多方面的接触，并通过接触点向消费者传播清晰一致的企业形象。这种接触点小至产品的包装色彩大至公司的新闻发布会，每一次与消费者的接触都会影响到消费者对公司的认知程度，如果所有的接触点都能传播相同的正向的信息，就能最大化公司的传播影响力。[①]

整合传播是综合行销、传播、广告的核心技术和方法，对品牌进行完整规划与设计的系统工程，囊括了一切品牌展现在消费者面前的动作与态势。区域品牌整合传播的核心内容是区域的形象、定位、以及由此而形成的区域品牌。所有这些都标示着区域可以为目标受众带来的独特利益和价值。围绕这一核心内容，区域应运用多方位的、立体式的传播手段和工具进行整合传播。

当前，我国区域品牌传播普遍存在缺乏整合传播意识的问题，"珠三角"区域品牌传播也不例外。区域品牌是一项系统工程，并且涉及众多传播主体、受众，因此建立区域品牌整合传播机制，整合区域品牌传播资源，创建统一的区域品牌形象，运用多样化的传播手段，构建同受众多信息接触点的传播方式是区域品牌传播取得良好效果的重要保障。"珠三角"区域品牌传播主体应从战略的高度制订长远的区域品牌传播计划，并在区域品牌形象、核心价值、口号等战略要素上实施统一的、集中的传播，不断积累区域品牌价值和品牌资产。

---

① 张金海：《整合品牌传播的理论与实务探析》，《黑龙江社会科学》2008 年第 5 期。

（4）区域品牌传播内容：提升品牌文化内涵

消费社会中，品牌是一种符号价值，是身份、地位、权力、品位的体现。同理，区域品牌也是一种符号价值，代表了一个区域的历史沉淀、文化内涵、创新能力、资源禀赋、科技发展、政务能力等。这是消费者和投资者以及区域外潜在合作政府在消费、投资、合作之前比较关注的要素，也是区域品牌的价值内涵。

通过前文分析"珠三角"区域竞争对手以及自身的优劣势，我们可知文化内涵是"珠三角"区域品牌的软肋。相对于"长三角"和"京津冀"而言，"珠三角"经济圈的区域品牌的文化内涵有所欠缺。提升区域品牌文化内涵既属于品牌传播范畴也属于品牌建设范畴。因此，加强区域人文建设是珠三角改善区域形象，提升区域吸引力、塑造良好区域品牌的必要途径。具体措施包括：深入挖掘岭南文化，注重创新文化建设，加快发展文化产业，深化文化体制改革，加强文化设施建设，建设高素质文化人才队伍等。

（5）传播受众：细分受众，精准传播

区域品牌传播是一个复杂的系统，牵涉的传播主体众多，同样面对不同的受众。因此区域品牌传播必须讲求针对性、精准性传播。

区域品牌传播受众分为消费者、投资者、区域外潜在合作政府等。显然，针对不同的受众应该具有不同的传播内容和方式。因此细分受众，精准传播对于取得良好的传播效果具有决定性作用。

另外，由于珠三角经济圈承担开放的国际门户重任，因此同时还应进行区域品牌的对外传播。细分国际受众也是"珠三角"区域品牌传播需要深入研究的课题。

2. 制定"珠三角"区域品牌传播战略

区域品牌传播战略是区域品牌主体根据区域所处的外部环境对区域品牌准确定位后所制订的区域品牌传播系统实施方案。

由于"珠三角"区域品牌没有系统的传播战略方案，仅有广东省人民政府关于实施商标品牌战略的指导意见，这一指导意见中虽然提到了区域品牌的创建和传播，但是并没有详细的区域品牌传播战略。因此"珠三角"区域品牌传播主体应该根据实际情况制订具有可行性的区域品牌传播战略方案，以战略的视野指导"珠三角"区域品牌的定位、传播、执行、评估等环节。可以按照以下程序制定"珠三角"区域品牌传播战略。

（1）确定"珠三角"区域品牌传播主体

"珠三角"区域品牌传播主体应该是"珠三角区域政府联盟"，由其承担主要组织、协调职责，"珠三角"9个城市应积极主动承担区域品牌传播责任。

（2）了解并研究目标受众

"珠三角"区域品牌传播的目标受众主要有区域产品消费者、投资者、区域外政府以及公众。

（3）进行品牌定位

通过将"珠三角"区域同"长三角"区域、"京津冀"区域进行对比以及分析"珠三角"区域的优劣势，我们对"珠三角"区域品牌进行了探索性的区域品牌定位，将"珠三角"区域定位于"亚太地区最具活力城市群"。

（4）确定品牌传播的信息

在找准"珠三角"区域品牌定位以后，需要把"珠三角"区域相关的优势信息，比如探索科学发展模式试验区、深化改革先行区、扩大开放的重要国际门户、世界先进制造业和现代服务业基地、全国重要的经济中心等与品牌的定位相关联的信息以适合的角度传播出去。

（5）选择并组合传播媒介

根据"珠三角"区域品牌推广的不同阶段、不同区域进行媒介组合，区域品牌传播一般会采取整合传播方式，利用各种媒介传播的组合优势传播区域品牌的整体形象。

3. 设计"珠三角"区域品牌的形象识别系统

品牌传播的实践表明，通过自觉的、富有创造性的文化形象创意，可以唤起受众的认知能力，调动人的社会传媒潜能，融会出新的欣赏潜能。[①]区域品牌是区域参与市场竞争的重要载体和富有优势的战略财富。品牌代表区域的视觉形象和文化形象，它包括品牌标志，区域内涵及其附加值、象征和形象。清晰的区域品牌形象可以在潜在的消费者、投资者、合作者

① 陈玉英:《历史文化名城旅游形象浅析》,《北京第二外国语学院学报》2001年第3期。

心中建立起良好的互动关系，对消费、投资决策产生一种惯性思维，形成一种先入为主的偏见。

区域品牌受企业品牌形象设计理念的启发，把企业识别系统引入到区域品牌形象设计中来，就形成了区域品牌形象标识。它是受众对区域的总体认识和评价，是对区域内在与外在精神价值的提升与感知，是区域品牌的核心。

形象标识战略是一种结合了现代形象设计观念和企业的营销管理理论的实体性和非实体性的整体传播系统。① 其含义是运用视觉设计原理，将区域的理念与本质视觉化、规格化和系统化，以商标或区域的标志造型与色彩的设计作为表达的核心，将区域的营销、管理观念思想以及区域产品和区域的特色等，通过视觉艺术和强有力的宣传活动传播给公众，使公众对该区域产生一致的认同感，从而赢得社会大众及消费者、投资者、合作者的肯定与信赖，有效地塑造良好的区域品牌形象，提高市场竞争力。

形象识别设计是实施区域品牌形象战略的有力武器，有利于提高目的地的知名度和美誉度，增强区域品牌的竞争力。形象识别设计的策划是一个复杂的系统工程，品牌理念、定位标识、品牌视觉形象标识、品牌行为标识以及品牌听觉形象标识，五者共同构成品牌形象标识。②

"珠三角"区域品牌形象识别设计的整体性表现为以"珠三角"区域精神理念为灵魂核心，向行为规范与视觉识别传播扩散，三者相互作用而形成一个密不可分的整体。品牌理念/定位标识、品牌视觉形象标识、品牌行为标识，三者不仅具有密切的关联性，而且具有很强的层次性。其中品牌理念/定位标识是导入"珠三角"品牌形象标识设计的原动力，是最高决策层次；品牌视觉形象标识、品牌行为标识和品牌听觉形象标识，分别是动态的、静态的识别形式，是具体的操作层次，决定了"珠三角"区域品牌核心价值能否被目标受众识别、认知以及认知的程度。具体构成图7—2所示。

图7—2中视觉形象识别系统主要包括"珠三角"品牌名称、品牌标识、可能的商标、logo、代表性人物、旅游纪念品、交通工具、宣传牌、视频制品等。行为标识大致可分为两类：一类是内部标识，即"抓三角"

---

① 陆南：《品牌传播中的体验营销研究》，《现代广告》2011 年第 8 期。
② 刘晓英：《基于企业文化的品牌传播研究》，《企业研究》2007 年第 8 期。

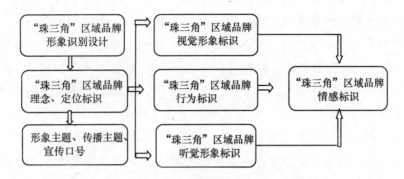

图 7—2　"珠三角"区域品牌形象识别系统设计

区域品牌管理部门的形象、工作人员形象以及"珠三角"区域居民形象等；另一类为外部标识，如区域产品、品牌推广活动等。而"珠三角"听觉形象识别系统则包括"珠三角"区域形象宣传歌曲以及能够代表"珠三角"区域品牌形象的音乐资料等。

"珠三角"区域统一的形象标识系统设计不论在广告传播、会展推广、参观旅游，目标受众都会感受到"珠三角"区域品牌形象识别带给他们的深刻印象，从而给受众带来亲切感和忠诚度。

（三）"珠三角"区域品牌传播战略实施与推广

目前，我国三大城市群的区域竞争逐渐增强，相互间抢夺投资的案例也时有发生，为了避免恶性竞争，三大城市群都在实施区域品牌战略。但是制定可行性较强的区域品牌传播战略并非易事，而实施品牌战略，使之纳入正轨彰显价值，更是系统性的工程。[①]

1．"珠三角"区域品牌传播战略的实施

（1）建立省市联动机制是"珠三角"区域品牌传播战略实施的组织保障。

区域外品牌实施与推广涉及区域内外，特别是区域外推广比区域内品牌推广所涉及的范围更广、牵涉的利益关系更多，是一项更为艰巨的工程。因此，建立"珠三角"区域品牌推广机构或者委托第三方承担区域

---

① 汪飞何、海军：《长三角区域经济一体化进程研究》，《北方经济》2010 年第 4 期。

品牌推广的任务是全面系统实施区域外品牌推广的重要保障。区域品牌推广应充分调动广东省尤其是"珠三角"区域内的 9 个城市的积极性，让各个城市以及区域内的企业都承担起区域品牌传播的责任。比如在"珠三角"9 个城市的高速公路户外广告大牌上放置"珠三角"区域品牌的统一宣传口号、统一的形象识别，可以让每一个通过高速公路进入"珠三角"区域的人对"珠三角"区域的定位、形象产生一个初步的认识；同时，在全国性媒体上进行统一的形象宣传与展示；另外"珠三角"区域内主导产业的企业也可在企业的生产园区传播"珠三角"区域品牌的宣传口号和形象识别，使这些企业的消费者、合作伙伴在进入园区的过程中可以接触到"珠三角"区域品牌的内涵和形象。总之，建立省市联动推广机制，调动区域内相关利益者的积极性，共同参与区域内的品牌推广是实施的基本保障。

（2）制定规范的实施流程是"珠三角"区域品牌传播战略实施的制度保障

在区域品牌传播推广机构建立起来后，还必须确定规范的实施流程。依据战略实施理论的要求，具体的实施流程可确定如下（见图7—3）：

首先，确定目标受众。确定目标受众是品牌推广的起点，企业品牌定位中都有自己明确的细分市场和消费者，区域品牌在进行品牌的传播推广时也要根据受众的不同来选择恰当的传播方式。[1] 区域产品消费者、区域项目投资者、区域外政府合作者以及公众无疑是"珠三角"区域外传播的主要受众。

其次，确定"珠三角"区域品牌传播的目标。就是期望传播达到的效应，这决定了传播投放力度和推广成本。

再次，传播内容的设计。要让潜在的受众快速认知"珠三角"区域品牌，并不断培养他们的品牌忠诚度，必须精心设计传播的信息内容、结构、形式和诉求方式。"珠三角"区域品牌传播应该重点加强对区域品牌形象、品牌文化内涵的传播，以更加形象化的识别系统向区域内受众传播区域品牌的核心精神。基于"珠三角"区域品牌目标，应该在传播过程中将区域品牌的定位作为区域品牌传播的主要内容，让区域内外公众明确

---

① 杨松霖：《品牌传播的新思维》，《东方企业文化》2008 年第 9 期。

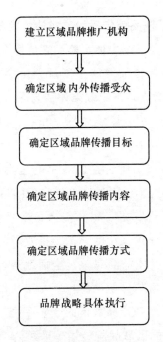

图 7—3　"珠三角"区域品牌实施流程

区域品牌的特色，深刻了解区域品牌的内涵。另外当区域品牌形象标识系统设计完成后，"珠三角"区域品牌形象标识系统也是区域品牌传播的主要内容之一，让区域内外的公众认识、熟悉、理解"珠三角"区域品牌识别系统是区域品牌传播战略的重要内容。当然区域品牌传播的具体内容应该根据具体的传播环境、受众、时机确定来确定。

最后，选择传播渠道。可以综合运用广告、公共关系、直接营销、渠道展示、销售促进和人员推销等方式向目标消费者传达"珠三角"区域品牌的核心价值，以在受众心目中建立良好的品牌形象。

区域品牌推广是一项复杂的工程，是区域品牌形象与受众接触、影响受众的关键所在，因此不论是区域内推广还是区域外推广都应该根据"珠三角"区域品牌传播的现状制订一套切实可行的方案以全面执行区域品牌推广计划。

（四）"珠三角"区域品牌传播战略实施的效果评估体系

品牌传播效果评估是传播主体了解品牌传播战略执行结果，改进品牌传播战略的重要依据，是传播主体控制品牌传播的重要基础数据。因此"珠三角"区域品牌传播应该制定效果评估制度，及时掌握"珠三角"区域品牌传播的实时情况，深入了解"珠三角"区域品牌传播的执行情况，适时调整区域品牌传播战略。

评估"珠三角"区域品牌传播的效果就是要验证是否通过传播手段达成了原先设定的传播目标，而这些传播目标的达成，依赖于两个维度的努力：一是区域品牌传播发端（媒介传播角度）的传播目标达成；二是区域品牌传播受端（受众接收角度）的传播效果的实现。① 只有从发端和受端两个维度进行评估，才能够完整、全面地透析区域品牌传播的效果，进而挖掘其对于"珠三角"区域品牌传播真正的价值及意义。

1. "珠三角"区域品牌传播载体的效果评估

对于传播载体角度的区域品牌传播效果评估。主要是考察品牌传播发布的媒体数量及质量，比如发布媒体级别、首页首频率、大面积比率、受众吻合度、转载率等。为了更加细致地了解区域品牌传播的情况，可视传播情况及需求的差异分别对比平面、电视、网络、户外等不同媒介的传播效果，也可以进行全媒体的整体比较。

2. "珠三角"区域品牌受众接收的效果评估

我们可以从分析受众信息接触行为开展对受众接收角度的公关传播效果评估。对于受众来说，无论是日常公关（事件）信息还是危机信息，从其接触这类信息到相关信息对其消费行为产生影响的整个阶段中，基本都遵循先接触到信息，然后对其分析解读，并产生观点或偏好，最后消费行为发生改变的规律。② 基于此，"珠三角"区域品牌传播受众效果评估也围绕这三个角度展开，即评估区域品牌传播对受众的传播覆盖力、品牌提升力以及销售促销力。

首先，评估"珠三角"区域品牌传播对受众的影响。要研究"珠三

① 李超：《C 房地产公司的品牌战略管理研究》，硕士学位论文，昆明理工大学，2011 年。
② 余贤君：《心理学眼中的品牌传播》，《广告研究》2009 年第 4 期。

角"区域品牌传播手段的覆盖能力，即事件、活动、新闻等在受众中的到达率、到达频次乃至到达方式（首次到达、二次、三次等）。

其次，分析"珠三角"区域品牌传播是否提升了区域品牌、区域产品、区域服务在受众心目中的形象及地位。即分析接触了相关事件的受众群体，在品牌/区域产品认知度、品牌/区域产品喜好度、品牌/区域产品信赖度、区域互动性/认同感方面的较之以前的提升力度。

最后，深入地挖掘"珠三角"区域品牌传播是否拉动了区域品牌/区域产品的销售/合作意向。即要从信息关注度、预计购买率、实际消费率角度进行评估和研究。当然这也是效果评估中最难监测的一项，因为区域品牌传播同企业品牌传播不同，区域品牌传播是一个长期的过程，品牌传播并不直接以追求产品的成交率为目的，因此这项监测难度较大，但是却是区域品牌传播效果评估的一个重要指标。

第 八 章

区域品牌视觉传播

——以广州为例

一 区域品牌化与视觉传播的转型

（一）区域品牌化

1. 区域品牌化

区域品牌化是对区域品牌进行可消费化形式的一种演化，这样的衍化对区域品牌构成要素形象化的呈现提供可行依据。国外众多学者采用"place branding"来表示"区域品牌化"。国外最早提出区域品牌化的学者凯勒认为，在一个区域内，当区域像产品或者服务一样能够品牌化时，这个名称或许会成为这个区域的真实名称。区域品牌化目的是让人们了解区域品牌的实际存在，通过间接的互动对地区产生一定的联想，通过品牌的联想形成一个在该地区的消费行为，并产生相关信任度[①]。也有学者认为，区域可以像产品或服务那样品牌化，能够产生实际的效益。在区域品牌化方面主要是针对公司品牌化和原产国形象的研究，莱尼斯托、福格德和阿韦等学者认为区域品牌与公司品牌有很多的相似性、重复性、关联性和识别性，都需要合理的管理。因此区域品牌化是区域品牌在理论层面的扩展和应用，一个具体的区域品牌化是公司品牌化的应用延伸。[②] 原产国形象的最早研究者迪希特和原产国形象实证研究者斯库勒认为原产国形象

---

① 孙丽辉等：《国外区域品牌化理论研究进展探析》，《外国经济与管理》2009 年第 2 期。

② George Allen：place branding：New tools for economic development [J]，*Design Management Review*，2007，pp. 60 – 68.

对于产品的影响力起着显著作用，同样区域品牌化对于提升区域和区域内品牌的影响度、认同度等起着关键性作用。

本研究提出，区域品牌化是通过对区域品牌影响要素的分析，结合社会传播环境，构建适合地区需要与特点的区域品牌传播的集成系统，并且让这一系统与当前自媒体传播形态相契合，在传播中产生一种互动效应，在互动中形成区域特有的品牌产值，使受众能够对该地区有一个全面的认知，从而起到区域品牌"自营销"[①] 的功能。

2. 区域品牌化的研究视角

对于区域品牌化的研究视角学者主要集中于以地理区域来命名的研究，它包括了国家的品牌化、区域（城市）品牌化和目的地的品牌化，产业集群的品牌化几方面。所以，关于区域品牌化的研究视角是区域的品牌化，目的地的品牌化和产业集群的品牌化三大方面。在区域品牌化方面国外学者 Laaksonen 等（2006）通过实证研究提出了一个"四维三层"的概念模型，它包括自然维、文化维、产业维、建设环境维及观测层、价值层和环境层几方面。[②] 国内学者钱明辉、李军（2010）认为城市品牌化应包括城市品牌识别、城市品牌结构、城市品牌定位、城市品牌沟通、城市品牌审计等环节。其他学者主要从非物质文化遗产品牌化（赵军，2008）、城市管理品牌化（钱明辉，2009）、原产地品牌化（崔丽辉，2011）、地理区域标志品牌化（苏悦娟，2013）等几个方面来探讨区域品牌化的发展路径及其重要性。

目的地的品牌化从一定的程度来说包括在区域品牌化的范畴之内，对于目的地品牌化的研究是针对特定区域内特定对象的内外感知和认知，更多层面是目的地形象的视觉传播过程，通过特定的行为方式来引导和传达目的地原有形象和诱导形象，使人们能够在情感方面被感知，在功能方面被认知，从而形成麦克卢汉认为的一种"感知比率"，即人的多种感觉方

---

① 自营销概念是 Crispin Porter + Bogusky（CP + B）广告创意公司创始人亚历克斯·博古斯基于 2012 年出版的著作《自营销：如何传递品牌好声音》一书中提出的，是基于企业产品品牌在移动互联网时代品牌塑造和品牌传播问题的探讨，文章中自营销是针对区域品牌化在媒介景观时代的传播研究。

② 孙丽辉等：《国外区域品牌化理论研究进展探析》，《外国经济与管理》2009 年第 2 期。

式都是全面发展的，多种方式间存在着一种比率①。因为不同目的地品牌化过程大致类同，都是各种要素的结合和重构，学者 Cai（2002）认为目的地的品牌化是通过品牌要素重构，品牌识别和品牌形象三方面来构建的一个品牌循环模型②，并通过形象要素、行为要素和营销公关活动建立的一个动态化的品牌的识别传递过程，通过这样的方式在消费者影响中建立目的地访问行为的形象。

3. 区域品牌化的构成模型

区域品牌的视觉传播属于传播学中传播的战略管理范畴，要研究具体的视觉传播实际上是研究区域品牌的构成要素符号化、视觉化、可视化的概念模型，最终将这一理论模型拓展应用到具体的实际区域内，让区域发挥最大的品牌效应和经济效益。所以，在此之前先要解决区域品牌化的集成要素问题，这一要素的组合和重构将有利于重新构建区域品牌视觉传播的概念模型。

区域品牌化构成要素的分析，可以借助管理学中集成论的集成关系来研究，它包括集成单元（集成要素）、集成模式（集成类型）、集成环境（外围环境）三个方面③，集成单元作为一个关系链中基本单元或者基本条件存在，它构成了这一集成系统中的子系统或者子子系统；集成模式是集成单元之间通过相互作用、整合作用或交叉作用发生的一种行为方式；集成环境是集成关系外在环境因素，它可以影响或改变系统以及系统之间的关系链条。同样区域品牌化的形成也是这样一个集成的系统，各系统要素之间通过外部的环境在发生着变化。

区域品牌化作为一个集成系统，由各子系统构成：A1 自然资源子系统、A2 科技与人才子系统、A3 文化与旅游子系统、A4 经济环境子系统、A5 城镇建设子系统、A6 社会子系统六大系统构成，可以是一个整体的集成关系，也可以是六个集成的分支关系，但是相互之间始终存在着一定的交互关系。假设 A 为集成系统，则 A =（A1，A2，A3，A4，A5，A6），

---

① 李鸿祥：《视觉文化研究——当代视觉文化与中国传统审美文化》，东方出版中心 2005 年版，第 45 页。

② 孙丽辉等：《国外区域品牌化理论研究进展探析》，《外国经济与管理》2009 年第 2 期。

③ 海峰等：《集成论的基本范畴》，《中国软科学》2001 年第 1 期。

同时集成要素之间也会发生不同的行为方式，例如 A1 + A2 = A1122 形成相互作用，A1 + A2 = A1221（A2112、A2211、A1212）形成必要的整合，A1 + A2 = A12 形成交叉复制的行为。如果当 A1 作为集成系统时，子系统要素 B1、B2、B3、B4 与变量层 C1…C9 同样发生着交互交叉的行为（见表 8—1）。

在区域品牌化的集成系统中，将 A1、A2、A3、A4、A5、A6 设定为子系统，B1…B10 为集成单元层，C1…C44 为要素变量层，一共有 10 个集成单元层，44 个集成要素变量层。

表 8—1　　　　　　　　区域品牌化构成要素一览

A1 自然资源子系统	
B1 地理位置	
C1 中心城市与国内地区关系	A2 科技与人才子系统
C2 中心城市与邻国地区关系	B5 教育水平
B2 资源禀赋	C10 区域内总人数
C3 矿产资源保有量	C11 适龄儿童入学率
C4 森林覆盖率	C12 本科及以上学历人数
C5 野生动植物总数	C13 国家重点工程院校数量（211、985）
B3 气候资源	B6 区域科技创新能力
C6 年降水量与年沙尘量	C14 区域内年申请专利数量
C7 年日照与年平均气温	C15 国家大型科研机构
B4 可持续发展	
C8 工业三废处理率	
C9 区域内重要污染源总数	
A3 文化与旅游子系统	A4 经济环境子系统
B7 民族宗教	B9 经济结构
C16 区域内民族风俗与图腾的数量	C23 三大产业各自的比重
C17 区域内信教人数/区域总人数	C24 能源消耗量与能源产量
B8 旅游资源	C25 粮食消耗量与粮食产量
C18 非物质文化遗产数量	B10 经济微观
C19 历史文化名城数量	C26 区域内上市公司数量
C204A 级风景区数量	C27 区域内名牌企业数量
C21 国家级博物馆数量	C28 区域内传统"老字号"数量
C22 红色老区数量	

续表

A5 城镇建设子系统	A6 社会子系统
B11 城市化水平	B14 社会稳定
C29 非农业户籍数量	C37 区域基尼系数百分点
C30 大型城市数量（100 万人以上）	C38 区域刑事案件发案率
B12 市容市貌	15 社会压力
C31 公共活动空间及绿地面积	C39 未就业人数比例（年）
C32 垃圾日处理能力及日产出量	C40 老龄化人口比重
C33 年度新楼盘总面积	C41 消费压力（物价、房价）
B13 基础设施	C42 自杀率
C34 区域内交通、通信设施数量	B16 医疗卫生
C35 工业园区数量及专业市场数量	C43 区域人口平均寿命
C36 区域内公共空间配套设施	C44 三甲及以上医院总数

通过对区域品牌化集成要素的分析，可以看出区域品牌化由七部分构成：D1 原产地的品牌化，D2 地缘文化的品牌化，D3 非物质文化遗产的品牌化，D4 旅游目的地的品牌化，D5 企业集群的品牌化，D6 地理标志的品牌化，D7 社会环境的品牌化。

表 8—2 区域品牌化构成要素一览

D1 原产地的品牌化	A1 自然资源子系统
	A2 科技与人才子系统
D2 地缘文化的品牌化	A3 文化与旅游子系统
D3 非物质文化遗产的品牌化	
D4 旅游目的地的品牌化	
D5 企业集群的品牌化	A4 经济环境子系统
D6 地理标志的品牌化	A5 城镇建设子系统
D7 社会环境的品牌化	A6 社会子系统

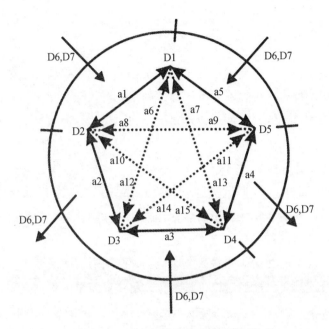

图 8—1　区域品牌化集成循环模型

如图 8—1 所示，区域品牌化集成循环模型中，D1—D5 为集成要素，D6、D7 为集成环境，a1—a15 为集成模式或者集成类型。在这样一个概念模型中相互始终在发生变化，对于区域品牌的品牌化过程起着重要的作用，同时这一过程为区域品牌的视觉传播提供了理论基础，使视觉传播依附于这一概念模型。视觉传播在区域品牌化的过程中作为一种传播技巧而作用于区域品牌。

区域品牌化是区域品牌在理论基础上的提升与运作，对于特定区域而言，可以说品牌解决了"我"是谁的概念，区域品牌回答了"我"的竞争力是什么，而区域品牌化是对"我"能被感知，认知以及消费投资的行为方式。

4. 区域品牌化系统构建的依据

区域品牌向区域品牌化的转变，为区域品牌视觉传播系统的创新与构建提供了重要现实依据和理论依据，因为区域品牌视觉传播是基于全球化媒介景观背景中提出的，系统构建将集合了感知觉的全方位因素，具体因素的表现恰恰是区域品牌化要素的提炼，所以研究区域品牌视觉传播问题首先是对区域品牌化问题的思考和分析。

从现实层面来看，区域品牌化对区域品牌抽象理论进行了归纳分析，将理论与现实背景结合，对区域品牌视觉传播系统建设提供指导意见，主要是把区域品牌的构成要素进行了图标量化分类，用统计的方法形成一个可对比分析的框架。一是适合读图时代的受众对信息的阅读理解，二是类似的构成方式对系统要素的构建形式提出新的模式。而通过个案研究，将区域品牌化问题拓展应用到具体实践当中，不仅对某一区域的品牌化视觉传播提供建议，对全国的区域品牌化视觉传播也具有借鉴意义。

从理论层面来看，区域品牌化是区域品牌在媒介景观社会的转型升级，国外的研究主要是集中于品牌化在大众传播时代品牌的塑造，品牌化理论的探讨从属于传统品牌理论的建构。本研究将立足于管理学、传播学以及艺术设计学的交叉应用来研究区域品牌化问题。区域品牌化的构成要素借用了管理学集成论的理论进行细化，将集成要素、集成类型、外围环境几部分应用到区域品牌化的具体理论建构中，新区域品牌化理论模型（见图 8—1 区域品牌化集成循环模型）的提出将对区域品牌视觉传播系统的创新与构建提供了理论支撑，一方面，是对区域品牌视觉传播系统的拓展提供了思路，打破了原有的企业 CIS 系统三要素直接应用的局限；另一方面，为系统的构建提供了循环理论，使区域品牌视觉传播系统脱离了单方面的传播路径，而形成了一个复杂多元化的循环模型。这些问题的探讨将尝试着对区域品牌视觉传播理论进行补充。

（二）区域品牌化的传播——视觉传播的引入

区域品牌视觉传播的研究立足于以某一地区为区域单位的地域范围，区域品牌的视觉传播首先应该解决区域品牌的构成问题，在区域品牌的完整构成体系下根据当前媒介传播环境和受众接触，重新来构建区域品牌视觉传播体系，以满足当前新媒体时代区域品牌的传播形态以及区域品牌的形象塑造。区域品牌的研究国外学者主要集中于区域视觉塑造、区域营销和区域功能方面；国内学者多集中于区域特色、企业品牌、产品品牌等方面的研究。

本研究的区域品牌探讨是基于全球化媒介景观①时代，对区域整体竞争力提升的一种品牌化研究，包括了打造区域自然品牌、区域科技人文品牌、区域文化旅游品牌、区域经济品牌、区域和谐发展品牌等几个方面。通过对区域品牌的思考，将区域品牌的构成要素进行信息可视化的提炼，尝试着把抽象的内容进行形象化转变，这样一方面作为区域的管理者能够对区域要素之间有一个明显判断，另一方面作为区域内外受众对区域形象有一个直观的认知。因此，在这里关于区域品牌问题的研究将转化为区域品牌化问题的探讨。

1. 视觉传播的界定

视觉传播离不开"图像"，辞海中认为图像是画成、摄制、印制或映现的形象以及物体的形象。视觉传播学者盛希贵认为："图像既包括图画，又包括摄影图片，意义较为宽泛。"② W. J. T. 米歇尔定义为："图像是形象得以呈现的具体的再现客体。"③ 随着媒介环境的变化，人类已经进入了"图像转向"的趋势，图像也可看作一种经过编码的信息，对于图像的研究不能以文字语言的研究思路来解读，而应该基于视觉化，从视觉传播特点出发来研究。

E. Sandra（1995）认为视觉传播是将思维意识图形和信息转化为可视化的文本形式并经由视觉功能的辅助完成的传播活动。韩丛耀从视觉传播的技术路径和方法论工具来解释视觉传播，认为视觉传播首先是对视觉图像的研究。视觉社会建构实现的路径是社会实体的新质媒介，而创造这一媒介的关键，则是确立一种视觉哲学的抒发和认知元点。④ 张浩达在《视觉传播：信息、认知、读解》一书中认为视觉传播学是传播学的一个分支，本身具有鲜明的传播学属性，同时也兼具有视觉艺术学的学科特征。视觉传播实际上是对视觉信息的接收与发布系统及其表现和运行规律的科

---

① 景观社会由法国思想家居伊·德波提出，他认为"世界已经被拍摄"，发达资本主义社会已进入影像物品生产与物品影像消费为主的景观社会，景观已成为一种物化了的世界观，而景观本质上不过是"以影像为中介的人们之间的社会关系"，"景观就是商品完全成功的殖民化社会生活的时刻"。文章中景观社会是数字化网络媒介对人们生活的左右而形成的媒介造型或影像造型的一种社会形态。

② 盛希贵：《影像传播论》，中国人民大学出版社2005年版，第10页。

③ ［美］W. J. T. 米歇尔：《图像理论》，北京大学出版社2010年版，第4页。

④ 韩丛耀：《视觉传播研究刍议》，《中国出版》2010年10月下旬刊。

学研究，是一门典型的交叉学科。① 主要研究信息视觉化的问题，其中包括视觉信息的内容，科学的视觉认知原理研究，也涉及对受众群体的理性分析和对媒介技术的了解；同时研究视觉表现的艺术规律和传播过程。

本研究所指的视觉传播，主要是新媒体时代信息视觉化的一种传播途径，针对区域品牌的分析，为了让人们能更方便、迅速地理解区域品牌，传递区域品牌内在和外在形象，通过视觉传播来促进区域品牌在虚拟世界和现实当中同在、同构、交融、互动。视觉传播的具体形态要打破原有的侠义传播，延展到媒介的传播中，从图形、图像等符号的直接传播到集成人体所有感官的一体化传播，也就是从单一的传播进入到多元化的传播形态中，扩散化传播成为视觉传播的主要特点，受众以扩散受众为主。所以区域品牌的视觉传播不仅仅是简单符号的大众传播，而是多重感官因素的扩散传播。

2. 视觉传播相关理论

视觉传播的相关研究可以归纳为三个方面：一是视觉图像阶段生活图像化的自发性传播；二是视觉传达阶段图像符号化的单向度传播；三是视觉传播阶段信息数字化、视觉化的多维度传播。对于视觉传播的理解不能只停留在视觉层面，而应更多地考虑扩散化传播的需求层面。视觉传播的扩散化探讨可以根据阿伯克龙比和朗斯特（1998）提出的"观展表演理论"为依据，两位学者认为在一个媒介化的景观社会，媒介影像完全在影响着我们的日常生活，作为受众对自己的界定从经济支配时的"我是什么"、到"我有什么"、再到景观社会"我看起来像什么"的转变，表演成为生活与媒介的主角，通过表演的扩散化来展示自我的被认知，同时表演的过程中形成了相关群体圈的围观追随，群体圈再次与媒介发生的关系链条重新引起更多层面的互动参与，这样不断循环的过程实现了表演者"我看起来像什么"的一种自恋心态。

（1）视觉传播的感知阶段——图形

视觉图像的产生可以追随到史前期和原始社会以及古代美洲时期"原始人"对绘画和雕塑的表达。图像在早期称为制像（image making），主要是将特定的事件或自然形象用生活化的手段予以表现，通过这种方式

---

① 张浩达：《视觉传播：信息、认知、读解》，北京大学出版社 2012 年版，第 4 页。

自发性地传达一种自我保护的意念。我们通过期洞窟壁画、埃及金字塔、罗马战争图画报等一系列事件可以看出，人们用图像做简单的记录，用可视的图形来表达真实的生活，通过视觉暗示来表达一种生活感受。从早期人的生理结构来看，视觉形象的形成是单一的视觉皮层的反映，在史前时期以及原始社会初，由于人类正处在进化过程中，左、右半脑的分工没有完全形成，主要是靠视觉的感知来分析和判断外部环境，罗杰·斯佩里对左右脑分工的理论是这样解释的："右半球对视觉形象的轮廓进行加工，左半球则对精细部分加工；右半球把感觉信息纳入对象，左半球则把感觉信息纳入语言描述。"① 在右半球的表现最为明显的是埃及绘画《内巴蒙花园》中的透视表现以及墓室的装饰上，人们主要靠感官短期的记忆来描绘特定空间的物体。

可以看到早期视觉图像主要是图像能指属性的发挥，包括了线条、光线、色彩和形体所组成的图形，从图像到绘画，从美术学到设计学，视觉早期的表达主要集中于图形图像的表达，从 16—18 世纪古典主义美术对构图、造型、色彩的表达；19 世纪中后期西方印象主义对外界自然、光源和直观感受的表达；西方立体主义美术对几何形和画面透视的表现；西方现实主义美术深受弗洛伊德意识理论的影响，对一种绝对和意境的表达以及后期西方抽象主义美术对自然特征的抽象表现。可以说视觉图像早期主要是对构图、色彩、点线面的提炼来反映现实境况，是基于一种视觉功能的体现，以洞窟、建筑墙壁、画布为视觉传播的载体来表达信息。

（2）视觉传播的认知阶段——图像

随着社会经济的发展，现代生产方式、流通方式和现代人审美观的需求，传统的图形表现形式已不能满足传播的需求，19 世纪末 20 世纪初，世界各地，特别是欧美国家工业技术的发展，生产力的提高，对社会结构和社会生活带来了很大的冲击。在这样的背景下，现代主义设计应运而生，从意识形态来看，它的革命性、民主性、个人性、主观性、形式主义都非常的典型和鲜明。② 我们从现代设计奠基人勒·科布西耶试验和观察法则中可以看到现代设计所追求的思想与环境的一种统一，首先他通过人

---

① 任悦：《视觉传播概论》，中国人民大学出版社 2012 年版，第 70 页。

② 王受之：《世界现代设计史》，中国青年出版社 2002 年版，第 107 页。

的基本感觉强调色彩和形式的安排；其次是根据人类的遗传背景、文化背景来强调第二层次的感觉；最后是由这些基本的感觉所决定的造型语言的产生。勒·科布西耶的思想严格遵循了人类视觉传播的规律，从感知到认知再到表征的特征再现。

这一阶段已经从第一层次进入到造型语言的表达，从视觉元素或者视觉图像的发展来看，人类对于外在因素的认知不只是感觉的雏形，而是增加了明显的认知。我们从"工艺美术"运动到后来的"现代主义设计"的产生，可以看到不同时期图像的能指和所指展现出的视觉表征意义。对于视觉传播中图像的感知和认知的认识，应该从能指和所指来理解，因为图像的能指是可表达的视觉和可表达的感觉，而可表达的视觉的所指是可表达的视觉之物和可表达的感觉之物，二者在知觉上具有同构性。皮尔斯将符号分为肖似的、指索的和象征的三种，图像是肖似符号，"肖似记号的一个极端类型为镜像记号，此时记号的外观与所指者的外观极其吻合，甚至近于合一"①，通过对相似符号感觉的表达来证明图像的存在性。"镜像不仅'意指'或'指称'原物，而且进一步指称其物理的存在性。"②同样图像的所指是可表达的视觉之物和可表达的感觉之物，二者在视觉的所指层面上是紧密联系的，但不同于我们的具体视觉和感觉，我们的感觉是感知的能指，它直接针对着感知的对象，而视觉和感觉都指向所看到的事物，也是他们的所指，也就是可看到之物和可感觉到之物。从这一阶段图像的视觉传播中我们可以看到是从能指逐渐到所指的一个转化过程，伴随图像的所指和感觉的所指的更替，视觉图像的传播也在转化着角色，主要以建筑、浮雕、工业产品、包装为视觉传播的载体来传达信息。

（3）视觉传播的关系阶段——形、体

视觉传达的关系转向也可以说是视觉传播的第二阶段，从视觉图像的自发性传播进入到符号化的一个单向度传播，主要以20世纪西方印刷、摄影、电影和电视的发展为主要推动力。从史前时代起，人类开始探寻对思想和事物概念的视觉化形式，以便更好地储存和表达信息，使信息有一个秩序性和清晰性，特别是工业革命前期，人类对社会信息的造型形象主

---

① 李幼燕：《理论符号学导论》，社会科学文献出版社1999年版，第508页。

② 同上书，第509页。

要是辅助于功能。希腊陶器、埃及象形文字和中世纪手抄本的呈现形式，都是审美形象和使用功能的结合。工业革命开始，技术的革新，经济的发展，机械化时代的到来，使人们的物质生活和感官需求、精神需求之间产生了矛盾，设计艺术的出现为这一时期提供了一种重要手段，建筑、产品、时装、室内和视觉传达设计对人类追求物质和审美、精神需求给予了平衡。

立体派、未来派、达达派和超现实主义设计运动对视觉传达的发展提供了理论依据。立体派通过几何形与自然元素的有机结合，来创造立体造型的视觉语言，从表现艺术进入了符号造型的研究，通过对色彩、形状、招贴和建筑信息的结合来表达视觉感受，将视觉传达从二维空间向三维构成拓展。未来派在立体派空间语言的基础上注入了视觉运动、能量和影片的连续镜头的尝试性研究，来探究现代生活中感觉和感受的"同时性"，以马里纳蒂的作品《山脉 + 山谷 + 街道 × Joffre》为例。诞生于战争年代的达达运动，更加强调自由的视觉语言，堆砌和拼贴成为主要的视觉元素，来传达人们对战争的反思，同时超现实主义的出现，是更进一步地通过思想和认知的方式，来传达当时社会人们的一种生活方式，主要是借助于视觉表现手法重构虚拟的形象形成共鸣。

摄影艺术和现代运动的出现，更进一步补充了视觉语言的空缺，以光作为一个新的视觉元素融入视觉传达之中，随着图画现实主义对招贴的表现，视觉艺术逐渐超越意象图形进入纯粹形式的创造领域，俄国至上主义、构成主义和风格派运动对色彩纯度、构造、质感和结构元素的应用体现得淋漓尽致，特别是风格派代表人物蒙德里安，他将哲学和视觉造型融入一个形式表达之中，他认为在视觉艺术中真正的现实"是通过均衡的动态运动达到的"[①]。就是说，视觉对于信息的呈现已经打破了原有的二维空间逐渐地向三维过度，机械的视觉时代被多元化的社会需求所冲击，对于信息简单化、形象直接化的追求使视觉传达进入到一个科学的过程中，柏丁这样论述视觉传达所基于的四个现实："人作为尺度和衡量者的

---

① ［美］梅格斯：《二十世纪视觉传达史》，柴常佩译，湖北美术出版社 1989 年版，第 57 页。

现实，光、色彩和质感的现实，空间、时间和运动现实以及科学现实。"[1]柏丁认为设计师能够使科学知识可以理解的"传达者、连接者、解释者和激发者"，通过视觉传达和展览设计，使科学知识形象化、视觉化。可以说在 20 世纪的社会发展中视觉传达逐渐地从单向的传播转化为多维度的传播，阶段性地进入到视觉传播的一个模式之中，以印刷、摄影、招贴为视觉传播的载体来传达信息。

（4）视觉传播的影响阶段——符号

进入 20 世纪后半叶，随着电子通信、微处理技术和计算机的产生，视觉传播进入到新的符号时代，从图形、图像、形与体的无声单向度传播转化为集电影、电视动态化的多维度传播。不同的传播环境产生了不同的传播介质，在这样一个新的消费社会到来的同时，产品、企业、城市甚至国家都在竭力通过符号化的形象塑造自己的品牌。

1851 年美国保龄公司产品集装箱上简单的识别记号可以看作图形图像符号化的萌芽，德国电器工业公司（AEG）"视觉识别系统系统"（Visual Identity）的导入是企业形象信息符号化的雏形，20 世纪 70 年代美国 "IBM" 蓝色巨人形象的树立是企业形象品牌符号化的新篇章，80年代日本 CIS 理论系统的衍生可以说是企业信息符合化的成熟，它包括了"行为规范系统"（Behavior Identity），简称"BI"随着企业管理、经营的规范，上升为管理规范，称为"观念识别系统"（Mind Identity），简称"MI"，因而就形成了"VI""BI""MI"三个层次的 CIS 理论系统。根据 W. 米歇尔在能指、所指、客体的模式中加入了表征的生产者和观者这两个元素的四分模式，我们可以看到"VI"在视觉传播领域主要是图像语言的能指和所指，体现的是一种比喻、存在和描写的关系，将符号的形式与符号的意义进行规范化，统一化的编码过程；"BI"和"MI"在视觉传播领域主要是通过前期"VI"的传播而建立起的一种相对立体的识别系统，也可以理解为是图像生产者和观者之间以产品、品牌或企业为桥梁的沟通关系，通过沟通而建立的一种认知度和信誉度。

从产品品牌形象的塑造到企业品牌形象的构建，CIS 系统理论在不断

---

① ［美］梅格斯：《二十世纪视觉传达史》，柴常佩译，湖北美术出版社 1989 年版，第106 页。

地创新和完善，美国浪潮公司在对 AIF 集团进行 CIS 植入时，提出了"CE"系统，认为企业形象主要由外表要素、人的要素和体制要素三方面形成：外表要素也就是视觉和听觉要素，是企业形成的外在表现，即 CIS（Corporate Identity）；人的要素是企业员工的素质和能力，即 CF（Corporate Framing）；体制要素是企业的制度和组织结构，即 CD（Corporate Diagnosis），CIS、CF 和 CD 共同构成了企业形象的追求——"CE"系统，[①]可以看到 CE 系统是从挖掘企业的本质出发，通过动态和静态的结合形成灵活的形象战略。

卢建明、夏泉（2004）通过借鉴 CIS 理论的分析方法和实践模式，针对大学文化的特殊性，提出了"UIS"（University Identity System）系统。"UIS"理论可理解为是针对大学或高校的办学理念、运营理念、文化精神和哲学思想，通过师生的行为、仪态的表现对外进行视觉的传播，从而让外界认同、接纳和了解，来树立对外形象的传播。杨魁、李惠民等（2007）从企业战略管理的企业形象理论重构角度对企业形象与企业文化，企业形象和 CIS，企业文化与 CIS 的解析，提出企业形象是基于社会文化的企业内部文化的构建，是通过文化调试来发挥企业多向度整合功能的构建。李萱格、司有何（2008）从对原有企业 CIS 模型分析的基础上，提出了企业竞争情报系统（Competitive Intelligence System，CIS），新 CIS 系统模型是由"计算机在线情报系统""人工情报系统""反竞争情报系统"和"企业文化与制度建设"几部分组成。

可以看到，在视觉传播的影响阶段主要以符号传播为核心，通过表象符号与表意符号的结合来传达相关信息，同时也是符号能指向所指的转化，它承担者产品以及企业形象的规范与传播。影响阶段不仅仅是对视觉造型的影响，更多是通过视觉造型来影响信息的传播和传播效果。

（5）视觉传播的互动阶段——表演

视觉传播从 19 世纪的电报、电话、广播、电影的单向度传播进入到 20 世纪的电视、卫星通信、计算机网络的多维度传播，基本可以归纳为是一种图形图像符号从二维空间延伸到三维空间。21 世纪移动新媒体微

---

① 杨魁、李惠民等：《第五代管理——现代企业形象管理战略与策划》，兰州大学出版社 2007 年版，第 20 页。

博、微信、易信、App 等电子媒介的出现，打破了传统媒介信息传播的途径，视觉传播从视觉、听觉与视觉进入到可听、可品、可触、可视的互动式传播阶段。英国学者伯格曾说过："在历史的任何社会形态中，都不曾有过如此集中的形象，如此强烈的视觉信息。"而这种传播是以人为起点，通过新视觉媒介将信息传达给被传达者，其本质就是视觉信息的传达。① 在拉斯韦尔所提出的传播者、传播信息、传播渠道、受传者和传播效果五大传播要素中，新媒体的出现使得要素与要素之间发生了变化，不再是一种单向度的传播，不能只考虑一个因素，应该是相互信息反馈到综合分析的立体传播过程，所以说新媒体的视觉传播同样也是一个动态化的互动传播。

所谓动态化传播就是将相互分离的各种信息传播形式有机地融合在一起，进行各种信息的处理、传输和显示。这种动态化已经从以纸为媒介的二维静态传播转化为以数字为技术支持的、以二维三维动态形式及动态移动媒介存在方式的多维度互动式传播，在具体的传播形式中，以视觉设计元素的动态化和媒体传播形式的动态化两种方式存在。

视觉传播在自媒体化的背景下，传播属性完成了从简单的图形、图像、形体、符号的传播到互动表演传播的转型；传播形态完成了从视觉化，视听化到扩散化的转型；受众群体发生了从直接受众，大众受众到扩散受众②的变革。当这一系列的转型与变革在发生的同时，对于视觉传播的理解不能只停留在视觉层面，而应更多地考虑扩散化传播的需求层面。视觉传播的扩散化探讨我们可以根据阿伯克龙比和朗斯特（1998）提出的观展表演理论为依据，两位学者认为在一个媒介化的景观社会，媒介影像完全在影响着我们的日常生活，作为受众对自己的界定从经济支配时的"我是什么"、到"我有什么"、再到景观社会"我看起来像什么"的转变，表演成为生活与媒介的主角，通过表演的扩散化来展示自我的被认知，同时表演的过程中形成了相关群体圈的围观追随，群体圈再次与媒介发生的关系链条重新引起更多层面的互动参与，这样不断循环的过程实现

---

① 吴国欣：《吴国欣视觉传达设计教程》，湖北美术出版社 2006 年版。

② 扩散的受众是由学者 Abercrombie & Longhurst（1998）提出的，他认为媒介影像的大量渗透入侵日常生活，使得无人可以逃脱受众的位置，因此人人都直接或间接地成为受众。

了表演者"我看起来像什么"的一种自恋心态，不断地对这一个循环过程的加深，使得扩撒化传播同样也发生了相关层面的转化。景观社会的视觉传播同样也存在着这样一个无限的循环模型，网络、PC、手机等媒介的出现，在渗透的过程中入侵了我们的日常生活，可听、可品、可触、可视的视觉化现象通过网络的传播使受众参与表演的同时，外围的观展①与二次传播已经开始产生，所以今天的视觉传播是一个多维度的立体化的空间传播形态。

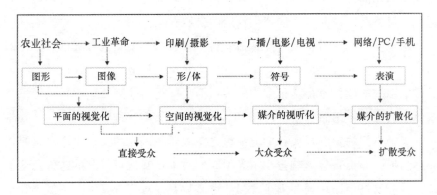

图 8—2　视觉传播的转型

　　根据对资料的收集、整理和分析，本研究初步认为区域品牌视觉传播是基于全球化和自媒体背景下的区域整体形象提升的一种传播途径，主要是区域品牌形象的视觉传播研究，通过对 CIS 系统理论的创新拓展，将区域品牌进行符号化、视觉化和信息化整合，最终构建区域品牌在新媒体时代的应用体系。区域品牌视觉传播的核心是区域品牌化的形象规范与应用，在具体的应用中大量去考量区域性的构成因素，在构成因素的分析和整理中制定适合特定区域品牌化视觉传播的个性化信息模式，特定的信息模式在今天自媒体时代不断地产生互动变革，最终以一个"自营销"模式的形态存在，这种存在能有力地促进区域品牌化的视觉传播。

　　① "观展"由法国社会学家居伊·德波在20世纪60年代提出，用来描述第二次世界大战后资本主义国家商品对社会生活的殖民，后来凯尔纳借用这一概念来描述喜剧化的媒介文化现象，它包括媒体制造的各种豪华场面、体育比赛、政治事件等。

3. 视觉传播的转型对系统构建的依据

视觉传播的转型为区域品牌视觉传播系统的创新与构建提供了重要现实依据和理论依据，因为区域品牌视觉传播是对区域品牌化要素的拓展应用，视觉传播在品牌化的传播中承担着技巧和路径的构建，从原始的图形图像传播逐渐过渡到今天互动表演形式的传播形态，可以看到视觉传播转型与社会媒介的关系，同时也是对社会信息的反馈与重够的过程。品牌化作为区域在新环境中竞争力提升的关键环节，自身的传播是发展的核心，而且品牌化的传播始终脱离不了视觉传播的新局势，所以视觉传播转型问题的探讨将对区域品牌发展提供一定的借鉴意义。

从现实层面来看，视觉穿传播的转型紧密结合了景观社会信息传播的形态，从单一的直接传播转向了多维度多元化的扩散传播，而区域品牌视觉传播系统的建构正是基于多维度传播形势下提出的，因为现代人越来越依赖于通过媒体来感知特定区域（城市），对于城市的某个地点，某处景色，某个空间的感觉很大程度上都建立在人体与媒介的交流之中。当媒体叙述的地方知识直接影响甚至主导了人们对于真实地点体验的时候，这些地方越容易被市民认同和满足，当然也意味着他对于现实怀有的好感和审美的程度越高。① 所以说区域品牌视觉传播系统的构建和创新必须结合人机互动的现实需求，从实践的层面来回答系统的建设问题。

从理论层面来看，视觉传播转型理论应用到区域品牌化视觉传播中，是对区域品牌传播理论的创新，视觉传播中早期单向度的传播理论，对分析区域品牌视觉传播系统提供了思考路径；CIS 理论的演化，对区域品牌视觉传播系统的构建提供了基础理论，使建构系统的出发点有了理论支撑；互动表演理论的引入打破了原有系统中单独内部因素构建的局限，将传播问题拓展到外部以及内外因素的互动状态，对系统创新提供了可借鉴的理论意义。视觉传播从大众传播走向扩散传播，新的社会环境要求视觉传播适应扩散传播的传播形态，而这种扩散是依托于互联网社会网络的扩散化传播，在《商业周刊》中罗振宇这样来评价未来社会信息的传播形式："推荐和信任将构成未来互联网社会的基本组织形态，因为交流的成

---

① 袁瑾：《媒介景观与城市文化——广州城市形象研究》，中央编译出版社 2012 年版，第224 页。

本越来越低"，也就是说，推荐和信任构成了一种互联网社会扩散化传播的互动模式，使受众的参与感与存在感带动了互动效应的产生，同时在这样的过程中，视觉信息或信息的视觉化成为新传播形式下新的传播趋势，所以视觉传播要从传统的图形符号转向可听、可品、可触、可视的互动式传播阶段，从而顺应网络社会的传播形态，区域品牌视觉传播正是基于这样的背景下提出的针对区域品牌化形象的新系统构建。对于视觉传播转型理论的分析探讨，文章从图形阶段、图像阶段、形体阶段、符号阶段、表演阶段5个部分来展开论述，实现视觉传播的转型对区域品牌视觉传播系统的创新和构建将提供理论指导，视觉传播从符号阶段向互动表演阶段的转型，一方面，是要求符号阶段的原有内部系统构成模式打破固定的形式，重新演变成多元化的符号集合体；另一方面，是新的符号要与网络社会媒介的传播特点相一致，表现形式简洁，易于识别，能在媒介的互动传播中形成围观转发，在每一阶段都能对受众产生吸引力，从而达到视觉传播立体多维度的传播效果。

二　区域品牌视觉传播系统(RIS)构建

区域品牌视觉传播是对区域整体要素分析基础上提出的适合新媒介时代区域整体形象的传播模型，实质上是区域品牌化视觉形象的传播。对于区域形象而言，传统的概念模型是借助于企业的CIS系统来划分的，包括区域理念识别系统（MIS，Mind Identity System）、区域行为识别系统（BIS，Behavior Identity System）和区域视觉识别系统（VIS，Visual Identity System）三部分，更多的研究是企业CIS系统区域化的借用，但是在全球化和自媒体化的时代背景下，传统意义上的识别系统无法满足扩散化传播要求。传播媒介、传播形态和受众接触都发生了很大的改变，特别是视觉传播的转型，将狭义的视觉能指引向了广义的视觉所指，在具体的传播过程中信息要素的可视化成为网络社会研究的关键，同时信息可视化的转变与视觉传播的转型对区域品牌竞争力的提升提出了新的要求，在这样的背景下就需要构建区域品牌视觉传播系统，来完善区域品牌在新环境中品牌的建构。

根据对区域品牌、区域品牌化和视觉传播等问题的相关研究，提出适合区域（Region）品牌视觉传播的RIS集成系统，并使这一系统能够顺应当下景观社会或者自媒体时代区域品牌化的视觉传播路径。RIS 系统包括：区域理念识别系统（MIS，Mind Identity System）、区域行为识别系统（BIS，Behavior Identity System）、区域视觉识别系统（VIS，Visual Identity System）、区域听觉识别系统（AIS，Audio Identity System）、区域嗅觉识别系统（SIS，Smell Identity System）、区域触觉识别系统（TIS，Touch Identity System）、区域环境识别系统（EIS，Environment Identity System）七大子系统。

（一）区域理念识别系统

1. 区域理念识别要素

区域理念识别（MIS，Mind Identity System）要素可以分为几大部分：区域战略形象、活动领域、发展目标、价值观、行为方式、区域口号、发展战略、区域精神、区域使命和区域标语等。区域战略形象定位是对区域整体目标的形象化表述，为了便于更好地向受众传达区域形象，增加区域在受众心目中的印象，区域战略制定者通过简短简洁的语言来向受众传达区域期望值；活动领域主要是针对区域在经济、文化、社会事业领域内开展的与理念识别相关的活动，是对区域发展战略的提炼；发展目标是对区域未来发展的高度定位，必须着眼于高处和重点，简短地概括；价值观的确立是公众对区域产生认同和认知的一个因素，它包括对区域的识别观念，区域效率观念以及区域的可持续发展等；行为方式是区域对内、对外的行为准则，是区域活动中行为方式的规范；区域口号是对区域理念识别的核心表达，以简短的口号来传达区域理念，便于公众记忆；发展战略是区域为达到某种定位而实行的策略，目的是让公众明白区域怎么做的问题；区域精神是对区域的集中体现，是对区域理念的内容提炼，通过区域精神让公众产生对区域的信任；区域使命是区域对于公众的承诺，通过标语的形式将区域理念进行传播。

2. 区域理念识别的设计思路

区域理念识别集合了区域功能定位、区域特征和区域发展战略等，在区域的功能定位中首要因素是国家对区域的定位，其次是区域政府对区域的定位，然后是区域经济发展定位，通过这样宏观与微观，外因与内因的结合定位才能全面解决区域的长期发展问题。对区域功能的定位也应该考虑区域特征和区域发展战略，区域特征包括了地域、历史文化、交通、行业属性、资源、产品、公共艺术、自然景观等，所以区域的发展战略是结合区域功能和区域特征后对区域理念识别的全面规划。

案例一：春城云南，"彩云之南"区域品牌的以"99昆明园艺博览会"为立足点，成功塑造了中国西南边陲区域城市在国际上的地位，开创了区域理念与大型事件理念相融合的先河，奠定了"彩云之南"区域品牌化发展的基石。政府对"99昆明园艺博览会"定位为"99世博会，永久世博园"，这样的定位是根据云南昆明的地域特色以及今后区域发展规划提出的，以大型活动来传递区域声音，以区域特色来展现区域发展。

区域战略形象：创办中国乃至世界的园艺博览会，建构"彩云之南"云南区域形象。

区域活动领域：波及95个国家，940万人次参与。

区域发展目标：打造云南旅游名片。

区域行为方式：通过云南区域的资源优势，以展会的形式传递区域品牌。

区域口号：人与自然——迈向21世纪。

发展战略：云南经济的可持续化发展（旅游）。

区域标语：99世博会，永久世博园。

可以说云南通过"99昆明园艺博览会"的举办，成功地建构了"彩云之南，旅游天堂"区域品牌化发展思路，成为中国区域或者城市可持续化发展的先例，正如时任昆明旅游局局长花泽飞所说的"用一个世博会改变了一座城市"[①]。"彩云之南"的打造不仅仅是云南区域形象的对外传播，更是"人与自然——迈向21世纪"区域发展理念的品牌化传播。通过大型事件活动将区域理念植入传播环境中，使区域理念品牌化发展产生了经济效益，带动了区域整体发展，将世博配套设施企业化运作和可持续发展相结合，至2006年完成世博股份上市。从旅游发展来看，"彩云之南"品牌化效应更为显著，2006年1—6月，全省旅游收入31.81亿元，2008年全省全年旅游收入663.28亿元，2010年全省全年旅游收入

---

① 云南网，http://special. yunnan. cn/feature3/html/2010 – 05/10/content _ 1174858 _ 4. htm。

1006.83亿元，而2012年6月全省旅游收入高达765.80亿元①，可以说云南借世博之风将区域理念品牌化传播做到了极致。

（二）区域行为识别系统

区域行为识别（BIS，Behavior Identity System）是对区域理念的表达或传达，是区域组织对区域内行为的统一化经营管理。如北京元隆顾绣绸缎制作商行绘制的标准接待程序图，明确地规范了对顾客的接待，形成了统一的行为准则；同样市民的行为规范也是一样，在北京倡导"人文奥运"时，对北京市民明确了相关的文明礼仪规范。所以区域行为识别是区域理念的对外窗口之一，是视觉行为与情感行为的体现，具体可以分为区域行为原则、区域政府行为、区域市民行为、区域群体（团体）行为和区域媒介行为。行为原则或者说行为准则是区域行为的指导原则，在这种原则下政府行为与市民行为能够得到有效的规范，在规范的基础上会对区域群体行为和区域媒介行为有所约束和规范。

总体而言，区域行为识别的内容包括：区域组织管理、区域领导体系的建立和区域行为手册的建立，也就是前面的行为原则和政府行为的集合；区域组织的培训、区域公关活动、区域广告活动，而广告活动主要是区域主题广告、区域文字广告、区域影视广告和区域整合广告等。在传播中根据分散受众的特点，整合平面媒体、广播电视媒体、网络（PC）媒体、移动端App等传播渠道，制作适合于多媒介传播形态的主题广告。本区域品牌视觉传播中区域行为识别主要是基于网络数字技术背景下区域行为规范化后，行为信息的可视化传播问题，将区域行为信息通过信息可视化编码形式对大规模非数字型信息资源进行可视化整合，而可视化的表达形式与交互技术则是利用人类眼睛通往心灵深处的广阔带宽优势，使用户能够目睹、探索以至立即理解大量的信息②。所以在区域行为识别中，通过对普通工作站、万维网、PC机、移动终端等区域媒介相关信息的收集建立区域行为信息可视化识别体系，用直观视觉表达来补充区域行为识别的不足。

---

① 云南旅游网，http：//www.ynta.gov.cn/Category_ 1001/index_ 3. aspx。

② James J. Thomas and Kristin A. Cook（Ed.）（2005）. *Illuminating the Path*：*The R&D Agenda for Visual Analytics.* National Visualization and Analytics Center. p. 30.

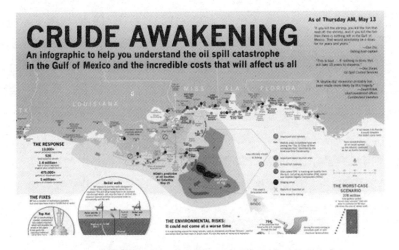

图 8—3　石油泄漏新闻报道的信息可视化数据分析分析

资料来源：Zuber-Mallison 根据 InfographicsWorld. com 网站提供的数据。

　　案例二①：这是关于墨西哥某区域一次石油泄漏新闻报道的信息可视化数据资料，包括地图数据、时间表和条形图等，对不同的固定场景和附近区域都做出了详细视觉分析。通过分析能够很明显地看到这次时间所波及的区域以及对区域所造成的影响。类似于这样的信息分析完全可以应用到区域品牌视觉传播当中，特别是区域行为识别子系统中，无论是区域管理者、企业、行业协会、媒体、都可以从类似的区域信息视觉化图解中了解和掌握区域的相关动向。

（三）区域视觉识别系统

　　区域视觉识别系统（VIS，Visual Identity System）是区域品牌化视觉传播的主要方面，是直观的区域形象对外的展现，在具体的区域视觉的识别过程中将区域理念、区域行为提炼为视觉化的符号，通过媒介予以传播。纽约1997年针对城市的脏、乱、差推出的"I Love NY"（我爱纽约）纽约城市形象对市容面貌进行了完整的规范和整治，产生了良好的效果，

---

　　① 相关文献资料和图片来源于 coolinfographics. com 专设网站，http：//www. coolinfographics. com/blog/2010/5/18/crude-awakening-gulf-spill-infographic. html。

成为区域视觉传播的经典案例。随后，在欧洲的英国、荷兰、丹麦等地相继产生了区域形象的浪潮，20世纪90年代从日本、韩国到中国香港出现了一系列的关于区域形象或城市形象的新面貌。在当下景观社会，区域之间竞争力逐渐加强，怎样传递区域品牌成为区域品牌化可持续发展的首要思考问题。基于此，本研究提出的构建区域品牌视觉传播体系将为区域品牌化发展提供微薄之力。系统要素中视觉识别的构建与创新是整个系统的核心基础部分，要打破原有企业CIS系统中内部视觉应用的局限，将区域视觉识别从内部基础应用拓展到对外传播的应用，从静态的应用拓展到动态人机互动的应用，从而增加区域内外受众对区域的视觉体验和服务体验，通过体验产生联想，逐渐形成对区域的整体认知。

图8—4　出租车触摸传媒应用①

图8—5　多媒体电子签名界面互动应用（拍摄截图）

通过对人机互动体验系统的应用，可以看出区域在这方面的突破主要是对区域主推符号（logo）和区域文化辅助符号的一种应用，将区域特有的符号与多媒体传播载体巧妙的结合，构建符号在多媒体互动时的传播，提升受众对区域文化符号的体验认知，培养对区域的认知度和忠诚度。

---

① 图片来自 http://www.touchmedia.cn/。

图8—6　纽约"大苹果"和宣传口号

图8—7 纽约的宣传形象

图8—8 阿姆斯特丹logo 和口号

1. 区域视觉识别的基本部分

区域标志：区域名称的标准字、区域标准色、标志的规范组合、印刷规范。

区域象征：区域吉祥物、区域之花、区域之树、区域之鸟。

区域辅助形象：文化根源、民族性格、人民生活、未来展望、地理环境。

2. 区域视觉识别应用要素

A. 区域内办公事务用品及公关用品应用设计

办公人员名片、机关信封信纸、文件资料夹、传真纸、档案袋、便签纸、公文用纸、手提袋、纪念品包装与规范设计、请柬、票据、专用贺卡。

B. 宣传应用项目设计

海报形象主题格式、印刷广告形象主题格式、公路广告牌、灯箱广告、形象主题竖式挂旗、主办或协办活动竖式挂旗、形象主题格式、电视广告片尾规范、网页广告 banner 规范、移动端二维码广告。

C. 区域指示系统设计

交通指示牌、户外指示牌、室内指示牌、车站指示牌（火车站、汽车站、地铁站、飞机场）、公交指示牌、各部门指示牌。

D. 区域公共艺术设计

主要公园、区域雕塑、浮雕、建筑物装饰、电话亭、路边邮箱、公共卫生间、垃圾桶、路灯、标杆。

E. 区域交通工具应用设计

飞机应用、火车应用、动车应用、地铁应用、公交车应用、出租车应用、公务用车应用、轮船应用。

F. 区域公共标识应用设计

公共标识符号、地标符号、文化产业符号、工业或农业园区符号、交通符号、区域平面分布图。

G. 区域内办公服饰应用设计

职业服饰、礼仪服饰、营销服饰（旅游）、公关服饰。

H. 区域证件应用设计

政府单位：工作证和通行证；旅游景区：工作证、指引旗和纪念品规范；企业集群：会展证件和接待证件；交通运输：IC乘车卡、票据规范。

I. 展示传播系统应用设计

飞机座位荧屏、地铁公共荧屏、出租车荧屏、公交车荧屏、长途客车荧屏、建筑物荧屏、电视荧屏、网站网页。

（四）区域听觉识别系统

1. 区域听觉识别存在的意义

区域听觉识别系统（AIS，Audio Identity System）、区域触觉识别系统（TIS，Touch Identity System）、区域嗅觉识别系统（SIS，Smell Identity System）是基于新的传播形态提出的视觉传播子系统。从理论层面来说，人类听觉占据信息接收的11%，麦克卢汉所说的人类"感知比率"的形成起着重要作用；从实践层面来说，听觉能很好地辨别区分信息对象的发出者，譬如寺院的祷告声、学校的钟声、公共空间的提示音等；同时也可以起到鼓舞士气，增强凝聚力的效应，譬如《义勇军进行曲》《国际歌》等；从功能方面来说，声音可以感染人、教化人，同时也可以传达一种表情，譬如《李凭箜篌引》中"昆山玉碎凤凰叫，芙蓉泣露香兰笑"，通过音乐来表现意境中的音色和表情，能传达一种"笑靥如花"的视觉感受。中国古代也有关于"礼乐"的文献，譬如"故乐者，天地之命，中和之纪，人情所不能免也"，指出"乐"能协调世间万物，使人相互能和谐相处；从传播角度来说，声音的出现能够产生绝佳的效果，譬如电影特效的声音、广告片的声音等，类似的声音传播通过听觉让受众能发生情感的变换。声学专家约翰·布朗在其著作《音乐声学》中，将声音定义为"可以听到的某种东西"。它通过响度、音色、音高三要素的巧妙组合，承载了极其丰富的信息。① 现实应用中，音乐可以帮助品牌或产品建立自身形象，能够让消费者产生联想，特别是广告音乐的存在，一定程度上拉近了与消费者的距离，增加消费者对品牌的认知，譬如 Inter 广告中的声音，不仅是简单的音乐，更是 Inter 品牌的商业价值。罗伯特·阿里在《广告音乐的品牌价值》中阐述，广告音乐的商业价值和文化价值相结合的特性决定了其代表商品品牌价值的特殊必要性。无论它采用简单的"表音符号"②，还是特殊的"歌曲"方式，它是作为一种特殊的商品文化载体而存在的，并非根据音乐艺术的本质规律反映其自身的客观意义。③ 在今天特殊的媒介环境中，区域品牌化传播系统的构建更应该是全方位互动体验式的立体多维系统，而听觉在人类接收信息的比例中仅次于视觉，所以区域品牌化的建立更应该注重受众听觉的感受，收集和分析区域内独特的区域之声，结合视觉应用来构建与创新区域品牌化视觉传播系统。

2. 区域听觉识别要素应用

区域组织乐曲：用于区分不同区域的识别因素。

区域活动乐曲：大型赛事乐曲、大型展览背景音乐、大型展会乐曲、博物馆提示音。

区域人文之声：区域方言、区域名歌、区域山歌、艺人曲调、寺庙禅音。

区域网络之声：网络联机声音、网络广告声音。

区域自然之声：鸟鸣声、波涛声、山谷声。

区域提示音：航班提示音、轮船提示音、公交车提示音、出租车提示音、地铁轻轨提示音。

案例三：2008 年北京奥运会开幕式所传递的声音不仅是世界奥运的声音，也是中国奥运、北京奥运的声音，让世界通过声音了解中国 5000 年礼仪之邦所蕴含的文化底蕴，同时，声音与视觉的结合，拉近了世界与中国的距离，让中国形象、北京形象的对外传播得到了最大化的推广，所以说在某一区域形成的独特的区域之声能使区域内与区域外产生情感的融

① ［ ］约翰·布朗：《音乐声学》， 译，上海音乐出版社 2007 年版。
② ［ ］戴维·迈尔斯：《社会心理学》，人民邮电出版社 2006 年版。
③ 王曦、唐昊：《品牌听觉识别文献综述研究》，《今传媒》2011 年 5 月。

通，从而增加对区域的认知，特别是在今天网络数字化时代，声音对区域品牌的塑造显得尤为重要，从一定意义上说听觉信息可以在没有视觉信息的情况下单独传播，并能在传播中产生互动交流，加深声音与区域的联系。

表8—3   北京奥运会开幕式声音效应的分析

声音来源	代表意义	中国形象	北京形象	声音效应
开场击缶声	礼仪之邦	礼节仪式	厚重历史感	传递区域文化 产生心灵共鸣 形成互动交流 加深区域影响 产生消费效应
歌唱祖国	和平希望	自强友善	生机活力	
义勇军进行曲	解放发展	奋斗拼搏	独立坚强	
古琴声	文化渊远流长	勤劳智慧	创新科技	
北京欢迎你	梦想	开放包容	热诚执着	
我和你	希望	友爱	共荣共进	

（五）区域触觉识别系统

区域触觉识别系统（TIS，Touch Identity System）寄托于行为识别和视觉识别，德国学者赫尔德在1778年出版的《雕塑论》中指出，视觉是在触觉的协助下产生的虚拟的触摸感，并辅助于触觉的完成。亚里士多德最早的触觉概念是从人的感觉出发，认为触觉依赖于肉体，没有像视觉一样接近灵魂的感知。可以认为这是触觉的原始阶段，这样的触觉是对周围环境最原始的反映；随着社会环境、媒介环境的变换，触觉进入到了混合阶段和经验阶段。可以说21世纪是触觉的时代，智能手机、平板电脑、家庭智能家居、办公自动化设施、多媒体成像技术等，都出现了触觉的感知系统。三网融合在很大程度上催生了"触觉革命"[①] 的发生，虽然触觉接收信息只占1.5%，但是在这样一个人类生存模式发生改变的社会，人类接收信息从原始的感知进入到今天的触感交互表演阶段，影响着人类的感知模式、行为方式以及生存方式，可以说人类经历了一个从"身体感触"到"视觉感触"再到"触觉转向"的一个历史性的变革。

---

① 王妍、吴斯一：《触觉传感：从触觉意象到虚拟触觉》，《哈尔滨工业大学学报》（社会科学版）2011年第9期。

从生理角度来说，触觉构建了人类对于世界的"第一感觉"。亚里士多德认为人类"如果没有触觉，其他感觉就不可能存在"[1]，所以触觉的存在是我们感知空间信息的基本源泉，美国学者黛安娜·阿克曼（2007）在《感觉的自然史》中指出，没有触觉，世界将会是模糊和麻木的。美国学者鲁道夫·阿恩海姆指出："没有触觉记忆，我们的眼睛所能看见的只是在中性背景中显示出来的摇曳不定的片片斑块。"[2] 所以触觉对于个体接触自然，感知世界起到了基础作用。

从文化的构成来说，触觉文化建构了礼仪交往。譬如 2008 年北京奥运会主题曲中"拥抱过就有了默契，你会爱上这里"，从肢体语言的"拥抱"到情感语言的"爱"传达出的是和谐友好交往的礼仪行为。

从精神世界来说，触觉构建了人类审美意识。美不但可以去"视察"，同样可以去感觉，譬如大自然的美可以去感触，去体验；绘画的美可以去触碰，去抚摸；建筑的美可以去反思，去感知。

区域触觉识别不只是原始触觉的反映，而是地理、人文、空间艺术的混合与互动，是从生理到文化再到精神的一种情感变化过程，对于区域触觉识别的构建能更进一步的完善区域品牌视觉传播体系，对区域品牌化的差异性推广起到举足轻重的作用。

区域触觉识别系统要素应用：

区域自助系统：地铁自助售票机、火车票自助售（取）票机、出租车座位后背触摸屏幕、区域内自动门触摸按钮、安检自助检测器、自助售货机。

区域人文系统：民俗艺术品、民间艺人、公共空间雕塑、文化讲解。

区域展览系统：多媒体签名屏幕、三维成像展示、手机 App 导航（譬如广东省博物馆微信导游系统）。

区域体验系统：区域绿化、配套建设、地面围墙、地形触摸图、交通触摸图、车站镜子。

案例四：从 2012 年伦敦奥运会提供的触觉技术的应用来看触觉带给

① 苗力田：《亚里士多德全集》第 3 卷，中国人民大学出版社 1992 年版，第 37 页。
② ［美］鲁道夫·阿恩海姆：《视觉思维》，腾守尧译，四川人民出版社 1998 年版，第 74 页。

区域内外人群对特定区域的感受。

表8—4   伦敦奥运会触觉技术分析

区域触觉载体	区域接触人群	区域触觉技术	区域触觉感受
智能垃圾桶	伦敦流动人员	LED 显示屏、无线网络基站、信息反馈、自动报警	及时、人性、安全
个性化跑鞋	田径运动员	传感器计算、激光烧制	科技化、人性化
波浪停止	游泳运动员	波浪停止技术	归属感、认同感
网络直播	全球网民	每秒 60G 流量	情感关联
能量瓷砖	观赛人员	地板踩踏发电技术	存在感、真实感

（六）区域嗅觉识别系统

区域嗅觉识别系统（SIS，Smell Identity System）与区域视觉识别系统紧密的互为一体，因为视觉与嗅觉的感知能够起到一种共鸣，同时嗅觉识别在很大程度上与情感保持一致，美国学者派特·瓦润等人（2003）在《嗅觉符码》一书中指出"哺乳动物嗅脑所在的位置与管理情绪，学习和记忆区域重复，荷尔蒙的分泌区域一致"[1]，其次也有很强的记忆力，能够帮助记忆；2014 年诺贝尔生理学奖获得者美国科学家理查德·阿克塞尔和琳达·B. 巴支指出，嗅觉能尝试着记忆一万种不同的气味，并且能够很好地辨别区分。所以对于区域品牌的视觉传播来说，能够营造或者制定与区域视觉识别系统相一致的区域嗅觉识别系统会对区域品牌化传播起到更好的作用。

就区域而言，嗅觉的存在主要是作为"气味"或"气息"存在，前者是生理的感官，后者是精神的感知，两者也能够同时出现，是一种区域的气味，也是区域的独特气息，在某种程度上是区域理想、精神的象征，反映出的是区域的独特的文化品位或者独特的精神面貌。譬如法国"香水城市"的出现、巴黎"咖啡之都"的问世、重庆老火锅、杭州熏香和桂花香的弥漫等都是对特定区域特定"气味"识别的再现；从区域"气

---

[1] 成朝晖：《城市气息——城市形象嗅觉识别设计系统营造》，《设计论坛》2009 年第 8 期。

息"角度来看，同样具有独特性和不可复制性，譬如北京"千年古都"、深圳"设计之都"等。

区域嗅觉识别系统要素应用：

自然环境系统：区域性树木（市树）、区域性花卉（市花）、区域性动物

风俗文化系统：饮食、建筑、娱乐、意念。

（七）区域环境识别系统

区域环境识别系统（EIS，Environment Identity System）是区域整体形象综合对外展现的系统，作为环境不只是一个区域的概念，同时也是一个由生态学、社会学、地理学、美学、设计学、人文学、公共关系学等多学科构成的空间概念。对区域环境识别的提出是在商品经济高度发展的背景下，工业、旅游、生态、文化、体验等都成为构建区域环境识别的大环境，这里的环境识别更多是对环境识别要素的一种互动体验系统的构建。

区域环境识别系统要素应用：

自然环境系统：区域气候风貌、区域植被层级、区域园林建设。

建筑风貌系统：区域建筑走势、区域标志性建筑、区域标志性广场、区域性雕塑、区域性艺术空间。

基础设施系统：区域交通环境、区域通信环境、区域园区环境、区域配套设施、区域医疗卫生。

市政管理系统：区域照明设施、区域水务设施、区域桥梁设施、区域供暖设施。

案例五：从巴塞罗那城市的改造来看区域环境识别的重要性，巴塞罗那作为西班牙一个工业城市，在经过40年的佛朗哥独裁统治以及镇压加泰罗尼亚语言和文化而展开的残酷的斗争，在1979年才完成自己地方政府的统一。从大的环境来看，巴塞罗那属于港口城市，是地中海沿岸最大最悠久的港口，伴随着工业的繁荣而发展；从小环境来看，工业城市，语言与文化的不统一，新郊区的分裂，导致整体的环境急剧恶化，很难有完整市中心的说法，这样的区域环境导致了区域内外对该区域严重的不认同。

巴塞罗那面朝大海，背靠高山，从空间上限制了区域的扩展，更有着

名的圣家族大教堂以及高迪和福斯特的其他设计杰作，唯一的环境改变就是在原有规划基础上做出新的规划，避免能源消耗以及土地占有，在后期的区域环境具体规划中，结合原有中世纪中心的整体感觉，以设计师为主导，全市民共同参与城市空间规划项目，对微型广场、休闲设施、步行桥、餐馆、步行街、交通设施等都根据具体的空间做了相应的规划改造，通过3年多时间的整改，于1982年申请到奥运会主办权，从而奠定了该区域在世界中地位，成为国际名胜地的一部分。

巴塞罗那之所以能够成功，重要的理念是对区域环境的整体改观，即按照城市现有格局进行改造，考虑到其密集、紧凑、古老、环山面海的特点。通过空间的开发而引发所有收入档次与阶层人士参与；又以更大的战略规划形式在每个街区实施地方项目，使市民能融入城市当中，形成一种自豪感和自信心。一个区域要运作良好，就需要相关的人与活动的共同参与，在信息大爆炸时代，面对面接触对人类的发展依旧必要，城市是这种新的交流网络的枢纽，只有使房屋和空间形成一个便于人们出行、交流、接触和创新的密集网络，城市才能保持活力。[①]

（八）区域品牌视觉传播的评估体系创新

区域品牌视觉传播为了更好地适应区域发展需求，相应地提出了RIS视觉传播集成系统，但是作为系统并不是所有的区域都能统一化使用，它只是在大的区域下提出的泛视觉传播的集成系统，对于具体的区域要进行详细的考量研究，从这一大系统中细化适合本区域视觉传播的体系。基于此，有必要对区域品牌的视觉传播提出相应的评估方案。

区域社会标准性：RIS系统要与区域的政治、经济、文化相融合，在识别中要遵守相应法规，在应用中要能产生较好的经济效益，在传播中要能发挥区域文化的优势。

区域对应性：RIS系统的具体应用要与人的生理和心理的识别相对应，作为一个系统，首先要考虑的是公众的感知觉，要符合自然规律，适应公众的生理反应，各要素子系统要准确地传达区域相关信息，时时体现"以人为本"的设计思想，准确地定位区域理念和行为对应公众的唯一

---

① [英]理查德·罗杰斯等：《小国城市》，苗正民译，商务印书馆2011年版，第18页。

性，通过自营销的方式创造一种独特而个性的传播路径。另外，RIS系统要切合公众的心理需求，符合区域的地域环境，譬如维吾尔族文化心理的对应、回族文化心理的对应。就是说，在高度对应度的同时会传播一种对区域的情感认知的互动。

区域RIS策划与评估公式：

区域RIS的策划与评估公式的延展是根据具体的实践操作，在分析区域整体发展目标，区域公众心理，区域的文化特性，区域的审美情趣和区域的识别互动的基础上提出的评估公式，李兴国等在《北京形象——北京市城市形象识别系统（CIS）及舆论导向》一书中提出：成功的CIS策划＝组织目标＋公众心理＋信息的个性化＋审美情趣[①]。因此，区域品牌的视觉传播中，不仅要考虑静态或被动的传播，更应该关注动态或自发的传播，所以区域RIS系统的评估公式＝区域的组织目标＋公众心理＋信息的个性＋审美情趣＋表演互动。

区域的组织目标是区域发展的核心与关键，区域理念识别和区域行为识别都要以组织目标为依据，来定位区域理念识别要素、规范行为识别要素，审定识别系统。

公众心理是RIS系统策划实施的起点，也是终点。作为一个要面向公众的系统规范行为，必须在公众心理得到认可，因为"人"是区域的核心。譬如重庆在2004年进行重庆市形象系统（天天发展、人人重庆）的策划规范中，分阶段通过网络、电视、报纸等向区域公众公布策划方案，同时征集公众的意见；而香港在实施区域形象的策划中，只是通过招标的形式由乙方单独参与策划和制定相关的规范系统，最终造成了区域内公众无法接受的局面，此时的传播更无从谈起，所以说区域RIS系统的策划实施，必须体现区域人人参与、"以人为本"的思想。

信息的个性化是RIS系统活力的体现，也是区域在市场竞争中博得优势地位的关键，对于区域信息的个性化，就是要挖掘区域的USP，也就是独特性、唯一性和不可替代性的信息要素。对于唯一性的探讨，我们可以从空间、时间、政治、经济、文化、资源等方面展开分析。

---

① 李兴国等：《北京形象——北京市城市形象识别系统（CIS）及舆论导向》，中国国际广播出版社2008年版。

　　审美情趣是指人理解和评价自然界和社会生活中各种事物和现象的审美特点的能力①。对于区域 RIS 集成系统而言，审美情趣包括了行为、视听、感触和自然环境几个方面，每一个识别子系统都要照顾区域内外公众对于区域认同。

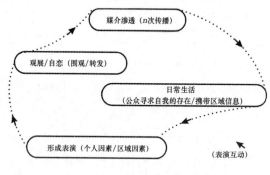

图8—9　表演互动传播过程

　　"表演互动"是在视觉传播新环境下引入的概念，根据自媒体时代人们自恋心态的膨胀，急于向外界展现自我和引发被关注的心理满足感的存在，表演互动是对这一现象的概括。对于区域 RIS 集成系统而言，表演互动同样是区域品牌视觉传播的关键，因为区域的参与者是公众，公众在特定的区域寻求区域的代表性元素，不断地通过媒介自发的向外界传播自我的同时，在一定程度上对区域的媒介传播起到了很好的作用，并且能够产生很强大的"链式反应"。

　　综上所述，在区域品牌视觉传播的集成 RIS 系统中，我们要根据一定的评估体系考量系统中子系统的应用设计，要参照区域 RIS 系统的评估公式＝区域的组织目标＋公众心理＋信息的个性＋审美情趣＋表演互动。在对区域定位的同时要遵循区域对应原则、识别原则、科学原则、系统原则、审美原则和互动原则，将区域的"唯一性"发挥到最大，最终能够形成一个"自营销"的传播模式。

---

　　①　李兴国等：《北京形象——北京市城市形象识别系统（CIS）及舆论导向》，中国国际广播出版社 2008 年版。

（九）CIS 与 RIS 的比较

通过对区域品牌视觉传播 RIS 系统的分析，为了较为直接地展示 RIS 系统与传统 CIS 系统的区别与创新，可通过图 8—10 来完成两个系统的比较。

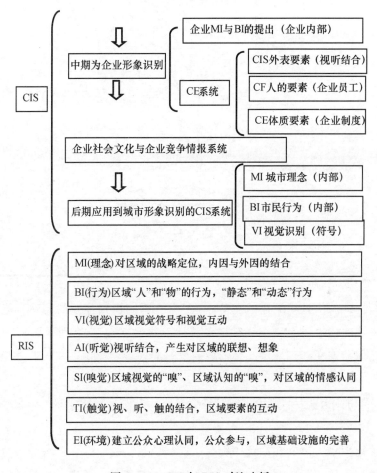

图 8—10　CIS 与 RIS 对比分析

对 CIS 与 RIS 的比较可以发现，CIS 是基于视觉主导的内部识别体系的规范，重点是通过视觉来构建某一对象的内部属性的外部呈现特征，RIS 是基于表演互动为主导的识别系统，重点是区域内与区域外通过传播

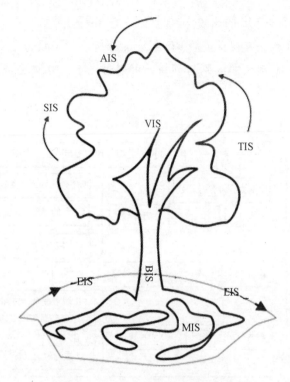

图 8—11　RIS 集成系统循环关系

载体而构建的信息视觉化的互动体系。RIS 系统识别体系的构建，能够将区域品牌的传播以一个集成循环系统地形式建立起来（见图 8—11），并将对区域品牌在新环境中品牌形象的提升起到重要作用。

三　广州区域品牌视觉传播 RIS 系统的应用设计与开发

　　根据中华人民共和国关于会徽、会标的相关规定，在以省为单位的区域内不能设立相关的会徽、会标，所以为了便于探讨研究区域品牌视觉传播的相关问题，最后将区域划定为以"市"为单位的研究对象。尝试着提出了适合广州区域品牌视觉传播的 RIS 系统，包括区域理念识别系统（MIS）、区域行为识别系统（BIS）、区域视觉识别系统（VIS）、区域听觉识别系统（AIS）、区域触觉识别系统（TIS）、区域嗅觉识别系统

（SIS）区域环境识别系统（EIS）七大子系统。

（一）广州区域品牌视觉传播的环境分析

1. 广州区域品牌视觉传播的威胁和机遇

对于区域 RIS 集成系统的具体应用，我们首先要分析该区域品牌在视觉传播大环境中外部因素所带来的威胁以及面临的发展机遇。广州区域品牌视觉传播面临的主要威胁是来自国内一、二线区域城市品牌的强势发展。从国内一线城市发展来看，北京独特的政治、文化、经济属性奠定了北京形象的基础，2008 年北京奥运会全面、系统地传播了北京区域品牌在人们心目中的品牌化形象，"京津冀"经济圈的拓展以及 2013 年京冀双方签署《北京市—河北省 2013 至 2015 年合作框架协议》和 11 个专项协议，着力打造首都经济圈，加快区域一体化进程，共促区域经济社会协调发展①，通过对"环首都经济圈"的强化，培养人才，孵化科技产业，形成新型产业发展经济圈；同时《智慧北京行动纲要》的提出，更加强化了北京区域品牌化发展；从上海世博会"城市——让生活更美好"来看《上海宣言》关于"和谐城市"理念的提出，2010 年上海世博会第一次以"城市"为主题，在全面分析城市可持续化发展问题上提出了"和谐城市"理念，从环境、经济、科技创新等角度的国际探讨中使《上海宣言》问世，创新与数字化成为区域城市发展的主题。从智慧数字城市的提出来看，数字化紧密结合了景观社会区域品牌的传播特性，RIS 集成系统能够在数字化的运营环境中发挥更大的作用。

从国内二、三线城市来看，区域品牌视觉传播表现的同样明显而且有成效。2012 年 10 月 30 日，杭州市正式向公众开放室外 Wi‑Fi 网络"i-hangzhou"，成为全国首个向公众免费开放 Wi‑Fi 的城市②，免费的无线网络在区域的开放，使这一区域的民众可以随时随地轻松发微博、看视频、听音乐，甚至相互之间进行游戏的切磋。2014 年 1 月，兰州 1 路公交车开通了 4G 无线网络，相继推出了"甘肃爱城市"手机 App。从类似的案例中我们可以看到区域品牌视觉传播不仅仅是图形符号的传播，而是

---

① 《北京河北签署合作协议打造首都经济圈》，《新京报》2013 年 5 月 23 日。

② 《杭州免费开放室外无线网络》，浙江在线新闻网，2012 年 10 月 31 日。

区域品牌化系统的传播，不管是一线城市还是二、三线城市，在景观社会背景下，区域之间都在努力改变区域传播问题，区域之间激烈的竞争对广州区域区域品牌视觉传播会构成一定程度的威胁。

诚然，广州在区域品牌视觉传播系统的构建中也具有很大的机遇，2008年，国家发布了《珠江三角洲地区改革发展规划纲要》，从全国改革发展的大局定位"珠三角"的发展；2012年9月《广州南沙新区发展规划》获国务院批准，《国务院关于广州南沙新区发展规划的批复》同意广州南沙新区为国家级新区，南沙新区的开发建设上升为国家战略，是继甘肃兰州之后的第六个国家级新区。南沙新区作为穗港澳创新合作的示范区、国家实施主体功能的先行区、"珠三角"转型升级的示范区、"珠三角"世界级城市群的核心区和国际化现代滨海的新城区的功能来定位。从国家层面来看，广州从秦设立南海郡到南沙新区的获批，始终走在改革发展的前沿，政策的倾斜对今天广州区域品牌视觉传播的构建也是有利因素。

2. 广州区域品牌视觉传播的劣势和优势

广州区域品牌视觉传播的劣势环境突出地表现是区域经济结构的不合理、"文化沙漠化"① 现象严重、社会公众参与程度较低以及固有的"什么都吃"的不良形象。在区域经济结构方面，广东一直以来是中国制造工厂，在2008年金融危机之后，世界经济的放缓导致了市场、资源以及人才技术的竞争，广东在产业结构发展中技术与自助创新能力较弱，粗放型经济与劳动和土地成本的上涨成为区域产业发展的制约因素，所以说广东外向型的经济结构不合理、不完整，只有转变发展模式，突出科技创新，才能改变广东乃至广州的整体产业形象。在"文化沙漠化"现象中，主要是文化传承的缺失，目前关于开放与包容的区域形象是改革开放后人们对广州的认识，而没有把两千多年岭南文化、海上丝路文化、流行文化、革命精神很好地传承和发扬。就社会公众参与程度而言，主要是区域内受众对区域品牌传播的不知情和不认可，不知情主要是信息传播的不通畅，不认可是没有让广大民众参与到区域品牌文化建设当中，使他们缺乏

① 袁瑾：《媒介景观与城市文化——广州城市形象研究》，中央编译出版社2012年版，第5页。

存在感。"什么都吃"或许是广东或广州给不了解这一区域人最直接的感受，特别是 2003 年 SARS 的扩散，使这一话题的舆论铺天盖地。诸如此类的问题都是广州区域品牌视觉传播的劣势环境，在构建系统的同时要想对策解决相关问题。

广州区域品牌视觉传播的优势环境主要是媒体优势和地域优势，从媒体对广州形象的构建来看，广州是中国媒体最发达的地区之一，尤其是报业的发展更为明显。在进入 21 世纪以来，最早开始对城市文化生产及策划的《新周刊》影响了中国城市对城市文化的挖掘梳理，相继有《城市画报》《南方都市报》《广州地理》《广州人文》等有关报纸；从网络媒介来看，有"中国广州网""广州市价格信息网""广州视窗""广州网""广州坐车网""广之旅"等与城市建设相关的媒介。广州媒体有着南方媒体崇尚开放、自由的生态环境，对于城市文化的提炼起到了直接的作用，在广州区域品牌视觉传播系统的构建中同样也有着举足轻重的地位。

从地域优势来看，广州城市的区域空间形成了"山、城、田、海"的生态型布局①，特殊的地域空间构成了特殊的区域网络，广州有着枢纽性国际空港、大型海港、枢纽型铁路网和高速公路网，有着国际一流的会议展览中心、现代化的文化体育设施等网络组织运营指挥系统。这样的网络空间交叉结构的运营，提升了广州整体的综合服务能力，使服务理念成为区域品牌化传播的优势资源。

（二）广州区域品牌视觉传播的战略选择与定位

对于广州区域品牌视觉传播战略的选择应当立足于区域外的有利因素和区域内的优势因素，全面分析区域外的不利因素和解决区域内的劣势问题，从而构建适合广州区域品牌视觉传播的集成系统。从以上关于外部机遇和内部优势的分析可以看到，广州区域品牌视觉传播的战略选择应该是依据国家政策的倾斜，大力培养科技人才，发展新型产业，创新传统产业的再升级，提升广州区域在新时期的硬件面貌；相对开放的媒体环境，要使区域内传统媒体与新媒体相结合，构建广州媒体对区域文化的软实力；

---

① 袁瑾：《媒介景观与城市文化——广州城市形象研究》，中央编译出版社 2012 年版，第 13 页。

完善空间网络结构，通过与数字技术的结合来发挥广州国际枢纽空间网络的输送能力，从而完善区域对外的流通性。根据区域的不利因素和区域内部存在的问题，从选择区域品牌视觉传播的战略角度来看，要从实际问题出发，努力改变目前的环境问题，完善与强化周边卫星城市的建设，加强经济圈的带动效应；加强与港澳地区、东盟地区的合作交流，转化经济产业结构调整，提升区域的影响力；加快与泛珠三角地区的合作，从整体上推动区域的经济、文化产业的发展。

基于国际一体化、区域一体化战略选择的路径，广州区域品牌视觉传播环境的定位首先是国家级中心城市和国际大都市，使以广州为核心的大都市圈能够成为我国三大都市圈之一[①]，有着国家改革示范的大环境和"佛山因素""珠三角因素"和"港澳因素"的小环境；其次是国家创新产业孵化区，独特的地域优势、开放的市场环境、包容创新的区域文化是广州能够成为现代新型物流产业、国际大型会展产业、电子媒介产业以及综合新型服务业；再次是媒介影像中心区域，广州有着开放、自由的媒介生态环境，多元创新的媒介传播载体。从这三方面的定位来对广州区域品牌视觉传播系统进行相关的创新与构建，在创新的过程中需结合国家因素的定位，在构建的框架中需全面分析新型产业、科技人才、新媒体环境等传播形式。

（三）广州区域品牌视觉传播理念识别

1. 广州区域品牌视觉传播理念识别的现状

对于一个区域而言，理念识别是区域可持续发展的指引航标，准确地定位对于区域品牌的视觉传播起着关键性作用，理念如同血液般贯穿于区域的整个脉络中，时刻在影响和反衬着区域的发展、规划、目标和战略等。

广州作为广东省的省会城市，在理念定位中应该考虑与广东省的理念识别相呼应，经过了多个世纪的发展变迁后，广东在新世纪的第十一次党代会上针对自己的发展规划提出了新广东精神——"厚于德，诚于信，

---

① 袁瑾:《媒介景观与城市文化——广州城市形象研究》,中央编译出版社 2012 年版,第11 页。

敏于行"。"厚于德"从文化的本质出发来诠释区域对于对传统文化的继承和发扬，是新时代优秀文化生息的基石，也是区域发展规划的来源和基础；"诚于信"从商业市场现状出发，是区域可持续发展的时代要求；"敏于行"从区域市民的精神实质出发，是区域品牌传播的核心动力。对于广州这一区域理念的识别来说，还没有形成一个统一的、具体的口号或者标语，目前广州在对外传播过程中有"国际贸易中心""时尚购物中心""花城商都""美食之都""文化之都""现代国际大城市""国家中心城市"等不同的口号或形象；在广州精神层面的讨论也有着同样的状况，广州在首次确定广州精神时界定为"稻穗鲜花献人民"①；凌书法在《南方日报》中提出，广州城市精神——"务实、求真、宽容、开放、创新"②；黄淼章在《新时期广州人精神》中提出——"开放、进取、拼搏、创新"为广州精神。从这些观点中我们看出广州这一区域在对自身理念要素的塑造中，从政府到企业再到媒体，始终没有形成统一的理念识别方案。这样混乱的形象不利用区域品牌化视觉传播，特别是在今天这样一个景观社会，对于区域的可持续化发展提出了更高的要求，区域品牌化的视觉传播或许会成为区域传播的主流形态，所以必须首先对广州区域品牌的视觉传播理念识别进行探讨。

2. 广州精神

从文化的角度来说，广州是集"汉文化""海洋文化""岭南文化""西方文化"于一体的文化集合中心。广州区域文化的发展，以"岭南文化"为核心，"汉文化"为基础，"海洋文化"和"西方文化"为动力，共同塑造了这样一特殊区域的文化形态。在历史的发展中我们可以看出广州是"千年国门"的开拓者，被称为"祖国的南大门"。面朝南，五岭③为脊背，大海为视域，季风、潮汛为血液的立体区域形态，这一区域水天相接，形成一种苍茫与辽阔、畅想与向往的区域印象。在两千多年岭南文化的发展中，广州始终是作为政治、经济、文化的中心而存在，南越、南

---

① 广州市人民政府新闻办公室，http：//www.guangzhou.gov.cn/zhuanti/2003/dtl/news/1224010.htm。

② http：//www.sina.com.cn。

③ 五岭是指大庾岭、骑田岭、萌诸岭、都庞岭和越城岭。

汉、南明三个朝廷定都广州；秦统一岭南后将南海郡设立于番禺（今广州）；两晋南北朝时期由于战乱，中原汉人迁移促进了广州海上贸易的繁荣；唐王朝在广州设立了唯一的"市舶司"来管理外贸市场，此时中西海上丝绸之路进入一个新的时期；唐宋时期广州的海上贸易港口形成了中国当时的第一大港口，也是世界著名的东方港市；元代时广州作为第二大港存在；明初、清初广州处于"一口通商"的局面。特殊的地理环境，特殊的政治环境，形成了岭南文化活泼明快、开放融通、开拓创新的价值取向。

从爱国精神来说，广州是近代革命的策源地，有着"革命摇篮"的称誉，是革命英雄的城市。1841 年广州人民发起的三元里反帝反封建斗争，揭开了中国人民反对统治阶级领导的序幕；1847 年太平天国运动的领导者洪秀全从广州出发，以农民运动的形式探究政权的领导者；1898 年康有为、梁启超参与的维新运动最终将中国推向了革命的浪潮；1911 年黄花岗起义拉开了辛亥革命的序幕；1917 年孙中山护法南下，建立"广州国民政府"与以北洋军阀为代表的"北京政府"相对峙，1921 年就职广州，出任大总统；1926 年毛泽东等人在广州组建"农民运动讲习所"，为革命运动培养了骨干力量；1927 年叶剑英、张太雷等人领导的广州起义爆发，建立了仅存在三天的广州苏维埃政府，时间虽然短，但也是爱国运动的开启者。从广州爱国精神层面可以看出岭南文化孕育出的一种文化的特征：敢为天下先，勇于潮头立，于无声处听惊雷①；自立自强、创新求变、民主科学的革命精神。

从民族构成来说，广州是一个多民族、多民系的大融合，在少数民族的构成中，有 55 个②少数民族，来穗人口占主要部分。在民系的构成中，分为广府民系、潮州民系、客家民系、疍民民系四大民系。广府民系由汉族与古南越族融合而形成，是中原文化与南粤文化的交汇；同样客家民系也属于汉文化的一个分支，主要以秦汉时期迁入广东的人为主；疍民民系是早期生活在珠江三角洲两岸，以捕捞为生的民族。在这样一个复杂的民

① 黄树森：《广州九章》，花城出版社 2009 年版，第 2 页。
② 任朝亮：《广州日报》2011 年 6 月 1 日 A9 版，http://gzdaily.dayoo.com/html/2011-06/01/content_1371619.htm。

系大环境里，市民观念有孔孟思想的儒雅和仁义，有受海洋文化和西方文化影响的开放、开拓和求变的意识，也有受迁移影响而形成的善良、团结、谦和的品质。

从岭南国学来说，岭南经历了一个从术到学的过程，是理想与思想的探索和追寻，从湛若水的理心明志到康有为、梁启超的经世致用，共同遵循了这样一条发展轨迹。从佛教的传播来看，慧能南宗"即心即佛"的思想在六祖时将这种传统的佛教思想诉诸现实的"人性"，从佛教提倡的"出世"转向了"入世"①，六祖开创了中国化的宗派——"禅"宗，与孔子、老子并称为"东方三大圣人"；岭南著名理学家和诗人陈献章主张"学贵知疑，独立思考"的开放学风；康有为《大同书》从中国社会问题出发，以世界的视角勾画了"太平、和谐、仁爱、民主"的大同世界的美好蓝图；梁启超的论学术之道，从学术推动社会、左右世界的立场提倡通过西学来推动国家的进步。从岭南国学的发展可以看出岭南文化中所蕴含的独立、沉稳、开放、悠远、恬静和旷古的中西文化的精神内涵。

（四）广州区域品牌视觉传播行为识别

1. 广州区域品牌视觉传播行为识别的现状

一个区域内区域行为是对区域理念的反映，区域行为包括了政府行为、企业行为、民众行为和媒介行为几个方面。政府行为一方面是作为执法机构制定相应的政策法规，另一方面是对政府自身行为原则和公务员群体行为的规范和约束；企业作为区域品牌的组成部分，在很大程度上担负着传播区域品牌、塑造区域品牌形象的关键因素，所以对于企业以及行业协会组织行为的规范有利于区域品牌化的良性循环；民众是区域内两个文明建设的主体，民众行为是区域形象视觉传播中精神面貌的体现，对于区域内民众行为的规范有利于区域品牌化的成长；媒介在区域内作为传播区域文化、传播区域行为的载体，自身行为的规范是区域行为传播的外在因素。

广州在区域行为的识别建设中，重点以政府、企业的诚信规范为主要切入点。2012 年 8 月，广州出台"打造诚信政府建设社会信用体系"，主

---

① 黄树森：《广州九章》，花城出版社 2009 年版，第 192 页。

要研究决定了建设智慧广州、建设创新广州、建设国家创新城市、建设广州市场管理体系、建设广州美丽乡村等几方面的方案。推进政务诚信、商务诚信、社会诚信和司法公信建设，建立全社会信用体系、市场监管体系①，促进区域的整体发展。通过率先实行诚信政府建设来增进社会信用体系的建设。在智慧广州的建设中，以 2012—2015 年为起步阶段，构建起广州"树形"智慧城市的框架，在广州这一区域建成一批新一代互联网络国际枢纽、城市运行感知网络和智能应用服务系统，以核心技术为根本，以智慧创新为理念，从而构建出拥有新设施的"树根"、新技术的"树干"、新产业的"树枝"、新生活的"树叶"的智慧城市"树形"框架，将传统的管理运营机制完全智能化、高效化、人性化，通过虚拟网络技术的应用来传播信息、转化信息，实现信息的共享，从而逐渐成为中国智慧城市建设的先行者。在创新广州建设中，以珠三角经济区为核心，全力建设自主创新实验区、国家新产业研发基地，打造华南地区性创新中心，加强规范信息时代的市场管理体系建设。在广州社会信用体系建设中，以 2012—2016 年为初步规范阶段，以网络信息的传播为平台，以企业法人和社会个人为关键，通过信息的采集和网络共享来起到诚信的监督作用，最终构建成以政府信用为起点、企业信用和个人信用为基础的社会信用框架体系。

图 8—12　打造诚信广州的相关截图

针对企业行为出现的问题，相关单位也做出了相应对策来解决市场问题。2012 年 7 月，广州针对市场中存在的诚信问题，广东省经济和信息化委员会综合处联合市、县相关市场管理部门开展"广州市规范行业管

---

① 《广州日报》，http：//www.e-gov.org.cn/xinxihua/news002/201208/133264.html。

理建设诚信体系"的"三打两建"行为规范问题,打击欺行霸市、打击制假售假、打击商业贿赂专项行动①,建立商业总会诚信体系和餐饮业食品安全诚信体系。

为规范民众在区域内外的行为,更好地传播区域文化,广州在区域民众礼仪的识别过程中始终走在城市发展的前列。北京为迎接奥运会才实行民众礼仪规范,广州在20世纪80年代初就开始提倡"友爱在车厢"行动,90年代开始实行"微笑在广州"行动、"稻穗鲜花献人民"城市精神凝练、市民文明行为"十大亮点"行动,2005年制定了《广州市民礼仪规范手册》,2008年对《广州市民礼仪规范手册》的修订都是"情义广州""广州有礼"的鲜活印证。表8—5是针对2008年礼仪规范手册的统计。

表8—5 广州礼仪规范识别系统统计表

衣饰礼仪	男士西装	对西装的穿戴和搭配的规范	共9项
	女士西装	对西装的穿戴和搭配的规范	共4项
	旗　袍	对旗袍作为礼服搭配的规范	共5项
	职业服饰	对从事相关职业的服饰规范	共2项
	场合服饰	对不同场合服饰的搭配规范	共8项
	仪　容	对仪容装饰的场合细节规范	共5项
	姿　态	对人体无声语言的行为规范	共6项
	首　饰	对首饰佩戴性别使用的规范	共7项
	佩　品	对佩戴饰品性别的细节规范	共4项
饮食礼仪	中　餐	对宴请、邀请、进餐前后细节规范	共10项
	西　餐	对用餐行为、分度细节规范	共10项
	料　理	对用餐行为的细节规范	共4项
	饮　酒	对斟酒、敬酒及中西餐饮酒规范	共8项
	品　茶	对献茶、奉茶、饮茶的细节规范	共8项
	咖　啡	对搅拌、品用咖啡细节的规范	共5项
	自助餐	对取餐、用餐细节的规范	共7项

---

① http://www.mofcom.gov.cn/aarticle/difang/guangdong/201207/20120708251352.html.

居家礼仪	夫　妻	对尊重、理解、信任的规范	共 7 项
	亲　子	对孩子教养及成长的规范	共 7 项
	尊　老	对子女尊老行为的规范	共 5 项
	宿　舍	对集体意识行为的规范	共 7 项
	邻　里	对相互通融的行为规范	共 9 项
	旅　居	对酒店服务与公共用品的规范	共 4 项
出行礼仪	行　走	对交通规范使用、出行行为的规范	共 8 项
	乘飞机、火车、汽车	对乘飞机、火车相关文明使用规范	共 21 项
	乘轮船、地铁、电梯	对乘相关工具的行为规范	共 13 项
	自驾车、骑单车	对驾驶行为规范（单车红绿灯意识）	共 10 项
言语礼仪	通称	对成功交往第一步的称呼的规范	共 9 项
	尊称	对长辈及社会地位人士的称呼规范	共 4 项
	敬称	对别人的长辈及晚辈的称呼规范	共 3 项
	谦称	向别人做介绍家人时的称呼规范	共 3 项
	客套	与别人接触交往过程中的规范	共 13 条
	雅语	与别人交谈时的委婉语气行为	共 1 项
	求助、致歉	对"请"字使用的规范	共 17 条
	感谢	对"谢"字使用的规范	共 7 条
	道别	对主客之间委婉语气的规范	共 2 项
	婉拒	对拒绝语气的规范	共 11 条
	禁忌	对民情风俗的尊重规范	共 1 项
社交礼仪	迎宾、访友、介绍	对自身行为的规范要求	共 16 项
	握手、质意	对自身行为语言的要求规范	共 8 项
	名片	对名片递交使用规范	共 7 项
	交谈	对交谈行为的规范	共 4 项
	电话	对接听电话和使用手机行为规范	共 11 项
	馈赠	对馈赠行为及物品的规范	共 4 项
	卫生	对个人卫生及公共环境的卫生规范	共 6 项
	公益	对功德的倡议规范	共 5 项
	礼让	对公共场合个人行为的规范	共 4 项
	购物	对商场与商品相关因素的规范	共 5 项
	网交	对个人行为习惯的倡议规范	共 10 项
	涉外	对自身言谈举止的高度重视的倡议	共 5 项

续表

	剧场	对自身行为的约束规范	共6项
	参观	对参观对象的行为规范	共4项
	观赛	对自身赛场观看行为的规范	共2项
休闲礼仪	邀舞	对对方的尊重和自身行为规范	共7项
	阅览	对图书杂志及公共空间行为规范	共7项
	出游	对环境保护的行为规范	共5项
	泳浴	对自身行为、公共空间使用行为规范	共3项

　　资料来源：《广州市市民礼仪手册》，广州出版社 2005 年版。

　　从表8—5 的分析可以看出，广州在区域行为识别中已经走到了其他城市的前列，从诚信政府的打造、诚信企业的规范到民众礼仪行为的规范都可以看到广州作为先行者的影子，特别是在自媒体化的社会环境中，智慧广州始终在探索新的媒介形态中信息的共享与互动的最大化发挥。存在的问题一方面是对媒介行为没有更为详细的规范，另一方面是在区域行为的视觉传播中，行为要素的传播以文字的形式出现，缺乏一定的感染力和吸引力。

　　2. 广州区域品牌视觉传播行为识别的准则

　　广州的区域理念和区域行为表明，广州是一个非常讲究礼仪和礼节的地区，因为它继承和弘扬了中原千年的传统文化，又传承了许多古代粤文化的遗风，一直在接受者西方文化的外来影响，从而形成了多元融合的岭南文化和岭南礼仪，所以广州区域品牌视觉传播行为识别系统应该着眼于"礼仪""礼节""诚信"几个方面。这样一方面可以与"厚于德，诚于信，敏于行"的广东精神相对应，另一方面能与"智慧广州""诚信广州"的区域政策发展相统一。

　　广州区域品牌视觉传播行为识别系统准则的界定要适合视觉传播的互动结构概念，要适应扩散受众的传播心态，要符合区域品牌化的传播策略。根据相关的资料分析，目前对广州区域行为准则界定有"广州，有礼了""有礼广州"或"广州与礼同在"，"礼"能够与"你"构成谐音关系，可以衍生为"广州，有你""有你广州"或者"广州与你同在"，"礼"和"你"在这几个行为口号中站在政府的立场、企业的立场、民众的立场甚至是区域外的任何立场下都可以进行描述，在区域内传达的是一种自豪、自信、认同，区域外传播的是立场、文化、核心竞争力。譬如2008年北京奥运会口号"同一个世界，同一个梦想"的传播，一是让区域内的人有一种自豪与自信，因为北京奥运会不是北京的奥运会，是中国的奥运会，是世界的奥运会，有了对中国这个概念的认识，才能完成区域内共同的梦想。二是对于区域外的传播不仅仅站在中国的立场，而且是在世界的立场寻求世界对中国文化的认同，对中国梦、世界梦的认同。可以说广州区域行为口号的识别也是实现广州梦的延续。自强是广州与生俱来的品格，从广州人创造梦想以来，实现的不仅是广州梦，而且是中国梦，在詹天佑对粤汉铁路的构想和规划中，在康有为《物质救国论》的思想中，在廖仲恺的钱币革命与建设中，在孙璞《粤风》对岭南文化"遗民精神"的阐述中①，在邓小平"南方谈话"的精神与广州改革开放和现代化建设发展中，都可以看出广州人所实现的梦想，所以在新的视觉传播环境中，广州区域行为识别系统的建立将是广州区域品牌化实现的重要组成部分。

3. 广州区域品牌视觉传播行为识别的建立

广州区域品牌行为识别的规范主要通过信息可视化②来实现，根据前面的分析，广州从2012年开始一直到2016年的重点工作是在打造诚信政府、诚信企业，建设创新型智慧广州、国家创新城市以及美丽乡村的试点工作。基于此，广州区域品牌视觉传播行为识别体系的建立应该是通过Prefuse语言编程工具箱构建交互式信息图表，通过对相关图表的分析来看待区域行为识别的表征。譬如图8—13全球人均GDP百分比统计，从不同颜色的区域就可以明显看到所有国家人均所占百分比的比例，同样图8—14奥巴马与罗姆尼竞选总统时费用的支出比较，很直观形象地将信息进行了视觉化的呈现。图8—15中，2012年奥运会期间，伦敦眼被转换成了一个巨大的视觉可视化装置。在晚上伦敦眼会根据网络上1000万

----

① 黄树森：《广州九章》，花城出版社2009年版。

② 信息可视化（information visualization）是1989年由斯图尔特·卡德、约克·麦金利和乔治·罗伯逊提出的针对大数据时代信息的可视化再现的分析方式，通过图形形状来构建信息的框架，使其更加直接、简洁，便于信息的读取。

Twitter 英国用户对奥运会正面和负面的讨论进行统计①，然后像一个饼状图一样提示着人们对奥运会的情绪走向。

图 8—13　全球人均 GDP 所占百分比

http：//www. noupe. com/graphics/more-creative-and-useful-infographic-maps. html.

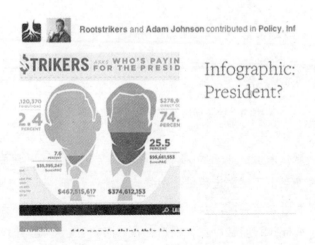

图 8—14　奥巴马和罗姆尼竞选费用支出

http：//www. hongkiat. com/blog/55-interesting-social-media-infographics/.

———————————

① 数据来自 2013 年 10 月中央美术学院"英国信息可视化艺术展"伦敦奥运会信息视觉化装置的标签。

图 8—15　伦敦眼装置数据的信息视觉化呈现及其不同情绪颜色代表

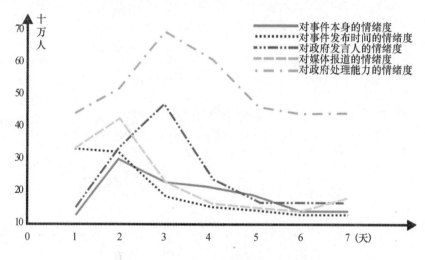

图 8—16　危机事件信息可视化模拟分析

广州"诚信政府"的建立可以从政府的危机公关、危机管理、公务员形象、服务意识等层面进行信息视觉化的统计分析,通过与网络媒介技术的结合对比研究来看诚信政府在行为识别中民众的满意度或者情绪变化度,再进行细分找到问题所在,根据存在的问题有针对性地加以改进,这样对于打造广州诚信政府体系建设将起到一定的作用。譬如从政府危机公关来进行信息可视化分析,先将危机公关的影响因素进行拆分,包括对事件本身的情绪度、对事件发布时间的情绪度、对政府发言人的情绪度、对媒体报道的情绪度、对政府处理能力的情绪度等几方面来展开信息的可视化分析,最后找到本次危机公关的关键所在。如图 8—16 所示,可以很明显地看出在此次政府危机公关中政府处理能力引起了众多市民的情绪反应。广州诚信企业的行为识别同样可以进行信息可视化图标呈现，通过对网络统计数据中施工企业排名、监理单位排名、园林绿化排名、造价咨询排名、预料混凝土排名、服务性企业排名等不同企业的数据分析，一方面市场监管部门能够优化企业的市场配置，另一方面甲方单位能够根据详细的信息呈现找到适合自身信任委托的企业。整体来说，通过大众参与的行为规范企业行为，对于区域企业品牌化的塑造将有着直接作用。同样，对于区域媒介行为规范、民众礼仪规范，都可以通过信息的可视化来实现。所以说信息的可视化在区域品牌化视觉传播的建设中起到中流砥柱的作用。

（五）广州区域品牌视觉传播中的视觉识别

1. 广州区域品牌视觉传播中视觉识别的现状

区域品牌视觉传播系统中的视觉识别是整个系统信息视觉化、符号视觉化的集中体现，即从视觉的角度传递区域信息，建设区域形象视觉识别系统。具体来说主要是区域能构成代表性的会徽（区徽）、区旗、区花、区树、区鸟、吉祥物、区域标准字、区域标准色等基本视觉要素的设计推广和区域政府办公用品、区域内交通设施、区域内公共艺术等应用项目的设计推广。广州作为中国一线城市之一，在区域视觉识别系统的制定中也有相应的规范，但整体还是缺乏系统性、识别性，没有有效的传递信息。

首先，从广州区域区徽或者广州城市市徽来看，广州最早征集市徽是在1926年前后，第二次是1990年广州市人民政府穗府《广州市关于公布广州市市徽、市歌的通知》①（穗府〔1990〕19号）对市徽、市歌的征集和规范应用的通知。1997年，中共中央办公厅、国务院办公厅下发了《关于禁止自行制作和使用地方旗、徽的通知》②，广州市人民政府在1998年2月取消了关于市徽和市歌的相关应用。从广州市人民政府网、中国广州网、谷歌、百度搜索引擎等相关网站的检索中发现，目前没有一

---

① 广州市人民政府：《关于公布广州市市徽、市歌的通知》，《广州政报》1990年第3期。

② 中共中央办公厅、国务院办公厅：《中共中央办公厅国务院办公厅关于禁止自行制作使用地方旗、徽的通知》，1997年11月，http://law.lawtime.cn/d641692646786.html。

个完整的关于广东或者广州区域的 logo，输入关于广州标志的词语后，出现最多的是五羊雕像和代表广州城市统一的"广州城市原点标志物"；在广州市人民政府网看到类似于 logo 的木棉花图案，或许在这里木棉花作为广州市化的代表，但具体查询相关资料也未能找到确切的注解；在中共广州市委宣传部主办的中国广州网上能看到类似于树叶的图形，同样找不到对图形的相关解释说明。所以从 logo 角度看，广州对于区域视觉识别系统的建立还是缺乏一个有效的识别体系。

其次，从具有象征性意义的区（市）花、区（市）树、区（市）鸟、吉祥物来看，广州区（市）花在 1931 年曾定为"木棉花"，到 1982年再次确立为"木棉花"，查询相关资料发现"木棉花"在市花或者区花的应用中有高雄市和攀枝花市两个地域，目前来说在中国省份城市还没有其他区域应用，攀枝花市虽然以木棉花作为市花，但木棉花并不切合南方植物在四川地区的识别性，所以说广州在市花的界定中是可行的、唯一的、具有视觉识别的个性。区（市）树的界定在翻阅相关资料后没有查到有关记载，通过对木棉花的赞美可以使人联想到有英雄之称的"木棉树"。对木棉树的记载最早是南越王赵佗向汉帝进贡烽火树，"高一丈二尺，一本三柯，至夜光景欲燃"[①]，据说此烽火树即木棉树。木棉树作为南方特产植物，特别是在岭南地区岭南人对木棉有着特殊的情结，一方面是其自身形态美、色彩美、动态美的展现，另一方面是药用价值、净化价值、民用价值的内涵蕴藏，所以本书建议将"木棉树"作为广州区域的区（市）树，并且得以推广。区（市）鸟的界定能够找到将"画眉鸟"作为广州市的市鸟资料，笔者认为在广州区域品牌化的视觉传播过程中，"画眉鸟"可以作为区域品牌化传播中的一个符号，因为在区域内已经产生了一定的认同，只要能够推广应用，是可以起到互动表演的传播效果。吉祥物的应用从广州区域角度来看，目前没有形成固定的代表元素，2010年第十六届亚运会以"乐羊羊"代表广州亚运会"和谐、激情"的比赛理念，2012 年广州马拉松以"木棉花"代表"热情、开放"的主人翁精神，2013 年广州地铁以"科技范"悠悠（YoYo）代表广州交通"悠然随心、悦动畅行"的出行面貌，2013 年恒大以"C 虎属龙穿 12 号"代表广

---

① 刘江华、杨代友等：《整合与超越——广州大都市圈发展研究》，商务印书馆 2010 年版。

州足球的发展理念。从而可以看出吉祥物在区域信息的传达和传播过程中扮演着重要的角色，特别是在今天的媒介景观社会，吉祥物在互动表演的媒介传播中不仅仅是区域信息和区域精神理念的代表，同时也是区域内外民众心声的象征。

图8—17　1926年和1990年广州市徽

图8—18　关于广州目前logo图形的截图

最后，从区域的标准色、区域标准字及基础应用来看，广州目前没有形成一个统一化、规范化的应用体系。公交系统站厅主要以绿色为主色调展现广东精神，地铁一周卡以灰色系展现广州传统美食，高铁和客运汽车以蓝色系展现交通运营理念，城市主要建筑群以蓝灰色系代表城市的活力和激情，新公共服务系统——志愿者驿站以红色系展现志愿风尚，古建筑群以赭石色蕴含着历史文化的底蕴。因此，建议对于广州区域的标准色应该界定为蓝绿色调，既可以有效地规范原有系统的应用，又能结合新广州、新商机的发展规划要求。

2. 广州区域品牌视觉传播视觉识别的应用

从区域品牌化的视角来看，广州区域品牌视觉传播应形成区域品牌化与信息可视化的视觉应用体系。通过对区域特殊符号的提炼与网络技术的紧密结合，形成信息的可视化情绪性观测图示，组织或个人能通过这样的一个观测图示看待区域的整体动态，所以说区域品牌化视觉传播框架的构建是一个多元化动态性的立体构成模型，视觉识别只是这一系统模型的一个代表，是对区域理念和区域行为的视觉化呈现。

广州区域 logo 所要展现的目标和价值：

第一，制定广州区域品牌化 logo 的目标

　　　　新广州，新商机的招商引资

　　　　智慧城市，吸引人才，掌握核心技术

　　　　诚信政府，礼仪广州

　　　　加强区域本身的凝聚力

第二，确立广州区域的核心价值

　　　　地理环境：三江、临海、两山

　　　　地标、特色自然景观：五羊雕塑、中山纪念堂、珠江三角洲

　　　　区域优势：活力、竞争力、交通、港口

　　　　中国重要城市、珠三角经济中心、南大门、港口城市

　　　　江水的色彩联想：以蓝绿色为代表

第三，要体现的形象价值

　　　　中国重要经济中心、文化中心、交往中心、国际重要交通枢纽中心

　　　　华南地区商贸中心、重型装备制造基地

　　　　自强、创新、诚信

　　　　体现岭南文化"天人合一、兼容并蓄、多元架构"的文化内涵

　　　　体现流行文化发源地的因素

　　　　简介抽象，具有想象空间

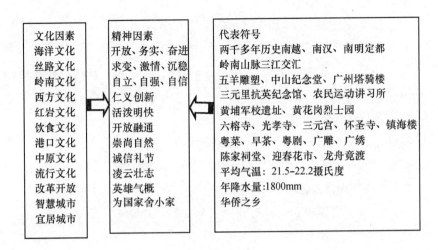

图 8—19　广州区域 logo 及吉祥物设计理论构建

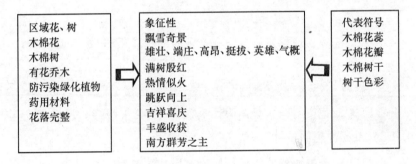

图 8—20　广州区域 logo 及辅助图形设计理论构建

广州区域品牌应用设计的组成部分：

广州标志：广州名称的标准字、广州标准色、标志的规范组合、印刷规范。

广州象征：广州吉祥物、广州之花、广州之树、广州之鸟。

A. 广州内办公事务用品及公关用品应用设计

办公人员名片、机关信封信纸、文件资料夹、传真纸、档案袋、便笺纸、公文用纸、手提袋、纪念品包装与规范设计、请柬、票据、专用贺卡。

B. 宣传应用项目设计

海报形象主题格式、印刷广告形象主题格式、公路广告牌、灯箱广告、形象主题竖式挂旗、主办或协办活动竖式挂旗、形象主题格式、报纸杂志、电子海报、电视广告片尾规范、网页广告 banner 规范、移动端二维码广告。

C. 广州指示系统设计

交通指示牌、户外指示牌、室内指示牌、车站指示牌（火车站、汽车站、地铁站、飞机场）、公交指示牌、各部门指示牌。

D. 广州公共艺术设计

主要公园、区域雕塑、浮雕、建筑物装饰、电话亭、路边邮箱、公共卫生间、垃圾桶、路灯、标杆。

E. 广州交通工具应用设计

飞机应用、火车应用、动车应用、地铁应用、公交车应用、出租车应用、公务用车应用、轮船应用。

F. 广州公共标识应用设计

公共标识符号、地标符号、文化产业符号、工业或农业园区符号、交通符号、区域平面分布图。

G. 广州内办公服饰应用设计

职业服饰、礼仪服饰、营销服饰（旅游）、公关服饰。

H. 广州证件应用设计

政府单位：工作证和通行证；旅游景区：工作证、指引旗和纪念品规范；企业集群：会展证件和接待证件；交通运输：IC 乘车卡、票据规范。

I. 展示传播系统应用设计

飞机座位荧屏、地铁公共荧屏、出租车荧屏、公交车荧屏、长途客车荧屏、建筑物荧屏、电视荧屏、网站网页、移动终端 App 界面（区域官方微博、微信、博客）。

（六）广州区域品牌视觉传播听觉识别

1. 广州区域品牌视觉传播听觉识别的现状

广州区域听觉识别可以说是一直在传承和发扬，广东音乐被称为国乐，有《雨打琵琶》的清丽脱俗、《步步高》的轻松洒脱、《赛龙夺锦》

的昂扬兴奋。广州乐曲从 1864 年广州说唱团《天鹅诞生》《驯虎》到被周恩来称为"南国红豆"的粤剧的发展来看，音乐的轨迹波峰浪谷，从 20 世纪国乐的大统一，到改革开放流行歌曲的大举北上，广州音乐的创作始终根植于岭南沃土之上。在岭南文化的延续过程中，广州音乐作为一个区域名片承担着岭南人的精神风貌，影响和改变着中国音乐的发展。

广东音乐的传播伴随着商业的繁荣，在独特的自然环境中外来音乐通过水路南来，在岭南文化兼容并蓄的土壤中成长，有中原古乐、昆曲、江南小调甚至陕西秦腔各种曲艺的汇集。明清以来，南北词曲，民歌的发展，使内地民俗文化向南迁移，同时南方乐曲也在跟进，有潮州音乐、客家音乐、海南音乐等。在不断地吸收和创新中，出现了早期音乐的产业化局面，唱片工业的出现，在传播声音的同时，带来的是人们对广州或广东的认知，逐渐形成了"广东音乐"的文化认同。

广州音乐、乐曲的发展对区域文化的传播起着重要作用，对区域品牌的塑造有着深厚的铺垫。20 世纪 30 年代以来，中国其他城市在进行本土乐曲的发展时，广东音乐已经开始北上，分别在东北、天津、广西、西安及上海等地建立了广东音乐乐团，60 年代，大陆音乐社团中广东音乐是主要组成部分。侨民的存在也带动了区域乐曲的对外传播，美洲、澳洲、东南亚甚至欧洲国家，凡有广东侨民的地方都有着粤曲的活动影子，从而可以看到广东音乐或许是目前最广泛流传的中国民俗乐种。但是从区域品牌化的角度来看，广东音乐的传播对广州区域品牌化的形成没有起到很好的作用，在区域外人们的认知中，对粤剧的了解、粤曲的翻唱甚至是流行音乐的传播中很难找到广州文化的声音，所以广州区域品牌化听觉识别的建立在传承传统粤曲的同时，更应该有倾向性地创作区域的代表性声音。

2. 广州区域品牌视觉传播听觉识别的建立

首先，从流行音乐的传播来看，广州流行音乐是广州文化的重要品牌，20 世纪 90 年代广州流行音乐达到了鼎盛，同粤菜、潮菜等一起走向了全国。20 世纪 70 年代，率先建立了轻音乐和音乐茶座，引进了立体声的录音技术；80 年代，创办了流行音乐大赛，譬如 1985 年的新歌新风新人大奖赛，相继出现了广播音乐、MTV、卡拉 OK 的音乐传播形式；90 年代，率先实行歌手签约制度，成立了流行音乐组织，举办了流行音乐研讨会，21 世纪率先发展新媒体网络音乐。从音乐的发展形势来看，广州音乐始终在开拓创新，保持着南派风格的文化特性，坚持着南方的审美趣味。广州音乐的开拓性、平民性、娱乐性、兼容性、务实性的音乐特性与广州精神相契合，所以从流行音乐视角出发，广州区域听觉识别应该主要体现在以下几个方面。

广州活动乐曲：大型赛事乐曲、大型展览背景音乐、大型展会乐曲、博物馆提示音。

广州网络之声：区域网络联机声音、区域网络电视声音。

其次，从传统粤剧的传播来看，粤剧的形成是集木鱼、龙舟、南音、粤讴的音乐形式发展而来。木鱼歌是用广州方言说唱的文学形式，在珠江三角洲一带流行，从明末开始到清代后盛行，以即兴演唱的创作理念一直在延续，后来成为粤调的组成部分之一；龙舟与木鱼歌同样以广州方言为说唱形式，以民间故事为创作题材，不断发展，逐渐成为粤曲，形成了粤剧的一个曲牌；南音又称"南曲"，主要以外来音乐元素为创作题材，是流行于文人雅士之中的传唱曲艺，以《叹五更》《客途秋恨》为代表；粤讴是从木鱼歌、南音的形式中发展而来，以广州方言演唱，是粤语地区的民间歌曲，譬如19世纪90年代宣传反帝救国运动的《解心事》《吊秋喜》等代表作品。从传统方言、民歌、艺人曲调等可以看出广州音乐所蕴藏的沉稳、大气、开拓的文化内涵，所以从传统的视角出发，广州区域听觉识别的建立应倾向于区域组织乐曲的建立。

广州组织乐曲：旅游区乐曲、区域之歌。

再次，从自然人文的概况看，广州所处的独特的地理人文环境孕育了独特的自然之声，地处珠江三角洲，濒临南海，海洋性气候显著，从而形成的波涛声、洋流声、鸟鸣声等都是独特而唯一的自然之声的代表。从这些自然人文的角度出发，寻求代表区域特征的声音，在不同的传播载体中应用。

广州提示音：航班提示音、轮船提示音、公交车提示音、出租车提示音、地铁轻轨提示音。

（七）广州区域品牌视觉传播触觉识别

对于区域品牌视觉传播系统中触觉识别的建立，主要是倾向于自媒体时代人机互动识别和自然人文识别两部分。人机互动主要是体验式的交流，通过与机械化器材的接触达到最终目的，在完成这一操作过程中，接触者与机械不仅仅是需要与使用的关系，而是通过 UI 界面的人性化、个性化来体现区域的文化理念和区域形象的影响力。广州作为电子工业的输出源头，其区域公共自主服务系统的建立已基本成形，但还是缺乏区域性、整体性、个性化的 UI 触觉识别界面。在一个年接待外来游客一亿多人次的区域内，区域自助服务系统的完整化建立对区域品牌化的传播起着至关重要的作用，所以区域自主服务系统触觉识别的规范是景观社会发展的新需求。

图8—21　广州部分交通区域符号识别

　　关于人文自然的触觉识别，主要是针对传统的民俗艺术、公共空间的装置艺术方面。民俗艺术或传统艺术在区域旅游方面很受区域外人青睐，譬如西安兵马俑、北京景泰蓝、庆阳香包、敦煌飞天等一直是区域文化对外传播的途径，传播中通过一种触觉的识别与受众建立永久的感情，赢得受众对区域文化的认同和信赖。区域内公共空间装置艺术同样是区域文化的展现，譬如北京798的装置艺术、广东省博物馆篆体轮廓的造型艺术、西安大唐芙蓉园的雕塑艺术、兰州黄河风情线的民俗艺术等。所以，在区域内规范民俗艺术的形式或者公共空间的装置艺术，对区域品牌化的形成也将起到很好的作用。广州的民俗艺术五彩纷呈，有广州独创的象牙雕、清代开始的广州玉雕、新塘榄核雕、粤绣、漆雕、木雕、彩塑等多样化的民俗艺术，如果能够建立比较完整的规范系统，对于广州区域文化的传播也有一定的促进作用，公共空间艺术装置也是同样。根据人机互动识别和自然人文识别提出广州触觉识别所要建立的系统：

　　广州自助系统：地铁自助售票机、火车票自助售（取）票机、出租车座位后背触摸屏幕、区域内自动门触摸按钮、安检自助检测器、自助售货机。

广州人文系统：民俗艺术品、公共空间雕塑。

广州展览系统：多媒体签名屏幕、三维成像展示、手机 App 导航（譬如广东省博物馆微信导游系统）。

广州体验系统：地面围墙艺术、地形触摸图、交通触摸图、车站镜子装置。

（八）广州区域品牌视觉传播嗅觉识别

区域品牌视觉传播嗅觉识别的建立是根据视觉传播中互动表演的扩散化传播形式提出的，因为区域内受众对于区域味道的感官是非常明显的，譬如对自然味道、饮食味道、建筑味道甚至是娱乐味道的感受，用文字的形式与辅助图形结合通过各种媒介进行扩散传播，然后形成虚拟媒介受众围观局面，这样的局面是区域味道聚合和分散传播的形式，通过不断的围观转发形成受众对区域的嗅觉认同。

首先，从岭南国学来看"书香之气"。国学之于岭南，形成了一条完整的发展轨迹。从慧能南宗"即心即佛"宗教思想、六祖提倡"禅"学的中国化思想、理学家和诗人陈献章"学贵知疑，独立思考"的学风建设、张之洞广雅书院的创建、康有为《大同书》对大同世界美好蓝图的构想、梁启超"学术改变国家进步"思想的提出到历史学家陈寅恪"独立、自由"的学术思想的论证，可以看到广州学术前沿的发展。国色生香，永久回荡，广州之书院在明清时位于全国之冠，光绪年间广东学政徐琪的奏报中这样描述："文风自以广州、肇庆两府为最优。"① 从这样的发展轨迹中我们可以看到，"书香之气"在广州的延续与传播极为广泛，广州区域的嗅觉识别应该挖掘"书香之气"中的书香来传播区域文化。譬如具有区域历史文化名片之称的"陈家祠"书院的文化传承一直在展现着广州作为岭南国学书香的一部分。

其次，从功夫国技来看"阳刚之气"。功夫既是一种标识，也是国民精神的一种标志，在岭南文化中不断传承。司马迁在对岭南人的

---

① 黄树森：《广州九章》，花城出版社 2009 年版，第 225 页。

记述中描述为"越人好相攻击",此处的"攻击"应该指的是对功夫的崇尚和切磋。从霍元甲 1919 年在广州设立武馆、中山先生"尚武精神"的提出、1959 年乒乓球世锦赛中国第一位世界冠军容国团的出现、1987 年萨马兰奇对六运会体育设施的称赞、2010 年广州亚运会的举办到 2013 年恒大足球队的腾空出世,都体现了广州人自立自强的精神面貌,所以在这样有着"阳刚之气"的地域对阳刚之气的提炼也是区域品牌化塑造的关键。

最后,从岭南饮食来看"色香之气"。粤菜的形成历史久远,是在中原菜品的色泽、宫廷美食的精致、西方美食的讲究中结合了岭南地方菜系融会贯通而形成的独特的广州饮食文化,"三茶两饭一宵夜"成为传统饮食惯用的手法,在区域内外诞生了"食在广州"的美称。每年通过举办"广州国际美食节"在吸纳不同菜系融入的同时也为旅游者全面提供品尝佳肴的机会,譬如有着广州美食名片之称的"老火靓汤"成为代表性的美食。所以在广州这样的区域内对饮食"色相之气"的营造有利于区域品牌化在旅游群体及间接受众之间传播区域文化。

(九) 广州区域品牌视觉传播环境识别

区域品牌视觉传播环境识别的建立也是在新的环境下提出的识别体系,对于环境的识别是全面认识区域的一部分。列宁曾说,要真正地认识事物,就必须把握研究它的一切方面,一切联系和中介①,我们不能够完全做到这点,但是全面性的分析也是对于问题好的解决途径。随着经济的发展,人们逐渐有了保护环境的意识,特别是对于区域而言,旅游环境、商业环境、公共空间环境等都影响着区域品牌化的发展。

从广州每年数亿游客的接待量来看,广州区域旅游整体上是很受大众青睐的,在历史文化方面有广东省博物馆、光孝寺、邓世昌纪念馆、潘鹤雕塑艺术园、十香园纪念馆、园玄道观、广州起义烈士园、

---

① 李兴国等:《北京形象——北京市城市形象识别系统（CIS）及舆论导向》,中国国际广播出版社 2008 年版,第 4 页。

农民运动讲习所、南海神庙、岭南印象园、陈家祠、中山纪念堂等众多的旅游景点，其中中山纪念堂作为广州历史名片，陈家祠作为广州文化名片。在自然生态方面有百万葵园、番禺大夫山森林公园、南沙湿地景区、广州花卉博览园、白水寨风景名胜区、华南植物园、碧水湾温泉度假村、白云山、莲花山旅游区、珠江夜游等众多景点，其中以白云山为广州生态名片，以珠江夜游为旅游名片。从都市风貌来看有广州塔、广州南站、花城广场、广东科学中心、广州动物园、广州亚运城、广州大学城、广州白云国际机场等众多都市景点，以广州塔为代表。所以，从区域旅游环境以及公共空间环境可以看到，广州是一个由多元文化形态、自然形态、都市形态构成的多元旅游区域，其区域环境识别就是要做好不同地区之间的区域链接，形成立体化的区域旅游模式，网络媒介要做好虚拟空间中不同景点的链接以及相关的视觉呈现、听觉呈现、人性化的触觉体验系统。

从商业环境来看，广州商业的发展始终是区域发展的核心，秦汉时南越国定都广州就是以商业中心为依托，唐宋时期广州商业繁荣发展，明清时期成为商都，承担着国家的通商口岸，1957 年开始的中国出口商品交易会到 2007 年更名为中国进出口商品交易会，经过 50 多年的发展广交会已经形成了广州区域的经济名片。从广州区域内来看商业环境，目前有北京路商业街、上下九商业步行街两大商业街；有五个地区形成了时尚与流行文化商业旺区：中山二路及东川路商业区、体育西商业旺区、环市东路高档购物区、天河北商业区；在电子产品、服装批发、布匹交易等地带形成了固定的商业圈，譬如电脑电子耗材批发的岗顶商圈，以服装批发为主的站西路商圈、海产品及玩具批发的海珠广场商业圈、布匹交易的新港西路商业圈等。从相关分析可以看出，区域商业环境对于区域经济的重要性与区域经济对区域品牌化发展的重要性是同等的关键，所以在今天新媒介时代对于区域品牌化的塑造不能脱离商业环境的属性，应该是将商业形态与新媒介形态有机结合，在进行品牌化运作中实现商业的最大化跳跃。

通过对广州区域旅游环境、公共空间环境、商业环境的不同分析，结合当前媒介形态，站在虚拟网络空间的视角提出对广州区域的环境识别的规范和应用。

自然环境系统：广州气候风貌、广州植被层级、广州园林建设。

建筑风貌系统：广州标志性建筑、广州标志性广场、广州标志性性雕塑、广州标志性性艺术空间。

基础设施系统：广州交通环境、广州通信环境、广州园区环境、广州配套设施、广州医疗卫生。

市政管理系统：广州照明设施、广州水务设施、广州桥梁设施、广州供暖设施。

譬如对于交通环境的识别，我们从移动端来认识，目前腾讯推出的手机"爱城市"App，能够进行公交信息实时定位监控、路况实时视频、机动车违章查询等功能，非常便捷地实现信息的可视化再现，对于了解区域的交通状况来说起到了信息共享的作用。诸如此类的识别体系的建立，对于区域品牌化视觉传播将是一个新的开端。

（十）广州区域品牌视觉传播 RIS 系统的开发应用

通过对广州区域 RIS 系统的理论梳理，最后将对广州区域品牌视觉传播 RIS 系统的开发应用进行举例说明。基于前面的探讨结果，在具体的视觉开发中，遵循"智慧广州、创新广州、诚信广州、广州互动"的基本理念，整体的思路是理念的衍生应用；在行为识别中强调"人"的重要性，提出了"广州与你同在"的宣传口号，能够与智慧广州的理念相一致；视觉应用的具体开发，强调了理念中智慧、创新、诚信及互动的重要性，目的在于开发适合数字网络传播的主要符号，通过相关符号与画面的结合能够产生一种互动，在互动中传递区域区域品牌的相关信息，不断吸引区域内外公众对区域的关注，逐渐形成公众主动参与区域品牌化构建的自营销模式。

在整个 RIS 系统中，行为识别是通过信息可视化的表现形式来直观反映区域状况；关于听觉识别只从如何来提炼区域声音以及怎样选择区域不同的听觉识别要素做相关分析，暂无法提炼出具体听觉识别声音；而视觉应用也以举例的形式予以简要呈现（见图 8—22、图 8—23、图 8—24、图 8—25、图 8—26）。

广州主题形象

辅助形象

广州特产   广州旅游   广州音乐

广州粤剧   广州地标   广州企业

广州民俗   广州地标   广州企业

图 8—22 广州主题形象和辅助形象设计

广州logo

手机APP

APP应用

吉祥物

图 8—23 移动端 App、App 应用及吉祥物

区域视觉体验 广州文化网页建设

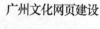

图 8—24 触觉系统 UI 界面举例

通过与手机端的结合开发出关于广州的手机游戏

图 8—25　移动端互动举例

广州区域文化交互体验平台

图8—26 环境识别系统互动体验举例

总之，通过对广州区域品牌视觉传播 RIS 系统的定位和应用开发，可以看到，在景观社会，区域品牌优化提升是具有复杂性和特殊性的系统工程，当区域置身于现代都市传播体系后，不仅有着区域自身的基础传播载体，同时也有大众传播和新媒体的传播载体，所以区域品牌传播更多是在这样复杂的系统中建立适合新传播环境的传播系统的过程。区域视觉传播 RIS 系统的建构，只有建立在区域品牌传播现状的基础之上，通过分析 RIS 系统的合理性和可行性，同时参照 RIS 系统的评估公式＝区域的组织目标＋公众心理＋信息的个性＋审美情趣＋表演互动，并不断地挖掘区域的"唯一性"，再对"唯一性"信息进行可视化的提炼，才能达到能使 RIS 系统有效运营的目标。

参考文献

著作类：

[1] ［美］迈克尔·波特：《国家竞争优势》，李明轩、邱如美译，华夏出版社 2002 年版。

[2] ［美］迈克尔·波特：《竞争论》，高登第等译，中信出版社 2003 年版。

[3] ［美］约翰·C. 雷纳德：《传播学研究方法导论》（第三版），李本乾等译，中国人民大学出版社 2008 年版。

[4] ［英］保罗·斯图伯特：《品牌的力量》，尹英等译，中信出版社 2000 年版。

[5] ［美］凯文·莱恩·凯勒：《战略品牌管理》，李乃和、邹琦译，中国人民大学出版社 2003 年版。

[6] ［美］菲利普·科特勒、唐纳德·海德等：《地方营销——城市、区域和国家如何吸引投资、产业和旅游》，翁瑾等译，上海财经大学出版社 2008 年版。

[7] ［美］艾·里斯、杰克·特劳特：《广告攻心战略——品牌定位》，刘毅志译，中国友谊出版公司 1991 年版。

[8] ［英］维克多·密德尔敦：《旅游营销学》，向萍等译，中国旅游出版社 2001 年版。

[9] ［英］丹尼斯·麦奎尔、［瑞典］斯文·温德尔：《大众传播模式论第2版》，祝建华译，上海译文出版社 2008 年版。

[10] ［美］罗杰·菲德勒：《媒介形态变化：认识新媒介》，明安香译，华夏出版社 2001 年版。

[11] 〔法〕卡菲勒：《战略性品牌管理》，王见平等泽，商务印书馆2005年版。

[12] 〔日〕阿久津聪、石田茂：《文脉品牌——让你的品牌形象与众不同》，韩中和译，上海人民出版社2005年版。

[13] 〔荷〕里克·莱兹伯斯、巴斯·齐斯特、格特·库茨特拉：《品牌管理》，李家强译，机械工业出版社2004年版。

[14] 〔美〕凯文·莱恩·凯勒：《战略品牌管理》，中国人民大学出版社2009年版。

[15] 〔美〕艾·里斯、杰克·特劳特：《定位》，中国财政经济出版社2002年版。

[16] 〔美〕大卫·艾克：《管理品牌资产》，机械工业出版社2006年版。

[17] 〔美〕大卫·A.艾克、爱里克·乔瑟米塞勒：《品牌领导》，曾晶译，新华出版社2001年版。

[18] 〔美〕米切尔·舒德森：《品牌，艰难的说服》，陈安全译，华夏出版社2003年版。

[19] 〔美〕乔治·E.贝尔齐等：《品牌与促销：整合营销传播展望》，东北财经大学出版社2000年版。

[20] 〔美〕菲利普·科特勒：《市场营销学导论》，华夏出版社2001年版。

[21] 〔美〕艾尔·里斯、劳拉·里斯：《公关第一，品牌第二》，上海人民出版社2004年版。

[22] 〔美〕大卫·奥格威：《一个品牌人的自白》，中国友谊出版社1997年版。

[23] 〔美〕托马斯·C.奥吉恩等：《品牌学：从IMC视点重新审视现代品牌活动》，机械工业出版社2002年版。

[24] 〔美〕W.J.T.米歇尔：《图像理论》，北京大学出版社2010年版。

[25] 〔美〕保罗·M.莱斯特：《视觉传播：形象载动信息》，王海茹、霍文丽、史雪云译，北京广播学院出版社2003年版。

[26] 〔美〕阿瑟·阿萨·伯杰：《眼见为实——视觉传播导论》，张蕊、韩秀荣、李广才译，江苏美术出版社2008年版。

[27] 〔美〕劳拉·里斯：《视觉锤——视觉时代的定位之道》，王刚译，

机械工业出版社 2013 年版。

[28] [美] 艾尔·巴比:《社会研究方法基础》,邱泽奇译,华夏出版社 2002 年版。

[29] [英] 彼得·切维顿:《品牌实施要点》,李志宏等译,浙江人民出版社 2011 年版。

[30] [美] 帕特里克·汉伦:《品牌密码》,冯学东等译,机械工业出版社 2007 年版。

[31] 董璐编:《传播学核心理论与概念》,北京大学出版社 2008 年版。

[32] 乔春洋编:《品牌文化》,中山大学出版社 2005 年版。

[33] 熊爱华:《区域品牌培植模式比较研究》,中国财政经济出版社 2009 年版。

[34] 孙丽辉:《区域品牌形成与效应机理研究——基于温州集群品牌的实证分析》,人民出版社 2010 年版。

[35] 林升栋:《区域产业品牌案例研究》,厦门大学出版社 2011 年版。

[36] 罗钢、王中忱:《消费文化读本》,中国社会科学出版社 2003 年版。

[37] 王定一:《区域营销—招商引资新说》,中山大学出版社 2002 年版。

[38] 卢泰宏主编:《营销在中国 II》,广州出版社 2002 年版。

[39] 郭国庆:《市场营销学通论》(第 4 版),中国人民大学出版社 2009 年版。

[40] 卫军英:《整合营销传播:观念与方法》,浙江大学出版社 2005 年版。

[41] 何修猛:《现代品牌学》,复旦大学出版社 1998 年版。

[42] 宁昌会:《快速消费品品牌成长战略研究》,中国市场出版社 2006 年版。

[43] 邵培仁:《传播学》(第 2 版),高等教育出版社 2007 年版。

[44] 韩光军:《品牌策划》,经济管理出版社 1997 年版。

[45] 蒋旭峰、邓天颖:《整合营销传播》,浙江大学出版社 2009 年版。

[46] 舒咏平、吴希艳:《品牌传播策略》,北京大学出版社 2007 年版。

[47] 舒永平:《品牌传播:新媒体环境下广告内涵演进的取向》,《中国广告》2009 年第 10 期。

[48] 韩进军、罗立:《消费品牌传播》,北京大学出版社 2007 年版。

［49］陈培爱：《品牌学概论》，高等教育出版社 2002 年版。

［50］张金海：《二十世纪品牌传播理论研究》，武汉大学出版社 2002 年版。

［51］宋玉书、王纯菲：《品牌文化学——品牌与社会互动的文化阐释》，中南大学出版社 2004 年版。

［52］余明阳、朱纪达、肖俊崧：《品牌传播学》，上海交通大学出版社 2005 年版。

［53］余明阳、姜炜：《品牌管理学》，复旦大学出版社 2006 年版。

［54］余明阳主编：《品牌学》，安徽人民出版社 2002 年版。

［55］余明阳、杨芳平：《品牌学教程》，复旦大学出版社 2005 年版。

［56］余明阳、杨姗姗：《品牌营销管理》，武汉大学出版社 2008 年版。

［57］张锐、张燚：《品牌学——理论基础与学科发展》，中国经济出版社。

［58］中国营销总监职业培训教材编委会：《品牌营销》，朝华出版社 2004 年版。

［59］宋永高：《品牌战略和管理》，浙江大学出版社 2003 年版。

［60］黄合水：《品牌学概论》，高等教育出版社 2009 年版。

［61］王阳、付春香：《区域营销理论与策略》，甘肃文化出版社 2007 年版。

［62］李莉：《中国产业集群发展研究》，天津古籍出版社 2007 年版。

［63］桂拉旦：《中国区域工业化道路研究：从产业集群视角的分析》，兰州大学出版社 2007 年版。

［64］王雷：《品牌传播学》，河北人民出版社 2005 年版。

［65］汪秀英：《品牌学》，首都经济贸易大学出版社 2007 年版。

［66］陈放：《品牌学》，时事出版社 2002 年版。

［67］孙曰瑶：《品牌经济学》，经济科学出版社 2005 年版。

［68］王雷：《品牌传播学》，河北人民出版社 2005 年版。

［69］李佐军：《经济全球化背景下的环渤海区域发展，环渤海区域经济发展研究——"环渤海区域合作发展高层论坛"论文集》，中国经济出版社 2008 年版。

［70］国家统计局：《中国区域经济统计年鉴 2010》，中国统计出版社

2011 年版。

［71］国家统计局：《中国统计年鉴 2011》，中国统计出版社 2011 年版。

［72］［ ］王受之：《世界现代设计史》，中国青年出版社 2002 年版。

［73］贡布里希：《艺术的故事》，杨成凯、范景中译，广西美术出版社
　　　 2008 年版。

［74］张承志：《波普设计》，江苏美术出版社 2001 年版。

［75］原研哉：《设计中的设计》，山东人民出版社 2008 年版。

［76］杨海军：《品牌学案例教程》，复旦大学出版社 2009 年版。

［77］祁茗田、陈立旭：《文化与浙江区域经济发展》，浙江人民出版社
　　　 2011 年版。

［78］张惠辛：《超广告传播》，《品牌营销传播的新革命》，东方出版中
　　　 心 2007 年版。

［79］董璐编：《传播学核心理论与概念》，北京大学出版社 2008 年版。

［80］乔春洋：《品牌文化》，中山大学出版社 2005 年版。

［81］韩丛耀：《图像——一种后符号学的再发现》，南京大学出版社
　　　 2008 年版。

［82］任悦：《视觉传播概论》，中国人民大学出版社 2012 年版。

［83］盛希贵：《影像传播论》，中国人民大学出版社 2005 年版。

［84］张浩达：《视觉传播：信息、认知、读解》，北京大学出版社 2012
　　　 年版。

［85］党西民：《视觉文化的权力运作》，人民出版社 2012 年版。

［86］何平华：《视觉饕餮的秘密》，上海文化出版社 2000 年版。

［87］周进：《世博会视觉传播设计》，东华大学出版社 2008 年版。

［88］靳埭强：《城市形象》，广西师范大学出版社 2013 年版。

［89］白山：《打造品牌——品牌力决定营销力》，经济管理出版社 2004
　　　 年版。

［90］李宗桂等：《时代精神与文化强省——广东文化建设探讨》，花城出
　　　 版社 2012 年版。

［91］李宗桂、张造群主编：《岭南文化的价值》，广东省出版集团、花城
　　　 出版社 2012 年版。

［92］王海涛：《品牌竞争时代——开放市场下政府与企业的品牌运营》，

中国言实出版社 1999 年版。

[93] D. Aaker, *Managing Brand Equity*. New York: The Free Press. 1991.

[94] D. Aaker, *Building Strong Brands* [M]. New York: The Free Press, 1996.

[95] Kotler, P., Asplund, C., Rein, I. and Heider, D. (1999) *Marketing Places Europe: Attracting Investments, Industries, Residents and Visitors to European Cities, Communities, Regions and Nations*. London: Pearson Education Ltd.

[96] Ries, Laura. *The 22 Immutable Laws of Branding* [M]. Harper Collins Press, 1998.

[97] Jaeoby J. Chestnut, R. W., Chestnut. *Brand Loyalty Measurement and Management* [M]. New York: JohnWile, 1978.

[98] Kimmel Allan J., *Marketing Communication: New Approaches, Technologies and Styles* [M]. Oxford: Oxford University Press, 2005.

[99] Marshall. *A Principles of Economics* [M]. London: Macmillan, 1920.

[100] Ward, S., *Selling Places: The Marketing and Promotion of Towns and Cities* 1850 – 2000. London: Spon, 1998.

[101] Seppo K. Rainistol, *Success Factors of Place Marketing: A Study of Place Marketing Practices in Northern Europe and the United States* [D]. Finland: Helsinki University of Technology, 2003.

论文类:

[102] 叶念砚、王诗:《品牌传播模式的理论模型研究》,《人类工效学》2010 年第 4 期。

[103] 江颖红、刘忠园、刁晓蕾:《放慢脚步品位城市——中国休闲之都城市品牌传播模式思考》,《广告大观》(综合版) 2011 年第 2 期。

[104] 孙丽辉、毕楠、李阳、孙领:《国外区域品牌化理论研究进展探析》,《外国经济与管理》2009 年第 2 期。

[105] 孙丽辉:《基于中小企业集群的区域品牌形成机制研究——以温州为例》,《市场营销导刊》2007 年第 4 期。

[106] 孙丽辉:《区域品牌形成中的地方政府作用研究——基于温州鞋业

集群品牌的个案分析》,《当代经济研究》2009 年第 1 期。

[107] 杨喆、许银萍:《区域品牌研究现状综述》,《中国城市经济》2011
年第 23 期。

[108] 廖建起:《区域品牌与企业品牌的关系》,《中国科技信息》2006
年第 12 期。

[109] 唐玉生:《珠三角、苏南、温州区域品牌演进比较研究》,《现代经
济探讨》2009 年第 11 期。

[110] 中国人民大学舆论研究所品牌形象实验室:《试论品牌形象管理
点—线—面传播模式》,《国际新闻界》2010 年第 3 期。

[111] 周富广:《旅游体验营销:含义、竞争优势及实施策略分析》,《乐
山师范学院学报》2008 年第 5 期。

[112] 陈颖:《杭州世界休闲博览园的体验营销策略研究》,《企业活力》
2010 年第 1 期。

[113] 卫军英:《整合营销传播观念的理论建构》,博士学位论文,浙江
大学,2007 年。

[114] 熊爱华:《基于产业集群的区域品牌配置模式比较分析》,《经济管
理》2008 年第 16 期。

[115] 唐玉生:《珠三角、苏南、温州区域品牌演进比较研究》,《现代经
济探讨》2009 年第 11 期。

[116] 蒋廉雄、朱辉煌、卢泰宏:《区域竞争的新战略:基于协同的区域
品牌资产构成》,《中国软科学》2005 年第 11 期。

[117] 陈剑锋、唐振鹏:《国外产业集群研究综述》,《外国经济与管理》
2002 年第 8 期。

[118] 张挺、苏勇、张焕勇、曹振华:《论区域品牌的营销》,《管理现代
化》2005 年第 6 期。

[119] 熊爱华、汪波:《基于产业集群的区域品牌形成研究》,《山东大学
学报》(哲学社会科学版) 2007 年第 2 期。

[120] 熊爱华:《基于产业集群的区域品牌配置模式比较分析》,《经济管
理》2008 年第 16 期。

[121] 李云海:《区域品牌的内核及其外在作用形式分析》,《商业时代》
2010 年第 15 期。

[122] 贾丽军:《区域品牌 创意再造》,《广告人》2006 年第 4 期。

[123] 齐文娥:《区域营销研究:以珠江三角洲为例》,博士学位论文,郑州大学,2004 年。

[124] 夏曾玉等:《区域品牌建设探讨——温州案例研究》,《中国工业经济》2003 年第 10 期。

[125] 周建波、陈亮:《区域品牌经济的战略竞争机制——以广东省为例》,《科技进步与对策》2009 年第 7 期。

[126] 周华:《区域品牌建设与政府角色定位研究》,《商业时代》2010 年第 4 期。

[127] 乔显佳:《"好客山东"将有品牌管理公司》,《大众日报》2012 年 4 月 11 日。

[128] 李梦、魏好勇:《西部企业看好"黄蓝"两区》,《大众日报》2012 年 4 月 6 日。

[129] 张挺:《区域品牌的机制评估》,博士学位论文,复旦大学,2006 年。

[130] 江旺龙:《社会主体在区域品牌建设中的角色功能定位——以景德镇为例的研究》,《景德镇高专学报》2009 年第 9 期。

[131] 杨建梅、黄喜忠、张胜涛:《区域品牌的生成机理和路径研究》,《科技进步与对策》2005 年第 12 期。

[132] 赵占恒:《区域品牌培育模式浅析》,《北方经贸》2009 年第 12 期。

[133] 胡大立、谌飞龙、吴群:《区域品牌机理与构建分析》,《产经论坛》2005 年第 4 期。

[134] 董雅丽、白会芳:《论区域品牌的形成机制》,《科技管理研究》2007 年第 8 期。

[135] 郑永彪、罗晗旖:《"中国钧瓷之都"区域品牌建设机制与路径研究》,《北京工商大学学报》(社会科学版)2010 年第 4 期。

[136] 魏守华、邵东涛:《论中小企业集群的区域营销》,《商业研究》2002 年第 9 期。

[137] 胡大立、湛飞龙:《企业品牌与区域品牌的互动》,《经济管理》2006 年第 5 期。

［138］马向阳、陈琦等：《区域品牌定位与整合营销传播研究——以天津以天津滨海新区为例》，《天津大学学报》（社会科学版）2010 年第 12 期。

［139］曲红、陈艳彩：《文化营销——一种新型的品牌传播模式》，《传媒观察》2010 年第 10 期。

［140］邵培仁：《关于传播模式的思考与构想》，《淮阴师专学报》1991 年第 3 期。

［141］肖阳、谢远勇：《产业集群视角下的区域品牌培育模式分析》，《福州大学学报》（哲学社会科学版）2010 年第 6 期。

［142］沈鹏熠、郭克锋：《基于产业集群的区域品牌建设——模式、路径与动力机制》，《特区经济》2008 年第 6 期。

［143］高俊涛、王金波：《基于区域品牌特性的营销策略研究》，《科技和产业》2009 年第 7 期。

［144］江颖红、贾宁：《中国"休闲之都"城市品牌案例解读》，《创意传播》2011 年第 2 期。

［145］马述忠、徐陆颖：《温州鞋业自主品牌认知度及其形象创新研究——基于全球化视角的实证分析》，《国际经贸问题》2010 年第 3 期。

［146］冷克平、英伟：《区域营销中的整合营销传播》，《技术经济与管理研究》2006 年第 1 期。

［147］冯鑫明、夏曾玉：《区域品牌建设的实证分析》，《江苏科技大学学报》2005 年第 3 期。

［148］张永刚：《论区域品牌的创建》，《发展》2010 年第 11 期。

［149］张光宇、吴程或：《浅论区域品牌》，《江苏商论》2005 年第 4 期。

［150］艾丰：《城市，重要的区域品牌》，《商周刊》2009 年第 17 期。

［151］肖滨：《广东政治发展 30 年：为中国政治转型探路》，《学术研究》2008 年第 11 期。

［152］彭伟步：《广东文化产业现状、问题与对策》，《暨南学报》（哲学社会科学版）2011 年第 4 期。

［153］蒋建业：《优化产业集群，创建区域品牌》，《广东经济》2005 年第 7 期。

［154］李宗桂：《广东建设文化大省的若干思考》，《学术研究》2003 年第 6 期。

［155］王卫红、陈柏荣：《广东省专业镇区域品牌构建路径研究》，《广东科技》2005 年第 8 期。

［156］苏朝晖：《政府与行业协会在区域品牌管理与营销中的作用》，《理论前沿》2009 年第 21 期。

［157］严群英：《基于区域营销的区域经济发展机制研究》，《华东经济管理》2010 年第 9 期。

［158］张译丹：《整合营销传播对消费者行为的影响——以广告和网络营销为例》，《现代营销》2012 年第 1 期。

［159］胡大立、湛飞龙、吴群：《区域品牌机理与构建分析》，《产经论坛》2005 年第 4 期。

［160］胡大立、湛飞龙、吴群：《企业品牌与区域品牌的互动》，《经济管理》2006 年第 5 期。

［161］涂山峰、曹休宁：《基于产业集群的区域品牌与区域经济增长》，《中国软科学》2005 年第 12 期。

［162］王哲、吴子稳：《区域品牌：产业集群和区域营销的综合体》，《特区经济》2007 年第 3 期。

［163］童兵兵、王水嫩：《传统区域品牌保护不力的原因及对策——以金华火腿品牌危机为例》，《浙江树人大学学报》2005 年第 4 期。

［164］洪文生：《区域品牌建设的途径》，《发展研究》2005 年第 3 期。

［165］刘立华、孙有中：《区域品牌传播的理论与实践研究》，《新闻与传播研究》2013 年第 3 期。

［166］Hankinson, G. (2004) Relational Network Brands: Towards a conceptual model of place brands. *Journal of Vacation Marketing*, (2). pp. 109 – 121.

［167］Kavarat zis, M. (2005) Place branding: a review of trends and conceptual models. *The Marketing Review*, Vol. 5, No. 4.

［168］Hankinson, G. (2010) Place branding research: A cross-disciplinary agenda and the views of practitioners. *Journal of Place Brandin and Diolomacv*, (4).

[169] Thode, S. F. and Masulka, J. M. (1998) Place-based market- ing strategies, brand equity and vineyard valuation. *Journal of Product and Brand Management*, Vol. 7, No. 5.

[170] Tueker, William T. The Development of Brand Loyalty [J] . *Journal of Marketing Research*, 1964. 8.

[171] Raj, 5. P. Striking a Balance between Brand 'PoPularity' and Brand Loyalty [J] *Journal of Marketing*, 1985. 49.

[172] Zeithaml Valarie A, Leonard. Berry, A. Parasuraman, 1996. The Behavioral Consequences of Service Quality [J] . *Journal of Marketing*, 1996, 60.

[173] Bennett, Rebekah. A Comparison of Attitudinal Loyalty Measurement Approaches [J] . *Journal of Brand Management.* , 2002. 9.

[174] Marshall. A Principles of Economics [M] . London: Macmillan. 1920.

[175] Simon Anholt. Editor's foreword to the first issue [J] . *Place Branding.* 2004. 1

[176] Mihalis Kavaratzis. Place branding: A review of trends and conceptual models [J] . *The Marketing Review.* 2005. 5

[177] Seppo K. Rainisto. Success factors of place marking: A study of place marketing practices in northern Europe and the United States [D] . Finland: Helsinki University of Technology. 2003.

[178] See Sandra Moriarty, Gretchen Barbatsis, From an Oak to a Stand of Aspen: Visual Communication Theory Mapped as Rhizome Analysis, *Handbook of Visual Communication: Theory, Methods, and Media*, edited by Ken Smith.

[179] Michal Kavaratzis1 Place branding. A review of trends and conceptual models [J] , *The Marketing Review.* 2005. 5

[180] Krugman. P. R. Increasing returns and economic geography [J] . *Journal of Political Economy.* 1991. 99. 3.

[181] Mihalis Kavaratzis, G. J. Ashworth. City branding: An effective assertion of identity or a transitory marketing trick [J] . *Place Branding*, 2006. 3.

[182] Gary Armstrong, Philip Kotler, 2000 [J], *Marketing: An Introduction, Prentice-Hall, Inc.*

[183] Tueker, William T. The Development of Brand Loyalty [J] . *Journal of Marketing Research*, 1964. 8.

[184] Raj, 5. P. Striking a Balance between Brand 'PoPularity' and Brand Loyalty [J] *Journal of Marketing*, 1985. 49.

[185] Zeithaml Valarie A, Leonard. Berry, A. Parasuraman, 1996. The Behavioral Consequences of Service Quality [J] . *Journal of Marketing*, 1996. 60.

[186] Bennett, Rebekah. A Comparison of Attitudinal Loyalty Measurement Approaches [J] . *Journal of Brand Management.* , 2002. 9.

[187] Iveta Endzina, and Lidija Luneva. Students. corner development of a national branding strategy: The case of Latvia [J] . *Place Branding*, 2004. 1.

[188] Mihailovich, Philippe. Kinship branding: A concept of holism and evolution for the nation brand [J] . *Place Branding*, 2006. 3.

[189] Gregory Dooley, and David Bowie1Students. corner place brand architecture: Strategic management of the brand portfolio [J] . *Place Branding*, 2005. 1.

[190] Seppo K. Rainistol *Success Factors of Place Marketing: A Study of Place Marketing Practices in Northern Europe and the United States* [D] . Finland: Helsinki University of Technology, 2003

[191] Mihalis Kavaratzis. Place branding: A review of trends and conceptual models [J] *The Marketing Review*, 2005. 5.

[192] Brenda, P, and John, S. City branding: Can goods and services branding models be used to brand cities? [J] . *Place Branding*, 2005. 2.

[193] Philip Kotler, and David Gertner. Country as brand, product, and beyond: A place marketing and brand management perspective [J] . *Journal of Brand Management*, 2002. 9.

[194] Keith Dinnie1Place branding: Overview of an emerging literature [J] . *Place Branding*, 2004. 1.

[195] Philip Kotler, and David Gertner. Country as brand, product, and be-

yond: A place marketing and brand management perspective [J] *Journal of Brand Management*, 2002. 9.

[196] Keith Dinnie. Place branding: Overview of an emerging literature [J] . *Place Branding*, 2004. 1.

[197] Mihailovich, Philippe. Kinship branding: A concept of holism and evolution for the nation brand [J] . *Place Branding*, 2006. 3.

[198] Gregory Dooley, and David Bowie Students. corner place brand architecture: Strategic management of the brand portfolio [J] *Place Branding*, 2005.

[199] Simon Anholt. The Anholt—GMI city brands index: How the world sees the world's cities [J] *Place Branding*, 2005. 2.

[200] Mihalis Kavaratzis. Plzce branding: A review of trend and conceptual models [J] . *The Marketing Review*, 2005. 1.

[201] George Allen. Place branding: New tools for economic development [J] . *Design Management Review*, 2007. 18.

后　记

　　区域品牌传播是现代品牌研究的重要内容，对我国的区域品牌进行实证研究，一直是我们开展此项研究工作的夙愿。经过多年的准备和充分的调研与实证研究，这部从文化视角探讨区域品牌传播的书稿终于问世了。尽管资料的收集与数据统计工作比较繁杂，但实证研究的要求及研究思路的确立，使我们不得不花费大量的时间；如何使之建立在完整的理论框架和思想体系之下，而不是写成一部简单枯燥的数据分析报告，更是我们试图实现的研究价值。正因为如此，研究成果如何问世也就成了我们一直感到困惑和焦虑的问题。但愿这本有关区域品牌传播的书，能够为我国区域品牌的理论研究深化与实践发展提供一些借鉴，同时能够为相关领域的研究学者与实际工作者提供一定的参考。当然，由于研究视角的选取，研究方法的限制以及可供借鉴的直接资料的有限，书中难免有许多疏漏之处，在此恳请各位专家、同人、朋友能够提出批评指正。

　　如果说本书有研究价值的话，其价值主要体现在以下几点。第一是研究方法上的创新。传播研究大体上可以分为属于社会科学研究范式中的实证研究方法和人文学科的诠释研究方法。本书试图实现两大研究范式的交叉与融合，从而不仅可以改变有关传播研究只重于理论建构而忽视实践发展，而品牌研究又只关注实证方法而轻视社会、文化的深层关照的局限性，从而为区域品牌传播提供全新的理论视角和研究框架。本书力图将理论研究与实证研究、定性研究与定量研究，以及理论分析与应用创新对策研究的有机结合，也试图在方法论和具体研究方式上实现创新。第二是在研究视域上的扩展。将研究视点放在文化视域下，通过文化的语境化研究就可以进一步增强本书的人文性质，避免单纯实证研究带来的简单化结论。文化研究的语境化是指"文化研究的话语与实践本身必须被持续地历史化与地方化。前者是就实践维度上说的,文化研究要密切关注政治与权利关系在新的历史时期的新变化,对于自己的价值取向与方法选择都持有自我反思与自我批判、自我超越的精神,从而保持批判话语与反抗策略的历史开放性;后者则着眼于空间维度。当一种文化研究的理论被从一个国家或地区的社会文化环境,移植到另一个国家或地区的社会文化环境时,它必须在新的文化空间中重新语境化"①。第三是研究视角的转换。具体而言:(1)区域品牌研究应实现由管理学向传播学的转换。因为区域品牌的塑造需要从管理学的角度研究其形成与发展机制,而区域品牌的塑造与传播更需要遵循传播学的规律,利用传播的理论与方法实现其有效传播,才能使区域品牌在大众心里真正形成。(2)品牌传播研究的理论视角转换。传统的品牌理论主要是在广告学、营销学等视角下产生和发展起来的,功能导向是品牌研究的主要目的,而只有实现了品牌研究的文化转向,实现品牌研究从物本位向人本位研究的转换才能实现品牌的社会价值。(3)区域品牌研究的传播从单纯的理论构建向实证研究的转换。只有通过实证分析和内容分析,才能从更深层次上理解和把握区域品牌传播的现状,使研究过程建立在科学、规范的研究方法之上,从而保证了研究成果的可靠性。(4)研究成果的可应用性和可操作性是关键。本书分别以基于产业集群的广东药业区域品牌构建、"珠三角"区域品牌的战略创新和广州市的区域品牌形象设计为典型案例,不仅提出了系统的区域品牌战略规划思路和可操作性的实施方案与评估框架,更尝试性的设计出了具体的区域品牌形象,从而探索实现区域品牌研究的实践价值。(5)对策建议建立在调查分析的基础上之上。以广东省为研究对象,在现状分析的基础上,提出必须多学科、交叉性地研究广东省的区域品牌传播问题;区域品牌环境建设是广东区域品牌实现良好传播的基础,而政府、行业协会和企业的协同及广大群众的参与才是实现广东区域品牌传播与发展的主体。

---

① 罗钢、刘象愚主编:《文化研究读本》,中国社会科学出版社2000年版,第5页。

本书的研究得到了广东省高等学校人才引进项目"基于产业集群的广东药业区域品牌构建研究""后危机时代广东区域品牌传播战略创新研究"的资助，是相关研究成果的集成。

在本书的写作过程中，杨魁、董雅丽构思了全书理论框架和研究思路，并在整理与统筹全书所有资料的基础上，分别完成了各章节的撰写、修改与完善，最后完成了全书的统稿工作。其中，杨魁重点负责绪论、第一章、第三章、第四章、第五章及第八章的构思、修改与撰写工作，特别是对区域品牌传播的理论构建、内容分析及对策建议的研究工作。董雅丽重点参与绪论、第二章、第六章、第七章的理论框架、指标体系构建及调查统计与战略规划。同时还有十余位老师与研究生参与了此项研究，刘晓程、侯迎忠、王芳等老师做了大量的理论研究和调研指导；而在本书具体的资料收集与统计过程中，綦天哲参与了第一章国外区域品牌传播部分的资料收集和整理工作；徐玉飞参与了第二章基于消费者的区域品牌资产指标体系构建部分的资料收集与统计分析，并完成了指标体系的设立；张宝英参与了第三章内容的资料收集与整理；张睿对第三章我国区域品牌传播的一般模式的梳理和归纳做了大量基础工作；第四章中的大量统计与分析则是由林媛熹、范玉金、曹瑞芳完成的，她们分别对浙江、广东和山东各省的区域品牌传播现状进行了系统梳理和实证分析并做了区域品牌传播的报纸呈现基础性研究；而在区域品牌传播的内容分析部分，朱子茜、张玉洁分别参与了"广东区域品牌传播的互联网媒介呈现研究""广东区域品牌传播的微博呈现研究"的相关研究；肖正涛参与了对广东区域品牌传播现状的实证分析；郑衍迪等广东药科大学的同学参与了广东药业的相关调查及品牌设计；杜兴彦参与了"珠三角"区域品牌传播战略管理框架部分；而范宗敏则参与和实施了广州区域品牌视觉传播的资料收集和相关设计工作。

在本书的写作过程中，我们参阅了国内外的各种研究资料与统计数据，包括最新出版的各类书刊及网上资料，对此，我们均已注释或以参考文献的方式表示了对各位作者的尊重，但难免挂一漏万，在此也对所有给予我们支持与帮助的同人表示感谢！而在问卷调查与访谈的过程中，不仅有各位老师与同学的热切参与，也有各位被调查对象的密切配合，才使我们得以完成这次大规模的资料收集与统计分析工作，也对所有参与了该活

动的各界朋友表示感谢和致敬！同时，还要再次感谢中国社会科学出版社
的大力支持和帮助。再次谢谢你们！

作者
2016 年 8 月于广州